好望角

在这里，看见新世界

Facing Japan:
Chinese Politics and
Japanese Imperialism,
1931—1937

走向“最后关头”

日本侵略下的中国（1931—1937）

[美] 柯博文——著
马俊亚——译

浙江人民出版社

图书在版编目（CIP）数据

走向“最后关头”：日本侵略下的中国：1931—1937 /（美）柯博文著；马俊亚译. — 杭州：浙江人民出版社，2021.8(2023.7 重印)

ISBN 978-7-213-10220-2

Ⅰ. ①走… Ⅱ. ①柯… ②马… Ⅲ. ①抗日战争-史料-中国-1931—1937 Ⅳ. ①K265.06

中国版本图书馆 CIP 数据核字(2021)第 137253 号

走向“最后关头”:日本侵略下的中国(1931—1937)

[美]柯博文 著 马俊亚 译

出版发行：浙江人民出版社(杭州市体育场路 347 号 邮编 310006)
市场部电话：(0571)85061682 85176516
丛书策划：王利波　　营销编辑：陈雯怡 陈芊如
责任编辑：汪 芳　　责任校对：陈 春
责任印务：程 琳　　封面设计：张庆锋
电脑制版：杭州大漠照排印刷有限公司
印 刷：浙江新华数码印务有限公司
开 本：880 毫米×1230 毫米 1/32　　印 张：14.625
字 数：332.8 千字　　插 页：6
版 次：2021 年 8 月第 1 版　　印 次：2023 年 7 月第 5 次印刷
书 号：ISBN 978-7-213-10220-2
定 价：98.00 元

如发现印装质量问题，影响阅读，请与市场部联系调换。

出版者言

当今的世界与中国正在经历巨大的转型与变迁，她们过去经历了什么、正在面对什么、将会走向哪里，是每一个活在当下的思考者都需要追问的问题，也是我们作为出版者应该努力回应、解答的问题。出版者应该成为文明的瞭望者和传播者，面对生活，应该永远在场，永远开放，永远创新。出版“好望角”书系，正是我们回应时代之问、历史之问，解答读者灵魂之惑、精神之惑、道路之惑的尝试和努力。

本书系所选书目经专家团队和出版者反复商讨、比较后确定。作者来自不同的文化背景，拥有不同的思维方式，我们希望通过“好望角”，让读者看见一个新的世界，打开新的视野，突破一隅之见。当然，书中的局限和偏见在所难免，相信读者自有判断。

非洲南部“好望角”本名“风暴角”，海浪汹涌，风暴不断。1488 年 2 月，当葡萄牙航海家迪亚士的船队抵达这片海域时，恰风和日丽，船员们惊异地凝望着这个隐藏了许多个世纪的壮美岬角，随船历史学家巴若斯记录了这一时刻：

“我们看见的不仅是一个海角，而且是一个新的世界！”

浙江人民出版社

佳评推荐

本书是对 1931—1937 年中国政治与中日冲突的复杂关系的出色研究。柯博文通过编织诸多主题，描绘了这一时期中国的大图景。可以说他是第一位系统运用新发现的档案资料，详细考察 20 世纪 30 年代中国政治和外交的历史学家。本书的主要贡献在于展示了极为详尽的中国政治图景。

美国著名历史学家、哈佛大学名誉教授入江昭

这是令人印象深刻的东亚研究，是我读过的关于 20 世纪 30 年代中国政治研究最好的书。柯博文专注于中国国内几个政治群体的互动，同时他的研究对日本也有启发性。

英国利兹大学历史学系教授埃利斯・提纽斯

本书回答了一个令人费解的问题：为什么蒋介石领导的中国政府在 20 世纪 30 年代初日本侵占中国后实行不抵抗政策？作者认为，绥靖政策归根到底是意志问题：这是一个悲惨的、羞辱的过程，弱者意志让位于强者意志。20 世纪 30 年代日本人的侵略行为是蒋介石及其追随者无法应对的，因此他们撤退了，幻想着退让能让日本人最终满意。

加拿大英属哥伦比亚大学历史学院荣休教授戴安娜・拉里

本书对中国政治和日本帝国主义做了一个宏大的研究，从日本侵略的影响角度，对南京国民政府时期中国国内政治进行了详尽的研究，填补了长久以来的空白。

印度旁遮普大学历史与中亚研究系教授帕舒塔姆・梅赫拉

中文版序言

当我开始写作《走向“最后关头”》时，我研究民国时代的中国已经好几年了。通过解读20世纪30年代发表的无数报刊文章，以及后来写成的回忆录，我深信中国人在这十年所面临的关键问题之一就是日本帝国主义。甚至在1937年7月战争全面爆发以前，日本问题也似乎主宰了中国的新闻报道。在我看来，西方学界对这段时期的研究，没有充分地讨论日本问题对中国国内政治的影响。许多学术著作陷入明显的框框中。西方的政治史偏重于像国民党或中国共产党这些政治团体的组织和活动。社会和经济史学家注重农村社会、农民、工业化和贸易。外交史学家考察南京、东京、伦敦、华盛顿和日内瓦这些政府层面问题的主要相互关系。现在西方学者似乎很少在这些领域之间进行相互交叉研究。自1991年《走向“最后关头”》首次出版以来，形势在某种程度上得到了改变。

特别是在美国，许多研究民国时期中国的外交史著作已关注与美国外交政策或国联的作用相关的问题。美国外交史学家似乎比研究中国知识分子、社会、经济和政治史的学者更少使用中文资料。我渐渐认识到这种隔膜已经导致西方学者无法把握大部分中国政治史中日本问题的重大意义。

当然，对于生活在20世纪30年代的中国人而言，日本帝国主义实际上不是一个外交问题——它是一个国内问题。日本侵略中国，占领了其大量领土；日本（以及其他帝国主义列强）的战舰在中国的内河航行；像上海和天津这些城市的中国居民则生活在日本军队的影子之下。

为了全面理解这个问题的政治意义，我决定撰写一部主要是按年代排列的著作。我极为细致地考察了1931年至卢沟桥事变之间的入侵、事件和冲突。这项研究是非常细致的，但我认为这是理解主题的关键。一个又一个事件的无情压力不停地煽动着中国民族主义的火焰，它形成了20世纪30年代的历史。尽管这项研究的时段相对较短（仅有六七年），但我相信中国政治和民族主义的思想被这些事件极大地改变了。到1937年夏，政治上活跃的中国人在准备抵抗。蒋介石无法继续实行妥协政策。

《走向“最后关头”》是为西方学术界的读者而写。尽管我知道许多中国学者已经读了这部著作，不少人还提出了极为中肯的评论，但我估计绝大多数的读者仍是西方学者。本研究所用的大部分资料——报纸、期刊和回忆录——是在中国出版的，并在中国可以看到。但我仍然非常高兴，本书能有机会译成中文。我此前的一部著作《上海资本家与国民政府（1927—1937）》（哈佛大学亚洲研究中心，1980年）出了两个中文版本。每次到中国，我都很享受与那里的同行讨论这部著作的乐趣。

不过，一部由西方学者所写的著作能给中国读者提供些什么呢？当然，答案是由读者决定的，但我可以提供一种可能性。尽管中日战争已在 70 多年前结束了，但那场战争造成的问题在东亚仍然没有平息。战争反省问题、对南京大屠杀的争论以及对慰安妇和强掳的劳工的赔偿，仍然没有解决。作为一名既非中国人也非日本人的西方学者，我大概可以提供一个局外的观点。在本书中，我并不准备着重强调日本帝国主义的这些罪行，无论如何，不去谴责或缩小它。我想做的是去解释日本帝国主义对中国政治发展所产生的影响。也许本书有时似乎忽略了中国人民的苦难，但这不是我的本意。在寻求理解这场战争的影响方面，也许一个局外人比一名中国的或日本的学者更能提供一个不同的视角。无论如何，我非常高兴本书能与中国读者见面，我期待着您的评论。

我十分感谢南京大学马俊亚教授的翻译。我还要感谢美国印第安纳大学的张信教授，是他促成了本书的翻译。感谢哈佛大学东亚研究中心的出版主任约翰·齐默以及罗伯特·格雷姆先后办理了版权事务。

美国内布拉斯加大学林肯分校
柯博文

鸣 谢

我衷心感谢易劳逸在这项研究和本书撰写时对我的指导和鼓励。我也感谢高家龙、费正清、傅佛果、罗伯特·D. 费厄拉、贺康玲、贺潇、戴恩·K. 肯尼迪、威廉·A. 谢拉德和叶文心他们广泛的建议和帮助。这部手稿的大量内容曾作为论文提交给中西部地区中国问题研讨会、亚洲研究学会年会、加利福尼亚大学伯克利分校加利福尼亚中国问题研讨会、亚洲问题中西部会议、北部大平原史学会议、密苏里流域史学会议、哥伦比亚大学现代中国研讨会及费正清东亚研究中心研讨会。感谢这些会议中进行评论及提出建议的许多与会者。

如果没有利用到一大批图书馆和档案馆所藏资料，这项研究是不可能进行的。我要特别感谢哈佛大学费正清东亚研究中心、孔飞力和使费正清东亚研究中心成为我第二个家庭的罗德里克·麦克法夸尔和帕特里克·G. 麦道克斯。哈佛大学哈佛燕京图书馆的工作人员同样给了我很大的帮助。在中国台湾地区，我能够在阳明山国民党档案馆和“中央研究院”的近代史与三民主义研究所从事研究，我的好友赖泽涵对此给予了很大的帮助。马若孟和胡佛研究所关于战争、革命与和平的东亚书库工作人员对我访问他们的研究所一直予以慷慨的帮助。斯坦福东亚国家资料中心对我利用这些藏书也提供了旅费资助。

我要感谢《亚洲研究学刊》允许我在这里重新发表我的论文《蒋介石与中国的抗日运动：邹韬奋和全国各界救国联合会（1931—1937）》中的某些部分，这篇论文发表在该刊第44卷第2期（1985年2月）。我要感谢莱斯利·赫伍德的绘图工作，感谢本杰明·G.雷德及内布拉斯加大学历史系提供的资助。哈佛大学东亚研究委员会出版部的编辑佛罗伦斯·特菲森和凯瑟琳·克勒姆一直给予我莫大的支持。

这项研究的最终出版获得了社会科学研究理事会中国研究联合委员会和美国学术团体委员会的资助。我还要感谢内布拉斯加大学林肯分校研究理事会为这一项目提供的一个学期的休假及两笔夏季助学金，并感谢艺术和科学学院通过赫普德基金提供的一个学期的假期。在1980年，我从美国健康、教育和福利部获得了教职人员研究委员会富布莱特-海斯研究基金，到中国台湾地区进行了为期6个月的研究。尽管如此，本书的结论、观点和其他论点为作者所得，不一定是上述研究机构及个人所有。

最后，我要感谢罗伯特·G.鲁特和玛丽琳·马修斯·鲁特，没有他们的帮助和激励，这个项目可能永远也不会完成。

目　录

前　言

1937年7月7日中日战争的全面爆发，是酝酿仇恨年代的顶点。在蒋介石建立了国民党政权后的十年中，日本帝国主义无情地围攻国民政府。蒋介石建立一个有朝气的政府的努力遭到了日本进攻和威胁的不断压迫，如1928年5月的济南事变、1931年9月的“九一八（奉天）事变”、1932年的淞沪战役、1933年入侵热河及令人蒙羞的《塘沽协定》、1934年的天羽主义和藏本事件以及1935—1936年的华北自治阴谋，并最终在战争全面爆发时走向了极点。

蒋介石并不愿意与日本军队发生冲突。他认为自己的军队不如日本军队，并且，两国之间的战争对于中国以及他本人都是灾难性的。事实上，当1937年战争真的全面爆发时，数以百万计的中国人将要死去，而蒋本人在中国政治舞台中的地位也将被严重地削弱。安内的考虑，在蒋介石的心目中占有突出的地位。他的首要目的是击败国内的敌人——既有像阎锡山、冯玉祥这样的地方军阀，也有中国共产党——并把对中国的控制牢牢地置于（他的）中央的权威之下。

因而，蒋介石想避免或推迟与日本的战争，对东京采取了绥靖政策。他宣布了“攘外必先安内”的次序。他认为，在中国充分地团结起来抗击日本之前，国内的敌人——特别是中国共产党——必须予以消灭。在日本进犯东北时，他给东北军的总司令张学良打电报，命令他不要激怒日本人，而要依赖国际联盟的调处。在20世纪30年代中期，蒋介石授予了华北方面一系列与日本官员解决“地方”问题的权力，而南京则直接与东京谈判更大的问题。安抚日本人及避免战争的企图在1936年12月的西安事变后也没有中断，直到1937年8月在上海爆发战争，它才被完全放弃。

这种绥靖政策承担了巨大的政治风险。20世纪30年代，绥靖政策在中国并不得人心。情绪激昂的中国民众不断地要求抗日，倡导对东京调和的官员经常被无情地批评，有时还被暗杀（如唐有壬和杨永泰）。就像其政敌指责的那样，蒋介石通过逃避亲自批准的不得人心的对日协定的责任，企图把对他个人的政治打击降到最低程度。他巧妙地让自己忙于“剿共”战争，而让黄郛、张群、汪精卫这类官员来承受公共责任的压力。另外，绥靖政策使整个南京国民政府丧失了在中国民众中的威望。

需要说明的是，就像本书提到它们时那样，“民众”和“民意”并不真的是指全部或者甚至是中国人口中的大多数。20世纪30年代的大多数中国人可能并不知道《塘沽协定》或《何梅协定》。不过，这个世纪〔指20世纪——译者注〕最初的几十年里，报刊的发行量一直在稳步地增长；在南京国民政府时期，大约有5%—7%的中国人经常阅读报刊。[1] 如果我们假定像产业工人和城市居民这样的半文盲能收听收音机和观看电影、新闻，我们可以估算出20世纪30年代大约有10%的中国人关注公共事务。实际上，集中在都市、沿海地区的有识见的公众的增加，一直是中国人生活中的重大进步。

20世纪最初的几十年，民意的增长几乎同时导致了一场强大的中国民族主义反帝运动的发展。整整一代中国青年学生和知识分子已经在五四运动这幕戏剧中受到了洗涤。日本在“二十一条”中的贪婪及对山东权益的保留使他们愤怒，西方列强在凡尔赛对中国赤裸裸的出卖让他们痛苦，中国自己的军阀政府的无能令他们愤慨，五四期间的青年充当了一场迫使北洋政府拒绝《凡尔赛和约》的运动的先锋。这种愤激的民族主义情感在1925年五卅运动中再次到达顶峰，尽管这场运动主要是针对英国，其次才是日本。由于印刷传媒的增加，学生和知识分子能够把他们的观点传给更多的听众。无可置疑的是，20世纪30年代，仅有一小部分中国人深受民族主义者的鼓动，这一小部分人在政治舞台上占据主导地位。

国民党政府在许多方面是新民族主义运动在中国的一个产物。在与五卅运动有关的反帝情绪的激昂浪潮中，1926年，蒋介石从广东发动了旨在把中国统一在国民党统治之下的北伐战争。国民党攻击军阀政权是帝国主义的工具，并宣布了革命的外交：废除不平等条约、把“新中国”建设成为一个主权完整和独立的国家。因此，南京政权是在反帝运动的遗产上建立起来的。

从北伐时期革命的外交政策到20世纪30年代保守的南京政权及其绥靖的政策，转变极为突兀。北伐的遗产使南京国民政府特别容易受到政治攻击，被指责放弃了革命的外交并背叛了整个五四—五卅民族主义运动。对日绥靖政策尤会招致唾骂。“九一八事变”之后，示威、抵制日货，甚至攻击日本公民的事件在中国层出不穷。东京要求南京方面对这些事件负责，并坚持如果南京方面真的希望妥协，它就要镇压群众的反日活动。南京国民政府通常予以同意，因此它好像是充当了日本人的代理人，保护日本人的在华利益，与旧的军阀政权几无二致。

蒋介石的许多对手——既被绥靖政策所激怒，又觉得这是一个千载难逢的政治机遇——借此来批判他。他们举起“抗日”的旗帜，公开抗议蒋迎合日本人的要求。1930 年北方联盟失败后，势力每况愈下的冯玉祥将军组织了民众抗日同盟军，试图东山再起。在福建，反叛者利用他们 1932 年在上海英勇抵抗的影响力作为他们反蒋运动的基石。广东的西南领导人因害怕蒋会镇压其自治，在 1936 年打出了抗日大旗来反对南京国民政府。

蒋的对手想通过这些攻击来削弱他的政治和军事基础。国民党、国民政府和军事机器建立在民族主义运动的基础之上，尽管 1927 年之后它显示出更加保守的倾向，但仍然烙有早期反帝思想的印记。毕竟，所有政府和党的会议开始时均要宣读孙中山要求废除不平等条约的遗嘱。20 世纪 30 年代中期，对比孙中山的“民族主义”与绥靖政策，反差是惊人的。甚至那些理性上拥护这个政策、认为非常有必要免于与日本开战的人，也觉得在情感上很难接受它。

最让蒋介石担心的是对绥靖政策的不满会影响其军队的士气和忠诚。他进行了不懈的努力，向他的军事将领们辩解这一政策。在对他的嫡系军官的私人讲话中，他试图消除反对妥协的情绪，坚称当中国准备就绪后，他将进行抵抗。他经常告诫，中间时期需要纪律和忠诚；但他对于极其令人反感的绥靖政策的执着，威胁到了他要把中国统一在他的统治之下的努力。

尽管如此，日本问题在中国政治中对双方都有利。当像在北方的冯玉祥、广东的陈济棠这些地方领袖可能攻击蒋对日的软弱政策时，蒋毕竟等同于中央政府，是南京而非唐山或广东，与东京有着正式的外交关系。因此，蒋可以经常把日本问题倒过来，指责其对手挑动内战，干着为日本人火中取栗之事。随着那艰难的十年的逝去，这种情形尤其显著。在南京国民政府的早期，军阀主义的残余依然强大，南京的政治保留了 20 世纪 20 年代的特征。尽管如此，1931—1932 年日本人的逼迫，造成了如此严重的威胁，以至于各方都面临着越来越大的压力，要求对东京作出统一的、民族性的回应。福建事变的领导人和广东的将领们均陷入了这种进退两难的局面。他们攻击蒋的政策，但他们自己也无法逃脱破坏民族团结的责骂。到了 1937 年，甚至共产党——在来自莫斯科的某种压力之下——也认识到只有蒋介石才能成为一个有力的"民族领袖"，只有一个民族的领袖才能为中国抵抗日本带来一些希望。不过，在这十年的大部分时间里，蒋介石没有能够利用好这种情感。作为国际承认的中国领袖，他无法作出强硬的、公开的抗日声明（这可能会使他更受拥戴）而又不激怒东京。

日本问题破坏了蒋为其政府创建一种新意识形态基础的努力。认识到共产党引发了意识形态的挑战，蒋和他的盟友们进行了几次尝试来对抗其威胁。蒋发起了新生活运动，以提供一种保守、反共的意识形态；他通过蓝衣社，来卖弄法西斯主义的思想；他的追随者力推一个铁腕人物或独裁者能把中国带入一个新时代的理念。这些主意鲜有成效。尽管国民党的核心成员拥护法西斯主义和独裁统治，但蒋没有能够把这种意识形态发展成为其政府的基础。一个根本的制约因素就是他的绥靖政策。当蒋不经过开战就把一大块中国领土献给一个外敌时，他怎么能被捧为"中国的希特勒"或是"中国的墨索里尼"呢？当蒋似乎逃离南京来免于承担日本问题的责任时，人们如何谈论一个铁腕人物或是独裁者呢？甚至就是那个民族主义的概念——现代世界中民族构建的最强大的力量之一——在 20 世纪 30 年代的大部分时间里也往往是不利于蒋的。他处理外国威胁时的无能削弱了他的意识形态基础。

如果日本人被扼制住了，或者他们的要求仅是单一的，蒋的绥靖政策在政治上的损害可能要小一些。但事实并非如此。日本人不是循着一条而是循着几条路线前行——在日本以及在中国，政党和军队的势力有时追求不同的目标。不过，像极端分子土肥原贤二（被西方在华媒体称为“满洲的劳伦斯”）那样，有许多人希望所有调和的努力都失败。因此，蒋介石被夹在了日本人无休止的要求与中国人对日不断升级的民愤之间，他的声望直线下降。只是由于西安事变，并且蒋决定采取一种更加强硬的对日立场后，他才成为一个受拥戴的国民领袖。但这种新立场导致了他曾经竭力避免的灾难性的战争。

因而，日本问题是一个复杂的问题——它在 20 世纪 30 年代构成了中国政治活动的框架。南京国民政府在民族构建方面的每一次努力都受到了日本问题的影响。所以，这项研究将根据这一重要问题来考察南京国民政府时代的中国国内政治。我按年代顺序来对这十年进行研究，讨论中国人对中日关系新危机的反应。在考察中国的背景时，我将分析三个关键群体的影响：第一个是南京国民政府及其领导者，第二个是像冯玉祥这样的地方领袖，第三个是独立的“民意”力量。

南京国民政府及其领导者：关键人物是蒋介石，他主宰南京政权，并经常在幕后指导其对日政策。南京国民政府被各种各样的政治派系所困扰，蒋似乎有意挑动他们互相争斗以维持他的政治控制。像 CC 系、蓝衣社以及政学系这几个派别，其个人都忠于蒋介石，而其影响力则源于蒋的支持。像其他与汪精卫和孙科有关的派系，它们具有某种独立于蒋的政治基础，并被视为蒋的对手。由于宋子文和孔祥熙与金融业和商业的紧密联系，他们也具有独立的政治势力，尤其是宋子文，有时处于蒋的对立位置。不过，由于这两人是蒋的妻兄和连襟，他们的派系还是被视为忠于蒋的。

日本观察家（及大多数中国人）认为政学系和汪精卫系是亲日的。东京将蓝衣社、宋子文和孙科视为受诅咒的人；日本人也经常谴责 CC 系，尽管其倾向并不明朗。因此，日本问题变成了南京政治内讧中的主要因素。中日关系中的新危机将改变派系的平衡：为了实施其绥靖政策，蒋介石不得不支持像汪精卫和政学系这些为日本人所接受的派系；但中国反日运动的爆发，可能会给认同妥协的政客们带来政治麻烦。

地方领导人：本项研究的第二个焦点是地方领导人，与独立的政治和军事权力有关的派系。像北方的冯玉祥、张学良和阎锡山，或是南方的粤系（包括胡汉民）和桂系这样一些人，他们自称是国民党的组成部分，其实是蒋介石在党内的对手。其他还有像福建的反叛者这样的地方派系，以及建立了地方政权进而想推翻南京国民政府和国民党的中国共产党。所有这些派系都力图在南京国民政府之外保持一定的独立性。

日本的在华活动——直接的和间接的——及南京国民政府的反应，成为地方与中央斗争中至关重要的决定因素。在地方将领中有一个明显的分界。像粤系这样的南方派系，可以在离前线数百英里之遥逍遥自在地痛骂日本帝国主义。而对于北方军阀来说，日本帝国主义不是一种空洞的威胁，它是一种严酷的现实。事实上，冯玉祥和张学良均发现其军事（及此后的政治）力量被日本人的直接行动所削弱。在整个研究过程中，我将分析中日关系的发展对地方与中央斗争的重要性。

独立的民意力量：蒋的绥靖政策面对着一群充满仇恨的大众。在媒体上，从像胡适这样的独立知识分子谨慎中和的论调，到新闻记者邹韬奋慷慨激昂的抗日呼声，舆论千差万别。学生示威、抵制日货运动和全国救亡组织在20世纪30年代发挥了积极的作用，加剧了疑惧群众运动的蒋的不幸。尽管这些民意的力量缺乏一种直接的军事和政治基础，但它们在20世纪30年代变得越来越重要。我将要说明中日关系危机的发展是如何导致这些因素增长的，主要的政治领袖对它们的活动是如何应对的，尤为重要的是，不断增长的民意的力量在中国政治中是如何起着更大的作用的。当蒋介石竭力压制这些新的力量时，其他人则力图释放和引导这些力量。

例如，在考察中日关系中的特定事件时，我将试图总结媒体的反应，像学生会或救亡联合会这些民众团体的反应以及政治人物的应对。在某些情况下，当日本人要求逮捕具体的新闻记者和镇压具体的抗日团体时，他们自身则成了关键角色。

通过对20世纪30年代中日关系发展中以上三个群体作用的分析，我希望对现代中国政治发展和国民党统治本质的认识提供新的见解。这个阶段中日本问题对中国政治是如此关键，只有这样的考察才能揭示在蒋介石企图创建一个强大的政权时左右南京国民政府的离心力和向心力。以前西方学术界一直未能对中日问题的政治特征进行分析，而是集中研究外交关系。多萝西·博吉最早对20世纪30年代晚期东亚危机中美国的外交政策作了开拓性的研究。有几位西方学者一直在英国、美国、德国和日本研究外交档案（中国档案一直没有对这样的研究充分地开放）。例如，克里斯托弗·索恩、安·托洛特和皮特·洛的著作集中研究英国的政策；约翰·福克斯最近的著作考察了德国在东亚的作用；詹姆斯·克罗利和入江昭研究了日本的对华政策。[2] 尽管上述研究非常出色，但没有人试图评价中国政策的国内政治背景。

而研究国内抵抗问题的学术著作，到目前为止，主要是研究中国共产党的党内历史，分析诸如毛泽东和王明之间在抗日统一战线上的分歧这类问题。例如，像片冈铁哉这样的作者在他的《抗战与中国革命》一书中，把他对抗战问题的讨论几乎全部限定在共产党领导层之间的争论。尽管这是后来共产党胜利的顺理成章的结果，但它没有在 20 世纪 30 年代日本问题真正发展之时，对其提供一个清晰的视点。其时，共产党不过是中国政治舞台上众多力量中的一种。总而言之，没有一部现有的西方学术著作从总体上评价 20 世纪 30 年代中国国内政治中的日本问题，也没有一项研究从本质上来理解那个时代。这就是这项研究的目的。

第一章
满洲、上海和不抵抗

1931 年 9 月 18 日，日本关东军头目策划了一个阴谋，占领了中国东北的三个省。这次行动没有获得东京军事当局直接的批准，并与日本政党领袖的愿望有冲突。事件的策划者从辽东半岛的日本租借区域，以及从沿着日本控制的南满铁路的基地，直接指挥着关东军。数小时之内，南满的重要城市——奉天（今沈阳）、营口、安东（今丹东）及长春——落入日本人的控制。仅仅数日，辽宁和吉林省的大部分地区被纳入关东军的势力范围内；而在数周之内，日军就建立了一个统治整个东北的傀儡政府。在孩提时代就已被废的清末皇帝溥仪，东山再起出任伪满洲国的“皇帝”。

这些事件令中国人目瞪口呆，不仅是因为日本人的胆大妄为，而且因为中国军队的不抵抗。东北当时是在——或本应是在——张学良将军的军队保卫之下，在 1928 年日本人谋杀了其父张作霖之后不久他就继承了乃父的“独立王国”。在与蒋介石和南京国民政府结盟后，“少帅”不仅统治了东北，而且获得了中华民国陆海空军副总司令的地位。尽管如此，令人震惊的是，张学良对他广大的“独立王国”不做任何保卫，而是宣布了不抵抗政策。

理论上，张学良本来能够击败日本人。关东军仅有 1.1 万人，而据报道，张至少控制着25万人的军队。他在沈阳的兵工厂被认为是当时中国最现代的，他的空军拥有60架飞机，他的军队拥有坦克、4000挺机关枪和现代的野战炮。可以断言，这支军队本应能够对其领地进行可靠的保卫。

实际上，如果张的军队直接迎战关东军，他的真正优势可能不会如此之大。规模较小的关东军军队不仅得到铁路区域内日本预备役军人的补充，并且得到来自朝鲜（那时是日本帝国的一部分）的日本军队的快速增援。张学良军队大约有12万人在关内控制着河北省，可能无法轻易地调到东北。在奉天和辽宁省只有4.5万—5万人的中国军队，而在吉林省只有5.5万—8万人的中国军队。这些中国军队与训练有素、组织到位的日本军队相比，可能也无法令人满意。尽管东北军进行了现代化建设，但它仍然是一支旧式的、唯利是图的军阀队伍。它的许多军官是早年当土匪头子的张作霖的旧部。张学良本人并不是一个出色的领袖。当日本人发起进攻时，他在北平，据说正在医院接受戒毒治疗。军队的士气和纪律远低于日本的水平。

在东北军中的日本军事顾问也危及了中国的处境。尽管张作霖在后来的几年里竭力缩小对日本的依赖（这是导致他被刺杀的一个因素），但东北军一直是靠日本的帮助和装备建立起来的。它依然与日本具有剪不断的联系，以致关东军的情报机构对中国军队的行动和计划了如指掌。例如，1931年9月18日夜，日本人能在奉天的中国飞行员到达机场前，把他们全部拘押，并因此在他们能够飞达安全地带之前俘获了张学良的全部60架飞机。[1] 因而，如果中国军队真的与关东军开战，他们将面临极为严峻的困难。

“九一八事变”令许多中国人震惊的不是张学良军队的糟糕表现或是日本人打败了他们，而是根本就不予抵抗。在事变前的几周里，当中日之间的纠纷正在酝酿时，张劝告他的部下无论如何不要惹恼日本人。当事变爆发后，他立即给他的部下打电报，要求避免与日本人开战。就像他 1931 年 9 月 20 日告诉记者的那样：

余窥透日军拟在满洲有某种行动后，即下令部下倘遇日军进攻，中国军警不得抗拒，须将军械子弹存入库房。当日军进攻消息传来时，余立时又下令收缴军械……故当日军开枪与机关枪并用炮轰击北大营与其他各处时〔原文如此——译者注〕，中国军队并无有组织之报复行为。[2]

绝大部分中国军队遵守了张的命令。驻扎在奉天北兵营的一支 7000—10000 人的军队，距南满铁路“爆炸”地点仅数步之遥，却在一小队人数少得多的日军面前望风而逃。安东和营口在进行了零星的抵抗后投降了，而在吉林的中国军队在日本当局到达之前就已撤出。大部分重要城市在 36 小时之内就被占领了。中国指挥官不是见到日本人就逃（有些人在锦州重新集结），就是做了日本人的傀儡。至于发生像样的战斗，那往往是意外之事。例如，在长春混乱的事件中，据报道有 65 名日军遭到了中国军队机关枪的乱枪扫射而被打死。

最正式的抵抗来自三省中最北的黑龙江，当时张学良的指挥链断裂了，黑龙江的中国军队不服从他的命令并进行了抵抗。黑龙江的军事长官兼省主席万福麟在事变发生时与张学良在河北省。被留在省会齐齐哈尔指挥的万的儿子，明目张胆地劫掠了省财库，在哈尔滨把当地的货币兑换成日元。他还为投降日本人的伪军清理道路，使其占领了这座省会。在一片混乱中，一支沿中苏边境的小型边防军司令马占山将军的急行军到了齐齐哈尔，击退了伪军，夺取了局势的主导权。另外两位想抵抗的将领加入了他的阵营，建立了一支1.8万人的联军。当日军试图修复在齐齐哈尔以南嫩江上先前战斗中被破坏的铁路桥时，马将军攻击了日本军队及其工兵。日军直到在飞机和野炮的支持下，集结了5000名士兵，进行不断的攻击，才在1931年11月19日再次占领了齐齐哈尔。52名日军死于这次战役。[3]

齐齐哈尔的陷落并不是东北抗日的终结。马占山和他的战友退到了地形崎岖的腹地，其他中国军队的残存力量也加入了他们的行列。在好几年里，日本关东军被迫去“扫荡”这些游击队。这些部队确实是游击队，其他的东北军事当局均已执行了张学良的命令而不予抵抗。日军仅用了屈指可数的战斗就占领了中国整个东北38万平方英里和3000万人口的广大地区。1932年3月，日本军部在一份正式的报告中称，在整个“满洲①战争”中，仅有378名日本军事人员丧生及821人受伤，尽管这些数字在某种程度上可能低了些。[4]

张学良的拒战极大地帮助了关东军，特别是自从日本军官蔑视东京而策划了这次阴谋之后。9月18日以后，日本政党内阁竭力抑制关东军，部分目的是平息对其愤慨的世界舆论。东京政府在10月的大部分时间里成功地阻止了关东军扩大军事行动。尽管如此，日军可以通过对中国人的恐吓和伪军的作用来巩固其地位。在关东军巩固对东北的控制过程中，张学良不抵抗的命令促成了关东军司令部安抚住东京当局。关东军的情报机构完全破解了张学良的指挥系统，以致他在9月18日之前及之后的不抵抗命令为日本指挥官所尽知，并能在制订它们的军事和政治计划时发挥作用。

---

① 满洲，指中国东北部，现在主要作为历史名词使用，为保持译文的流畅性，下文基本加以保留，不做修改。——编者注

愤怒与震惊的中国作家猛烈地抨击张学良的不抵抗政策。为什么他把中国的三个省丢给一支规模不大的日军呢？为什么甚至连延缓关东军前进的作为都没有呢？中国最受欢迎的刊物之一的主笔邹韬奋在1931年10月17日写道：

沈阳兵工厂原存有步枪八万枝，机关枪四千架，飞机场有可用飞机二百架，此外弹药粮秣迫击炮各厂设备至少在一万万元以上……准备之方是叫各当局先把军器弹药存入库内，所下命令是“日本人爱什么就给他什么”！各高级军官的临危准备是化装逃走，像所谓东北边防军总参谋长荣臻化装一仆役模样，趁日军开城行人拥挤之时，持菜篮做出城买菜模样，混出逃到北平去谒见那位“日本人爱什么就给他什么”的中华民国陆海空军副司令！……我们现在所需要的不是这种无耻举动，是宁死不屈的准备应战。[5]

对张尖刻的抨击，经常把张学良所谓的懦怯与马占山的英勇相比较，马作为嫩江战役的英雄被报刊所称颂。专栏作家汪仲芳写道：

“我们的”张学良元帅、东北三省的大“老板”、30万大军的司令官，并且是国民军最后但并非最不重要的副总司令，以他戏剧般的表现，在面对日本入侵时命令他的军队放下武器退却而“震惊了”世界。可以毫不夸张地说，由于他的慷慨，日本在占领东北三省中的两省时没有损失一兵一卒，如果不是马春山〔原文如此——引者注〕将军不遵守其上级的命令，进行了尽管不成功但顽强的抵抗，阻止了日军向齐齐哈尔的进军，日军将不费吹灰之力完成对整个满洲的征服。[6]

对张学良的人身攻击还集中在他不替死难的父亲报仇。那时中国人普遍认为关东军的军官谋杀了张父，就像事实上后来文件所证明的那样。正如汪仲芳指出的那样：“如果我们的少帅是个孝子，他理应记得中国有句父仇必报的老话。”[7] 这类抨击在当时的中国媒体上随处可见。

但南京国民政府的情形如何呢？它支持张学良的不抵抗政策吗？国民党政权从来未曾征服过或直接统治过东北。它能够宣布对东北的主权，仅仅是由于张学良与南京结盟，接受了在国民党和政府中的职位，并在他统治的省份悬挂了国民政府的旗帜。因此，即使南京渴望这样做，它也不可能强迫张采取违背他本人意愿的抵抗政策。尽管如此，1931 年秋季有足够的证据明确地证明蒋介石完全支持不抵抗政策。就在事件发生之后不久，蒋宣布中国将把对日议案提交给国联并将依靠国际压力来扼制东京。那些在东北抵抗的军队并没有很快得到军事援助，没有军队运到北方敦促张学良进行行动。还有，尽管张丢弃东北受到人们的唾弃，但“九一八事变”之后不久在南京召开的国民党第四次全国代表大会，在强烈的反对声中，仍选举张学良为国民党监察委员，表明蒋介石继续支持这位遭受围攻的司令。[8]

尽管有这些公开的事件，但在不抵抗政策的形成中南京的作用仍然模糊不清。差不多一年之后的 1932 年 8 月 20 日，《中国每周评论》写道：“少帅从满洲退却是符合国民政府的愿望，还是违背其愿望，现在还不得而知。”[9]

暗地里，蒋介石和南京国民政府早就逼迫张学良遵从不抵抗的路线。在整个 1931 年夏季，随着东北危机的加剧，蒋和南京国民政府中的其他人经常打电报给张学良，建议他不要惹恼日本人。1931 年 9 月 18 日前的数日里，在沈阳的中国指挥官向北平的张学良报告日本人很快就要动手的消息。通过进一步与南京沟通后，张随即发布了坚决的不抵抗的命令。当事情真正发生时，张通过电报与南京保持频繁的联系，向南京报告了日军攻击各个城市的情况。蒋介石继续督促他不要抵抗，并告诫他向国联的上诉是扼制日本的最好途径。1931年9月21日，蒋介石给华北特别是属于日本势力范围的山东的军事将领们打电报，告诫他们向国联上诉，并宣布："此时我国应上下一致严守纪律，确定步骤，勿为日人藉口。"[10]

因而，蒋介石和南京国民政府不仅默认了张学良的软弱政策，而且还在事件发生前后确切地督促他执行这一政策。当然，南京在公开场合对它在形成这种反应过程中的作用予以淡化，而更愿意让张来承担公众对这个政策义愤的责任。张对此予以承受，但他对蒋的不满可能成为后来西安事变的诱因。具有讽刺意味的是，日本的情报机构获得了这些电报，他们比中国公众更了解真正的形势。

为什么蒋介石和张学良不惜牺牲中国的领土和财富以及国民党政府的威望而选择了不抵抗政策呢？遗憾的是，我们所能见到的现有资料尚不能让我们真正地透析张或是蒋的政策的形成过程。国民党的官方历史有时暗示国联的官员使蒋确信他们可以迫使日本撤军，并警告中国的抵抗可能会使南京失去国联成员国的同情，这个说法与蒋作为一个举足轻重的领袖的论点有较大的冲突。[11]我们还可以推测这两个都害怕与日本打交道的人，均相信日本政府内部更公允的力量可以扼制关东军，或者国际上的压力将阻止日本完全占领东北。尽管如此，在见到新的证据之前，我们还是最好通过考察不抵抗政策发生的背景来理解。

不抵抗的背景：南京国民政府和日本（1927—1931）

蒋介石倡导的不抵抗政策是南京国民政府发展过程中明晰可辨

的外交、军事和政治取向的结果。即使是对 1927—1931 年蒋早期外交政策粗略的考察，也显示出他在许多重要方面违背了革命的北伐外交。当针对外国人的革命的、反帝的暴力极有可能引起列强对国民党的干预时，蒋扼制了反外势力。例如，1927 年 3 月下旬南京事件后，在国民党军队占领这座城市时，有几个外国人被杀害，蒋力图平息外国人的愤怒并把自己打扮成一个温和派。他向外国代表保证，事件将尽快得到调查和解决。[12]

蒋特别想获得日本对国民革命的承认，这可是一件难事。日本人普遍认为中国是一个落后和涣散的国家，因而遭受西方列强的蹂躏，日本有责任也有权利统治东亚，从经济上来发展和开拓中国。还有，由于日本是一个面积小、人口过剩的国家，它尤其注重统治满洲的权力，那里人口相对较少，并且在这片土地上，日本人洒过两次血（1894—1895 与 1904—1905）。国民党的北伐战争似乎威胁到了日本在大陆的地位。北伐的豪言壮语挑战了早期日本与中国军阀政府所签协定（如“二十一条”和西原借款方案）的合法性，要求归还辽东的租借权，并寻求废除南满铁路的垄断权。因而，许多日本人认为国民党的运动被莫斯科所操纵，它的成功可能会导致苏维埃控制中国。

1924—1927 年的国民党运动——当时该党与共产党结成统一战线——在日本引起哗然。1927 年 4 月 20 日成为日本首相的政友会党魁田中义一，在很大程度上通过攻击反对派民政党外务大臣币原“软弱的”外交，获取了权力。后者曾寻求通过与中国人合作扩大日本在华经济利益，尽管 20 世纪 20 年代软弱的军阀政权更容易被东京所操纵。面对中国南方这个更有敌意和更加强大的国民党政权，田中决定强调日本在满洲的地位，以阻止国民党（和共产党）的意识进入东北。当时田中担心北伐军可能在1927年从华中向华北推进，1927年5月30日他从满洲调派日军进入山东省，他们在那里逗留到了1927年9月。[13]

因此，在南京开头的10年，蒋遇上了日本问题。任何断言中国对满洲独一无二的主权或从实质上削弱日本在中国本土权利的尝试，都将面临日本强烈的反对。蒋直接地交涉过这个问题。在1927年秋季，蒋暂时引退，他到日本旅行并会见了田中。在1927年11月5日举行的会谈中，蒋试图说服田中与中国人合作并承认新的国民党政权。他明确地向田中保证国民党将彻底断绝与共产党的关系，他本人将尊重日本在东北及中国其他地区的既得利益。[14]

蒋与日本调和的愿望在来年春季经受了严峻的考验。由于1928年国民革命军完成了北伐，田中把日军派回了山东。田中这样做是如此勉强，他担心这会损害他与蒋介石的关系；但曾经发生过币原未能保护在华的日本国民这样的政治问题，使他被迫采取行动。结果，冲突发生了。1928年5月3日，向北平进军的中国国民军在济南与日军发生了冲突。战斗持续了将近一个星期，据称有数千名中国人死难，但仅有少许的日本人丧生。被派到济南谈判的南京国民政府外交部长黄郛被日本军事当局拘押。

1927—1928年日本在山东的两次行动激怒了中国民众。国民党支持的示威运动遍及中国南部和中部城市，同时还有全国范围的抵制日货运动。在党内和军事机构中，抗日情绪高涨。尽管有着这样的群众情绪，但蒋介石一点也不希望与东京发生冲突，而是采取了绥靖政策。他命令中国军队撤出济南，并嘱咐他们不要与敌人交战。与日本人发生冲突的国民党指挥官贺耀祖被撤职。蒋通过谈判以使这次事件地方化，而他的特使张群——一个具有深厚日本背景的蒋的故交——在日本会见了官员。国民党政府试图镇压反日运动，尤其是靠近在南京的日本使馆的示威运动，并清除了被认为是触犯日本人的标语。

将近一年之后，1929 年 4 月 28 日，济南事件解决了。日军从济南撤走，不久以后，东京正式承认南京国民政府。蒋介石避免了战争，但和平是有代价的。面对仇恨日军在山东进行侵犯的民众和军队，蒋介石采取的对日绥靖立场，削弱了他的政治地位。正如刘馥指出的那样："新政府和革命军丢了脸面，而蒋介石成了被对日攻击不抵抗的耻辱刺痛的人们所谩骂抨击的目标。"蒋向他的军队解释了他的政策，他保证："〔如〕果我们希望纠正对我们国家不正确的做法，雪我们的国耻，把中国从帝国主义的压迫下解放出来，实现独立和自由，我们必须现在忍受屈辱并肩负起我们的使命。"中国最终可能会抵抗，但在短时期内，必须忍受妥协的耻辱。[15]

蒋介石在济南事件中的节制表明他这一方是温和的，在这段时期，南京的外交政策含糊不清。蒋在国内面临着对其权威的重大挑战，而他由于在外交政策上一直表现"软弱"，无法在政治上比他的对手显出优势。在北伐时期，反对外国人的特权成了中国政治的试金石。久江昭写道：在全中国，"南方和北方以及右派和左派〔起来〕蔑视现存的条约关系框架"。[16]这个问题上的政治潜力排除了完全放弃它的可能性。尽管南京力图维持对列强的和平，但过去革命政策的余音仍然在各地回荡着。

一场喧嚣的反对不平等条约的外交行动是旧路线的一个最典型的事例。在 1928 年 6 月黄郛辞职之后就任南京国民政府外交部长的王正廷要求结束诸如治外法权、控制中国海关税率这类外国人的特权。1928 年 7 月 7 日，南京坚定地宣布如果列强不通过谈判予以同意，中国将单方面地采取行动。王还宣布早年中国被迫签订的中日条约无效，这显示出南京将重提归还辽东的租借权。许多北伐时期的豪言壮语又被重新用上了。[17]即使在更小的问题上，中日间的麻烦也出现了。1931 年春，蒋介石关闭了日本一家通讯社在南京的办事处，因为他对其关于南京政治的报道非常恼火。[18]

因而，中日关系在 20 世纪 20 年代后期出现了麻烦，尽管蒋介石希望维持和睦。即便如此，如果不是日军中极端分子的出现，两国之间的分歧本来是可以解决的。1928 年 6 月初，当关东军的军官们在靠近沈阳的地方炸毁张作霖的火车车厢并将其杀害时，来自这股势力的不祥的威胁明朗了。这次行动预告了日本政党政府军事指挥链条的断裂和东京对中国政策的最终失控。尽管日本政府没有对谋杀公开认罪，但这次事件造成了许多政治麻烦，迫使田中辞去首相职位。

显然，危险势力正在日本社会发展着。军队中的激进分子对亚洲大陆寻求一种更具侵略性的姿态。有的已经深深地干扰了日本本身的社会和政治发展，他们认为战争和日本社会的军事化对于净化日本是必需的。随着世界萧条的加剧，日本经济的衰退迫使东京紧缩预算，许多军国主义者赞成在中国制造一次危机以阻止削减军费。总而言之，日本各派，尤其是军队中的派系，越来越赞成对华战争而不赞成和平。尽管这些势力在日本国内可能一直是少数派，但他们使南京的外交任务更加艰难。与此同时，蒋介石寻求避免与列强冲突，但为了政治的缘故，他不得不在“表面上”至少做出一副强烈的反对帝国主义的外交姿态。这种矛盾对于希望挑起南京和东京之间仇恨的日本极端分子非常有利。

东北本身是引发这类骚乱最好的地区。当然，是张学良而非蒋介石统治着这个地区；张在南京的支持下，强制推行他本人的“权力恢复”运动。尽管张作霖依附日本人，但他早就力图限制他们的影响；而张学良可能是因其父被谋杀而震怒，甚至以更大的动力来推行这一政策。[19]中国人控制并修筑的铁路贯穿东北，以挑战南满铁路的垄断权。在营口，港口设施发展起来了，并对葫芦岛（根据与一家荷兰公司的协议）进行了规划，以挑战位于大连的日本设施的商业独占地位。日本人要求允许他们修建在其控制下的额外的铁路，张对此予以拖延。只要有可能，在诸如内地旅行、土地所有权等问题上，当日本人在满洲的这些权利属于有争议的条约所赋予时，它们总是被竭力否认。

张学良的政策正中关东军极端分子的下怀。在日本右翼报刊的支持下，军国主义者把中日之间在东北的争议公开化并加以利用，作为支持其立场的证据。极端分子声称张学良有意识地破坏日本在东北的经济利益。他们称中国铁路违背了禁止修筑与南满铁路“平行”的中国线路的条约规定；并且中国人人为地压低铁路运费以拖垮日本的生意。极端分子认为，张学良拒绝对双方所存在的争议进行谈判，中国人的“虚伪”需要日本人采取行动。中国必须被教训一下。[20]

即便如此，在东北最具争议的问题是不得不安排生活在那里的近 80 万朝鲜人（在 3000 万总人口之外）。大部分人居住在靠近朝鲜的边境。中国和日本对他们的确切身份从未达成一致意见，东京方面宣布他们具有双重国籍。日本领事警察经常干预涉及朝鲜人的问题。东京还鼓励向满洲移民，给向那里移居的朝鲜人发放个人贷款（也给日本人发放，但应者寥寥）。相反，中国则试图在可能的范围内限制朝鲜人定居满洲。

朝鲜人问题在1931年夏长春以北18英里的小镇万宝山达到白热化。一家中国公司先是向中国农民租用了土地，然后转租给朝鲜人。中国当局认为这种行为是非法的，因为它违背了1909年9月签订的禁止朝鲜人居住在非边境地区的协议，日本对此提出异议。当朝鲜人修建了邻近的中国人所反对的几英里长的灌溉渠时，一场朝鲜人和中国农民之间的械斗发生了。后者上告到地方政府，政府不准筑渠，随后，从长春出动的配备着机关枪的日本领事警察前来插手保护重新挖渠的朝鲜人。1931年7月1日，一些中国人攻击了朝鲜人并填平了部分沟渠。日本警察对人群开了枪，驱散了人群，没有造成流血。然后朝鲜人完成了灌溉渠。[21]

尽管万宝山事件中没一个人被杀或是受重伤①，但日本极端分子抓住这次事件作为煽动反华情绪的借口，希望能促成更具侵略性的日本对满政策。在朝鲜和日本的右翼媒体，为公共舆论火上加油。反华骚乱遍及整个朝鲜，在日本，范围要稍小些。华人居民被攻击、被毒打，他们的商店被抢劫。在朝鲜，有127名华人被害，另外还有大约400名华人受伤。

1931年7月的这些骚乱反过来在中国造成了激烈的反应。类似于五卅时期或对济南事变所做的反应，反帝民族主义浪潮遍及整个城市地区。中国人认为这些骚乱是东京蓄谋已久的政策的一部分。由于日本当局严密地控制着朝鲜的媒体和警察，他们本来可以轻易地制止这些屠杀，至少绝大多数中国人是这样认为的。中国人对屠

---

① 在万宝山事件中，日警向中国农民开枪，中国农民受伤数人，日警及朝鲜人无一人伤亡。事件发生后，日本大造舆论，捏造大批朝鲜人被害的消息，蓄意挑拨中朝关系，在朝鲜引起袭击华侨的风潮，造成在朝鲜华侨死亡142人，重伤546人，失踪91人。参见刘贵田、郭化光、王恩宝：《中共满洲省委史研究》，沈阳出版社2001年版，第250—251页。——译者注

杀最典型的反应是联合抵制日货。上海工商业和市民团体领导人于1931年7月13日在上海总商会发起了抵制日货运动。该团体电告全中国的商业组织，督促他们从7月24日起禁止出售所有的日货。一个反日民族救亡组织继而成立以指导这些活动。

南京对这场民族主义浪潮的处理态度是模棱两可的。政府既不希望惹怒日本，也不希望在这场中国民族主义的保卫战中显得软弱。外交部长王正廷向东京提出抗议，并要求保护在朝鲜和日本的中国人。中国驻日本大使在骚乱之后第一时间到朝鲜访问，并走访了毁损地点。[22]与此同时，南京与抵制日货运动保持距离，强调这是从上海外国人控制的地区由个人发起的倡议。南京只允许国民党党员以个人身份而不能以党的官员身份参加运动。只是在“九一八事变”之后的1931年9月25日，南京才允许国民党分部与反日民族救亡组织正式合作。让人并不吃惊的是，其间，抵制运动中的商人领袖抱怨缺少南京的支持；而到了8月中旬，有流言披露蒋介石亲自下令镇压抵制日货运动。

相反，日本方面则认为抵制日货运动是南京的一个阴谋，用来摧毁日本在华利益。在日本的商业组织要求采取行动以结束这场运动。上海公共租界的日本海军攻击了抵制日货运动的纠察队，在上海、天津和青岛的日本居民协会成立了武装组织，干了相同的事情。在沿海城市中，中国人与日本人之间的冲突司空见惯。

到了1931年8月，中日紧张关系达到了爆发点，关东军中的军官们为9月18日的事变制订了最终计划。军国主义者揭露、公布并推动了一桩最后的“事件”，为日本采取行动铺平了道路。一个在服现役的日本军官中村震太郎上尉装扮成一名农业专家，于1931年6月在一小队人的陪伴下到满洲西北部旅行。中村显然在接近蒙古的边境从事一项秘密使命；就像日本人的报道承认的那样，他携带了大量的海洛因，这大概是用来与蒙古人做交易的。[23]

中村上尉在靠近边境的地方被中国士兵拘捕，大约在 7 月 27 日最终作为间谍被枪杀。关于这次事件的消息慢慢地传到了外界。8 月 17 日，关东军公布了一个杀死中村的故事，并要求中国人进行调查和补偿。日本人采取了一条强硬的路线，强调要对一名帝国军官的被杀立即采取行动。日本媒体关于这个故事的报道非常激烈，并成为那些寻求更加强硬的对华政策的人的一种战斗口号。

张学良最初怀疑日本人在这件事情上提供的证据，但最后力图平息这种势态。他对这个事件进行了两次调查，并派遣官员到东京去解释他在达成友善谅解上的诚意。由于担心日本人将要采取行动，南京方面也试图平息东北的势态。财政部长宋子文在大连安排会见了南满铁路的首脑人物及日本驻华使节，讨论了整个东北局势。即便如此，关东军的极端分子仍抓住时机，策动了 9 月 18 日的行动。[24]

从对 1927—1931 年中日关系的分析可以看出，在满洲发生的冲突几乎是不可避免的。尽管南京想安抚日本人，但国民党的外交政策仍然极其强硬，这正中了日本极端分子的下怀。从 1931 年不抵抗政策的远景来看，蒋介石和张学良的行为显得相当的不理智。既然事变爆发时这两位将军都不准备从军事上在东北抵抗日本人，为什么在 1927—1931 年这个阶段他们没有更多地迁就日本人的要求呢？

诚然，中国领导人可能错误地估计了形势，他们极易犯错误。即便不提可能的领导错误和失败，蒋介石和张学良都不可能单独地基于处理对日问题而形成对日政策。他们两人均陷入了错综复杂的军事和政治斗争中。张学良对他父亲“王国”的夺取已经招致对手谋杀。他对下属的控制也并非绝对可靠。[25]对日本的要求显示出奴隶般的驯顺，本来就是为政治对手配备弹药。蒋介石在这种压力下显得同样脆弱。

总而言之，对蒋介石和张学良来说，对日政策显示了国内政治关系的一种调和、平衡及对日本人的惧怕。当关东军中的军国主义分子强行制造了1931年“九一八事变”时，他们没有选择抵抗。因而，要理解不抵抗政策，就不能仅仅考察1927—1931年的中日关系，还必须考察中国内部本身的军事和政治势力的联合。

中国军事和政治的联合（1927—1931）

国民党统治下的中国事实上是所有名义上承认国民党、但与南京仍保持着实质性的财政和行政独立的地方军事人物的联盟。显而易见，作为委员长的蒋介石是这些人的老大，但他的军事优势并不是压倒性的。1929年1月，蒋的第一集团军大约有25万人，但他可以指挥其他对他稍微疏远的部队。两位与国民党联合的北方军事人物控制着相同规模的军队。冯玉祥的第二集团军有22万人，阎锡山的第三集团军有20万人。桂系领袖们（李宗仁、李济深和白崇禧）率领的第四集团军有23万人，并占领着湖南、湖北和两广地区。当张学良把他的东北大军合并到国民党的旗帜下之后，第五支重要部队加入到国民党的联合中。除了这五支主要部队外，在四川、云南、贵州及其他地区还有规模较小的军队，总数达57万人。各个集团并不稳定，因此，一个军事集团的崩溃可以突然并剧烈地打破军队的平衡。[26]

在如此微妙的军事平衡下，由于蒋介石决定把中国统一到他的控制之下，冲突也就无法避免了。1929年春，蒋与桂系联盟发生了一次短暂的小规模战斗，并迫使其退出华中地区。在那一年的5月，蒋用计击败了冯玉祥，并促成了冯的两名部下韩复榘和石友三的倒戈，这两人共拥有大约 10 万人的部队。韩被任命为山东省主席，石被任命为安徽省主席。通过这些行动，蒋逐渐巩固了他在国民党军事领袖中的主导地位。[27]

尽管如此，最严重的战斗还是在 1930 年春发生了。阎锡山和冯玉祥联合反蒋，并且，像汪精卫及西山会议派领袖邹鲁这类国民党的失意政客也参加了进来。这两人均不满于蒋对党权的篡夺，他们的加入使北方联盟声称其具有政治合法性。1930 年 8 月，他们在北平组建了国民党扩大会议，并在 9 月宣布成立一个新政权。

在南京和北平之间接连发生的内讧是南京国民政府最初十年里最血腥的内部残杀。战斗主要发生在河南，双方均伤亡惨重：阎和冯可能共伤亡 15 万人，蒋大约伤亡 9 万人。南京在战场上保持着优势，但决定性的因素是驻扎在关外的张学良的军队。蒋向张奉送了 1000 万银圆，并在政治上承诺让张控制中国黄河以北地区。张于 1930 年 9 月参加战争，支持蒋介石，使得阎和冯停止抵抗。

蒋介石取得对北方联盟的胜利的代价很昂贵。军费支出使得政府财力罗掘俱穷。截至 1931 年 6 月 30 日的财政年度借款高达 21600 万余元（相当于政府总收入的 30.3％），与此相比，前两年每年的借款数目是 10000 万元。为维持这一负担，发行大量无担保的债券势在必行。[28]在这场大战中，南京不仅有直接的支出，而且必须付钱给张学良和韩复榘以维持他们对南京的忠诚。

蒋的胜利也不彻底。冯玉祥辞职了，但他的部下依然如故。阎锡山尽管暂时退到大连，但仍维持着他在山西的基础。在北方真正的赢家不是蒋介石，而是张学良，他占领了天津、北平及河北省，就像他父亲早年曾经做过的那样，他把他的近 12 万军队带进关内。

张获得的作为帮助南京作战的回报，还包括荣任中华民国海陆空军副总司令。

这个阶段的战争给南京国民政府造成了微妙的政治损害。从早期开始，国民党政权就被那些认为它已经背叛了革命初衷的人的失望和灰心困扰着。用易劳逸的话来说，许多人觉得："革命失败了。"[29]国民党军事人物内部随处可见的内战——与 20 世纪 20 年代军阀内部的混战是如此惊人的相似——造成了动荡。许多民间力量指责是政府的穷兵黩武造成了这一败绩，这个进程是蒋介石主宰南京的象征。1931 年春，当蒋把一个党的重要领袖、孙中山的密友胡汉民软禁时，紧张的局势爆发了。蒋的对手聚集到了设在广州的一个分裂派的周围。支持运动的西南军事实力派，可能不像过去北方联盟那样强大，但广州政权的政治基础则更加强大。汪精卫、孙科和陈友仁与军事领袖陈济棠、李宗仁和张发奎一起，要求蒋介石退位，并建立一个政党控制的政府。胡的软禁所造成的紧张使得所有广东人最终背叛了南京并加入了南方运动中。

因而，1931 年夏，当万宝山事件、朝鲜骚乱和中国的抵制日货运动导致中日危机加剧时，蒋介石处于一个微妙的政治和军事境地。他的政权面临着来自广州联盟对其合法性和权威的严峻挑战。而他的政府财库已被耗空，作为对政治和外交危机的反应，泡沫似的上海证券市场发生了暴跌。与此同时，由于蒋在江西布下了 13 万联军"围剿"共产党的军队，其力量更趋紧张。

张学良对蒋介石的生存至关重要。如果 1931 年夏季张采取强硬的对日立场，他将不得不把他的部队集中到东北。张将近一半的军队——包括许多他最信赖的部队——处于关内。如果他把这些部队撤回来对付日本人，北方联盟中蒋介石的老对手将坐享渔利。阎锡山将会很快来填补这个真空；并且，冯玉祥在此留有部下，可能会东山再起，就像他后来尝试的那样。在山东，韩复榘对南京的忠诚度很低，如果反蒋的浪潮涌起，他极有可能会再次叛变。总而言之，整个华北可能又会回到北方联盟的控制之下。毫无疑问，这些军事实力派与广州领袖的结盟会颠覆蒋介石。

因而，1931 年夏秋，蒋对不抵抗政策顽固的坚持是这些担心的产物。他督促张学良避免与日本人交战是由于他需要张来保证华北的稳定，并阻止北方联盟卷土重来。毕竟，东北从来就不曾是南京国民政府掌控的领土，它的丢弃不会直接危及这个政权的存在。自然，日本军国主义者了解蒋的弱点，并在策划他们的行动时把它们考虑了进去。[30]

1931 年的政治和外交危机并不是毫不相干的事件。日本人从民国初期就已经插手中国的政治，并且中国的政治派系一如既往地试图获得日本的援助。在“九一八事变”之前或更早，广州就试图打“日本牌”。7 月，汪精卫派遣他的“外交部长”陈友仁到东京会见币原。这简直是向南京挑战，因为日本对来自一个敌对政府外交官的接待提高了挑战者的合法性。陈和汪均强调孙中山的大亚洲主义可以作为中日之间合作的基础。陈明确承认日本在满洲的权利以换取日本对南方政权的支持——金钱和军火。他强调消灭蒋介石和张学良将有利于中日双方的利益。为了重视对日本的主动权，广州谨慎地控制着在万宝山纠纷之后发生的抵制日货运动。甚至在 1931 年 9 月 18 日之后，在广州领导人公开谴责张学良不抵抗时，汪精卫却在私下继续向东京献媚。因而，在 1931 年的危机中，南京面临着另一层担忧，害怕强硬的抗日立场将导致日本对其南方对手的支持。[31]

在北方，日本人对中国政治的插手同样威胁着蒋介石和张学良。

尤为显著的威胁是奉天关东军特务机关长土肥原贤二的阴谋。1931年8月，在土肥原的安排下，阎锡山乘坐一架日本飞机从大连飞回山西，结束了阎在北方联盟失败之后的流放。土肥原还在1931年春策动了安徽省主席石友三的叛变，石试图向河北推进。张学良平息了骚乱，但其间不得不要求万福麟把部队带出黑龙江省，进一步削弱了满洲的中国军队。[32]日本人的干预显然威胁到了蒋及其北方盟友。

这种政治环境导致了蒋采取不抵抗政策。由于被政治和军事的挑战所削弱，被日本人的阴谋所威胁，并且要依赖华北的张学良，蒋无疑认识到在东北坚决地抵抗极有可能毁灭他的政权。另外，他强烈怀疑他的许多对手尽管公开地谴责日本帝国主义，私下里却在向东京寻求妥协和帮助。因为南京国民政府初期的中国政治与军阀时代仍然有着惊人的相似之处，地方军事人物为权势而争斗，互相结盟以扩大他们的优势。大部分人通过意识形态的呼声、高唱反帝论调来拓宽他们的基础。在民族主义口号的背后，当西方帝国主义者的利益有利于这些军事人物关联的事情时，他们便向其妥协了。这种军阀政治和外交的模式并没有在1927—1928年突然终结，就像对“九一八事变”的反应所明确显示的那样。蒋介石只能渐渐清除许多地方性的对手，并巩固他作为中国“民族领袖”的诉求。与此同时，日本夺取中国领土作为直接的殖民地，这一决策与早期间接的殖民渗透相比，给中国造成了一种新的外交危险，这就迫使中国领导人承担全国性的而非地方性的责任。

对不抵抗的挑战

从某些方面来看，蒋介石的不抵抗政策对他个人而言是一种成功。至少在开始时，是张学良而非蒋承担了公众敌意的攻击。当张失去在东北的基础，力量被削弱时，他仍然掌握足够的军事力量来控制华北与南京结盟。他大约有 12 万士兵继续留在关内；在东北本地，张在锦州的一个临时司令部维持了几个星期，那里集结了大约 3 万名官兵。一个更弱小的张并非完全不受南京欢迎。结盟的军事人物经常最后成为敌人；并且，从蒋的视角来看，在击败北方联盟之后，少帅可能已经变得过于强大。

尽管有这些考虑，但 1931 年秋发生在中国东北的事件很快成为南京国民政府的一场灾难。关东军计划的野心之大超出了中国统治层原先的预计。日本军国主义分子计划把东北从中国的统治下完全、永久地分割出去。向国际联盟的诉讼——南京政策的支柱——无法阻止日本人。尽管日内瓦派出了李顿代表团来调查这次事件，但没有一个西方列强准备以有效的力量来支持中国。国联下达了停火要求，关东军却对此置之不理。日本人一步一步地向前推进，1931 年 10 月 8 日轰炸了锦州。南京的无能暴露无遗。

其间，土肥原贤二到天津组织了两轮骚乱，雇用武装暴徒在日租界外采取行动。第一次骚乱——为期一周的事件——始于 1931 年 11 月 8 日，并为土肥原把爱新觉罗・溥仪从天津引诱到东北提供了烟幕，溥仪到那里后很快成为傀儡政府的主要摆设。第二轮骚乱始于 11 月 26 日，为日本向天津增派驻军（那时仅有 1000 人的兵力）及对锦州和向南方采取初步行动提供了借口。来自东京温和派的压力，而非张学良的部队迟滞了这次进攻，但最后的进攻在 12 月下旬发生了。1932 年 1 月 3 日，张把锦州丢给了日本人；2 月，伪满洲国成立。直到 1945 年，东北三省都属于日本人。南京的不抵抗及依赖国联的政策丝毫未能挽回中国在东北的任何主权。[33]

“九一八事变”引燃了中国民众的舆论。激愤最初针对日本人和张学良，但随着日本长期统治的明朗化，激愤渐渐地转向了南京。南京拒绝与东京断交，更不用说宣战了，从而激怒了许多中国人。学生的反应最为激烈。按照五四和五卅运动的模式，大中院校学生组织起来，进行反对日本和不抵抗政策的示威。早在 1931 年 9 月 20 日，来自上海 30 所大中院校的代表组成了全国学生抗日救亡联合会。在北平和天津，来自东北的难民推动了相同的组织活动。在一周之内，学生蜂拥至南京，当地代表团也加入进来，开始游行和示威。[34]

学生的行动令南京左右为难。政府不愿用军队镇压学生。在中国传统中，学生具有一定的道德权威，而且镇压行动将会形象地唤起人们对五卅运动中英国警察向中国学生开枪的记忆。在南京的任何这类事件必然会被广州的国民党对手所利用。因而，南京领导人试图平息学生的怒火，会见了学生代表团并劝其耐心。9 月 23 日，（在几个类似演说的其中一次中）蒋介石对一群学生说：

> 我们必须保持纪律……不论强压我们的愤怒是多么的困难，我们必须保持冷静……如果国际联盟和《凯洛格公约》① 的签字国不能维护公道，国民政府将进行最后的和崇高的战斗。我将率领军队和全民族为保全我们的种族与维护我们民族的尊严而战……如果需要与其他爱国者一起倒下，我将前去前线。[35]②

这种妥协未能阻止暴行。数以千计的学生在南京城内游荡，冲

① 1928 年签订的以美国国务卿福兰克·凯洛格名字命名的国际公约，规定禁止以战争作为国策手段。——译者注

② 此演讲未收入“中国国民党中央委员会党史委员会”编辑的《先“总统”蒋公思想言论总集》与“国防研究院”、中华大典编印会合编的《蒋“总统”集》以及《申报》等资料中，此处为直译。——译者注

击国民党和政府机构，递交请愿书，并使政府实际上处于停顿状态。9月28日，一群愤怒的学生冲进了外交部，攻击并打伤了外交部长王正廷。他的武装警卫拒绝向学生们开枪。在医院治疗的王辞职了，好几个星期南京都难以找出一名替任者。在外交事务危机中，该部（以及其他党和政府机构）的官员保持着低调，且不愿在他们的办公室里露面。[36]

南京真正平息学生运动是在10月底至11月初。与吸引学生精力的措施相结合的镇压，暂时获得了成功。政府为学生组织了一个军训项目，而其他学生则被吸引到了经济上的抵货行动中。即便如此，建立一个由国民党控制的全国学生团体代表大会的努力失败了。当它的官办性质越来越明显时，上海代表退出了代表大会。[37]

当齐齐哈尔沦陷和土肥原的天津骚乱制造出新一波的麻烦时，学生动荡中的相对平静在1931年11月中旬结束了。示威越来越针对南京，学生代表痛斥政府对马占山缺乏支持，并要求对日宣战。学生骚动已成为中国对日关系中的重要因素。一方面，在上海，动荡如箭在弦，学生与日本公民，尤其是海军士兵经常发生冲突。另一方面，易社强指出，南京把学生动乱作为一种工具来与东京谈判。[38]

到了11月底，大批的学生再次使南京陷入瘫痪。在一座座城市里，青年人占据了火车车厢，赶到南京，抗议日本人造成的局面。许多地方政府陷入混乱之中，最引人注目的是北平、天津和上海的华界地区。由于更多的青年人从北方来到南京，运动变得更加激进和暴烈。1931年12月15日和17日，在学生与警察的冲突中，许多人受了伤。在这些骚乱之后，当局有力地镇压了学生运动。将近16600名从中国各地来到南京的青年人被遣散，并有许多人被捕。这次镇压的实行，正是由于这个政权正在重组以解决国民党中的粤系与宁系之间的分裂问题，这种解决方法剥夺了学生政治杠杆的作用。与由暴力引起的负面新闻相结合，政府现在能够更从容地扼制学生运动。[39]

尽管学生的反应是民众对“九一八事变”最明显和最令人不安的反应，但中国社会的其他力量同样活跃。最初由上海商人组织的针对万宝山事件和朝鲜骚乱做出反应的抵制日货运动，在 9 月 18 日以后很快普及开来；并且，如前所述，南京国民党领导人最终批准地方上党的机构直接支持抵制日货运动的团体。为了慎重，所做的一个让步是指示不得攻击日本人或他们的财物。[40]上海党部也资助一个抗日民族救亡组织的联合会，用来强化（也控制）群众对这个问题的情绪。在上海的一个妇女组织举行了一次有将近 2 万人参加的集会，号召妇女组织志愿者团加入卫国行动中。[41]

自“清共”后受到限制的劳工组织，在这种情况下变得活跃起来。上海 70 个协会向南京发出请愿书，呼吁进行抵抗。1931 年 9 月 24 日，上海的日本工厂中将近 3 万名中国工人罢工，而其他协会向罢工基金做了捐献。反日劳工的活动引起了南京的特别关注，因为 10 月的大部分时间里，在上海的日本工业区中，中国工人和日本海军之间的暴力事件升级了。由于这个区域位于公共租界，南京国民政府不能直接进行管辖，国民党政府对缓和局势无能为力。日本学生也以撕去反日海报的方式挑起与中国工人的战斗，而中国方面则经常用攻击孤单的日本人来报复。[42]

中国的新闻记者和知识分子在中国营造了抗日的氛围。大多数报纸和杂志使用了一种强烈的反日语气，偶尔会陷入煽动性言论和种族攻击。如果留意的话，在抵抗问题上对张学良和南京软弱的批评充斥于媒体上。

新闻记者用公布著名的“田中奏折”的方式，来力图说明在日本行动的背后是一个大阴谋。那份文件据传是田中义一首相在1927年7月25日呈给日本天皇的一份奏折。“文件”概述了一个征服计划，即把日本在满洲和蒙古的经济渗透作为征服这些地区的序幕，然后征服中国其余地区，并最终征服世界。如同约翰·J. 斯泰芬的研究已经证明的那样，这份奏折显然是假冒的，是由无名氏仿造的。它最早出现在中国，刊载在1929年12月号的《时事月报》上，这是一份与CC派有联系的期刊。1931年9月，奏折的英译本刊登在上海出版的《中国评论》上。南京的代表把文件传播到海外，作为宣传攻势的一部分，以支持中国在国际联盟里的主张。尽管是一件赝品，但在20世纪30年代被普遍认为是真的，因为日本人的行动似乎遵从了这个计划。中国民众确信：日本人对满洲的征服是日本领导人悉心策动的整套征服计划的一部分，最后将导致对中国的全面进攻。因而，一个不抵抗的政策是注定要失败的。[43]

遍地反日情绪的浪潮困扰着蒋介石，因为它不仅把他置于粤系的政治压力之下，而且激起了群众运动。自“清共”后被南京打压和控制的学生、工人、妇女、商人和作家的群众运动在对日问题的反应上，孕育了新的生命。更为激进的势力再次有了施展影响力的机会。如1931年12月，在上海的几位重要知识分子组织了一个浙江民族救亡组织，为首的有郁达夫、丁玲和胡愈之这些人，以及国学大师章炳麟，他们要求采取更加强硬的对日政策。[44]1931年这种动荡不定的气氛与蒋控制中国政治环境的企图形成了交集。

1931年秋，广州的分裂者们依然是蒋介石最直接的政治威胁。他终将在挑战下生存下来，但为此，他不得不短暂地退位，让出国家和政府首脑的职位，并与他的老对手汪精卫联合。日本入侵东北之后，南京和广州屈服于巨大的民众压力并试图解决它们的政治分歧。9月下旬，双方的代表在香港会晤，之后，蒋终于同意把胡汉民从软禁中释放出来。一旦胡安全抵达上海，广州就派代表北上到上海谈判。

9月18日以前与日本人有着实质性联系的广州领导人，现在觉察到了一个政治契机，便采取了强烈的赞成抵抗的立场，从而让蒋难堪，并巩固他们在谈判中的地位。南方领导层中吸收了马占山的兄弟，并赞扬马在东北单独抗日的努力。广州当局甚至一度对反日学生组织和亲抵制日货运动的团体实行解禁，允许它们进行反日示威。只是到了1931年10月10日，当运动演变成暴力时，广州当局才进行镇压，施行戒严令。广州的某些领导人在公开责骂蒋的不抵抗政策时，私下里却与日本官员藕断丝连。因此，广州当局的公开抗日立场更多的是针对南京而不是东京。[45]

广州与南京之间解决分歧的谈判因广州方面要求蒋辞去所有的职位而破裂。争论一直拖延到1931年12月15日，蒋从政府职位上退下来，但保留党的职位。他引退回到了浙江的家乡，以林森为主席、孙科为行政院院长的新政府成立了。尽管如此，蒋的引退仅是一种为其对手设套子的把戏。他已经与逗留在重组的南京政权之外的汪精卫建立了联系，汪意识到没有蒋的支持，新政权注定要失败。华中地区的军队依旧忠于蒋，并拒绝支持孙科政权。蒋还把关键省份的政府留给了他的支持者掌握，如顾祝同掌握着江苏、鲁涤平控制着浙江、熊式辉统治着江西。安徽、河南和湖北的省主席继续支持蒋。蒋的财政部长和妻兄宋子文也辞了职，有意留下一堆财政烂摊子。

因而，孙科政府无法运转。由于缺乏政治、军事和财政的支持，它维持了不到1个月，于1932年1月25日倒台。孙科同样不能实行如他本人和他的外交部长陈友仁曾许诺过的更加强硬的对日政策。陈提议中断与日本的外交联系，但面对国民党领导人政治上的反对而无法施行。在军事前线，南京电令张学良在锦州对日本的进攻抵抗到底，但他未经实质性的战斗便已撤退。[46]

1932年1月28日，汪精卫取代孙科出任行政院院长，宋子文也重新恢复了财政部长的职位。蒋介石回来担任了军事委员会委员长。通过重组，尽管蒋在政府中的正式职位下降了，但他的实际控制却并未减弱。就政治方面而言，他已经很好地度过了风暴，挤掉了他的粤系对手；并且，通过与汪精卫的联合，他强化了政府的基础。随着政治危机尘埃落定，蒋再次腾出手来镇压抗日的群众运动，至少他似乎将要这么去做。尽管如此，就在汪精卫就职的那一天，在上海爆发了一场新的危机，给国民党政府制造了巨大的军事和政治困难。

“一·二八事变”

在整个1931年下半年，上海的中国人与日本人之间充满了仇恨。零星的暴力事件大概是无法避免的。这个大都市既是反日抵制日货运动的中心，也是学生运动的中心，还是日本人对中国本土影响的中心。近3万名日本人居住在这个城市。上海的政治组织很难让任何一方来控制这种紧张的态势。这个城市被分成三个区域：公共租界、法租界和华人辖区。华人辖区被外国人的区域分割开来。一个地区的警察不能管辖另外的地区，必须经过复杂的引渡手续。因而，法律的执行非常困难。

许多日本势力也急切地想挑起冲突。上海的日本工商业领袖被抵制日货运动所损害，向他们的军事当局施加压力，要求对民族救亡组织采取行动。在上海，日本海军经常干涉中国的纠察队和示威的学生。关东军是另外一股力图在上海挑起冲突的势力，它的特务机构斥出资金，竭力来制造一起事件。关东军首脑则想把人们的注意力从他们建立伪满洲国的行动上转移开去。[47]其他的日本极端民族主义组织也急切地盼望一起事件，寻找一个军事冲突的借口，以便在上海“教训中国人一次”。例如，1932 年 1 月 18 日，日莲宗的和尚在闸北——上海的中国人辖区——的三友毛巾厂煽动了一场与中国工人的斗殴。几名日本人受了伤，并有 1 人被杀。次日，一群日本人回到这家工厂攻击中国工人，打伤了几个人，并毁坏了这家工厂。[48]

在上海的日本海军司令盐泽幸一少将抓住这次骚乱，以此作为向上海市长吴铁城提出要求的一个借口。与日本领事保持联系的盐泽，要求对反日运动和抵制日货活动进行彻底的镇压，对受攻击的日本受害者进行赔偿，并要求中国政府既要为工厂事件道歉，还要因中国刊物上一篇据说侮辱了裕仁天皇的文章进行道歉。而且要求中国军队从上海地区撤退 30 华里。盐泽通知吴，如果这些要求在 1 月 28 日晚上没有被接受，日军将占领上海的华人辖区。[49]

吴铁城处境艰难。上海的反日情绪如此激烈，接受日本的要求无疑会引发一场政治动荡。尽管如此，蒋介石决定必须不惜任何代价避免与日本的冲突，并命令他的追随者吴接受最后通牒。[50] 1 月 28 日下午，就在最后通牒到期的几个小时之前，吴向日本总领事通告了这一决定。除了道歉和赔偿外，吴命令停止所有支持抵制日货和反日的活动，关闭所有援助组织，对被认为侮辱日本人的出版物予以停刊。

尽管如此，为了满足日本人的要求，吴需要驻扎在上海地区的中国军队的合作，而这绝不是件把握十足的事。当地的中国军队是十九路军，这是在 1931 年 10—11 月为促成广州与南京让步而进驻上海的以粤系为主的部队。由陈铭枢任总指挥，这支部队包括 3 个师，分别由蒋光鼐、蔡廷锴和戴戟率领。

据易劳逸的研究，十九路军领导人的政治背景比较复杂。这支部队先前的建制于 1921 年在广州成立，且一直是国民军的一部分。陈铭枢逐渐与蒋介石疏远起来，但 1931 年春，他在南京的支持下反对广州。对此，按照易劳逸的说法，最适当的解释是陈对广东分裂者中的主要军事支柱陈济棠极为反感。1931 年秋到达上海后，陈铭枢加入了重组国民党政府的工作，出任孙科手下的行政院副院长。随着孙科政权的崩溃，1932 年 1 月陈明确地在上海开始组建一个新的政党，获得了与孙科政府有联系的一些势力的支持。显而易见，陈铭枢是独立于蒋介石之外的。[51]

十九路军领导人被卷进了上海的反日情绪之中。这支部队比中国大多数军队更加政治化，在国共合作时期就经受了锻炼，作为蒋的部队从未有像它一样受到过如此彻底清洗的。当上海危机发生时，部队的领导者在 1 月 21 日举行会议，会上对日本要求他们撤出上海城的问题进行了激烈的争论。按照丘国珍的叙述，会议决定继续留在上海，但只有在日本人攻击时才进行战斗。尽管如此，后来军队的领导者仍同意按照日本人的要求，在上海的闸北地区用武装警察替换他们的士兵。[52]

蔡廷锴将军在他的自传里提供了一个略有不同的情节。他叙述他的军队是一支爱国和抗日的力量，但避免承担不服从南京命令的责任，并给日本人一个攻击的借口。蔡回忆了在1月24日会见蒋的亲信和国防部长何应钦的情况。何说中国没有准备与日本开战，因而尽管撤军的要求是不正当的，但南京国民政府将很快命令十九路军撤退，“以便保存国家的力量”。蔡叙述说，撤军的命令使军队的整个领导层非常失望，但还是准备执行。即便如此，困难出现了，在更换从南京来的警察之前，最后通牒的期限已到。蔡当时命令他在闸北的士兵坚守岗位直到被正式轮换。当1月28日夜日本人以他们的最后通牒没有被执行为借口发动攻击时，这些士兵还在他们的岗位上。[53]南京提交给国际联盟的官方说明解释说，1月27日夜政府从首都派出警察并在1月29日早晨到达了闸北。[54]

在1月28日深夜前，在通报吴市长之后仅仅几分钟，盐泽少将就立即派遣他的海军进入闸北，并把十九路军是否将撤出闸北的问题提出来进行讨论。盐泽为这次行动辩解说，尽管吴已经接受了最后通牒，但那些要求并没有被实际执行。日本海军显然急切地想打一仗，部分原因是嫉妒满洲皇军的成功。海军希望在中国采取“一次行动”。尽管如此，盐泽并不希望遭遇实质性的抵抗。在满洲就没有真正的战斗，日本军方首脑对中国的军事实力不屑一顾。

可惜，盐泽算错了。当他的军队进入闸北时，十九路军进行了抵抗，并且抵抗得非常猛烈。在其后的33天里，双方在一个人口稠密的城市里进行了激烈、残酷的战斗。盐泽没有预料到会遭遇抵抗，他缺乏足够的兵力打垮中国的守军。他仅有6000名可用的士兵来面对超过2万名的粤军。遭受挫折之后，日军少将开始依赖他的技术优势，从“能登吕”号水上飞机上起飞的飞机在中国军队的阵地上投下了燃烧弹。盐泽还调来坦克、先进的野炮和增援的飞机。

这次攻击造成的破坏是惊人的。炸弹和炮弹落进了人口稠密的地区，炸死炸伤数千人，并摧毁了不计其数的房屋和店铺。最臭名昭著的破坏是日军用火焰弹焚毁了中国最大的出版社商务印书馆。1月29日，这家印书馆被几枚燃烧弹击中，它的整个车间和以藏有珍本书籍著称的东方图书馆被完全摧毁。上海铁路北站的内部设施被炸毁，还有几家工厂，包括永安棉纺织厂、光明供电公司和中国铁工厂，也有相同的遭遇。许多大中学校遭受破坏，其中包括吴淞中国公学、吴淞商船学校和同济大学。[55]

尽管日军的进攻非常凶残，但十九路军并没有瓦解，反而迫使盐泽搬取援兵。2月初，在英、美两国领事安排的停战中，另外3000名海军登陆了。但这仍然不够使用。2月中旬，东京最终派遣了植田谦吉中将率领的18000名士兵来增援。[56]

淞沪之战激发了中国的民意。经过数月的不抵抗并屈服于日本人的每一个要求之后，中国军队最终进行了反击，并表现出色。十九路军的领导人，尤其是蔡廷锴和蒋光鼐立即成为英雄，被人们的言辞和歌曲所传颂。正如易劳逸指出的那样，“十九路军已成为一个具有无私的爱国主义和英雄气魄的民族象征”。[57]即使是全面支持不抵抗政策的知识分子胡适，也指出在“九一八事变”的耻辱之后，淞沪之战对振奋中国人的精神是大有裨益的。胡适评论说，十九路军“使全世界起敬，使中国人人感觉一种新的生命，新的希望”。他说，自从鸦片战争之后的90年里，这样的事是前所未有的。[58]

为了增加事件的影响，这场残酷的战斗被逼真地描绘并记载下来；公共租界——一个不允许中国军队进入的禁区——一反常态地允许中国和外国记者接近战场，这在现代战争中是少有的。另外，1932年在现代都市中心地区的正中地带使用燃烧弹和野战炮，也是罕见的。要到第二次世界大战时，平民伤亡的景象才会变得更加常见。

交战军队的本性造成了战争的野蛮性。双方的游击队都非常活跃。日本的预备役人员和极端民族主义分子在战争初期显然失去了控制，随之而来的是种种暴行。在中国方面，秘密社会青帮的头子杜月笙被日本人的进攻所激怒，派出了他的许多徒子徒孙，经常配备着机关枪在日军背后充当狙击手。在中国最大、人口最稠密的城市中进行的这场残酷而又由镜头详尽记录的战斗的结果是，淞沪之战大概比早先的"九一八事变"在中国和海外造成了更大的情感冲击。[59]

淞沪之战给蒋介石和重组的南京国民政府带来了严重的威胁。如果上海的这场战斗失控的话——看起来有这样的可能——也许会招致日本对华中地区的全面进犯。尽管十九路军做了英勇的抵抗，但日本很快就在这个战区确立了空中优势，而日本海军在长江上则从未受到过挑战。如果战斗升级的话，蒋在长江下游的基础将变得岌岌可危。回过头来看，日军显然不想在那时进行这样的一场战争。淞沪之战的爆发几乎是失算所致，日本的目标仅限于在这个地区镇压抗日活动，尤其是镇压抵制日货的组织。

即便如此，这样一种绥靖政策在当时一点也不明朗。双方的情绪都在激化，而且日军首脑不会接受任何看上去是日军失败的解决危机的方案。另外，自 1931 年 9 月 18 日以来在中国发生的事件，已在日本政局中造成了政治骚乱。新的激进势力迸发了出来，它在 5 月策划了刺杀日本首相的行动，并导致了政党主导的内阁的结束。总之，南京有各种理由担心淞沪之战可能会升级失控，进而导致一场全面的战争，这是蒋一直寻求避免的。

但蒋介石在上海面临的危险不仅仅是与日本进行交涉，还存在着一种政治上的威胁。淞沪之战使十九路军的领导人成为英雄，这些人绝非蒋的盟友。即使在这场战争发生之前，陈铭枢与蒋在国民党内的对手的关系很密切。在这场战斗中，将领们渐渐认识到南京仅给予了最小限度的支持，这进一步恶化了他们与蒋的关系。与之相比，蒋的对手，像那时国民党左派的主要成员宋庆龄（孙中山夫人）以及不久前倒台的粤系的领导人，则东山再起。2 月 14 日，这些反蒋势力在孙科和陈友仁的领导下，聚集在上海，要求南京增援十九路军，并在东北进行反攻。[60]

民众对十九路军非常热情。物资和捐款蜂拥而来。商人团体、青帮首领、学生组织捐献了衣物、鞋子、药品、食物及装备。海内外的华人捐献了 4000 万银圆。近 800 名学生参加了军事行动，而其他人则演戏、唱歌以鼓舞部队的士气。甚至还有私人礼品，如永安公司的负责人给蔡廷锴赠送了昂贵的法国白兰地。[61]

广东抵抗者的普遍呼吁，加上上海地区党和政府机构的混乱局面，激发了始于万宝山事件的群众运动的复兴。在 1931 年秋就已发展起来的全国救亡团体，在支持十九路军的运动中更加积极。1932 年 1 月 31 日，学生、工人、妇女和商人团体联合组成了上海市各界抗日救国会。由青帮大力支持的上海地方协会与战地难民临时救济会均参与了情报和交通工作。他们在公共租界中活动，向十九路军指挥部报告日军的行动。这些新团体的发展，冲破了原来南京要求所有群众组织都要接受地方党的控制的政策。许多团体终将被镇压，但在淞沪之战的混乱局面中，这些社会势力的政治能量被释放了出来。[62]

淞沪之战还给南京国民政府造成了严重的财政威胁，破坏了这座城市的经济生活，上海作为一个政权主要的资金来源地的地位已经摇摇欲坠。南京财政赤字所依赖的证券市场被关闭了好几个星期，政府贷款所依赖的主要银行举步维艰，面临倒闭。因而，"一·二八事变"给蒋介石造成了军事、政治和财政上的危机。[63]

蒋介石对这次突发事件的最初反应是保证政府的安全。长江上一艘日本军舰对南京的小规模炮击，暴露了这座城市的脆弱性，并提供了把政府迁移到河南洛阳的借口。1932 年 1 月 30 日，南京宣布了这一决定。中国还向国际联盟上诉，并宣布日本对这次冲突负责。南京宣称："只要日军停止对中国的侵略行径，中国政府将不采取任何敌视他们的行动。"[64]即便如此，十九路军仍公开发誓抵抗到底。

蒋发誓支持上海守军，但却慢慢地派出增援部队。只是在植田将军的援兵到来、有可能击垮中国军队时，蒋才命令他的部队开赴前线。尽管蒋非常希望避免与日军的战斗，但他无法承受完全丢弃中国守军的政治代价。他组建了第五军，其中包括他最好的两个师——八十七师和八十八师，还有一支中央军事学院①的学生教导总队及一个国民政府警卫军的野战炮营。在蒋的亲信张治中的率领下，第五军于 2 月 16 日抵近上海，守卫该市的北部与西部。这支部队与原来的粤军数量持平，从而使在上海地区的中国军队增加到大约 4 万人。[65]蒋显然知道派遣军队去前线具有政治影响。他电令张治中和八十八师师长俞济时要与十九路军进行全面的合作，但告诫他们既要承受来自敌人的仇恨，还要承受反动派的诽谤，后者可以用来形容蒋的所有对手。[66]

其间，植田将军在 1932 年 2 月 18 日向蔡廷锴发出最后通牒，要求十九路军在 48 小时之内撤出上海地区，否则将面临一场全面的攻

---

① 即陆军军官学校。——译者注

击。他重申在上海镇压抗日活动的要求。自从战争开始后，这种活动理所当然地兴盛起来。蔡在2月19日拒绝了植田的通牒，向南京（或洛阳）的中央政府作了报告。[67]

2月20日，植田沿着整个阵地发动了他许诺过的攻击。中国军队进行了顽强的抵抗。蒋的第五军八十八师打得尤其凶猛，植田发现他的进展甚微且代价极大。尽管这样，随着日军不断施压，陈铭枢和十九路军领导人向蒋提出另外的增援请求。他们警告，没有这样的救助，中国的防线将无法坚守。但蒋却一切按照自己的意愿行事。尽管各种各样的部队自发地涌向前线，他却没有进一步地提供实质性的援助。蒋宣称，由于部队调动的困难、日军对长江的封锁、共产党在江西的威胁及南京的财政危机，快速的增援是不可能的了。随着损失的加剧，中国守军的士气开始下降。[68]

日本政府决定运用军事和外交手段尽快解决危机。在军事方面，2月25日，一个出身贵族的军事人物白川义则被任命为上海战区的指挥官，地位高于植田中将。一支包括新增加的两个师和80架新飞机的规模巨大的特混舰队向中国进发，于2月29日从位于阵地西部的长江上的浏河开始登陆。这些新增部队使日本第一次在战争中获得了兵力上的优势（至少是相等）。通过与空中和水上的指挥相联合，日军从侧翼包围了中国军队，使中国军队的阵地无法防守。蒋介石下令撤退，中国军队开始退兵。到了3月3日，战斗实际上已经结束。[69]

“一·二八事变”使双方损失巨大，远远超过在满洲战事中的损失。日本有3091个士兵伤亡，其中死亡769人。中国军队的伤亡大约为14000人，其中死亡4086人，对于一支仅有4万人的军队来说，损失极为惨重。中国军队伤亡总数的大约65%发生在十九路军中，

35%在第五军中。中国平民的损伤可能高达1万—2万人。[70]

中国军队撤退以后，开始谈判签订正式的停战协定。即使在战时，吴铁城也通过西方领事开辟的间接的联系渠道与日本人保持往来。西方的领事们甚至在早先的战斗中还安排了一次短暂的休战调停。国际联盟派出的一个代表团在战斗结束时抵达上海，向双方施加压力，要求达成一个协议。日本的主要要求，即中国军队从上海周边20公里（12.4英里）的范围内撤出，因3月初中国军队的退却，已经得到了满足。协议的主要障碍是日军撤向公共租界的时间表及日本人关心的镇压抗日运动的问题。恐怖活动也威胁着停战谈判。4月29日，在公共租界的一个公园中，一个持不同政见的朝鲜人向参加庆祝天皇生日活动的日本显要们投掷了一颗手榴弹。包括白川和植田将军、日本驻华使节及日本驻上海总领事在内，均被炸伤。尽管国民党政府对这次事件没有任何责任，但它仍然使停战谈判的紧张气氛骤然升温。[71]

在中国方面，民众普遍反对拟议中的停战协定。许多人对中国的失败和撤军感到极大的失望。5月2日，上海近90个公共团体给南京领导人打电报，警告说人民将不会接受“一个屈辱的条约”。各界抗日救国会公开反对停战协定。即便如此，南京还是得到了某些上海商人的支持，他们认为停战之后生意可能会恢复常态。[72]

停战协定于1932年5月5日正式签字。中国军队继续驻扎在非军事区域之外，非军事区域内由一支民兵无限期地维持着治安。甚至中国军队想穿越上海，也要获得在那里的日本领事的同意。（南京通过修建一条46英里的铁路支线对这个限制作了变通，该线于1936年7月完成，与上海西部的京沪和沪杭铁路连接，以便使部队不穿越上海，可以沿着海岸调动。）对日本的撤军没有设置具体的时间表，但闸北和四周地区的日军实际上于1932年5月中旬撤出。由中国、日本、英国、法国、美国和意大利等国代表组成的一个国际委员会于5月7日成立，来维持停战局面。[73]

由于顾及民意，南京谨慎地把协定描绘成一个停战协议，也就是说，是一个军事安排，而不是一个条约或一个任何形式的政治解决方案。南京国民政府还辩解说，该协议绝不会损害中国在伪满洲国问题上的官方立场。蒋介石在5月7日电告各省的将领们，向他们保证这个协定绝不附带政治条件。[74]即便如此，政府中的一些成员仍持怀疑态度。由于右任担任院长的监察院依据行政院长汪精卫没有按条约要求办，把《上海停战协定》提交给立法院，对他启动了弹劾程序。汪现在与蒋介石合作，但他仍然是一个比总司令要保险得多的打击目标。高友唐——一个监察院官员和坚定的国民党党员——率先发起了劾汪案。高是一个土生土长的满洲人，赞成抵抗。

汪挫败了这次弹劾，他反驳说，这个停战协定不是一个条约，并不需要这样的批准，并且它已经提交给国民党中央执行委员会政治处审批过了。后来汪在为《上海停战协定》辩护时采用了一种近似道家的口吻。“骄傲扼杀胜利，谦虚避免失败……当懦怯和鲁莽将令人不齿之时，沉湎于无聊的浮夸可能更加危险。”汪警告说，中国必须面对现实，“目前我们的军事装备与日本的相比，就像弓箭与机关枪相比一样，如果我们轻率地对日宣战，我们将重蹈遭受灭顶之灾的义和团的覆辙”。[75]汪的话可能是对的，但却不是大多数中国人想听的。

“一·二八事变”的遗产

淞沪之战在中国人中间引起了极大的争执，进而又把抵抗问题政治化了。十九路军的支持者，尤其是蒋的粤系对手，谴责蒋有意扣压资金并停止增援，注定了部队的命运。与之相比，蒋介石的支持者指责十九路军不遵守命令，并未能与第五军协同作战。在 20 世纪 30 年代，随着两派之间政治分裂的延续，这场争论越来越激烈。

1932 年 3 月 3 日，随着十九路军的撤退，他们的将领与第五军的张治中，联合发表了一个声明来解释战场上困难的局面。他们的大部分怒火是针对日本人的，他们谴责这些日本人通过国际联盟的支持来进行背信弃义的停战谈判，而与此同时又增派援军登陆。至于他们的中国同胞，这些将领解释说，十九路军和第五军已单独与日军做了战斗。由于没有发布全国性的动员令或进行全面战斗的号召，所以中国人没有获得最后的胜利。这些将领号召对日本的侵略进行全面的抵抗，包括光复失去的领土。这篇宣言提醒中国人注意朝鲜和其他被肢解的国家的命运，说："惟愿我全国父老兄弟，毋忘闸北、江湾〔之战〕，全国军事领袖，毋忘朝鲜及今日之东省。"[76]

广州的反对派领袖甚至更加直接。3 月 7 日，伍朝枢指责说，中国有 200 万军人，但仅有 4 万人在上海与日军战斗。伍在辞职抗议蒋介石拘押胡汉民之前，一直是中国在国际联盟中的代表。孙科和陈友仁发出了同样的指责。而有关南京草率地把政府迁到洛阳的举措也受到了尖锐的抨击。[77]

在这次事变中，中国海军的作为（或不作为）受到了激烈的争论。中国海军几乎完全置身于战斗之外，把长江和黄浦江让给了占据压倒优势的日本军队。对海军的批评刊登在媒体上。发起弹劾汪精卫的监察院官员高友唐，抨击南京的海军将领陈绍宽命令他的舰队司令避免与敌人接触。据说，陈与日本海军司令达成了一项"谅解"，使得后者因此没有了对手。在整个 20 世纪 30 年代，广州的文人们重复着这种说法，确信如果中国海军封锁长江，就有可能阻止日军在浏河登陆并避免失败。人们还针对中国空军的作用提出了质疑，一份广东的出版物抨击南京的税警与敌人交换情报，实质上是帮助了日军浏河登陆（但十九路军的将领在他们5月3日的声明中，已经承认了这些军队对他们的支持）。[78]

十九路军将领与蒋介石之间的政治冲突加剧了争论的激烈程度。出于对受拥戴的英雄的反感，也可能是忌惮，蒋介石在上海停战后不久，就把他们调派到福建省去与共产党作战。紧张的局势爆发了，福建领导人于1933年底反叛南京。本书后面将要进行讨论，这次争端很快就被镇压下去，十九路军将领散走他乡。[79]蔡廷锴出走海外，经常给中国人的团体做演讲，总是攻击蒋介石没有支持十九路军。蔡一遍又一遍地谴责南京既没有提供资金，也没有提供援军，并指出，如果中国要抵抗日本，就必须推翻蒋介石。[80]

南京对蔡不遗余力的公开攻击作了回应。1934年10月底在汉口发表的一份声明中，一位国民党发言人辩解说，日本人对长江的控制，使中国军队无法得到快速的增援，而并非南京国民政府不愿意。这份声明反过来谴责说，正是十九路军的将领在作战中不能与中央统帅部或第五军进行合作，他们理应承担中国失败的责任。蒋介石曾向蒋光鼐和蔡廷锴做过提醒，浏河的滩头阵地没有设防，并命令他们加强对这个地区的防守。发言人断言他们没有服从那个命令，而让白川的军队不费吹灰之力就从侧翼把中国军队包围起来。发言人继续说，在退却时，他们没有通知第五军指挥部，最后给这支部队造成了严重的损失。[81]

这场争论之激烈一直影响着史学界对“一·二八事变”的认知。共产党学者一如既往地重申对蒋介石的谴责，赞扬十九路军，并把共产党的反对日本帝国主义与南京的不抵抗做对比。[82]像董显光所著的蒋介石传记，或是吴相湘所著的关于中日关系的著作这类亲国民党的出版物，则通常重复 1934 年汉口声明中的指责，并夸大第五军的作用。例如，最近由国民党党史会出版的一部文件汇编，其中收录的第五军作战档案的篇幅相当于十九路军档案的 3 倍，而吴相湘则含糊地表达了这样一个看法：第五军比实际更早地进入战斗。[83]

双方在争论中捕风捉影式的狡辩模糊了真相。谴责蒋介石不增援粤军的批评者们经常忽略了第五军于 2 月底在阻击植田大规模强攻中的重要作用。另一方面，第五军仅有 2 万兵力，是蒋于 1930 年组建的用于与北方联盟作战，或者是后来将要集结起来与共产党作战的一支小部队。中国海军在淞沪之战中杳无踪影，确实很扎眼。但它的加入就能使中国免于失败吗？当真正的战争发生时，1937 年 9 月 22 日，日本空军仅在一次交战中就摧毁了几乎全部的中国海军。既然如此，1932 年的战绩也不会好到哪里去。

最后，对 1934 年汉口声明的关键指责（即十九路军领导人不服从蒋要求加固浏河地区守备的命令，因而导致了中国的失败）必须予以驳斥。十九路军在那时仍然处于植田部队的攻击之下，在不全面退却的情况下，不可能从前线调动像样的部队到浏河去，也不可能在任何情况下来挑战白川占据绝对优势的空军和海军。2 月 25 日蒋介石给蒋光鼐、蔡廷锴和张治中的电报实际上是一个撤退的命令。另外，浏河的滩头阵地在第五军而非十九路军的防区中，蒋后来关于白川登陆的电报是发给他的亲信张治中的。1934 年汉口声明显然是出于政治意图而捏造的。[84]

蒋介石在淞沪之战中的行为，事实上与他自济南事变后一贯遵从的对日政策是一致的，并将延续至 1937 年。他认为中国在军事方面无法与日本等量齐观，必须竭力避免冲突；这一态度只是在出现政治上的紧急情况时才会改变。因而，1 月 28 日蒋命令吴铁城接受日本的最后通牒，如果不是盐泽少将的莽撞傲慢和十九路军的士气高昂，这场冲突本来是完全可以避免的。当战斗打响，日军的猛烈进攻在中国国内（以及国民党内部）激起了一种巨大的抗日热情，因此必须做出一些回应。如果蒋不进行援助，听任植田把十九路军消灭的话，那么政治上的损害将是巨大的。因此，规模适中的第五军被派出了。

尽管如此，蒋摆脱了全面冲突。东京任命白川将军并派出了一支大规模的特混舰队，显示了日本将不惜代价而不愿接受一个军事败局。如果蒋进一步增派部队，战争将会升级。与此同时，日本人通过外交渠道暗示，他们并不要求永久占领中国上海来作为和解的筹码。蒋不愿意让自己的军队被优势的日军所消耗，并且，他觉得第五军在战场上已获得了足够的声威，便接受了这种和解。蒋新的政治盟友汪精卫赞成这种解决日本问题的态度。“一·二八事变”结束了。

蒋与他的国内政敌之间在针对日本的挑衅问题上具有截然不同的观点。十九路军的支持者们把日本在东北和上海的行动作为一个整体中的局部来看待，认为对中国领土的侵略必须进行军事回击。上海和东北不应孤立开来。相反，蒋认为用军事手段来解决东北问题是不可能的，从而愿意接受它在事实上从中国分割出去。对国民革命的概念同样有争议。十九路军的支持者们倾向于赞成群众动员和征招新兵。他们认为，把人民的力量组织成大规模的反帝动力，可以与日本的军事机器相抗衡。蒋在他的方针中体现了更多的控制欲和官僚性。他对群众运动和动员战略充满怀疑。政府的力量是通过社会控制和社会组织建立起来的。蒋的建国方略不可能在一场抵抗日本的战争中获得成功，因而，他竭力避免任何这样的战争。

因此，“九一八事变”和淞沪之战对本书所集中研究的全部三种派别具有重要的影响。对南京国民政府及其领导人而言，这次事件发生在南京和广州之间产生严重政治危机之时。结果是留下了一个变弱的政权、一个物是人非的场面。汪精卫与蒋介石成为盟友，蒋相应地让出了他的许多政治职位。对中国的地方领袖而言，“九一八事变”削弱了张学良的军事和政治地位，并为华北的重大变动创造了条件。对广州的分裂者们来说，危机创造了一个机会，但孙科政权未能从中谋取利益。最后，把十九路军调往福建，造就了一个新的力主反蒋的地方势力。

危机最大的影响是基于独立的民意力量方面。这场危机为中国群众运动的重新兴起创造了条件。日本的侵略激起了民意的愤慨，并把自北伐战争以来不均衡的示威和群众运动激发到了一定的高度。中国的政治环境在“九一八事变”至淞沪之战这几个月里已经发生了转变。

第二章 “攘外必先安内”及其政策的反对者

《上海停战协定》在某种程度上缓解了中国的危机气氛，但东北的势态仍然悬而未决。南京对国际联盟的依赖，未能打破僵局。在上海战役期间，伪满洲国宣布自己是一个“独立国家”，越来越受军人左右的东京政府于1932年9月15日予以正式承认。然后日本于1933年3月从国际联盟中选择了退出，而不愿接受该机构对李顿报告的决议。蒋介石没有任何挽回中国东北已失去的主权的迹象。日本的军事威胁也未结束。日本军队领导层中的许多人想迫使南京承认伪满洲国并抛开国联。上海的停战并没有影响到北方前线，日本对热河和河北省的蚕食已迫在眉睫。事实上，伪满洲国政府已经在它的“独立宣言”中对前者宣布了主权。

南京的政治地位是不稳定的。为避免再一次发生像上海这样的突发事件，南京国民政府不得不限制中国方兴未艾的抗日活动。由于尚未摆脱人们对其支持十九路军的糟糕表现的批评，蒋介石和汪精卫不得不小心地对待镇压抗日情绪的问题，否则，将要冒进一步政治打击的风险。

处于日本军事压力和中国民意夹击之下的蒋介石，忙于进行“剿共”的战争。他宣布了一项“攘外必先安内”的政策。他认为，尽管中国最终必须抗日，但在来自共产主义的内部威胁没有被消灭以前，中国还不能这样做。在对共产主义运动的担心上，蒋的立场却极不得人心。一些人认同他的反共观点，但认为抗日应作为民族存亡的头等大事。其他对蒋较不友善的人，把“剿匪”说成是他的托词，一个不抗日的借口。在这个问题上的激烈争论一直持续到1937年。

即使在淞沪之战中，蒋也阐明了他的政策。他把来自江西苏维埃政权的威胁说成是阻碍进一步增援上海的主要因素。当前线平静下来、停战谈判开始之时，他在1932年3月14日宣布，“倭寇〔即日本人〕深入，‘赤匪’猖獗，吾人攘外，必须安内。……打破目前之难关，完成‘剿匪’之使命。”[1] 尽管蒋认识到对日战争迟早会爆发，但他仍觉得（如果他日记中的记载是可信的话）“直到所有可忍受的选择都抛弃我们的时候……我们不应该轻易地拿我们的未来赌博……消灭长江流域的赤色威胁、建立国内的政治秩序至关重要。……只有在消灭江西的‘赤匪’之后，我才会做出像可能必须在东北对付日本人这样牺牲的立场”。[2]

1932年4月初，甚至在上海的谈判还在进行时，蒋来到江西庐山（牯岭）召见他的军事将领并部署“围剿”。实际上，在1932年的大部分时间里，蒋一直留在江西和湖北，而把处理对日事务的棘手任务交给了汪精卫。在这段困难时期，是汪而不是蒋出现在大众视野中。例如，在4月初，汪因停战谈判和国联调查团的到来奔赴上海。然后他来到洛阳（那里是政府正式迁移的地方）召开国难会，在这次会议上，他比蒋承担了更重的责任，向怒气冲天的代表们解释政府的政策。[3]

汪精卫对日本问题承担的公开责任，使他酝酿出了自己的外交政策公式，“一手抵抗，一手和谈”。他强调说，中国现在可以把和谈作为一种准备长期抵抗的方法。尽管如此，这个公式只不过是一个用来转移人们对停战谈判批评的政治口号。实际上，汪赞同蒋的观点，认为中国不可能战胜日本，并且他与外交部长罗文干一道，致力于《上海停战协定》的签订，以及控制中国的反日运动。

其间，蒋介石组织了针对中共的战争。被称为第四次的“围剿”有两个目标：第一个目标是消灭鄂豫皖地区的红军，第二个目标是摧毁江西的苏维埃政权。蒋督导着第一个目标，于1932年5月21日担任了三省“剿匪”总司令。真正的战斗直到6月《上海停战协定》签订后才开始。在这个阶段的“围剿”中，国民党军队较为成功；但当他们去“围剿”江西的苏维埃政权时，结果却截然不同。从1932年12月至1933年2月，在江西尽管政府军名义上有超过50万人的军队，但红军把国民党军队打得大败亏输。实际上，上述50万人中有不少是滥竽充数的地方部队，因此只有15万人左右自始至终参加了战斗。[4]

蒋介石知道在民意要求抗日的时刻，进行一场代价巨大的消灭内敌的“围剿”是不得人心的。他在对民众更经常是对军人演讲时，为他的政策做了辩护，他曾担心反日的民意可能会影响他的军队。例如，在1932年12月14日一次政府集会的演讲致辞中，蒋大力为他的态度做辩解：“今天我们可以说，日本不配做我们的敌人，我们当前的敌人还是‘赤匪’，如果我们在内部把‘赤匪’的祸乱消除了，对日本是没有问题的。希望大家共同一致，认定目标，对外是日寇，对内是‘赤匪’。”[5]

在给军人团体的演讲中，蒋有时对这一立场做了发挥。意识到在他的军官阵营中存在着对日本的反感甚至是忧惧，蒋强调由于中国的道德基础如古老的儒家观念、王阳明的知行理论和孙中山的三民主义，胜过日本的武士道，中国终将变得强大起来。“〔日本人〕仅在智仁勇的勇字方面努力，而中国儒教精神道德，所谓信义、仁爱、和平的要素，完全不讲；所以他只知道血气之勇，而不知道礼义之勇，这样的一个侵略民族，他在世界上，一定不能存在，不会有救的！……他只是拿了七百万陆军和几百万吨海军，我们并不怕他；须知我们中国有我们立国的精神，这种精神几千年来都不能拿武力消灭的。”[6]

在向其军官们所做的振奋人心的讲话中，蒋努力减轻他们对日本军事力量的担忧，设法唤起他们对传统、保守的中国价值观的热情，并使他们增加对政府的奉献和忠诚。与此同时，这些观念与内部团结的重要性和反共“围剿”联系在一起：“所以我们先要恢复我们自己立国精神，恢复固有的民族性，才可以挽救危机，湔雪前耻，抵抗日本。”[7] 其主要论点是中国无须畏惧日本，蒋的不抵抗不是源于怯懦，而是源于对民族优越性的更深层次的理解。蒋坚称，“攘外必先安内”政策只不过是顺理成章之事罢了。

政府内部的政治困境

尽管蒋介石竭力进行说服，然而“攘外必先安内”的政策却应者寥寥。面对日本侵略，蒋介石发动的对江西红军的第四次“围剿”，不但在蒋的敌人中，而且在政府内部引发了强烈的政治反对。他的财政部长宋子文在这个问题上强烈地反对蒋。宋是坚决反日的。由于受过美国教育（哈佛大学和哥伦比亚大学），他与美国保持一致，并赞成抗日。宋支持十九路军，上海停战后，他于 1932 年 6 月 4 日与陈铭枢一道辞去了政府中的所有职位以示抗议。宋到上海发表了一个声明，猛烈地谴责蒋介石重启反共战争的计划。

新的反共军队的巨额开支加剧了宋的反对。由于一向在灾难的边缘进行运作，他借助于严格的节俭措施使政府度过了 1932 年初严重的财政危机。政府的所有开支都被削减了。此时蒋要求把军费从每月 1300 万元增加到 1800 万元以资助他的反共大业。宋如果增加军费，只能发行新的政府债券，这是他不愿意做的事情。当上海债券市场在 1932 年 2 月战争期间崩溃时，宋被迫重新整理中国的内债。为了换取上海金融家们的合作，宋向他们承诺对新债券延期 4 年偿付。[8] 他认为财政部无钱资助“围剿”，而军事途径不是解决共产党问题的最好办法。“如果不是政治、军事和经济的破产造成土匪和共产主义的兴起，他们难道不会更好地应对一个系统的、即使不引人注目的政治—军事经济的联合处理方法？”[9]

宋的辞职对蒋是一个重大的政治挑战。他非凡的筹资能力一直是南京国民政府的一个支柱；并且，与自己的妻兄进行这样一个公开的争论，对蒋来说是非常难堪的。尽管如此，宋的态度得到了部分的展示。他与汪精卫、何应钦和政府中的其他领导人进行了讨论，并同意于 7 月 7 日复职。在一个折中的方案中，他同意把军费从每月 1300 万元增加到 1500 万元，比蒋要求的 1800 万元有所减少。尽管宋复了职，但他并没有放弃对不抵抗政策的反对，并在财政部内部施行和推出了好几个反日计划。[10]

宋不是这几个月中辞职的唯一有名的政府官员。行政院长汪精卫，在理论上是政府中最重要的成员，于 1932 年 8 月跟着辞了职。汪的举动是与张学良的一场激烈的争吵导致的，张那时是北平绥靖公署主任。汪突然要求张辞职，指责他造成了中国在东北的可耻失败。张进行了反击，指责南京国民政府不向他的军队提供援助，并拒绝辞职。汪在1932年8月6日试图以自己的辞职来逼迫张，并发誓只有在张被免职后他才会复职。他气冲冲地打电报给张：

> 湖兄去岁放弃沈阳，再失锦州，致三千万人民、数十万里土地陷于敌手……兄乃因循经年未有建树。而寇氛益肆，热河告急。[11]

汪继续把守卫北方（包括正面临威胁的热河省）的责任全部推到张的肩上。汪毫不通融地说：“中央军队方事‘剿匪’……此外惟兄拥兵最多，军容最盛。”[12]

汪辞职后，回到上海，在那里许多官员要他重新考虑其决定，他不予理睬。他的举动使整个内阁也辞了职。面对这种非同寻常和侮辱性的公开攻击，张学良于8月8日宣布辞职，并公开讨论他赴欧洲学习的计划。尽管采取了这些举措，但没有人真的想甩手不干。就像宋子文那样，两人既把“辞职”当作一种政治工具，同时也希望别人能认同他们对不抵抗的批评。张具有更加牢固的基础，在北方他是至高无上的指挥官，他的部下很快就聚集起来维护他。57个北方军事将领给政府打电报，表明除非政府拒绝张的辞职，否则他们将全体离去。

蒋介石进行了干预，他试图找到体面地解决这一政治僵局的办法。张学良是他在北方的盟友，而汪精卫则增加了南京国民政府的政治力量，并且这两个人都把对绥靖政策的批评从蒋本人身上挪开。8月15日，政府接受了张学良辞职，就在同时，设立了一个新的军事委员会北平/河北分会。蒋让张学良出任这个机构的委员长，这一职务与张过去的职位极其相像。

汪精卫的攻击反伤了自己。丢了面子后，汪于8月21日被允许

“病退”。宋子文被任命为行政院的代院长。[13]当数周的进一步争论没有让汪感到满意时，他于 10 月 21 日离开中国前往欧洲进行一次长期的“休养”旅行。关东军幸灾乐祸地看着中国政府内部的政治纷争，并于 8 月 20 日开始入侵热河，探囊取物般地占领了南凌镇。[14]

汪精卫惊人的举措，过去和现在一直让研究者们感到困惑。为什么汪采用了这样一种自杀性的险招呢？有些学者把汪的行为视为完全是真心实意的，以此来迫使中国的北方军事领袖（以及蒋介石）进行抗日。例如，葛开华认为：“汪确信‘剿共’和抗日可以并行，因为这两件事不是相斥的。基于这一认识，汪赞成不论在何时何地，只要有可能，就对日本所有的进一步侵略进行有限度的抵抗。”[15]

如果按字面意思来理解汪的公开声明，这一解释是有根据的。一份更愤激的解读汪的行为的读物，认为他对政治权力的要求促使他对张进行攻击。汪精卫长期以来一直觉得他才是孙中山的法定继承人，而非蒋介石。在 1932 年以前，他参加了许多反蒋政治联盟，但均以失败告终。当他于 1932 年 1 月与蒋合作时，他是寄希望于自己能够分享到实际的权力。毕竟，蒋让出了国家首脑（给林森）和行政院长（给汪）的职位。[16]分权成为新的安排。

汪精卫显然对 1932 年的政治现实感到失望。蒋介石在国民政府中的权力并没有因其让出部分职位而受到剥夺，他一如既往地通过其追随者们对党、政府和军队机构进行控制。因而汪发现自己处于一种尴尬的境地。作为政府的首脑，他要对政府的举措承担责任，但他的实际权力却备受蒋的掣肘。所以当政府遇到民众对诸如《上海停战协定》这样的政策不满时，责任就落到了汪的身上，因为蒋早就离开首都了。

汪对张学良的攻击可以视为摆脱困境的一种办法。首先，摆出一种强硬的抵抗立场并对张进行谴责，他希望借此把公众对不抵抗的愤怒从他和政府那里转移开去。其次，就可预见的结果而言，日本很快将要进攻热河是最清楚不过的事了。7月17日，日本的飞机已经轰炸了热河的朝阳城。一旦进攻开始，新一轮的公众怒涛必将随之而来。汪通过抢先攻击张学良，大概希望把即将来临的压力从他身上转移出去。最后，李顿的报告预计很快就会出炉，尽管估计它会偏向中国的立场，但想必会对日本的观点做出一些让步。一波抗议的浪潮是可以预见的（实际上也真的发生了）。汪精卫在中国接待了这个调查团，他还想转移对这件事的批评。汪对张学良还存有个人嫌隙，张在1930年支持蒋介石打败了北方联盟。因此，报复也可能是动机之一。[17]

汪精卫对张学良的全面攻击也可能被视为对蒋介石的间接打击，因为自1930年以来，蒋一直密切地与少帅合作。如果汪把张赶下台，蒋介石在北方也许会面临新的危机。日本人散布谣言说阎锡山、韩复榘、冯玉祥和其他北方军事人物正准备驱逐张并与南京决裂。这些谣言由于广东独立运动中的一个要员伍朝枢造访华北会见阎和冯而传得沸沸扬扬。这两个人在1930年被打败后都伺机准备着政治上东山再起。阎在山西恢复了权力，而正式退职的冯，还拥有以前的部下及其常备军队。北方联盟（阎和冯）与广东和西南反蒋军政人物联合卷土重来的可能性随时存在。[18]

日本人是很乐于鼓动这样的投机的。当阎和冯拥护汪对张的攻击时，日本的消息报道说这是这些人建立新的联盟的证据。当汪辞职后留在靠近杭州的莫干山隐居时，上海的《日日》报道说他是在等待来自张发奎和十九路军的军事支持以挑战蒋介石。[19]日本方还到处传播消息，说年迈（亲日）的段祺瑞将要出任由阎和冯支持的新的北方联盟的首脑。[20]尽管谣言甚嚣尘上，但汪在对张攻击时可能心中没有大的阴谋。尽管如此，我们大致可以这样认为，这样一种北方—南方反蒋联盟是可能的，有利于汪提高他在政府中的重要性。

饶有趣味的是，汪精卫攻击张学良是与日本谴责张同时发生的，这增加了对日本阴谋的猜测。不论如何，日本的行为似乎是精心策划的，目的是为入侵热河（可能还有河北）铺平道路。整个 1932 年，日本官员一直攻击张在北方培植反日情绪，经常直接强迫他镇压被认为是反日的具体作家或刊物。[21] 1932 年 7 月中旬，一份日本报纸报道说：“张学良正动员他的部队准备在热河采取反日行动。如果他们向日本人挑衅，日本将肯定进攻张学良的北平指挥部。我们正告张改变路线，因为这个时候他的命运可能真的被确定了。”[22] 7 月 29 日，一份来自奉天的日本电讯社的新闻报道称：“总而言之，在热河省的纠纷完全是由张学良指挥的非正规部队引起的，‘满洲国’政府已经决定在该省肃清张的同情者。”[23]

在入侵中国一个新的省份之前，日本人想让张学良背上骂名。1932 年 7 月 28 日，一篇日本外相的访谈宣布：“在对热河和河北（直隶）采取军事行动前，我们将给南京政府一个机会，把张元帅从他所控制的驻扎在平津地区的 5 万军队中驱逐出去。”他进一步宣布：“驱逐张元帅将会使中日之间解决满洲问题的直接（私人的）和谈的启动得以简化。”[24]

汪精卫攻击张学良的时间选择可能是巧合，但它与日本人驱逐张的要求同时发生，导致汪参与了亲日阴谋的谣言如虎添翼，并对汪的诚意产生了怀疑。就像一家有南京国民政府背景、时常与 CC 派保持联系的刊物所发表的社论说的那样：“不论汪先生病势加重与否，我们决不赞成汪先生在莫干山养病。第一是因为秋凉之后，莫干山寒度加增，不适宜于养病，不如休养都门，一则避免奸人造谣，二则……”[25]不抵抗带来的政治余波，在南京的政客中间制造了一种动荡的氛围。

北方政治中另一个不安定的因素，是山东军事人物韩复榘的立场。他是冯玉祥以前的一名部下，在1929年蒋让他统治山东并外加金钱资助时，他与冯决裂了。1931年7月当韩表现出与后来叛乱的石友三过于密切时，他与南京的关系变得紧张起来。1932年夏末，就在汪—张决裂发生之时，韩卷入了一场他自己的内战中。胶东部分地区仍然被“残余”军阀刘珍年占据，刘以前是统治山东的臭名昭著的“狗肉将军”张宗昌的旧部（张本人已退位，后于1932年9月在天津神秘被刺）。韩急于驱逐刘，以宣示对这个省独一无二的统治，他可能把汪—张纠纷视为一个采取行动的机会。国防部长何应钦试图控制危机，进行了干预，并在1932年11月1日把刘及其部队转运到了浙江。韩随后控制了整个山东，统率着一支7万人的部队（他显然认为蒋介石实际上是帮助刘，他与蒋的关系变得紧张起来）。这场内战的骚乱发生在日本人势力强大的地区，为华北的谣言工厂提供了更多的原料。[26]

因而，汪精卫对张学良的攻击似乎受复杂的原因驱使——对张和蒋的憎恨以及希望获得政治上的收获。不论是什么样的理由，这场攻击都是惨败。另外，一个行将崩溃的政府的场景和南北方走马灯似的阴谋，无助于打消中国民众对北方越逼越近的日本人行动的关注。正如《中国评论》在1932年8月18日所写的那样：“外界不得不认为目前的危机是肮脏政治的结果，并且令人遗憾的是，这种印象已传到了国外，这就是即使在民族存亡的危急关头，中国领导人也不可能放下他们的个人利益。”[27]

孙科跟随了政客们的大流，试图从抵抗问题中获益。随着1932年1月孙昙花一现的政府倒台，尽管他被邀请主导立法院，但他的职业生涯成了明日黄花。为了重建政治基础，孙采取了亲抵抗派的立场，并把它与立宪问题联系起来。[28]孙早就批评汪—蒋政权不支持十九路军，并于1932年4月24日发表了一份题为《抗日救国纲领》的宣言。他认为日本的大陆政策是计划把中国变为东京的印度，南京只有放弃不抵抗路线才能挫败这一政策。孙接着说，要想抗日成功，政府需要一个团结一致的民族的支持，这只有在宪法下一个更加开放的政治进程中才能有所实现。孙的抵抗和立宪举措增加了他的政治声望，1932年秋他重新回到了政府中。[29]

抵抗问题与国民党政治一直形影不离。一群赞成抵抗的政界人士在1932年12月第四届中央执行委员会第三次全体会议上强力地提出了这个问题。由宋子文、孙科、吴铁城、陈公博和伍朝枢领头，他们建议南京学习“十九路军和第五军的榜样，他们在去年年初对日军侵略上海做出了如此英勇的抵抗”。他们把国际联盟斥为无能，呼吁在热河、河北和察哈尔地区的中国军队集中起来抵抗侵略中国领土的敌军；他们还要求力图进入东北收复失去的领土。这个提案给会议造成了震动，但没有被采纳。“先安内”政策的支持者们占了上风。[30]

在国民党政治人物内部，要数广东分裂者们最能大张旗鼓地利用抵抗这个问题了。以胡汉民为首，他们在整个20世纪30年代对蒋的不抵抗路线（以及实际上所有其他的南京政府决策）保持着一贯的抨击攻势。由于他们想推翻蒋—汪体系而不是在它的内部寻求权力（不同于宋子文、汪精卫和孙科），并且他们的权力基础因日本的威胁而转移（不同于北方的军事人物），与国民党的其他政治人物相比，他们的攻击是无所顾忌的。

尽管粤系领导人反对共产主义，但他们对蒋优先反共的决策进行了挑战。张超在广东的刊物《青年军人》上发表文章指出：“目前有两个重大的问题，横在政府与人民之前，即攘外与安内，质言之，‘剿匪’与‘抗日’。‘剿匪’是目前政府视为最严重的问题，……在政府方面，‘共匪’在江西攻陷一个小县，比日本帝国主义夺取整个的华北都要严重千万倍。”在张超看来，蒋的“先安内”政策是错误的。他认为：“如果中华民族要求得自由与独立，全国人民要图生存，……唯一的出路，只有坚决的‘抗日’。……在日本帝国主义的军事进犯下，‘抗日’比‘剿匪’更属重要。”[31]

广东文人攻击汪精卫，作为行政院长，汪被指责对《上海停战协定》和镇压全国救亡团体负责。张超也谴责汪是机会主义者，不论何时，只要政治上有利，他就改变立场。“计自一九二五至一九三二年，前后八年，汪精卫有两次主张容共，一次主张反共，四次主张反蒋，三次主张拥蒋。”[32]

胡汉民本人在他的《三民主义月刊》上发表文章，要求把抗日置于“剿共”战争的地位之上。他说，尽管他赞成“剿共”，但中国有 200 万名军人，肯定可以腾出兵力来抗日，并且两者可同时进行。胡认为，困难在于蒋不想抗日，他和汪只不过是打着“长期抵抗”的旗号：

> 我赞成长期抵抗，但我不是赞成长期抵抗的口号……假如“长期抵抗”只是自去年以来大家空叫的一个骗人的名辞，则我主张短期抵抗和立刻抵抗。我认为不能短期抵抗和立刻抵抗，便不会有长期抵抗。……去年一·二八之役，十九路军凛于军人守土之义，……他们不顾械弹之缺乏，武器之不良，航空设

> 备之绝无，他〔们〕所有的，只是抗日的精神，和为民族效死的决心。假如南京政府能予以援助，……不急于对日妥协，订立《上海停战协定》，则自然能长期抵抗下去，而事实却一切相反，南京始终不愿抵抗。[33]

可见，胡对蒋的批评既入木三分，又直截了当。

“攘外必先安内”的政策在中国极不得人心，并给蒋介石造成了政治上的困境。国民党内的政治人物各有不同的反应，有时在政治上利用这个问题。蒋的态度并没有得到国民党领导人或是追随者们的全面支持。在国民党外，蒋发现他得到的支持甚至更少。这项政策最明显的反对者是中国共产党。江西苏维埃政府于1932年5月15日正式对日宣战。尽管以对日作战的标准来衡量，这个宣言意义甚小，但共产党的立场有力地反衬出正忙于内战的国民党的不抵抗。正如易社强指出的那样：“中国共产党的对日‘宣战’……使它成为一场抗战中一个具有献身精神的代言人，而使其受拥戴的形象永垂史册。”[34]

像1931—1932年中国所遭受的这类外国的攻击，有时可能会把一个民族团结起来，并增强其政府的力量。但这种情况没有在中国发生。整个国家和南京国民政府仍是一盘散沙。当每个人——蒋介石、他在国民党内的对手、地方军阀、南方政客——都打着民族主义的旗号时，他们都仍然希望利用日本问题来谋取自己的利益。政治上的分崩离析似乎是军阀年代的延续，并使日本极端分子坐收渔翁之利。

东北的抵抗

日本炮制的伪满洲国并没有完全使东北得以平定。东北军的余部、绿林式的组织以及共产主义激发的游击队，利用林密山深的地形来骚扰和打击日本人。中国媒体把这些五花八门的组织称为“东北义勇军”，日本人则把他们称作“土匪”。

东北战斗的持续使蒋介石和张学良面临着政治上的尴尬。整个抵抗问题已经被高度地政治化了，东北的战士成了备受关注的军队，正如十九路军一样。中国民众对他们有强烈的同情，不抵抗政策及蒋—汪政府的反对者们高度推崇他们的功绩。到处都有人组织筹集资金活动来支持他们，特别是在《上海停战协定》签订以后，十九路军的支持者们把他们的注意力转向了北方。由游击队在东北发起的战斗与南京的不抵抗政策相比自然非常引人注目，蒋介石的对手谴责政府不去支持这些爱国的战士。

其间，日本人既指责南京、也指责张学良向这些“土匪们”提供支持。日本当局要求南京镇压由在华团体组织的支持抵抗的募集资金活动。显然，从军事意义来看，义勇军是日本人的一个难题。绥靖东北成为一项成本巨大的投资，并且这类活动戳穿了日本在伪满洲国建立一块“王道乐土”的宣传。然而，与此同时，日本军国主义者仍能将这件事变得对自己有利。在日本统治阶层内部存在着关于满洲冒险的激烈争论：温和派希望抑制日本军方的势力和行动；激进派则利用抵抗者们的活动，将此作为加强在东北三省的关东军力量以及向热河与河北扩张的依据。他们攻击蒋和张纵容“土匪”，为采取更强硬的姿态对抗南京提供了理由。不少日本军方首脑还迫不及待地想挑战苏联在东亚的地位。为了这一目的，要求向伪满洲国增派部队，这可能会激起东京的反对浪潮。因而，“剿匪”为增兵（以便在日后用来对付俄国人）提供了一个更加可靠的借口。

马占山是抵抗者的原型。由于 1931 年 11 月他在嫩江对日本人进行了短暂的抗击，以及他对齐齐哈尔未尽全功的防守，马被全中国赞颂为一名伟大的英雄，作为凤毛麟角的战斗者而受到了尊敬。但当马发现自己缺乏资金和物资，似乎接受了日本人的诱使而变节并参加了傀儡政权时，马很快于 1932 年 2 月失了宠。他与关东军军官板垣征四郎进行了一次会谈，要求得到“先期的”资金和伪满洲国内阁国防部长的职位，其后，他飞到了奉天。关东军参谋机构对此非常满意。在中国本土，标有马名字的商品（像香烟和肥皂）很快被取了下来，通常被标签上印有蒋光鼐或蔡廷锴这些人的商品取代。[35]

马的变节大概仅是一个策略。几个星期之内，他带着准备用来诱惑更多人变节的现金回到了黑龙江。1932 年 4 月，他逃脱了出来，并带领一支小部队重新向日军开战。他给蒋介石和张学良发了一封长达 5000 字的电报，强烈地谴责了日本人。这封电文被送过了黑龙江，交到了在苏联的海兰泡中国领事的手上，从这里被发送出去。由于可能已经耍弄了日本人，马又成了英雄，形象更加高大。

对马的行为的各种叙述是如此的偏颇，以致大概永远也不可能正确地评价在那种背景下，他在各个阶段真实的意图。当他最初变节的时候，在他的头脑中很可能并没有宏大的计划。对他的这些花招的反应则是一清二楚的。被耍弄后的日军变得恼羞成怒，他们派出了一支大部队到达黑龙江，并打垮了那里的抵抗力量。马于 1932 年 11 月过江进入苏联，并通过莫斯科、柏林和意大利，乘船到达新加坡和中国香港回到了内地。马在沿途中的每次逗留，都备受瞩目；他给华人团体做演讲，号召抗击日本。

马于 1933 年 6 月 5 日到达上海，受到了盛大的接待。他的事迹使中国民众备感欢欣，因为日军最高司令部一口咬定说他在哈尔滨以北的战斗中被打死。陆军大臣荒木贞夫将军就是这样向裕仁天皇报告的；现在，出于面子的原因，东京不可能自己打脸。尽管如此，一个活生生的马回到中国却未必是南京的福音。作为一位被视为军事抵抗的英雄，他可能已成为政府的一个政治难题。粤系政客早就企图利用与他兄弟的联系，提高其高调抗日的可信度。让南京庆幸的是，马没有竭力利用他的声望来达到政治的意图。但出于对蒋的不抵抗政策的蔑视，他没有留在首都而是到天津定居，尽管他的职位是政府提供的。[36]

尽管名气最大，但马占山不是在东北抗战的唯一领导人。对日本人普遍的愤慨激起了抗日行动。义勇军战士的背景非常复杂，在他们中间有前张学良政权里的官员，有大刀会、红枪会这类秘密社会的成员，有土匪和投诚部队中的士兵。在大部分情况下，老东北军就像马占山那样反复地变来变去。有人对这些群体研究后认为，50％是无业的农民，25％是以前军队中的成员，20％是土匪，5％是知识分子。在 1932 年 6 月抵抗运动的高峰期，义勇军的数量大约有 30 万人——将近 12.5 万人分布在辽宁，大约有 10.7 万人在吉林，7 万人在黑龙江。[37]

尽管张学良确切的角色很难确定，但他似乎对义勇军给予了一些鼓励和支持。在张支持下建立的全国抗日救国联合会，把资金和物资运送给抵抗者们。张显然还批准了对东北民众救国自卫军指挥官们的任命，这支部队在靠近朝鲜边境长白山的作战区域非常活跃。该部队从张学良、大刀会、红枪会那里获得了支持。一个规模不大、既反对国民党也反对共产党的中国青年党，支持抗战的军队，顺便也扩大了自己的影响。中国青年党在上海和南洋筹集了 20 万银圆运往东北，但常常落入土匪们的手中。[38]

抗战武装给了日军以沉重的打击，尤其是在1932年。例如在8月，一支部队摧毁了在奉天机场的飞机；9月，另一支部队破坏了抚顺煤矿。日军对此进行了回击，残酷地镇压这些部队。到了1933年春，像马占山这样的重要领袖，大多数逃到了苏联境内，战斗的规模极大地缩小了，剩余部队之间的协作极差。尽管抗日活动的数量继续保持很大的数字（每年13000起），但攻击部队的规模变得非常之小。[39]

如前所述，南京国民政府的反对者们，经常抨击政府没有公开支持义勇军，甚至政府内部的许多人士也劝其领袖对抗战发挥更大的领导作用。例如，亲政府的《时代公论》在1932年8月19日的一篇社论中写道："政府奋起，速予援助东北义勇军！"[40]蒋不愿这么做，因为南京面临着日本人更加强大的压力，甚至不允许私人组织为这项事业筹集资金。中国政府中的某些人可能也对抵抗者持有怀疑。例如，有人在《社会新闻》上撰稿认为，这个运动具有极大的问题。他警告说，义勇军缺乏政治领导、纪律不良。他对他们在整个战争中的战略作用提出了疑问。[41]

隐藏在这些怀疑背后的不仅仅是担心义勇军会危及"先安内"的政策，还担心他们可能与共产党或中国青年党联系。尽管李昌西的研究指出，在这段时期里，中国共产党未能控制局势，且几无所获，[42]但南京国民政府对组织松散和缺乏管理的军事组织一贯抱着猜疑态度。抵抗者们还依靠苏联，既是为了获得武器，也是为了在局面困难时渡过黑龙江紧急撤向安全地带。事实上，东北义勇军在中国20世纪30年代成了一个政治性的问题。

南京与抵制日货运动

抵制日货运动仍然是对蒋介石的"攘外必先安内"政策的有力

挑战。在1931年夏万宝山事件期间开始的抵制日货运动，在“九一八事变”后获得了动力，并由于淞沪之战再次获得了能量。尽管国民党给予了谨慎的支持，但这场运动，特别是在1931年9月18日以后，主要由商人和无党派团体来组织。例如，上海市各界抗日救国会就是由诸如上海总商会的王晓籁、大资本家虞洽卿、众多的银行家和钱庄主这些商人领袖以及报纸主笔史量才这样的一些人领导的。但一些党和政府的人物也加入了进来。[43]

抵制日货运动取得了广泛的成功，日本对中国的出口贸易受到了沉重的打击，尤其是在1931年10月至1932年5月之间运动的高峰期更是如此。在这个阶段的多个月里，日本对长江流域的出口降到了上一年度的75%。日本在中国（包括抵制日货运动没有波及的满洲）销售的全部商品从1930年的40330万日元下降到1931年的25800万日元、1932年的27980万日元。尽管中国的水灾和经济萧条也减少了需求，但抵制日货运动肯定是主要原因。抵制日货运动对日本经济的影响也可以从1930年日本对各国全部出口的146990万日元下降到1931年的114700万日元中反映出来。1932年，日本通过向英属印度增加出口的办法来弥补大部分逆差；它的出口总额反弹到141000万日元。但是寻找替代中国的新市场是非常困难的。为了渗入这些新的地区，出口商品的价格经常被压得很低，并导致了对倾销的谴责，引发了反对日本的抗议运动继续发展。抵制日货运动予日本商人以沉重的打击，东京强烈要求终止它。[44]

抵制日货运动曾是淞沪之战的一个深层原因。1932年5月，这次事件得到解决时，日本照会南京必须对这种运动进行镇压。1932年5月6日，政府命令停止抵制日货运动，不能公开使用纠察队员，停止没收货物，宣传变得缓和起来。“敌货”一词不能再使用了。在总商会的领导下，由于对特定事件的回应，运动曾有过偶尔的回潮。例如，1932 年 7 月底，针对关东军轰炸热河朝阳，抵制日货运动有过短暂的复苏；1932 年 9 月，当日本准备承认伪满洲国时，抵制日货运动更有复归的势头。[45]

没有国民党的支持，这些重新兴起的抵制日货运动都未能维持太久。显然由学生力量支持的某些更加激进的抵制日货组织开始从事地下活动，转向了武装行动。1932 年秋和 1933 年，全国发生炸毁出售日货的中国商铺的零星事件。[46]这些武装行动对抑制贸易不产生作用。1932 年 7 月驻中国领事馆的官员注意到，抵制日货运动在上海、天津和北平基本上停息了，而在汉口和广州则已衰落下去。[47]

南京对抵制日货运动的镇压是其衰微的唯一原因。当上海的战斗结束后，群众的热情消减了；日本商人采取了对策，把在中国出售的商品换了标志。曼彻斯特《卫报》报道，在日本出售的火柴上印着“打倒日本”的标语，这些火柴是为中国市场生产的，目的是规避抵制日货运动，但遭到中国政府的拒绝，因为他们认为这样可能会激怒当地的日本官员。[48]另外，更狡猾的诡计则获得了更大的成功。日本领事馆的警察对诸如上海、天津和济南这些城市与日本有联系的商人予以保护。在特定情形下，直接的压力被施加到了当地的官员身上。中国商人领袖也认识到了日本人在东京的支持下向中国倾销商品，以竭力破坏抵制日货运动。[49]

南京与抵制日货运动的关系成为抵抗争论中的另一个问题。“攘外必先安内”政策的反对者，抨击政府没有去推动这个看上去是中国反日有效手段的运动。1933 年 10 月，一家亲抵抗的杂志的社论写道：“抗日运动不但在军事政治方面，已完全消灭，连经济方面，抵货的斗争，也早已偃旗息鼓。许多地方并且对于检查日货的，处以监禁枪毙。日货的进口，一天增多一天。……因此今年称为‘国货年’，倒不如称‘日货年’更来得切当。”[50]一篇发表在与蔡廷锴有联系的《挺进》杂志上的文章也谴责政府屈从于日本的要求，禁止抵制日货运动，它写道：“人民方面以为惟有合力御侮”，但“政府却高揭‘攘外必先安内’的主张”。[51]

因此，南京在日本直接的压力之下对抵制日货运动的镇压，成了 1932 年政治争论的组成部分，就像东北义勇军的问题一样。两者之间最大的不同是抵制日货运动得到了保守的和金融界力量的有力支持。南京不是因运动与共产党有联系而加以反对，而是仅仅为了阻止与日本人再次发生冲突才反对它。

民众对不抵抗的反应

如果新闻报道是某种迹象的话，“攘外必先安内”政策在 1932 年主宰了民众的争论。在 20 世纪 30 年代阅读报刊的中国人中，有 5%—10%的民众的情绪看上去是赞成抵抗日本侵略的，尽管证明这样一种假设性判断的各种历史资料尚显不足。在这段时期里，中国出版的期刊如雨后春笋，数量急剧上升。特别是在上海和其他条约口岸地区（在这里政府的审查力度较小），出版物体现出了所有的政治色彩。尽管观点五花八门，但很少有刊物对“先安内”表现出热情。

左派刊物在批评蒋介石的对日政策时最为锋芒毕露。上海的刊物《春秋》就是其典型。例如，1932 年 12 月 17 日的一篇社论指责政府在面对日本人时的胆怯：“当日本人炮击南京时，政府就迁移到洛阳以避免事态的恶化。为了避免这样，它不向〔东北的〕义勇军提供资金支持。为了避免这样，它禁止抵制日货运动。为了避免这样，它完全破坏了反日组织。为了避免这样，它扼制和镇压反帝的群众。”[52]这家刊物把“先安内”的论点颠倒过来，指出是南京的怯懦为外敌的入侵创造了条件，而不是中国的分裂。1933 年 1 月 7 日的一篇社论中写道：“不抵抗不仅是示弱，而且从一个客观的立场来说，它实际上是邀请敌人来进攻。如果他们阻止当地的军队和人民来抵抗，那么他们实际上是邀请敌人向前推进。”[53]

左派报刊对南京的政策充满敌意已是司空见惯。不过，与南京政府和蒋介石有联系的刊物对“先安内”政策也漠然视之，在某种程度上就很令人惊讶了。《时代公论》是南京的一家刊物，通常被认为与 CC 派有关联，其特点是经常发表南京大学①教授们的文章。这家刊物大概以它的几个主要作者之间进行持续的争论最为著名，他们包括像赞成独裁、法西斯类型政府的杨公达，以及《独立评论》的作者们。后一种刊物在北平出版，由一位赞成一个更加民主的政府形式的自由派学者胡适主笔。[54]

《时代公论》的编辑认同蒋介石的反共努力，不过在它的版面上经常满是力主更加强硬的对日立场的文章，并对中国政府的无能表示沮丧。1932 年 11 月中央大学徐秀雄发表的一篇文章最为典型。他指出，自“九一八事变”以来的一年里，“中国先是奉行‘不抵抗’，然后奉行‘依靠国际联盟’，最后宣布‘长期抵抗’”。徐认为，所有这些言论都毫无意义。他说，最为重要的结果是收复东北，而在这个方面，似乎一无所成。[55]

“攘外必先安内”被说成是一个精心设计的政策以便获取最终的胜利。不过，如果《时代公论》上的观点很典型的话，那么，蒋甚

---

① 原文如此。南京大学在 1928—1949 年称为中央大学。——译者注

至未能使具有南京背景的知识分子信任他。学者们经常把政府描写成随波逐流，仅仅是对一个接一个的危机进行反应，没有明确的计划：近几个月来，蒋介石一直不在首都，拒绝对李顿报告这类问题发表评论；汪精卫正在“疗养”，并且一会儿复职，一会儿辞职。就像杨公达所写的那样：“我们需要尽快地确定一个抵抗日本的计划。现在我们处于一种没有战争、没有和平、没有生、没有死的局面。这种状况持续越久，我们将会越看到士气低落、群众支持的瘫痪。一两年以后，如果我们想号召抗日，它将是不可能的了。”[56]在杨的态度中隐含着对蒋的政策的批评，以及对最高层决定性的领导力量的呼唤。

杨承认政府在能够采取决定性的行动之前，不得不先消灭共产党的威胁，不过他希望这个步骤尽快地完成。就像他在 1932 年 9 月 25 日给力行社的骨干们的一次讲演中所说的那样，“〔第四次‘围剿’〕战斗的第一步已获得了成功。‘鄂匪’已经被‘剿灭’。‘赣匪’已被包围。所以在目前，‘共匪’的势力很快就要被扑灭”。他认为政府可以立即把注意力转向东北局势。[57]尽管如此，杨对南京国民政府的对日态度的焦急，不应被视为反蒋。事实上，他把日本的威胁视为中国正好需要独裁的证据。在同一次演讲中，杨认为高度集中的领导将为抵抗提供必要的内部团结。[58]

在《独立评论》上撰稿的自由派学者发表了相反的意见。他们认为，外国入侵的危机要求一个更加开放和民主的政府，而这个政府本应有一个更加巩固的群众基础。在该刊纪念“九一八事变”一周年的那一期上，胡适认为中国如果能幸存下去，它需要沿着西方列强的路线，培养出一个稳定的知识界和中产阶级，发展成为一个现代社会。[59]当时担任清华大学教授的蒋廷黻着重强调，缺乏议会民主和责任感，造成了国家的积弱。蒋哀叹，甚至在“九一八”悲剧一年以后，中国人尚不清楚谁对他们的失败负责。由于缺乏负责的议会制度，国民党对这个问题不进行公开的争论，使公众一无所知，并助长了造成国家积弱的谣言的流播。[60]蒋认为一个更加开放的政策可以汇聚群众对政府的支持。一次危机到来，没有什么人会想去推翻政府。如果能减少对党的控制，把军事与政党政府分开，南京可以把民众凝聚起来致力于它的事业。[61]

尽管他们对南京的政治结构做了批评，但《独立评论》的自由派撰稿者们比较支持蒋对日本的谨慎态度。特别是胡适，违逆民意，并经常直言不讳地提醒其读者注意日本的军事优势。在评论上海的停战协定时，胡是少有的坦言中国已被击败而得到这样一个如此满意的协定实属侥幸的公众人物之一。[62]他公开建议中国应该接受在东北问题上的调和方案。胡认为，伪满洲国可以废除，中国的主权要保留，但整个东北地区要实行非军事化，以保障日本人的经济权益。[63]

知名科学家、《独立评论》撰稿者丁文江，在日本问题上赞成胡的慎重。尽管许多学生组织要求对东京宣战，但丁警告他们说，中国尚未准备就绪，并缺乏对付如此强大的敌人的军事装备。当上海的抵抗振奋了许多中国青年时，他提醒他们那个城市已遭到了巨大的破坏。在丁看来，慎重是一种趋势。他劝告学生不要莽撞地去参加义勇军。他说，中国有足够的人力来当兵，但缺乏经过训练的学生来建设这个国家。“抗日和救国，不是几天的事，并且不是几年的事，是要有长期的决心和努力，才能够有成效的。”[64]

丁对长期抵抗的呼吁不能被视为是对蒋的“攘外必先安内”政策的支持。他在 1932 年 6 月的一篇文章中公开质问蒋对共产党问题的军事方针，甚至建议南京把共产党看作是政敌而不是“土匪”。[65]像胡一样，丁也批评一党统治的制度以及在中国缺乏自由。一个开放和民主的制度将会保证民众对政府的支持。[66]

南京“攘外必先安内”的政策受到了压力。诸如《春秋》这样激进的刊物几乎对这个政策的方方面面进行了抨击。像《时代公论》这样与政府有联系的右翼刊物，似乎也急切地盼望对日本采取更加强硬的立场。在《独立评论》上撰稿的自由主义者们对试图挑战日本的问题更加同情，但不满政府的政治措施。没有人对南京的政策表现出热情。

在以后的数月中，东北的沦陷和中国政治领袖的无能，对宣称自己是革命的民族主义力量的政府是一个打击。长期抵抗的合理性，绝不能掩盖自国民党执政以来3000万中国人被奴役和大约四分之一中国领土沦陷这一事实。媒体上的批评反映了民众对这次失败的愤慨。但一个一党统治的政府——国民党政权——对“民意”并不是麻木不仁的。国民党、官员们和军队的士气岌岌可危。终于，蒋介石不愿承受对他的不抵抗政策的批评，开始镇压他的批评者。南京与通俗刊物《生活》周刊的主笔邹韬奋之间的关系就说明了这种态度。

邹韬奋与《生活》周刊

邹韬奋大概是中华民国历史上最成功的通俗报业人士。他对蒋介石不抵抗政策的坦率批评有助于他的几份出版物引领风骚。《生活》周刊在1932年的发行量达到了15万份的高峰，后来《大众生活》大概很快达到了20万份。这段时期中国期刊的发行数字很难获得，但《生活》似乎远远高出它的竞争者们。例如，《独立评论》每期仅售出 7000—13000 份。据许多资料显示，这些期刊的读者数量要远远大于其发行量，因为一份期刊经常会在许多读者之间传阅。而像《生活》这样的期刊就更是如此，它有一大批的学生追随者。书摊经常成为预约的图书馆，以便让个人花点费用就可以读到报刊。结果，《生活》的读者高达大约 150 万人，主要包括学生、教师、职员及其他“白领”和职业人士。邹韬奋因而成为 20 世纪 30 年代一个对中国民意具有重要影响的人物。[67]

邹韬奋于 1922 年开始他的报业生涯。1921 年 7 月在上海圣约翰大学毕业后，他从事过多种临时性的职业，包括上海棉货交易所的英文秘书和青年基督会的英文指导。次年，中华职业教育社的发起人黄炎培想找一名受过英文训练的助手来编辑该社的刊物。邹欣然接受了这份工作并最终成为该社 1925 年 10 月创刊的新刊物《生活》周刊的主笔。这份刊物最初的发行量不满 3000 份，前景黯淡。尽管如此，邹编辑的内容非常活泼，包括了远远超出职业教育范围的有趣的社会话题。他最受欢迎的创新是与主笔的通信栏目，其特点是对学生问题、家庭事务及其他社会问题进行讨论。到了 1931 年，邹每年收到 2 万—3 万封来信，《生活》每期的发行量达到 8 万份。[68]

在“九一八事变”和“一·二八事变”中，邹主持的刊物的温和声调彻底改变了。邹采取了坚决反日的立场，并竭力支持抵抗。早在 1931 年夏万宝山事件时，邹就引用“田中奏折”作为证据，对日本侵略中国的计划发出警告。当“九一八事变”真的发生时，他愤怒地谴责张学良的不抵抗。他还撰文说，国际联盟被帝国主义列强操纵着，不可能公正地对待中国。[69]

在 1931 年的整个秋季，对抵抗的呼吁和对中国军事领袖的批评占据了《生活》周刊的主要版面。在 1931 年 10 月 10 日出版的那一期上，登出了要求中国对日宣战的信件。在 10 月 17 日的那一期上有人呼吁更有效地抵制日货，还有一期发表的一份关于东北沦陷区状况的调查报告也非常值得注意（当然，这些状况被描写得很严酷）。这份调查报告包含了更多的对张学良的抨击，它称，在 9 月 18 日夜，张没有收到最早的报告，因为他正沉醉于花天酒地之中。另一封来自一名曾到南京呈递请愿书的学生的信，对蒋介石进行了攻击，批评他在 9 月 24 日的演讲。邹本人大力赞扬学生示威者并谴责这场运动的反对者。[70]

这份刊物还大夸马占山的战绩。嫩江战役之后，邹亲切地把马比作中国历史上的伟大英雄，并通过对比，对怯懦的张学良进行了痛斥。《生活》继续采取读者参与的方式，设立了为马的战斗捐献的基金。捐款源源而来，在 1931 年 11 月和 1932 年 2 月之间，就筹集了 13 万银圆。在定期登载马活动的同时，该刊还列出了捐献者的名单及其捐赠数量。数百人为这项事业提供了小额捐款（10—50 银圆）。[71]

《生活》在淞沪之战中甚至变得更加活跃。其出版的增刊登载了来自前线的详细消息。募集来的资金提供给十九路军，他们的战绩在该刊的栏目中得到了赞扬。在宋庆龄的支持下，邹资助了一家医院来收治伤兵。[72]1932 年 3 月初，当上海前线崩溃时，邹的反应极其强烈，严厉地斥责政府不支持抵抗者并谴责蒋系与粤系之间的内讧。邹对官方的借口也不屑一顾：

> 说经费无着吗？从事国民所头疼的内战，尚能发行十余万万国民所不愿付的公债；谓有决心御外以卫国保族，便一筹莫展吗？试看十九路军始终仅得政府三万元之资助，国民资助该军之踊跃为何如？……据记者所闻，当军事会议开会讨论派援

> 兵时，大多数赞成派援，蒋介石与何应钦两氏反对最力，谓不宜使战事扩大……如此违反民意辱族误国的政府。[73]

邹的文章显然与蒋介石的“攘外必先安内”——一个被称为“投降”的政策——的路线有冲突。在“九一八事变”一周年时，邹写道：“这过去的一年，是中国近代史上最黑暗的一页。……虽然大家嚷着武力收复失地，几曾见政府派过一兵一卒到榆关以外？”[74]邹加上来自《东方杂志》的亲抵抗的作家胡愈之以及一位受过日本教育的来自奉天的流亡工业家杜重远，均加入了对开战的呼吁。《生活》对蒋的抨击是不留情面的。该刊反日、反蒋的声浪似乎提高了发行量也就并非偶然了，1932 年中期，发行量增加到 15 万份以上。[75]

蒋介石和南京国民政府从来都不能很好地容忍批评，他们被中国广为传阅的刊物没完没了的批评激怒了。据说，蒋有一册装订好的杂志，他亲自用红笔在邹所有批评政府的内容上做了标记。[76]毫不奇怪，在 1932 年夏秋，南京对这家桀骜不驯的刊物采取了镇压措施。

实际上，国民党政府已经建立了一套控制媒体的机制。1930 年 12 月，南京公布了一项新的法律，要求所有的报刊出版商向内政部登记，而政治出版物则向国民党中央宣传部登记。这项法律规定：“出版物禁止包含‘诋毁国民党和违背三民主义’的内容。”惩处的措施包括没收出版物、罚款和对编者进行拘禁。[77]不过，通过法律和执行法律却是两回事，并且南京工于前者而拙于后者。直到 1934 年南京国民政府设立了中央宣传部直属的上海图书杂志审查委员会，1930 年公布的出版法规才得到有效的执行。该委员会开始了“一揽子”（尽管在某种程度上显得捉摸不定）控制和镇压中国媒体的活动。[78]

南京阻止邹的企图受到了《生活》总部所在的上海公共租界的阻止。理论上，中国的法律可以施加于生活在外国管辖区的所有中国公民，并且，早期与列强订立的协定把在上海的中国法庭的控制权还给了中央政府。但实际上，国民党当局不得不通过外国控制的警察在这些地区执行逮捕。在涉及共产党（对此，英、法当局很想把它除掉）的案件时，双方常常进行合作，但并没有十足的把握。[79]

南京国民政府有时使用不法手段来对上海施加影响。反对者们经常受到南京特工们的恐吓、绑架，或干脆被暗杀。[80]尽管如此，1932年夏，蒋介石在上海的“不法权力”处于低潮期。在孙科政府辞职后到淞沪之战的这段时期里，党和政府组织依然涣散不堪。另外，许多国民党员，包括文官和军人，极为同情邹的抗日立场。甚至连蒋在上海的亲密盟友、青帮头子杜月笙——他在1927年镇压共产党控制的工人联盟时起着举足轻重的作用——在这件事情上也不可靠。在淞沪之战中，他显然是十九路军的一名热诚的支持者。总而言之，在1932年夏，除掉《生活》是一个棘手的任务。

为了试图限制该刊在上海以外的地区发行，南京在1932年8月拒绝为该刊提供邮送服务。尽管没有发布公开的命令，但这项禁令的存在很快大白于世。与此同时，政府迫令上海报纸零售业联合会不得发行该刊。教育当局被通令阻止学生购买或阅读《生活》。向《生活》供稿的作者私下里受到了打击，他们在较为同情政府的刊物里往往失去了工作。胡愈之失去了在《东方杂志》中的职位，《申报》的陈彬和被报社解了职。[81]

这些限制对《生活》本来应该是沉重的打击，特别是邮送禁令影响了该刊的大多数读者。与其订阅者关系密切的邹，不顾禁令，把他的支持者召集起来，为周刊的发行，进行了一场伟大的正义行动。旅行者们被动员通过铁路和轮船把各期携带出去。学生们则在可能的地方悄悄地发送该刊。期刊被重新装进各种奇形怪状的包裹中以迷惑邮政当局。邹的正义努力似乎在很大程度上破坏了禁令。在上海本地，该刊设立了专门的电话热线和发送服务，以保障发行。为此，生活书店在 1932 年 7 月建立起来，用来发行邹的刊物。[82]

邹继续与蒋介石针锋相对。邹被南京镇压抗日运动深深地激怒了，而且他所感受到的是南京当局对合法行为的无情漠视，因而他在 1933 年 1 月与宋庆龄和蔡元培一道组织了民权保障同盟。该组织尖锐地抨击了国民党政府的非法拘禁及使用酷刑的问题。该同盟特意介入了丁玲和潘梓年——潘于 1933 年 5 月 14 日在上海外国人管辖的地区失踪，他的死疑窦重重——的案件。[83]

南京对该同盟进行了回击。重要领导者接到了警告，要他们停止活动，否则就要面临被报复的危险。同盟的总干事杨铨在 1933 年 6 月 18 日最终被暗杀。担任中央研究院副院长、受过美国教育（康奈尔大学和哈佛大学）的杨铨及其子在星期天准备开车外出时，在上海法租界的人权保障同盟的一座房子外面遭到了伏击。就在他被害前不久，杨曾通知宋庆龄，说他和同盟的其他领导人正面临着迫在眉睫的危险。[84]

法租界的警察抓住了其中一名暗杀者，他当时就企图自杀，后来死于狱中。虽然没有其他的人被抓获，但南京的责任似乎一目了然。正如认识杨铨的费正清所写的那样：“这次事件代表了蒋介石的决定。”[85]另有一种说法指出，蒋安全机构的头子戴笠通过上海的一个特工赵理君策划了这次暗杀行动。据说，戴笠在狱中毒死了那名被抓获的杀手，以封其口。[86]

不论是如何策划的，暗杀杨铨让该同盟和它的支持者们沉默了。

邹知道自己的生命处于危险中，在朋友的劝说下于1933年7月离开中国前往欧美旅行。他在海外一直躲避到1935年8月。[87]在邹流亡期间，《生活》面临着新的压力。南京当局在所能控制的中国范围内迫害那些发行这家刊物的人。当撰稿人胡愈之在1933年11月发表了一篇同情福建事变的文章时，南京下令关停这家刊物。其时，蒋对上海地区已有足够的控制以保证这样的命令得以贯彻。[88]

1933年12月16日该刊的最后一期回顾了其奋斗的历史：

> 一年余以前，本刊经最高军事当局和中央党部密令，禁止邮递，当时即以为本刊末日即至，禁止邮递之后，必继以查封①……内地销售本刊，时常受军警摧残，甚至许多学校的学生，有因购阅本刊而遭逮捕的。……本刊仍能按期出版，用半公开或秘密的方法，送达国内外的无数读者。直到最近为止，本刊的销数，仍能保持国内定期刊物的最高销数。[89]

邹韬奋的同事很快重新组织起来，于1934年2月创办了一家新的刊物《新生》周刊，这份刊物与以前的那份在指导方针、内容形式和人员方面实际上均保持一致。来自奉天、具有强烈的反日斗志的难民杜重远编辑这份新的刊物。邹的忠诚追随者们转向了《新生》，该刊发行量与它的前身基本相埒。这种在审查者与办报人之间鼠猫相戏的游戏在民国时期司空见惯。新刊物经常冒出来顶替被查禁的期刊，且使用相似的名称，就像《生活》与《新生》一样。[90]杜重远在《新生》创刊号上宣称他的目的是维护中国人民的抗日情绪，以及铭记他的那些在日本占领下遭受苦难的东北同胞。[91]

---

① 此处英文与原文有些不符，现照录原文。——译者注

蒋介石对《生活》和邹韬奋的镇压是让“攘外必先安内”政策的反对者们保持沉默的一种方法。不过，它却并不完全成功。尽管下达了对该刊的邮送禁令，且邹和他的撰稿同仁受到了恐吓，但他们并未沉默。这次镇压使他们与南京更加疏远，并使他们在许多人的眼中成为殉道者。为了维持发行量和在运动中播下种子，该刊的读者慢慢地被组织起来。暗杀手段的使用甚至显示了政府地位的虚弱，对赢得群众支持的无能为力。正如蒋廷黻在杨铨遇害不久后所写的那样：“暗杀不是政治，也不是党争，是杀人，卑劣的杀人，野蛮的杀人。哪一党，哪一派拿暗杀的手段来打倒敌党敌派仅暴露自己的弱点，仅宣告全世界：‘我靠我的主义，我的政策，我的成绩，我的组织，不能维持我的地位，所以我必须行暗杀。’”[92]一个举足轻重的知识分子的这些情绪，说明了20世纪30年代用镇压作为使民意沉默的办法的局限性。

蒋介石度过了1931—1932年的危机，继续作为南京国民政府的领袖。但日本问题削弱了他建立一个强大的、紧密团结的国民政府的努力。政府内外的许多中国人仍然对日本进攻的耻辱感到愤慨，他们痛恨南京的领导无方。在许多人看来，“攘外必先安内”的政策仅是不作为的借口。日本问题不是使国民党的势力团结到一起，而是似乎让它们四分五裂。

在南京国民政府内部，这个问题引发了动荡。蒋自己的妻兄、财政部长宋子文，于1932年6月针对“先安内”政策公开威胁要再次辞职；孙中山之子孙科摆出了一副作秀式的亲抵抗立场。最为重要的是汪精卫，对蒋把维护绥靖政策的重担压在他身上非常恼火，并对自己缺乏政治权威感到愤怒，对张学良发起了抨击，造成了政府突然崩溃。在地方领袖中，汪的攻击使一直对蒋支持力度最大的指挥官张学良处境难堪。蒋的处境逐渐恶化，使阎锡山、冯玉祥和韩复榘，加上在福建、广东，可能还有广西的南方派系，结成一个可行的反蒋联盟，有了可乘之机。尽管许多地方领导人继续唱着反日高调，但有传言说日本本身非常支持这个反蒋联盟。有些流言甚至暗示汪精卫可能领导一个新的政府。因而，地方势力之间的平衡与中日关系的发展有着多变的和密切的联系。

蒋介石及其“攘外必先安内”政策能成功的最大挑战是对民意进行必要的控制。蒋不仅对新的亲抵抗的民众运动的力量，而且对在中国必须与日本合作镇压抗日行为感到忧虑。南京国民政府即使在面对英雄马占山归来时，也背负着抑制支持东北抗战活动这样政治敏感的任务。即使抵制日货运动受到保守的商业和金融团体的支持，但南京还是不得不镇压它。最后，南京不得不审查许多要求抗日的期刊，尽管镇压这些期刊在政治上很敏感，并使许多中国青年确信南京已沦为东京的工具。简言之，通过抑制抗日运动，蒋介石政府执行了一条在政治上不得人心的路线，一条与其代表中国民族主义的宣言相抵触的路线。不过，即使当蒋做出政治上的牺牲来维持与日本的和平，日本对华北重新施加的压力也将进一步使南京的政治局面变得紧张起来。

第三章
华北的新危机：山海关、热河和《塘沽协定》

1932 年的整个下半年，关东军一直在策划进攻伪满洲国西南部的崎岖省份热河。溥仪的傀儡政府宣称对这个省份拥有主权。1932 年 7 月 17 日，日本的飞机轰炸了热河的朝阳，并于 8 月 21 日占领了南凌。关东军的官员们竭力说服热河省主席、臭名昭著的腐败将军汤玉麟与其名义上的指挥官张学良决裂，做日本人的傀儡。东京政府推迟了对热河预期的占领，认为在李顿报告正在被讨论的时候，这种行动将损害日本在国际联盟中的地位。尽管如此，到了 1932 年 12 月，日本在日内瓦的败局已定，军队该上场了。斋藤内阁批准了对热河的征服。[1]

尽管如此，最初的战斗不是发生在热河，而是发生在附近的山海关①，这是具有战略地位的长城要隘，它坐落在天津至锦州铁路上，长城在此处延伸入海。山海关是按《辛丑条约》规定由日本人派兵驻守的华北 12 个地点之一。其他地区还包括天津、塘沽和滦州以及河北的一个港口城市秦皇岛，它处于山海关所在的铁路线以南仅几英里处。在这些地区，日本部队的总兵力很少（1932 年有 1650

---

① 即榆关。——译者注

人），山海关的驻军被限定在300人。尽管如此，他们的存在为那些想挑起事端的日本军国主义者进入河北省提供了便捷。中日关系变得紧张起来了，日本的驻军人少且已暴露。当地的指挥官很容易制造危机。

山海关提供了这样一个机会。当地的日本指挥官落合甚九郎想在这个战略要隘给中国军队制造麻烦。中国的领导人、张学良的部下何柱国将军指挥的第九旅，大约有9000人。何对日军的施压感到愤怒，山海关两支部队之间的关系很快紧张起来。中国人指责日本庇护日本和朝鲜的罪犯，尤其是走私者和毒品商人。1932年10月1日和12月8日，双方发生了激烈的冲突。[2]

当何柱国拒绝了日本人的最后通牒时，1933年1月1日，日军向山海关的中国军队发动了进攻。第九旅顽强地战斗了3天，在放弃这座被摧毁的城市转移到热河上的新的防守阵线前，他们伤亡了数百人。中国军队的阵地已无法防守。日本人不仅控制了这座要隘以北位于伪满洲国的铁路，而且日本海军和在秦皇岛的驻军还控制了这座要隘以南的铁路。另外3000名日军在8架飞机和20辆坦克的援助下，参加了战斗。即使失败了，中国媒体也称赞第九旅的抵抗。例如，上海《新闻报》把这支部队比作十九路军。[3]

1933年1月3日山海关的陷落震动了全中国。不仅因为这次战斗是自1932年3月以来中日之间最严重的冲突，而且山海关具有一种标志性的重要意义，经过这个关隘的东北通道被视为日本征服中国本土的第一个台阶。日军占领了这个要隘，在许多中国人看来，一场新的灾难即将降临，日本不仅企图夺取热河（在关外），而且要夺取更多的地区。日本军事当局几乎没有采取任何措施来缓解这类恐惧。1月8日，日军在北平和天津举行公开的阅兵以恐吓中国当地的领导人，引发了日军很快将进攻这两座城市的谣言。1月，故宫博物院开始把它的收藏品运送到南方，随后在2月装运了外交部的档案。这两次行动引起了广泛的猜测，认为南京将放弃河北省。[4]

随着山海关战事的推进，蒋介石正在江西忙于反共的军事行动。南京既向日本人也向国联做了抗议，不过这种行动几乎不可能指望有所获。政府内外的各种势力力劝蒋中止在江西的战事，指挥北方前线的防御。自然，广东的分裂主义者叫得最响，要求蒋立即采取行动。而且甚至由颜惠庆、顾维钧和郭泰祺率领的派往国际联盟的中国代表团也电告南京，认为中国应该派部队去收复山海关。[5]

张学良向南京求援。他在1933年1月23日与蒋会谈，要求支持对热河的防守。蒋拒绝延缓江西的“围剿”，但确实派出了杨杰将军代表中央政府到北方前线。[6] 当时行政院代院长兼财政部长宋子文也飞到北平会见张学良，力促其抵抗。两人均认为做出某些防守热河的努力是至关重要的。

尽管如此，当日本的进攻迫在眉睫时，劝说汤玉麟进行抵抗仍非常困难。汤的贪污受贿臭名远扬，他利用对热河省的控制，通过鸦片收入聚敛起了巨额财产。他的绝大部分财富和资产留在奉天，关东军头子将此作为诱饵来诱惑他倒向伪满洲国。仅是因其军队中的反日情绪阻止了他叛投日本。不过，如果不在该省挑起一场内战并使抵抗无望，张学良无法轻易地清除一个如此臭名昭著的领将。[7]

2月17日，宋子文和张学良造访热河省会承德。吉林省前主席、被张学良任命为热河战区指挥官的张作相，在该省率领着一支义勇军的朱庆澜，代表上海地方协会和其他抵抗团体的黄炎培，陪同着他们。[8] 汤玉麟加入了这支代表团，表面上保证予以顽强抵抗。在私下里，他要求如果对日开战，要“给他的部队”300万银圆。宋给了他 30 万银圆，汤大概把这笔钱据为己有了。尽管汤要求资助，但他即使面对日本人确定无疑的进攻，对任何外部的军队进入他的领地也没有丝毫的热情。[9]

张和宋表明了公开的抵抗态度。他们电告日内瓦的国联，宣布了中国在热河抵抗到底的决心。宋子文在北平告诉记者说："热河地势重要，为华北门户，日军如来侵，我决以全国力量应付。"他强调说："热河为中国完整一部，与苏粤各省无异，热河被攻，将同于南京被攻。"[10]宋发表宣言号召东北军维护中国的民族荣誉，并宣布这个民族将紧跟在他们的身后。10 万份文告被分送到了热河和河北士兵们的手中。[11]

张学良采取了行动。尽管汤玉麟对外人心存疑虑，但张还是把朱庆澜 5 个旅的义勇军派到了热河的凌源。黑龙江省前主席万福麟奉命派 3 万部队来防守热河。曾是冯玉祥老国民军一部分的孙殿英从西南的山西被调到了热河。与汤的 3 万部队加在一起，理论上，有 10 万名中国士兵在防守热河这个以地形崎岖并有利于防守而闻名的省份。张还加固了山海关—北方—河北防线，向秦皇岛、滦河地区派遣了部队，这些军队中许多人是老国民军。[12]

在日本进攻的前夜，南京和张学良似乎都完全致力于一场全力以赴的热河保卫战。但实际上，1933 年 2 月的声明大体上只是一个幌子。南京和张学良均无法承担被认为不经抵抗就向日本交出另一个省份的责任，但他们谁也不愿做出真正的牺牲来拯救它。他们显然均认为对热河的防守毫无希望，延长抵抗只不过像是在激怒日本人。例如，张派遣素质最差和政治上最不可靠的部队——义勇军和黑龙江的部队——去迎击日军。他也不能因派遣由他的对手冯玉祥训练的老国民军参加战斗而受到赞扬。至于南京的援助，宋没有带来飞机和大炮，而只不过是数目平平的资金。直到热河沦陷，也没有中央军前去华北，尽管日本的进攻在好几个月前就被预见到了。南京的官员拒不承诺：如果日本发动进攻，或者宣战，或者中止外交关系（这两件事他们都没有做）。最为明显的是，国民军总司令蒋介石留在江西，并没有到北方去行使领导职能及在危机中承担责任。

1933 年 2 月 23 日，日军发动了进攻。日本在南京的总领事向外交部长罗文干递交了一份照会，声称热河是伪满洲国的一部分。而与此同时，2 万名日军在伪满洲国伪军的配合下，从三个方向进入了该省。这场战役对中国军队来说是一场大溃败，比彻底投降更加可耻。汤玉麟、万福麟和朱庆澜的部队逐渐跑光了，经常甫一接战即行倒戈。而张任命的热河战区指挥官张作相从未敢离开过北平。中国军队惊慌而逃，在退却中进行抢劫，有些人还向日军出卖他们的武器。当抵抗发生之时，中国军队普遍缺乏组织；他们被大量地屠杀，伤亡了大约 15000 人。因为没有准备医疗设施，近 4000 名伤员不得不被抬到或是自己拖着身体赶到北平治疗。

汤玉麟逃走了，他命令用 240 辆汽车和卡车把他的私人财物运出承德。他弃守了承德，导致一支仅有 128 人的日本军队在 3 月 4 日占领了这座省城。朱庆澜的部队表现得如此之差，张学良下令逮捕了他。张本人匆忙地把他的军队向北调到边境通道，不是去进攻日军，而是去解除热河逃军的武装，以阻止他们在河北境内抢劫。中国军队中有少数几个亮点。孙殿英将军的军队在 3 月 9 日向西撤退到察哈尔的多伦以前，进行了猛烈的抵抗。不过，仅仅在一个星期之内，一个 74200 平方英里（大约相当于弗吉尼亚、马里兰和西弗吉尼亚加在一起的面积）的热河省的沦陷，是最高指挥的一个灾难。它对早期张学良和宋子文关于在热河抵抗到底的宣言是一个讽刺。[13]

热河的溃败使得张学良的辞职在所难免。他的无能以及混乱的防守部署激起了各个政治派别的中国人的愤怒。北平知识界的领袖公开地抨击他。地理学家丁文江在《独立评论》上给张发了一封公开信，要求他下台，这次行动得到了包括胡适和北京大学校长蒋梦麟在内的其他几个人的支持。[14]甚至在张的东北军中，不满和失望的情绪也已蔓延开来。热河的耻辱要求有一只替罪羊，而张是一个最容易下手的目标。具有讽刺意味的是，另外一种逼张辞职的巨大压力来自张失败的受益者日本人。许多关东军首领认为他对前东北军的指挥成了中国承认伪满洲国的障碍，他们强烈地要求把他赶走。似乎只有张的辞职才能阻止日军的进一步侵略。

华北的政治舞台是各种势力达成的微妙平衡，像张学良这样关键角色的离去，势必将导致平衡被剧烈改变。3 年来，北方的军事政治一直在 1930 年中原大战的阴影中运作。那场有着 25 万人伤亡的战争，夺去了比随后与日本人发生的冲突更多的生命。这使得勉强战胜了冯玉祥和阎锡山的蒋介石，只得依赖张学良的支持。到了 1933 年春，联盟开始改变了。自“九一八事变”至热河沦陷的 19 个月中，张学良的势力急剧地衰落。与此同时，冯—阎联盟的卷土重来也变得更加渺茫。

在 1933 年春，冯玉祥曾试图东山再起，承担了一个坚定的抗日领袖的角色。但他的尝试（在后文中将要进行详细的分析）失败了，这使得他与阎分道扬镳。后者一向保守，他最为关心的是保护他在山西的地方基础。他对于加入省外的军事行动非常谨慎（如 1930 年的战争）。日军迅速占领热河，使阎感到了严重的威胁。日本的极端主义者抛出了一个新的蒙古傀儡国，一场日军从热河向西推进到察哈尔和绥远省的攻势，似乎如箭在弦。由于均处于桑干河盆地，山西东北部极易遭到来自察哈尔南部的攻击。绥远（山西以北）由阎的部下傅作义驻守，该省的铁矿是太原兵工厂的原料来源。热河的失守还损害了阎的财政基础，因为该省过去一直是山西票号和商人的一个据点。[15]因而，阎担心日本人攻入他的地盘，无法接受冯有些莽撞的做法。随着张学良威胁的减小，阎准备与蒋介石改善关系。

从蒋介石的观点来看，北方的剧变既提供了机会，也带来了危险。随着张学良的辞职和冯基础的削弱，蒋有了在北方扩张权力的机会。实际上，民意要求他担负起领导抗日的重任。与此同时，风险也是巨大的。任何中央军进入北方的大规模行动都可能激起一场日军的全面进攻，南京将因此受到再次失败的指责。北方军事首领也忌恨南方对其所有统治权进行大的改变。最后，这样的战略将制约“剿共”的战争。因此，在山海关—热河之战失败后，蒋的行动非常谨慎。南京在北方扮演一种温和的角色，试图消除那些指责其放弃这个地区的人们的批评；但南京的影响和控制将受到限制，以防止对抗日本人。它竭力结束战争并筹划停战。

无论如何，蒋介石不得不前往北方。他在 3 月 6 日即日军占领承德的两天后离开了南昌的“剿匪”司令部。蒋故意在北平做了短暂的逗留，并在古都的正南方保定设立了行营。他在 3 月 10 日会见了张学良；次日，宣布张辞职。南京的国防部长何应钦被任命为北方军队的指挥官。前东北军被重新组织在它的 4 名将领万福麟、何柱国、于学忠和王树常的指挥下。一支数量适中（两个师）的中央军被北调到河北。作为北方新的指挥官，何应钦试图缓和与日本人之间的紧张关系，命令何柱国从接近山海关的热河向南撤退到滦州。[16]

蒋南行到石家庄，3 月 11 日他在这里会见了阎锡山。两位领导人表示要埋葬过去的分歧，在面对民族危机之时共同合作。蒋和阎基本上不是亲密的同道，但建立了一种工作关系。蒋与山东军阀韩复榘的关系处理得较差，3 月 20 日他在保定接见了韩。韩对蒋进入北方的行动怀有疑忌，他似乎宁愿向日本人妥协。蒋也完全不满与陕西军事将领杨虎城之间的争论。后来参与西安事变的杨是冯玉祥的前部下，但在北方联盟的战争中，由于其重要地位，杨帮助了南京。他要求采取更加强硬的对日立场，使得他与蒋介石发生了不愉快的冲突。

尽管蒋重点关注军事领袖们，但他也介意北方的“民意”。因此，他在保定接见了几位北平的知识界领袖，其中包括胡适、丁文江和另一位地理学家翁文灏，希望获得他们的支持以平息这次危机。3 月 24 日，蒋象征性地到北平做了一天的旅行，然后返回南方，把防守河北的责任留给了何应钦。[17]

其间，汪精卫中断了去欧洲的“疗养”旅行，于 3 月 17 日回到中国，他觉得自己以前对张学良的攻击非常正确。具有讽刺意味的是，张本人于 4 月 11 日踏上了海外之旅。在张大伤颜面和蒋承受压力之时，汪察觉到了一个新的政治机遇。在与蒋介石会谈后，他于 1933 年 3 月 30 日重新就任行政院长的职务。[18]因而，日本新一轮的进攻改变了中国政治的旋转木马，赶走了某些角色，并为其他角色创造了契机。不论是在南京国民政府内部，还是在地方领导人中，势力再次有了变化。

对热河危机的反应

在山海关和热河战事的整个过程中，各种团体呼吁南京采取更加积极的抗日态度。蒋介石继续坚持他的“攘外必先安内”政策，把军队留在华中地区，他本人则继续留在江西。批评者们指责蒋作为国家军队的总司令，应该率领他的军队到北方去守卫中国的领土，因为北方的军事首领不能或是不愿这样做。蒋在 3 月热河沦陷后短暂的保定之行，也没有让这些批评者们停息下来。他在战事解决以前就已匆匆离去。日军向古北口和喜峰口（两个处于长城与热河边界相交叉的战略关隘）进逼，新增的日军开始抵达山海关—秦皇岛地区。

广东的分裂者们依旧是对蒋最严厉的批评者，猛烈地抨击他的每一次作为（或是不作为）。胡汉民谴责说："在榆关陷落，热河危急之时，〔他〕藉口赣共猖獗一溜烟跑到南昌去了。我不是说'共不当剿'，……则在今日的情势之下，抗日实尤重于'剿共'。……则全国之兵，不下二百万，难道要全都齐集江西，为'剿共'之用吗？"[19]

胡的其他同胞批评蒋推迟去北方。"至三月一日前方非常紧急，多数要隘已入日手，而蒋尚安坐南昌，不调一兵一卒北上援热。"当他到北方来时，这"亦并非去抗日，乃是去……胁张辞职，而接收其政军两权！故始则逗留石家庄保定之间，不敢前进一步"。[20]

广东的刊物满是虚张声势和夸夸其谈。1933 年 3 月的《青年军人》写道："只有战争才能恢复失去的东北和热河的失地……我们的青年军人勇敢、有热血，不畏死、不爱钱……我们认为南京政府容忍日本侵略的政策只不过是葬送民族的政策。"[21]

广东对蒋的批评也许是出于政治考量，可不予考虑，当一个人远离前线数百英里的时候，他肯定很轻易地主战。不过其他许多人也加入了要求采取更加强硬政策的呐喊中（在南京审查的限度之内）。像上海第五军的总指挥及蒋的嫡系张治中在山海关事变后呼吁抵抗："日本……现又侵占榆关，急图攻热，形势益趋严重。这个问题，绝不是什么外交方式，和平手段可以解决得了的。只有在战场上去求解决，拿我们的铁和血来与敌人争最后的胜利。”[22]

保守的专栏作家杨公达在《时代公论》上发表文章，回应了这种情绪。“目前的形势已经到了一个无法容忍的阶段。没有人可以来讨论和平的逻辑。任何对和平的渴望都是不可能的了。”他得出结论说：“我们必须战斗，并且我们要求一场全面的搏杀。我们欢迎凶残的日军进行全面的动员来与我们战斗。”[23]

类似的呼吁也来自国民党中的左翼。依然受到许多人敬仰的宋庆龄，在3月公开要求至少把80%的中国军人向北派到前线。她警告说：“榆关已失，平津震动。”[24] 5月，在日本军队进一步推进后，她写道：“中国人民要求抵抗日本人和任何其他帝国主义。蒋介石政府扼杀了这种抵抗……‘长期抵抗’的言辞无法再掩盖叛国、怯懦和不抵抗的事实，这个时刻已经到来了。”[25]

左派和右派均呼吁蒋介石抗击日本人，来保卫北平和天津。许多撰稿者专门挑战蒋，让他放弃“剿共”战争，与共产党进行谈判，使得所有的力量都能用于对外战争。自由派专栏作家孟长泳写道：“目前的军事委员会委员长蒋介石将军，实际上是唯一一位能够赢得这个国家所有将军们的尊敬的人，并且也是唯一一位能够指挥在北方行动的人，却仍然在江西指导所谓的‘剿共’战役……不曾有一个师的兵力被派到北方，而仅仅让‘义勇军们’去与装备精良的侵略者战斗。”孟认为解决的办法是“中国的政治家应该利用这种势态把这个国家所有的力量，包括共产党，团结起来，结成一个统一战线来抵抗外国的入侵……政府唯一的选择是停止‘剿共’战争，而与共产党领导人进行谈判”。[26]

甚至像丁文江和蒋廷黻这些在前期就告诫抗日艰巨性的北平知识界领袖们，也开始批评蒋介石的“攘外必先安内”政策。1933年

1 月，丁发表文章力劝蒋通过与胡汉民修好，并与军事人物阎锡山和冯玉祥合作，来团结中国的所有派系。最为关键的是，蒋应该立即与共产党停战，并把中央军调到北方。如果有必要，南京应该与莫斯科接触，并达成一项协议，在这项协议下，第三国际将强迫中共接受停战。丁认为，最重要的是，蒋必须领导一个统一国家的防御。[27]蒋廷黻支持丁的观点，甚至认为蒋的办法是适得其反。他指出“剿匪”本身在农村地区加剧了形势的恶化，实际上是驱赶农民投向共产党，所以蒋的“先安内”政策一无所获。[28]

胡适同样表示了对热河溃败的失望。尽管冷静地讨论了直接的崩溃原因——东北军的粗散状况、汤玉麟的腐败和张学良的无能，但胡没有为蒋辩白。胡认为：“中央不责成军事领袖蒋中正北上坐镇指挥，乃容许他逗留在长江流域作‘剿匪’的工作，轻重失宜，误国不浅。”[29]因而，对蒋的批评来自各个方面——保守派、左派、自由知识分子以及他的政治对手。所有人都呼吁采取更加强硬的立场抵抗日本新一轮的侵略。

尽管面临着批评和危机，但蒋介石仍顽固地坚持他的“攘外必先安内”政策。1933 年 4 月 6 日，蒋给他的军事将领们发了一份总的电报，宣布他已回到了南昌来指挥“剿共”战役，并为他的“先安内”方针进行了激烈的辩护。蒋重申：“今举国之人忘却心腹大患之‘内匪’，而侈言抵御外侮，……本总司令此来决与我赣中诸将士共生死，同荣辱，殄灭‘赤氛’，以安党国。”[30] 4 月 10 日，蒋在南昌的一次公开演讲中重复了这些观点，谴责那些要求在共产党的问题得到解决前在北方进行抵抗的人。

蒋介石返回南昌以及他对“先安内”的重新申述，引发了南方分裂者们新一轮的抗议。广东想让蒋的处境越发难堪，把蔡廷锴任命为名义上职位很高的粤赣闽抗日军队总司令。南方领导人誓言通过蒋的区域——如果有必要，就与蒋开战——北上抗日前线。[31]

重新担任了行政院长的汪精卫，于1933年4月17日在一次答复广东的谈话中为蒋做了辩护："关于蒋介石总司令最近在南昌的讲话，丝毫不应被视为蒋总司令不想抗日。"相反，他认为："他的意思是那些抗日的部队与那些'剿共'的部队都是为国服务，并且他们是同等重要的。"如果"剿共"的部队被派往北方抗日，汪警告说："这就意味着共产党将扩展其影响。这才是蒋总司令真正的意思。"[32]

蒋继续为其政策辩护，大概是担心在他军队内部产生不满。1933年5月8日在南昌的一次讲话中，他指出：

> 在江西的"土匪"，也就在这个严重情势之下，藉日本帝国主义炮火间接的掩护，竟得休养生息的机会……我们如从事实牵连的关系来说，日本的侵略，就是"土匪"所招致的。所以我们要抵抗日本，就先要消灭这个祸根的"土匪"。……日本侵略是外来的，好像是从皮肤上渐渐溃烂的毒疮，"土匪"捣乱是内发的。……这实在是心腹之患；因为这个内疾不除，外来的毛病就不能医好。[33]①

蒋明确地表示不改变其"先安内"政策的意向，但意识到了在充满怀疑声音的中国推销其政策的必要性。

长城抗战

在蒋介石和粤系领导人对骂之时，沿着长城的战争爆发了。日

① 英文标点与中文原文有出入，今按中文原文做了调整。——译者注

军在横扫热河之后，继续向南进逼，在进入关外的河北地区时，在古北口和喜峰口两处关隘对中国军队进行挑衅。

这场战争是时断时续进行的。许多关东军的头目急于利用他们的优势，希望尽可能占领更多的领土，并可能沿着伪满洲国的边界线建立一个华北傀儡政权。“九一八事变”中的一个关键的策划者板垣征四郎，1933 年 2 月组建了天津特务机关。板垣与部下特工土肥原贤二在天津租界外进行活动，他们雇用了 1000 余名便衣特务在需要的时候，来挑起示威和动乱。板垣与几名旧军阀接触，商谈在伪政权下进行合作。大多数人予以拒斥。吴佩孚和孙传芳予以回绝，而段祺瑞则南下。板垣最终勾引了臭名昭著的皖系腐败老军阀张敬尧。张与宋哲元、张作相和孙殿英之类的人物进行了接触，替日本人许下重金。尽管包括宋在内的几位人物似乎愿意接受日本人的金钱，但平民以及军队中激烈的抗日情绪在蔓延，而且大部分军事人物对这类阴谋怀有警惕。5 月 7 日，张敬尧本人被戴笠的特务刺杀，暂时中止了板垣的阴谋策划。[34]

尽管板垣失败了，但关东军的侵略姿态让东京的保守势力产生了警觉，他们试图限制极端分子。结果造成了日本温和派和侵略派之间的持续斗争，后者则逐渐取得了优势。例如，1933 年 4 月 1 日，在山海关—秦皇岛军营的日军向南发动了一场全面的针对何柱国将军的进攻，把防守者从滦河—滦州地区击退。4 月 22 日，在东京的直接命令下，日军突然撤过滦河。包括天皇本人在内的温和派暂时限制了进攻。关东军军官抓住这次事件不放，并于 5 月 7 日发动了新的攻势。日军重新占领了同样的区域，并继续南进，直到 5 月底才被停战谈判所阻止。[35]

中国的防守部队是一群乌合之众，全都由何应钦松散地指挥。

像何柱国率领的那些部队属于老东北军。而其他像防守喜峰口的宋哲元的二十九军则是老国民军。中国青年党党员翁照垣曾在上海与日军战斗过，他指挥山海关附近的老东北军的一个师。该党对这支部队予以资金和装备上的支持。关麟征率领的中央军第二十五师和黄杰率领的第二师两个师到达了该地区。他们驻守在环绕北平的北部至长城古北口的地区。[36]

最猛烈的战斗发生在喜峰口，宋哲元的部队在这里进行了顽强的抵抗。3 月 9 日和 10 日，宋的部队击退了日军的进攻，在最后退却前，他们坚守了一个月。宋的抵抗尤其令人震惊，因为天津的特务机关确信宋将会倒戈，并支持张敬尧组织的一个傀儡政府。中国军队甚至取得了一场短暂的胜利。3 月 16—18 日，宋部的一个师在罗文峪击退了日军的进攻，并让进攻者后撤了好几英里。罗文峪是喜峰口以南的一个长城关隘，因日军想从侧翼进攻宋哲元而具有战略意义。日军被打得西撤后，在更靠东部的两个关隘——冷口和界岭口发起了攻击。到了 4 月初，大部分关隘失守，中国军队再一次退却。[37]

喜峰口的防守和罗文峪的短暂胜利（在北方仅有的可以称得上中国式胜利的一次交战）在中国媒体上得到了高度的渲染。宋的部队经常被比作十九路军，装备低劣且缺乏飞机，但有着取胜的愿望。士兵们被赋予了“大刀队”的称号，这支部队的领导人展示了对其英雄形象自我宣传的能力。日军伤亡的不实报道充斥了媒体。[38]

对喜峰口守军的大肆赞扬充满了政治色彩。这场战斗正好发生在蒋介石南返和重申“先安内”政策的时刻。通过赞扬宋的抗日行为，批评者们间接地抨击了蒋的方针。“起！起！一齐起来救国上前线去抵抗！上前线去抵抗！血染长城也荣光！”这就是《守卫我们的长城》歌曲的最后一句，估计是在宋的部队中得到传唱；它在一份与蓝衣社有关的《前途》期刊对战斗的报道中得到了转载。这篇报道在当时的媒体上司空见惯，甚至被视为忠于蒋的一个组织主办的期刊登载。[39]

批评者们有时更加直接地谴责蒋不支持抵抗者。大约 2 万人的中央军两个师被认为是杯水车薪和装备陋劣。批评者们谴责说，蒋派出了一些没有现代野炮或飞机的较差的部队。在喜峰口战役期间，日军显然从由中央军守卫的古北口西部战线调来了部队。批评者声称，如果黄杰的部队在罗文峪胜利之时能积极作为，中国军队的处境将会极大地改善。蒋的辩护者们指出古北口的士兵中有较重的伤亡，来证明他们抵抗得尽心竭力。实际上，第二十五师在古北口的战斗中已被击溃。[40]

北平的中国当局试图安排一次停战，但由于预感到民众的敌对反应，进行得很谨慎。4 月末，何应钦授权蒋梦麟与曾经帮助安排淞沪停战的英国外交官蓝浦生爵士接触，但这次努力没有成功。日军首脑尚不满足，而令蓝浦生感到惊讶的是，他发现中国的外交部反对任何停战谈判。外交部长罗文干全面支持一条强硬的对日路线。[41]

1933 年5 月，北方的危机到达了顶点。5 月 7 日，在东京已阻止了其反对者的关东军从山海关发动了第二次征服行动，5 月 11—12 日重新渡过了滦河。5 月 14 日滦州陷落，5 月 17 日唐山失守。日军向南进逼天津。同时，在西线，日军突破了一条宽阔的防线并沿着它向北平和天津挺进。5 月 18—19 日，密云（这个军事中心在北平与古北口的中间）失守。对北平和天津的攻击似乎近在眉睫。到了 5 月 20 日，日军离这个古都只有 13 英里，日军的侦察机经常在这座城市的上空飞过，使得难民陡增的民众惊惶不安。蒋介石电告何应钦照会外国使节，在日军攻击时离开，并宣布外国人的损失将由日本人负责。5 月 22 日，中国军事当局开始从北平向保定撤退，他们准备在那里建立一个新的指挥部。[42]

东京已下令关东军紧急停止攻击这两座城市，只批准采取有限的战斗迫使中国承认伪满洲国，并设立一个缓冲区。中国政府既不知道这一限制，也不一定能想到关东军首领会遵守这些命令，因为日本极端分子正试图扩大冲突。5 月 20 日，由于局面的紧张已达到一个危急时刻，日本驻天津部队的司令官通过铁路派出了增援的部队来保护那里的日本公民。如果发生涉及这些部队的事件的话（未发生一起），关东军首领将有一个攻击北平的有利借口。天津特务机关为了深化危机，也在这两座城市中挑起了好几起恐怖行为。5 月 19 日，一辆开往北平、载着中国士兵的火车在天津东站被炸。其间，板垣试图在滦州地区建立一个傀儡政权。[43]

从中国人，即那些在北方的一般城市居民的角度来看，天津和北平的失守似乎为期不远了。这个地区的中国军队在退却，火力远远不如装备着现代野炮和有空中力量支持的日军。在这 3 个月中（1933 年 3—5 月），中国军队的伤亡很难确定，但可能至少有 3 万人。[44]在这一关键时刻，南京寻求停火，极其希望日本的温和派能阻止关东军的军国主义者们。

黄郛与《塘沽协定》

蒋介石面临着来自五月危机的严重政治威胁。如果日本占领北平和天津，无论是在国内还是国外，南京的威望将受到巨大的打击。蒋将被迫放弃“剿共”军事行动，并亲自督导北方的局势。因而，他竭力寻求通过外交手段来阻止日军推进。

蒋有两个目的。他首先要求的是一个阻止在北方发生军事灾难的停战协定。他的第二个目的是把停战协定必然给他本人带来的政治损失降到最低限度。这一点可以通过把协定地方化、尽可能地使详情秘不示人、并让其他官员为协定承受罪责来达到。因此，蒋将继续留在他的统帅部来指挥反共军事行动，而在和谈中几乎不担任公开的角色。

从蒋的角度而言，缔结一个停战协定是迫切的，但充满着困难和危险。当直接与极端的关东军打交道时，中国不得不依赖日本的温和势力。蒋不得不镇压国内强烈的抗日情绪，并消除那些不信任南京的北方军事人物的怀疑。至于商谈停战协定的棘手任务，蒋召来了黄郛，他大概是唯一一个具有足够的关系能够在如此困难的局面中获得成功的人。自从他在济南事变后辞去外交部长以来，黄郛一直在浙江的莫干山山区过着半退休的疗养生活。他突出的人脉关系源自其独一无二的背景和经历。由于黄在日本受过教育，之后时常往返，并与政界和军界保持着牢固的关系。20 世纪 20 年代，黄在担任几届北洋政府中的职位时，经常与日本人打交道。黄从未加入国民党，甚至在 1933 年，在许多关东军极端分子认为国民党在激烈反日的情况下，这也是一个有利因素。

黄也得到了蒋介石个人的信任。他们年轻时一起在日本学习，当时就非常熟悉。1911 年辛亥革命以后，黄在上海陈其美将军手下供职，其间，他与蒋介石结拜为“盟兄弟”。黄还与陈的侄儿陈果夫和陈立夫的关系密切，陈果夫和陈立夫这两人在 20 世纪 30 年代主宰了国民党的组织机构，并领导着 CC 派。黄甚至被看作与政学系成员如张群（另一位“盟兄弟”）和杨永泰更相像。

与这些联系同样关键的是黄与北方各种各样军事人物的关系非

同一般。他与冯玉祥（在1933年其影响仍然非同小可）之间深厚的私交可上溯到20世纪20年代中期。1927年，黄曾与蒋介石和冯及阎锡山之间的联盟谈判，导致了武汉左翼国民党政府的让位，并成功地结束了北伐战争。因而，黄郛可能是唯一具有足够关系来缔结一个协定的人。但他有自己的对手。那些赞成抗战的人把他看作亲日分子，且他与汪精卫的派系也不是特别亲近。不过，对于即将承担的任务，他与日本人、蒋介石、国民党内的重要派系以及北方的中国军事将领都有必要的联系，以便谈判达成停战协定，而这样的协定将需要所有这些派别的支持。[45]

蒋依赖黄郛及其关系来与日本人进行秘密和谈。1932年10月，黄与日本军部情报部门的头目进行了几次接触，并向蒋介石直接做了汇报。[46]1933年4月，随着河北军事危机的加剧，蒋再次召见黄，这一次黄是直接承担商谈停战的使命。黄并不急于接受这项艰难使命，尽管何应钦的军事努力已经失败。最好的结果是他能够商妥一项协定，但极有可能激起中国人民的普遍愤慨。最坏的结果是他可能失败，成为北平和天津投降的一方。蒋和汪精卫进行了艰苦的说服工作。他们亲自会见黄，并谋取几个政学系人物对这项任务的支持。黄最终予以同意。[47]

1933年5月3日，政府宣布成立北平政务委员会，从技术角度而言，它是设在北平的行政院分支机构（行政院驻北平政务整理委员会），由黄郛主持。这个委员会的管理权限包括北方五省（河北、山东、山西、察哈尔和绥远）加上北平和天津自治市。其他成员包括五名省主席和两位市长。成立与何应钦掌管的北平军事委员会分会平行的独立机构，目的是把在华北与日本人签订的任何协定给中央政府造成的政治损害降到最低限度，并安抚那些不想承认南京在北方的直接权威的关东军头目。另外，南京誓言既不会在单边的基础上与东京进行公开的直接对话，也不会承认东北的沦陷。通过成立这样的委员会，并将此作为半自治的机构，任何北方停战协定都可以被视为一种纯粹的地方性的，与《上海停战协定》类似的军事安排。这个协定将无须进行条约性的审批。[48]

甚至在宣布了他的委员长职位后，黄郛仍旧留在上海，直到停战似乎有望实现的时候，他才愿意北上。他明白关东军头目想继续战斗，只有来自东京的压力才能阻止他们前进。直到1933年5月14日他接到来自日本军部的间接保证——停战协定是切实可行的，他才前往天津。[49]抵达河北之后，黄对黯淡的军事局面感到沮丧，他发现甚至比自己预想的更糟糕。他与北方的重要领导人举行了紧急会议，并与顽固的关东军头领展开对话。[50]

黄发现自己处于关东军的侵略要求、河北直接失败的可能性以及他所接到的来自蒋介石的指令的夹击之中。尽管黄在谈判中表面上似乎享有极大的自主性（以突出任何停战协定的地方性质），但在私下里他仍然通过电报与蒋介石和汪精卫保持频繁的联系，并获得两人频繁的指示。在黄告知蒋形势无望之时，蒋电告他要在谈判破裂前坚持到最后关头。与此同时，蒋督促黄，只要有可能，就不要留下文字性的协定（这一方法被日本人拒绝）；蒋和汪精卫均指令黄不要接受任何包含正式承认伪满洲国或承认中国接受领土丧失的条款。黄的任务并不轻松。[51]

黄与日本的谈判者于5月23日起草了一份基本的停战协定。在向何应钦阐明了具体细节后，他把条款电告了中央政府。5月28日，蒋介石、汪精卫、孙科和其他人在江西庐山召开会议，同意了这份文件。1933年5月31日，在天津东部的塘沽正式签字。真正的协定不是由黄郛而是由军事当局来签字的。熊斌将军率领的中国代表团，与一个关东军代表率领的日本代表团会面。这样安排的目的是强调这是一个军事（而不是政治的）协定。[52]

《塘沽协定》有利于日本，反映了中国军事的绝境。它在长城与连接北平和天津北部一条界线之间划定了一个非武装区。其南部边界自延庆向芦台延伸 250 英里，并从北平穿越了 10 英里，从天津穿越了 35 英里。非武装区包括河北大约 5000 平方英里的土地（大致相当于美国康涅狄格州的面积）和 500 多万名居民。中国军队将立即从该地区西部和南部撤离。在日军核实了中国军队的撤退后，他们的军队会“自动”撤到长城下。对日军的撤离没有设置时间限制。尽管中国军队和日本军队均被排除在非武装区外，但日军以《辛丑条约》为借口，（在 6 个地方）可以免于约束。日本被赋予用飞机和“其他方法”观察该地区的权力，以确保中国军队认真执行协定。中国将对这类活动提供便利和保护。[53]

这份停战协定包含了几处含糊不清之处，没有对日本人加进去的条款进行阐明。例如，在这项协定中，禁止中国军队在停战地区从事任何“挑战扰乱之行为”。如果双方都能实实在在地寻求长久的停火，这种含糊的用语将不会成为问题。但日本关东军司令部中的极端分子仅是在东京温和派的压力下才予以同意，并想留下一个以后行动的借口。中国的谈判者们意识到含糊的条款将会造成进一步的麻烦，并在最后一次会议上试图对此予以阐明。不过，在最后一次商谈中，关东军的谈判者们告诉熊斌，他们不同意对草案所做的任何改动，否则，就达不成协定。中国的谈判者让步了。

停战协定留下的悬而未决之事中最为麻烦的问题是在非武装区维持法律和秩序，以及在滦州地区部署由板垣组织的伪军。1933 年

5月18日，这样的一个团体（主要由前石友三的部队组成）宣布独立。停战协定的第四条规定，在非武装区法律和秩序由中国警察机关维持。尽管如此，该条第二款规定在该地区的中国警察“不可用刺激日本感情之武力团体”。双方当事人均对后一款守口如瓶，并且没有刊载在1933年公布的协定文本中。1936年中国政府透露了它的存在，并出现在战后中国和日本所出版的停战协定中。因而，这项秘密规定为日本操纵非武装区的警察势力提供了一个机制。在1933年7月3日大连的一次会议上，关东军头目强迫北平政务委员会允许板垣的伪军加入非武装区的警察部队。该地区很快变成板垣的阴谋和关东军特务机关的一个活跃的舞台。[54]

除了协定的文本，关东军头领还试图强迫中国给予秘密的口头承诺。5月31日下午在塘沽，当双方正在签订协议之时，日本的谈判者提出把中国军队（特别是中央军）从河北地区撤走以及镇压中国抗日活动的问题。因而，后来中国人坚持没有签订这样的协定，而关东军则经常称有这样的口头“谅解”。

在塘沽和后来的大连会议上竭力强调的问题是在中国和伪满洲国之间开通铁路与邮政联系、开通海关业务和在这个地区的空中交通，及武装区与河北省政府的分离。日本的谈判者总是试图对会议加以安排和对谈判加以定义，以强迫中国承认伪满洲国，就是黄郛被禁止接受的那些事情。例如，在大连，日本人试图把一个伪满洲国的官员塞进代表团。因而，在关东军的头目看来，《塘沽协定》不是对华北问题的最终解决，它不过是通向他们目标的另一个步骤而已。[55]

不管《塘沽协定》有什么样的长远问题，这个协定都是蒋介石及其“攘外必先安内”政策的胜利。北方的一场军事灾难被避免了，北平和天津沦陷的时间推迟到了1937年。蒋将不必北返进行一场战争，而是能够立即开始准备第五次“围剿”。这个停战协定的谈判被地方化了，并没有被看作与蒋介石个人有关。而且，这份条约最具破坏性的方面则秘而不宣。

南京依然面临驱散支持抵抗的情绪的重担。这份停战协定说穿了是中国实际上承认伪满洲国的信号。在这份没有时间限定的协定下，南京显然不会再去寻求收复这些领土。对那些想抗日的中国人而言，这个协定是非常可恨的。为了消解这种情绪，南京领导人贬低这份协定的重要性，强调它没有给中国的政策带来任何根本的改变。

由于蒋在江西，汪精卫承受了为维护这份协定所受的冲击。1933年5月31日，随着最后条款的商妥，汪解释说：“此次华北停战谈判，限于军事，不涉政治，即就前方军事当局所派出之代表亦足以证明。”他还补充说：“盖军事代表对于政治问题，固无谈判之权能也。”汪强调这样的一个地方性停战协定不会影响领土主权问题和中国声明的国际立场。汪承诺：“政府及其所辖军队，一息尚存，其最后牺牲之决心必不放弃。”“故如外间揣测，谓将有签约于承认〔伪满洲国〕割让〔领土〕之举动，敢为国内外保证其必无。”[56]

当条约的签订引发——特别是来自广东的——攻击的时候，汪在1933年6月2日为这份协定做了辩护：在连续的战斗中，在人员伤亡显著的时候，政府曾允许军事当局商谈一份停战协定。汪说，5月22日和5月23日，日军已濒临攻占北平和天津。军人和平民的损失可能很大。政府本着人道原则，给被击溃的中国军队以重新集结的时间，给这个国家以整备力量进行长期抵抗的时间。[57]

对《塘沽协定》的反应

尽管汪精卫做了竭力辩护，但《塘沽协定》仍吸引了全中国仇视的火力。蒋介石的地方对手是这份协定最严厉的批评者，特别是广东的分裂者们、福建的前十九路军领导人以及北方的冯玉祥。不仅仅是那些与上述势力有联系、通常令南京书报审查鞭长莫及的刊物，就连上述势力本身都在协定签字后试图发起反蒋政治运动。例如，5 月 26 日就在冯玉祥于张家口建立了一个抗日指挥部、准备政治上东山再起时，他对协定发表了措辞严厉的批评。[58]这些地方对手对蒋的尖锐批评，一如既往地带有政治气息。

粤系领导人把蒋介石、汪精卫和黄郛抨击为叛徒、卖国贼。蒋甚至被比作对东京极尽妥协以获得日本许诺支持其称帝的袁世凯：据说蒋愿意向日本的要求屈服，以换取他们支持其独裁统治。粤系认为，由于这份协定没有时间限制，并且中国同意不在停火线以北从事敌意行动，南京永远回避了使用武力收复任何失地的问题。他们认为这在事实上承认了伪满洲国权力的存在。就像 5 月 22 日邹鲁所写的那样，这份拟议中的妥协方案将“不但断送东三省和热河各地，甚且将使中国灭亡而丧失其独立自立之国家的资格”。[59]胡汉民在 1933 年 6 月写道：“今日之南京，纯为军事当局〔即蒋介石〕一人所操纵，此人欲卖国，欲对日屈辱，则南京政府之临时雇佣，亦必须卖国，必须对日屈辱。”[60]

除了对这份协定所做的泛泛的批评外，广东刊物还充满了更加具体的攻击。胡汉民通过逐行逐句的分析，力图说明这个协定极其偏向日方。例如，他指出，中国军队被禁止进行“挑衅扰乱之行为”，但却没有类似的规定限制日军。[61]粤系还为公布了蒋介石和黄郛试图躲过公众仔细审查的新内容而感到得意。例如，《三民主义月刊》公布了 1933 年 6 月大连会议的细节，披露了中国同意接受日本的傀儡军队加入非武装区的警察部队。[62]

来自冯玉祥和粤系分裂者们的攻击是意料之中的事，而如果报纸上的观点是某种迹象的话，那么这份停战协定在中国普遍不得人心。与前线最接近的北平和天津的报纸，属于最具敌意之列。像天津的《益世报》、北平的《世界日报》和《国闻周报》对这份协定全都表示持强烈的保留态度。它们均赞同粤系的分析，认为这份协定绝对地限制了中国的主权，承认了日军在非武装区的永久权力；全都使用了“失败”和“投降”这类词语来给这份协定定性；都认为与这份协定有关的公开报道仅显示了冰山一角，其他的对日妥协已经或是很快就要做出。

例如，《世界日报》注意到南京已经禁止媒体使用“敌”一词来描述日本人，并已经制止抵制日货运动，预计将会进行一场全面镇压所有形式的抵抗行动。最后，它们全都表示担心南京会放弃，担心它在最终的攻击到来时不愿保卫北平和天津。一位撰稿人在《国闻周报》上把政府对故宫藏品南运到安全地点的关注，与它似乎愿意让东北和河北人民受到帝国主义践踏的态度进行了比较。[63]即使这份停战协定使河北免遭日本的直接征服，在北方也没有什么人对未来抱有极大的信心。

北方媒体毫不讳言地批评了蒋介石，称他在当前危机中缺乏领导力，行事隐秘。例如，区少干在《独立评论》上发表文章，严厉斥责蒋从未解释过中国的对外或对内政策。区把蒋的暗箱风格与试图把各个政府后面的人民凝聚起来的罗斯福、希特勒和墨索里尼进行对比。“中国现在没有领袖！中国实际上需要领袖！谁配造〔做〕

中国的领袖！谁能做中国的领袖！”[64]

在评价这份停战协定时，华中媒体的敌意普遍较小。不仅因其离前线较远，更为重要的是因其与南京更近。到1933年夏，就像人权保障同盟的崩溃和对《生活》的镇压所说明的那样，即使在上海的公共租界，国民党的审查者也并没有给予全部自由。这份停战协定在杨铨被暗杀和邹韬奋到海外旅行前不久签订，就在《生活》还接近其影响高峰的时刻。

邹对协定的批评与广东和北平的批评一样犀利，这成为南京镇压《生活》的一个关键因素。邹进一步对在别处登出的协定条款进行全面的抨击。他指出，那些许多中国人真正相信的印在纸上的东西——那份公布出来的条约是不完整的，秘密的条款已经商谈好了，但可能更有效。“自然，因了报纸的严密审查，谈判的绝对秘密，没有一个人会相信这协定是仅仅包含了公开发表的五条。”[65]事实上，这份协定包含了一个没有公布的条件，但这些谣言的真正的来源似乎是来自5月31日下午在塘沽所讨论的口头协定。

在华中，没有其他什么人像邹韬奋那样大胆，大多数更加保守的媒体担心政府镇压的后果。刊物极易被中央政府控制，像南京出版的《时代公论》在1933年5月初随着蒋返回南昌，在他坚定地重申其“先安内”的立场时，在某种程度上中断了对日本问题的讨论。只是当这份停战协定的条款被宣布时，突发的情感才导致对政府政策更严厉的批评。杨公达在《时代公论》上撰文重拾粤系此前的话题，认为停战协定中缺乏时间的限制意味着中国永远放弃了使用武力来收复失地的权利。杨还批评把非武装区的监督权给了日军，他认为这必然造成日军对该地区的控制。华中其他保守的刊物也刊登了对协定进行批评的文章。例如，《申报月刊》注意到停火线划在了河北边界上，日军将有可能从察哈尔省（在热河西部）的多伦向西部的张家口渗透。实际上，路透社新闻机构报道了被停战协定解除了约束的日军将被调动到察哈尔，以再次镇压在伪满洲国作战的义勇军。像上海的《华年周刊》等其他许多刊物也强调由于协定的限制，未来在天津和北平的军事防御将毫无希望。[66]

与中国其他地区的媒体相比，上海和南京的媒体很少敢于对蒋介石进行人身攻击。对政府官员直接的批评，更经常的是对准汪精卫这个显然比较保险的靶子。例如，银行家章乃器在《申报月刊》撰文逐行逐句地讽刺汪精卫的声明，指出中国已经吃过了外交用语的苦头。章写道，政府永远不会说“战败而退”，取而代之的将是宣布“因战略关系而退撤”，这是直接引用了汪的话。[67]

并非所有的华中媒体都如此充满敌意。这份停战协定获得了著名的《东方杂志》的些许同情。尽管对其中的含糊之处、未加说明的条款感到不安，但这家刊物认为随着中国在战场上的失败，没有其他办法来保护北平和天津。因而，一个临时的停战协定被看作是唯一的权宜之计。这家刊物还发表社论说：“至于这个停战协定，给我国什么光荣，那不必说了。自己的军队在自己的国土以内撤退，还要受着对方的监视；……从今以后，希望全国一致，上下同心，致力于军备的整顿，专心于最后的决战。”[68]

国民党确实有着它自己的机构、党报，像《中央日报》和《武汉日报》，以及包括北平的《晨报》和《青年评论》在内的相关报刊。这些报刊赞成这份停战协定，坚定地重述汪精卫对协定的辩护——它的临时性及其非政治性。[69]黄郛及其追随者也在上海办有他们自己的刊物《复兴月刊》，不过，这份刊物很少评论日本问题。当时黄郛确实为自己的行为做了辩护，他力劝其同胞要耐心。他指出，满洲像是法兰西—普鲁士战争后的阿尔萨斯—洛林。为了收回这些领土，中国可能需要一场全面的世界大战。[70]

只有一个与政府没有关系的知名人物——胡适赞成这份停战协定。在1933年6月4日发表于《独立评论》上的一篇文章中，胡认为这份停战协定是保卫华北唯一的直接的途径。由于战场上的失败，中国军队无法阻止日军向平津推进。他认为这个地区的沦陷将是毁灭性的。天津海关收入占国家总收入的20%。华北的煤炭、铁路和人力资源是至关重要的，更不要说作为文化中心的北平的重要性。胡也不相信这一看法，即日本人占领这些城市将导致列强干涉中国。他指出，列强都急于寻求避免对日战争。在这样的形势下，这份协定是在军事失败后唯一挽救北方的途径。[71]胡对政府行为的赞扬并不是他的全部观点。需要特别指出的是，他谴责了围绕这次谈判的神神秘秘，正是这种暗箱操作引发了有关其内容的谣言。胡一如既往地赞成一个更加开明和民主的政府。[72]

随着他表明赞成停战协定的立场，胡适成了来自左翼知识分子猛烈批评的靶子，预演了他在20世纪50年代作为靶子的角色。邹韬奋在《生活》上所发表的最后的社论之一中抨击了胡的立场，并同时发表了几封同样性质的信件。[73]一位读者把胡说成是帝国主义的姑息者，说他把中国引向了殖民地的深渊。[74]

因而，中国媒体对《塘沽协定》主要抱敌视态度。赞成抗战的势力把它看作一份失败与卖国的文件，在这份文件中，中国承认了东北的丧失。即使是对南京更加同情的学者也对这份协定中的条款感到不安，他们非常正确地认识到，它将给日本人在未来的行动提供极大的回旋余地。对秘密条款或谅解的普遍怀疑由于谈判的诡秘而不断增加。除了胡适之外，只有国民党的媒体本身对这份文件抱有热情。

蒋介石挽救了他的“攘外必先安内”政策，但它依旧不受欢迎。热河的崩溃、长城抗战的失败以及《塘沽协定》的困局，继续动摇着南京政权。在政府自身内部，这些事件为汪精卫和黄郛提供了新的契机，这两人均被视为亲日派，如果和平得以实现，他们的人脉关系是至关重要的。在地方领袖中间，这些事件迫使北方的关键人物张学良离去，促成蒋与阎锡山妥协。在民意所及之处，这份不得人心的停战协定使得抑制抗日情绪更加困难。

第四章

《塘沽协定》与中国政治

在漫长的5个月中，从1月1日日本进攻山海关直到5月31日《塘沽协定》签订，中日战事再次震惊了中国，造成了群情激怒，以及对1931年秋和1932年冬所发生之事的关注。日本又一次进行了打击，而中国政客们又一次反应软弱。南京对抵抗进行了讨论，但既不中止外交关系，也不宣战。蒋介石把大部分军队留在了华中地区，同时却鼓励其他部队去战斗。地方领导人相互攻击，且对中央进行攻击，这种攻击的令人信服之处就是日本人通常所说的，“中国”仅是一个地理术语，而非一个政治实体。

确实，1933年春天的事件在中国地方军事人物之间制造了新的紧张局面。在南方，首领们大声疾呼爱国抗日，并坚持蒋介石应该到北方去。由于广东方面发誓要派遣部队通过蒋的区域到前线去，内战近在眉睫。不过，南方只是企图利用抵抗问题来反蒋，动摇其作为国家领袖的地位。尽管如此，广东分裂者把他描绘得胆小怯懦，当日本从北方进行威胁时，他们从南方攻击他，显示了他们反帝决心的虚伪。他们逼蒋北上的努力也被他们的政治打算所玷污。尽管他们的请求也许是真实的（像蔡廷锴这样的领导人具有正统的抗日经历），但劝诱蒋介石领军北上，将在华中地区造成一个势力真空，并将使蒋在南方的主要对手巧妙地坐收其利。

南方的反蒋势力也并不团结。广东军事将领陈济棠与广西军事将领之间的紧张关系使其无法采取统一的步调。曾经反叛的福建领导人是在国民党的旗帜之外来做这件事，这造成了南方联盟的脆弱、反蒋群体的分裂。

尽管蒋介石真的担心共产党，为他提供了把军队留在华中地区的借口，但人们怀疑他的真实意图是避免与日本接战，而保全他的政治基础，然后甚至在他追击红军时可以向江西和四川扩张。与其同时，从来都遭受蒋疑忌的老国民军和东北军的势力，正被日本的进攻所削弱。

事实上，在华北，对日本进攻的政治反应甚至比南方更为复杂。那里企图高举抗日大旗、使用反蒋豪言壮语的领导人（像冯玉祥所做的那样），冒着与日本火力真正接战的危险，并面临必然的溃败。与广东人不同，他们不得不对日本人的进逼做出直接的反应。例如，当冯试图利用抗战问题时，他的许多老部下躲避着他。像宋哲元这些人在几个月的实际抗战中受到了重创。而像阎锡山和韩复榘这样北方其他潜在的反蒋领导人，全都闭口不谈对付日军的事，不支持冯和南方领袖。

因而，蒋介石度过了这场新一轮的危机，甚至地位更加巩固。尽管他的“先安内”政策不受欢迎，但他的地方对手却没有人能够利用这个问题来成功地向他发起挑战。即便如此，政治内讧降低了整个国民党在国内外的公信力，因为在一场民族危机中，地方领导人似乎只比旧军阀有些许的进步。1933 年埃德加·斯诺相当愤激地写道：

> 暂且看一下中国各地军事首领们的战略。蒋介石将军的虚

> 张声势和退避三舍、终年打影子拳的政策并不是绝无仅有的。各省都有它们自己的军事首脑、各自的地方霸主，每个人都眼红其邻居的装备……每个人都喊着对日本进行"全国抗战"的空话，每个人都希望其他人也许会当真，削弱他的势力，缩小其对手统治的领地。[1]

蒋可能在与军事首领们的斗争中取得了胜利，但在此过程中他失去了赢得民众支持南京国民政府的基础。

冯玉祥与民众抗日同盟军

冯玉祥的影子笼罩着1933年的华北事件。自1930年战败退隐后，冯觉得他回归政治舞台的时刻已经到来。他的老对头张学良颜面尽失，并流亡在外。他的主要对手蒋介石抗日无功，并背负着一个不得人心的停战协定。另外，在1933年的战斗中，冯的老部下宋哲元和孙殿英在抗击日军的战斗中表现顽强（且以同样的热情宣扬了他们的事迹），给人们造成了老国民军的部队是中国领土主权最好的保卫者的印象。

冯玉祥利用了他们的成功以及他自己因抗日激情而快速上升的声望，据说他的这种抗日激情在年轻时就已养成。实际上，冯一直具有一种引起公众注目的本领，一种凸显思想信仰的才干。他也许真的相信，正是这一点使他有别于其他的军事人物。他先是成为基督将军，然后成为红色将军——他在公开场合从来都是那种穿着简陋的乡农式衣装的人。

没有理由怀疑冯对日本进攻中国感到由衷的愤慨，在他的大部分生涯中，他大量的抗日举措招致了日本人的仇视。尽管如此，他在这方面的历史并不完美。不过，在20世纪20年代的军事人物中，冯可能最不听日本人的话。[2]

1932年10月，冯玉祥抵达察哈尔张家口，后来他在那里谴责了南京对榆关和热河事变的软弱反应。冯要求蒋指挥对日军的全面攻击，并要求一项指挥权。蒋以劝冯返回南京做出拥护政府的姿态来予以回答。冯坚定的抗日立场加上老国民军部队的成功，使许多赞成抵抗的团体得以支持他。专栏作家孟长泳在1933年4月的文章中，劝蒋应该“按照冯将军的意愿让他担任军队的实际指挥，并命令他到前线去战斗……任命何应钦将军〔原文如此〕负责北方的军事，他实际上不可能指挥得动北方的其他将领……在我们看来，这是蒋总司令方面的一个错误。冯将军肯定更适合负责北方的局面”。[3]

由于南京在河北达成一个停战协定的决心越来越明显，赞成抗战的势力在张家口集结到了冯的旗帜下。1933年5月26日，就在停战协定正式签字前5天，冯玉祥组成了民众抗日同盟军。冯发表了一份宣言，谴责南京的假抗战并把国土丢弃给日本人。他呼吁那些想把中国从帝国主义统治下解救出来的人都能集结到人民军队的周围。“凡真正抗日者，国民之友，亦即我之友，凡不抗日或假抗日者，国民之敌，亦即我之敌。”[4]

南京立即谴责这个未经许可的军事组织为反叛组织，发布了使冯的斗争备受困扰的指责。冯后来为自己的行为辩护说：“我不仅是一个必须履行自己公民使命的中华民国的公民，并且，我还是国民党中央执行委员会的一名委员，政府中的一名成员，以及军事委员会的成员。尽管此时我不能指挥部队，但我仍然肩负着使命。”[5]

这支民众部队是另一支五花八门势力的结合，特别是在20世纪30年代；这支部队大约有7.5万—12.5万人，但多达三分之一的士兵缺乏武器。冯的老国民军的一些部下加入了进来，著名的有方振武和吉鸿昌，各指挥近 2 万人的部队。驻守张家口的二十九军指挥官佟麟阁也率领 7000 人加入进来。在宋哲元率领下的二十九军的大部早些时候已调入河北，在那里他们与日军在喜峰口交过战。大批的义勇军、警察部队、以前万福麟的士兵以及从热河逃出的各式各样的组织也集结到了张家口，不过他们中的许多人没有受过什么训练，也没有什么装备。最后，冯说服了替日军守护察哈尔东北部地区的伪军指挥官刘桂堂投奔冯的大业。[6]

民众抗日同盟军只不过是国民军的一个影子。冯对这支散沙般的军队的控制很弱，并且，他缺乏把这支军队凝聚到一起的资金。由于对食物、物资和资金的绝望，许多类似的群体倒向冯，因为他们希望冯利用他作为一名公众人物的形象能募集到捐助。冯在一定程度上获得了成功。一位志愿者抵抗运动的领导人朱庆澜，在北平和上海指挥着筹集资金，曾为义勇军们输送过金钱。朱在最初明确地送给了冯 10 万银圆，冯用这笔钱组建了这支部队，朱后来从他在北平的指挥部还调动了另外一笔资金。不过，冯却从未筹集到足够的资金来供给和指挥一个像民众抗日同盟军这样规模的部队。[7]

在获得以前两位关键部属宋哲元和孙殿英的支持方面，冯面临着一个严重的问题，这两人的支持具有重要的意义。二十九军总司令宋将军对冯从事的斗争尤为重要。冯要求南京把宋从河北调回察哈尔并督促他加入民众抗日同盟军。尽管宋的立场在一定程度上模糊不清，但他不赞成冯的事业。在 5 月 26 日冯发表宣言后，宋显然告诉南京他不是这场斗争的同路人；还有，宋后来拒绝了中央要求他使用所有军事压力来反对其老上司的命令。再后来，宋与黄郛一道致力于用和平方法解决冯与南京的分歧问题，劝冯退隐。

按照宋的台湾传记的作者李云汉的说法，宋忠于中央政府，因而不可能支持一支在国家体系外组织起来的军队。尽管如此，另外的因素似乎对宋的行为更加关键。他的部队在喜峰口战役中已经受到重创。他需要资金和战后休整，而加入冯的队伍中，这两样都无法得到。宋也未必想再次成为华而不实的冯的部属。最后，宋在河北的位置毗邻中央军和老东北军集团，这不允许他有完全的行动自由。[8]

孙殿英的动机则不难估测。从热河退出后，孙率领他的四十一军大约5万名士兵来到了察哈尔—河北边境地区。他的部队沿着平绥铁路驻扎在北平和张家口之间。那条线路从北平向西北延伸到张家口并向正西延伸进入绥远省。蒋介石任命孙为遥远的西部省份青海省垦务督办，企图把他从华北地区清除出去。孙就像青海当局一样对前景极为不满。当冯创建他的抗日部队时，孙尚未开拔。在张家口的冯和在北平的何应钦率领的中央军之间，孙的地位举足轻重，他迟迟不表明自己的忠诚，企图在此过程中尽可能地向南京榨取更多的东西。他要求为他的军队西去提供“沿途开销”的资金。[9]

尽管遇到了这些困难，冯的部队在解除日军对察哈尔的占领方面取得了显著的成功。随着日军在热河战役中向西渗透，1933年3月察哈尔省东部相当大的一部分地区已处于日军的控制下。当正式的战斗在河北沿着长城的地区打响时，日军已被大量调入那里，而让伪军来控制察哈尔地区。冯的首次成功是说服控制察哈尔东北部的日本傀儡指挥官刘桂堂加入抗日大业。除此之外，重大的战果是收复多伦，这是一个靠近热河边境的战略城市，在北平以北大约200英里，该市于1933年4月3日被日军占领。有8000—10000人的冯军于7月10日攻击了这座城市，与在一些日军和飞机援助下的、主要是伪军的部队展开了战斗。大部分日军尚未从长城地区返回。多伦于 7 月 12 日解放，中国军队的伤亡人数大约为 1600 人。[10]

收复多伦意味着整个察哈尔省已经从日本人的占领下解放出来。冯似乎轻松地完成了这个任务，因为并没有多少日军援助伪军守卫部队。某些证据显示，日本强硬路线的军国主义者们很欢迎冯的举措。这些头领们不满《塘沽协定》，希望重新挑起冲突。他们让多伦暴露是为永久蚕食察哈尔制造借口。荒木贞夫曾公开宣布张家口本身必须被用来保证日本的地位，但他这些声明遭到了东京温和派的反对。[11]

冯的成功激起了中国公众普遍的热情，甚至许多怀疑他的动机的人也赞扬他。这次军事行动是中国首次收复失地，并且是中国军队屈指可数的胜利之一。冯的成功也是紧接在北平当局接受日本人新要求的大连会议之后。此外，7 月 26 日，日军以《辛丑条约》为借口，暂时占领了沿着榆关—唐山铁路的火车站。面对在河北的新耻辱，多伦的胜利是给中国人受伤害的自尊心的一种慰藉。[12]

冯从政治上充分利用了他的军事成功。他在上海保留了一个情报机构，以确保新闻界对他的战绩能予以全面的报道。他的抗日同盟军的司令部施行了一项政治纲领，如废除苛税、释放政治犯等，以增强其影响力；并在 6 月中旬召集了一次军队与民众领袖的会议。多伦获胜之后，冯表面上组成了一个规划委员会来光复东北四省。他呼吁南京拒绝接受失败主义者的《塘沽协定》，加入战斗中来。[13]

冯的努力获得了广东方面口头上的大力支持。5 月 29 日，在冯宣布组建同盟军之后不久，西南政务委员会发电祝贺。广东后来痛斥南京反对冯，并公布冯在多伦的胜利。邹鲁在《三民主义月刊》上撰文，把冯的抗战与南京的绥靖政策及其《塘沽协定》进行对比。

“全国民众及抗日同志，已应援冯……如援助马占山等义勇军与十九路抗日军前例。”[14]当南京开始镇压冯时，邹写道：“我最感痛心之事不仅仅是蒋与汪不抵抗，而且如果别人抵抗，他们还满怀仇恨。他们本身是卖国贼，因而他们恨那些试图救国的人……我赞成这样的一个命题‘要抗日就必须倒蒋’。”[15]

冯玉祥获得了来自华中地区赞成抵抗的知识界领袖们的支持。德高望重的马良（相伯）——数十年来一直是政府和天主教界的重要领导人（他已经 93 岁了）——宣布支持冯，国学大师章炳麟也加入进来。两位自“九一八事变”以来都呼吁抵抗。[16]当多伦解放后，冯获得了国民党中央执行委员会成员中“上海帮”的热烈拥护。他们中包括李烈钧和张定藩这样因政治原因离开南京汇聚到上海的人。[17]

尽管有这样的政治支持和解放察哈尔省的成就，但冯东山再起的尝试并不顺利。来自南京和东京的联合压力，加上冯的财政支绌，迫使他在 8 月 6 日辞职。南方的支持者们没有提供资金，且冯从未得到宋哲元或孙殿英的配合。在他刚宣布组建这支军队时，南京的反冯斗争就开始了。政府发起了宣传攻势，把冯的举动说成是非法的和叛变的行为。与国民党有联系的媒体还搞到了冯与苏联和中国共产党合作的故事。据这个故事说，物资和资金通过蒙古大量涌入，张家口到处都是亲共的传单和海报。这些报道暗示：莫斯科的意图是双重的，要把张家口建成苏维埃政权的一个基地并减轻江西苏维埃政权的压力。没有证据证明真的有过任何这样的支持，但冯早年与共产党的关系增加了这些报道的可信度。源于南京的另外的谣言明确地说冯是一个具有双重身份的特工，还从日本人那里获得资助。这些报道指出，关东军想挑起一场叛乱作为占领察哈尔的借口。[18]

中国媒体对南京指责冯仅仅是利用日本问题来反叛南京的说法，给予了更加全面的报道。特别是在收复多伦以前，即使是赞成抗战的学者也怀疑冯的动机。专栏作家汪仲芳写道："冯总司令目前的举动不能说是针对日本的侵略，而是针对南京政府……作为一名机会主义者，他以北方停战为借口，心中怀有一个预谋颠覆南京政府的计划。"[19]《时代公论》发表社论说，在"九一八事变"发生以来20个月的抗战中，冯未动过一根手指，他现在的行为不是抗日，而是抗拒中央权威。[20]

冯解放多伦，使他的举动越来越为人们所信任，并使南京的举措更加困难。在人们的责问下，汪精卫承认收复多伦是一件"好事"，但却贬低其重要意义。汪认为，那座城市仅由伪军而非日军防守。收复沦陷四省完全是另外一回事。[21]

担心冯的举动可能会演变成不可阻遏的政治和军事冲击力，1933年7月蒋介石和汪精卫在庐山会商，并于7月28日联名给冯发去一封电报，概述了政府的态度。电文嘱咐冯不要搞出任何把察哈尔从中央政权分裂出去的名称或文告，不要破坏中央政府的防守计划，不要在那里利用共产党来煽起"赤祸"。如果冯能予以合作，电报保证"中央政府也将准备与他一起担负重任并肯定考虑他的利益"。[22]

中央政府悄悄地给冯直接施加了更多的压力。7月末，他们在平绥铁路上设置了一处路障，阻断了张家口从外界获取物资。南京国民政府在北方的指挥官何应钦把总数为6万人的中央军调到在北平西北铁路线50英里远的南口，以便威慑冯。何和冯的部队仍然被孙殿英的四十一军所隔开。为确保在此问题上进行合作，南京送给孙10万银圆（他曾要求45万银圆），因而冯无法获得孙的支持。南京还设法获得冯在1930年的盟友阎锡山的支持。如前文所述，阎在这次事件中非常谨慎地对待日本人，并保持着中立。阎的态度极为关键，因为他的部下傅作义控制着察哈尔以西的绥远省。[23]

日军从东边进攻察哈尔，似乎在与南京一起给冯施加压力。一支日本—伪满洲国的部队于8月1日到达多伦，并于8月13日重新占领了这座城市。冯面临的军事的、政治的和财政的各种压力急剧增加。黄郛和宋哲元均在私下劝他退让。8月6日，冯辞去了民众抗日同盟军总司令的职务，并回到了他在山东泰山的山地疗养处。冯在张家口把权力移交给宋哲元。像方振武、吉鸿昌和刘桂堂这些抗日同盟军中的著名将领，坚持了好几个星期，直到被伪满洲国和何应钦军队的联合进攻所打败。孙殿英最终向西而去，但次年他加入了在宁夏的一场内战。[24]

随着冯的出局，日军很快重新占领了察哈尔东部地区。尽管北平政务委员会呼吁东京“按照《塘沽协定》的精神”撤出该地区，但关东军当局对这些请求不予理会。包括大约5600平方英里领土、并包括多伦在内的察哈尔地区被划作伪满洲国的一个“特区”。日本人在多伦修建了一个机场，该地区成了关东军激进分子进行组织伪蒙运动的中心。尽管如此，东京的温和派还能够阻止极端分子向张家口推进。[25]

民众抗日同盟军失败了。不过，1933年夏南京对这个问题的关注，说明它担心这个运动可能会像滚雪球一样越滚越大。冯对失地的收复与南京的绥靖政策相比较，是一件令南京难堪的事。这件事的结局似乎是南京国民政府和日本共同战斗，让中国的土地重新回到了日本的统治之下，并且，何应钦用来胁迫冯的中央军，看上去比他能够用来对付日本人的中央军要多得多。例如，《中国评论》把华北官员们在大连会议上对日的软弱态度，与他们动用军队反冯的意志直接进行比较：“就在我们军事当局的代表们签订了那份把相当一部分地区让给日本人的协定后不久，据报道，该当局已采取了强硬的措施来对付冯玉祥领导下的、企图在那里抗日的察哈尔忠诚的中国军队。把这两种行为放在一起，在关于公开的抗日问题上应该使我们毫无疑问了。”[26]

另外，冯一直未能消除人们对其动机的猜测，即他更多的是出于私心而非爱国。尽管南京的外交政策不受欢迎，但没有人能利用这一点来反对政府，同时又不显得是在破坏民族团结。最终，冯需要其支持的关键军事将领没有一个集结到其麾下。北方的军事将领——阎锡山、宋哲元和孙殿英——都意识到，如果冯坚持下去，日本人将发动一场更大的军事进攻。

北方另一个关键的军事人物韩复榘显得极不愿意向日本人发起挑战。日本人在他的山东“独立王国”中依然具有重要的影响。在《塘沽协定》签订前的几个星期里，韩显然与日本人达成了如果日军进攻平津或是华北其他地区，他将保持中立的谅解。作为回报，日军同意放过山东。韩继续保持着反蒋亲日的倾向，直到 1937 年，他还在镇压抗日组织和活动。[27]

日本问题与南方政治

整个南京国民政府时期，广州的南方国民党领导人与南京蒋介石政权之间一直存在着政治分歧，给这一时期蒙上了一层阴影。争执周而复始地会濒临兵戈相见的境地。意识到《塘沽协定》的不得人心（可能是发自内心地被蒋的不抵抗政策所激怒），1933 年春，南方领导人再次向南京发起挑战，甚至在面对日本人的挑衅时，引发了内战的威胁。

当然，南方领导人一直在逼蒋北上，并要求允许南方军队开赴抗日前线。蒋介石以下令南方军队加入“剿共”战争并支持“先安内”政策进行报复。例如，当1933年3月蒋赴保定时，他打电报给广东强人陈济棠，指责他在蒋不在时，要对共产党问题负全部责任。其时，国民党西南政务委员会企图在广东营造积极抗日的氛围，并任命蔡廷锴为南方抗日军队的总司令。

由于在北方的停战谈判进展迅速，南方领导人加大了他们的政治压力，扬言拒绝任何停战协定，并派遣他们的军队经蒋的地盘北上。1933年5月21日，粤军进入湖南，并与湖南省主席何键的士兵发生了冲突。作为一个旧式军阀，何充当了广东与南京之间的缓冲器，但他在这种形势下，似乎支持蒋。其间，谣言四起，说广东将加入一个由冯玉祥和韩复榘结成的反蒋联盟；而南京的消息说，广东的挑衅，再加上共产党的威胁，使得与日本人的停战成为必要。[28]

1933年夏，蒋介石消除了来自广东的威胁。他在北方打败了冯玉祥，扼杀了一次南北联盟的会谈。另外，1933年5月南方与南京之间的敌意基本上全部爆发出来之后，形势变得非常清楚，如果广东进攻湖南省并在南方引起一场内战，日本将是这种局面明显的受益者。人们对广东抗日言辞的信任将化为乌有。然而，蒋关键性的胜利在于分化他的对手，这是他擅长的一种策略。《塘沽协定》签订后不久，蒋显然增加了付给粤军总司令陈济棠的月费，从每月的30万银圆增加到60万银圆。这些补助金的表面目的是资助广东加入“剿共”战争。这件事之后，陈降低了他的反蒋调子，并阻止了以抗日为借口的对北方的任何攻击。其时，广西领导人有意在这个时候重建他们的根据地，且没有采取任何广东不予支持的超过省界的主动行动。因而，随着粤系和桂系的沉寂，在南方军队中，福建似乎要独自以这个问题向南京发难。南方政权的政治要人胡汉民留在了香港，无力改变这种局面。[29]

福建领导人的领导无方让蒋介石坐收其利。尽管他们依然坚定地反对蒋及其不抵抗政策，但福建将领不能确保广东的支持——这是反蒋兵变获得胜利的先决条件。当1932年离开中国的陈铭枢于1933年5月从海外回来时，他几乎没有与广东有过任何合作，且他与陈济棠的关系依然紧张；以前他们曾为争夺广东的权力而成为对手。1933年末，随着福建事变走向戏剧性的高潮，陈铭枢也重新努力创立一个第三党，且进一步加剧了与南方阵营的紧张关系。

1933年夏季和秋初，福建的宣传不断地强调日本问题，并唤起了十九路军在上海立场的遗风。福建抗拒蒋的“先安内”政策，但赞成胡汉民的在同一时间既要打击日本又要打击共产党的政策。蔡廷锴主编的《挺进》发刊词中写道：“我们目前的仇敌是日本帝国主义者和中国共产党，我们现在所担负的重要使命，就是抗日和‘剿匪’。”不过，后来福建领导人与江西苏维埃政府商谈了停火。[30]“九一八事变”的两周年纪念日，为福建提供了一个新的攻击蒋介石的机会。《挺进》写道：“去年纪念‘九一八’，还只悲痛东三省的丧失；今年纪念，又加上了热河一省的沦亡。世界上占最多数人口和占最广大疆土的国家，竟被一个小小的岛国，迭次的侮辱。”[31]

1933年11月20日，福建领导人正式宣布反叛，成立了中华共和国人民革命政府。旧的国民党旗帜被撕毁并被替换，孙中山的画像从公共建筑上被撤走。反叛者引用蒋介石的不抵抗政策和《塘沽协定》，作为必须推翻南京的关键因素。宣言中宣布：“要救国，我们必须推翻南京政府，它在十九路军抗击日本侵略时不去支持它，它已经出卖了热河和华北，并阻止所有地方军队增援华北的军队。”[32]这场运动的支持者包括曾是冯玉祥在察哈尔的抗日运动的成员方振武和吉鸿昌，曾担任过孙科政府外交部长的陈友仁，以及曾被蒋介石拘留过的桂系成员李济深。

易劳逸对福建事变的灰飞烟灭已做了透彻的分析，此处无须详加叙述。反叛者以一个虚弱的基础发难——福建是一个穷省，不能为军队提供充足的资金。苛重的税收和省际敌对状态，使福建人口与广东大部分军队疏远开来。反叛者坚决拒斥国民党和孙中山的基本原则，使他们孤立于中国其他的反蒋势力，并挫伤了十九路军的士气，他们中的许多人对反叛很冷漠。[33]即使发表过犀利的谴责国民党军事统治和抨击蒋介石亲日政策的胡汉民也断言，中国必须依靠并尊崇国民党。他劝告其读者既要反对反党的福建叛乱者，也要反对卖国和独裁的南京政权。甚至在福建，不少其他的南方领导人也赞同胡的态度。[34]

蒋介石再一次遏止了其他地方领导人加入福建的反叛中——这是消除叛乱的关键因素。蒋再次确保陈济棠的支持，可能是因为提供了多达1500万银圆的贿赂。福建领导人也与几个北方集团联系加入反蒋叛乱之事，至少阎锡山曾向冯玉祥和韩复榘进行过试探。河北省主席和东北军司令于学忠显然也对这件事做过考虑。归根结底，黄郛与何应钦能够在北方维持住局面。黄电告蒋和汪精卫，他将试图阻止运动的蔓延。例如，黄通过韩复榘送给了冯玉祥私人“开销费用”2万银圆，以确保冯继续在泰山休养（冯显然拒绝了这笔钱）。没有一个重要的领导人与福建一起采取行动。[35]

南京还策划了一场宣传攻势使人们不相信福建，如同对付冯玉祥的办法一样。谣言开始流传，说福建反叛者是由日本人支持和煽动的，日本人派来了军事顾问，增加了借款，并越过南京设置的海军障碍送来了物资。据易劳逸的研究，大部分这样的指责可能纯属宣传，尽管有某些迹象显示日本人确曾向反叛者提供过支持。当然，日本人这样的干预是司空见惯之事，并且，肯定会从中国的一场全面内战中获益。[36]

因而，结局来得既快速又突然。在 12 月底经过对福州的轰炸后，南京在 1934 年 1 月的前两周迅速地在地面战中击垮了福建军队，叛乱结束了。蒋的批评者们谴责他在调动军队平定国内的争端中，与对日本的极度小心相比，准备得非常充分。[37]尽管如此，结果是蒋介石获得了胜利，他削弱了反对其政权和对日政策的南方对手。也许具有讽刺意味的是，日本问题本身使蒋坐收其利。尽管福建对蒋发起了攻击，但大多数中国领导人非常清楚，一场战争只会有助于日本。易劳逸总结说：“〔当〕中国人讨厌国民党的时候，他们更仇恨日本人。所有的人都认识到一个革命新阶段的剧变将会招致日本的进一步入侵。甚至大多数的军阀也在一定程度上关注国家的存亡。因而，这就出现了一个矛盾的现象，日本的威胁可能是蒋介石的政权为什么能在 1931—1934 年生存下来的重要原因。”[38]胡适同样指出，这不是内斗的时候，而是民族团结的时候。反叛者呼吁抵抗和救国，但却使一个四分五裂的国家进一步分裂。胡认为这显然是一件“挂羊头、卖狗肉”的事。[39]

福建的闹剧对许多拼命寻求抗日的中国人在心理上是一个沉重的打击。十九路军将领是伟大的民族英雄。他们所选择的错误时间以及对反叛糟糕的构想，再加上他们拒斥孙中山的遗产，损害了他们的英雄形象，使许多把他们看作救国斗士的人感到失望。就像胡适评论的那样，他在美国和加拿大的旅途中，不论什么时候到中国人开设的店铺，即使是最简陋的洗衣房，总是有陈铭枢、蔡廷锴和蒋光鼐的画像。胡悲叹道，而福建事变让他尤感悲哀。[40]

塘沽与南京政权的政治结构

自《塘沽协定》以来至福建事变的几个月里，南京国民政府内部也发生了实质性的变化。蒋介石从江西的军事指挥部里控制着危机氛围，经常在庐山召开高层会议。1933年夏秋，反对停战协定和“先安内”政策的骨干领导人纷纷落马，而亲日人物（特别是那些与政学系有联系的人）却获得提升。蒋打破了细微的平衡。为了“先安内”政策能得以实行，与日本的合作非常关键。东京和关东军已对南京的“诚实”表示满意，并全力支持黄郛在北方继续会谈。同时，南京面临着来自冯和南方将领对其不抵抗的挑战。蒋竭力贯彻“先安内”政策，同时又不显得对日本人的要求太温顺。

庐山会议上决策过程的细节不得而知，但其中两次聚会是南京转向迎合东京的明确转折点。第一次是1933年5月末批准《塘沽协定》的会议。第二次是1933年7月25日的秘密会议，当时蒋首次会见包括朱培德、唐生智、张治中和杨永泰在内的军事将领，并分别会见了汪精卫和各式政党领导人。对冯的顾虑成为会议争论的重点，也使得与会者在7月28日给张家口发去了电报。根据日本人和广东方面的消息，第二次会议正式通过了蒋的“先安内”政策。南京将对抗日运动进行为期3年的打压，以图迎合东京，从而完成反共战争。按照这个计划，在这个阶段中，国家力量将要增加以便最终进行长期抗战。南京支持黄郛的活动以维持在北方的和平，为了达到这一点，张学良的前东北军将被调到西北。在返回中国后，张留在西安，以安抚日本人，并阻止北方各派之间的内斗。[41]

这些决定在南京国民政府内部引发了一场危机。最著名的反日官员宋子文到了美国和欧洲，试图获得国际上对中国的经济援助。在他外出时，外交部长罗文干抗日的声音最为强烈。确实，罗猛烈攻击何应钦此前通过蓝浦生爵士筹划河北停战的努力。罗犀利的观点为西方外交官所熟知。正如美国在南京的总领事裴克在 1933 年 3 月 3 日给项白克的信中所说的那样，罗“认为除非中国顽强地抵抗日本的侵略，否则中国将要沦陷，因为日本将没完没了地继续吞占领土，因为如果默许他们，中国将丧失所有的民族精神”。[42]

南京领导人没有接受罗的观点，并在 1933 年 5 月末的庐山会议上批准了《塘沽协定》。由于罗的立场明显有别，他的外交部长一职已岌岌可危；不过南京把他留任到 8 月中旬，把他的解职一直推迟到冯玉祥从张家口辞职以后。在冯的挑战被击垮以前，把公开赞同抗战的罗解职，风险太大。罗也有很强的政治背景。他早年的导师是王宠惠，王那时在海牙国际法庭担任法官。作为著名的赞成抵抗和抗日的人物，王于 1931 年在软禁胡汉民的问题上也与蒋介石翻了脸。把罗解职将因此进一步使王——中国最著名的国际政治家之一 ——与南京疏远。在 1932 年 1 月罗进入南京外交部之前，他也曾在北平和奉天的张作霖与张学良父子手下供过职。他南下以后，与宋子文的关系变得非常密切。因此，蒋选择在张和宋这两位罗的后台均在海外时撤掉罗，使他们不至于为罗进行有效的说情。宋对这项举措极为恼火，因为蒋介石显然曾经向他承诺过，要把罗留用到宋返回中国以后。[43]

在清除罗的过程中，蒋以新疆紧张的政治局势为借口。罗于 1933 年 8 月 16 日被派往这个西部省份，这一举措使得罗不需要正式的辞职。汪精卫（行政院长）在罗去职后代理外交部长一职。8 月

22 日，在不到 1 周的时间里，被视为反日的外交部次长刘崇杰被汪精卫的党羽、以亲日著称的唐有壬取代。刘在早年就是北洋政府中的一名外交官，并且是凡尔赛和会上中国代表团的成员。刘卸职后被派往了海外。显然，南京外交部已经改变了它的立场。罗在 11 月初从新疆返回，他没有完成在那里的使命，并于 11 月 29 日正式辞去了外交部长一职。[44]

南京在解除罗的问题上所面临的政治尴尬，被东北伟大的抗战英雄马占山越来越高的威望所加剧。这里需追述一下，马是经过苏联、欧洲和新加坡回到中国的，于 1933 年 6 月 5 日抵达上海，正好是《塘沽协定》公布后的几天。这个口岸城市对他热情的接待，为赞成抗战的势力提供了一个重整旗鼓的时机。蒋介石面临着压制这位民族英雄的棘手问题。马迫切要求对北方重新发动的一场战役予以支持。马尽管获得了热情的接待和无数的荣耀，并获得了蒋在庐山的接见，却没有得到战争的指挥权和款项。为此，他感到非常沮丧，一度说要自杀，私下里以他的遭遇向政府官员们发难。蒋不可能允许马返回北方，让他在不彻底破坏黄郛的努力的情况下，在中国的领土外活动。南京面临着让这位抗战英雄白白在上海空等援助的难堪局面。[45]

宋子文在海外的活动也与南京新的路线相冲突。宋于 1933 年 4 月 18 日把代理行政院长的职位还给汪精卫不久以后离开中国。由于无法在中国实行赞成抗战的政策，宋希望从西方列强那里获得财政上的援助，以帮助中国发展经济而不依附于日本，并巩固他本人在南京国民政府内部的地位。如果能获得款项凯旋，他的主张在政府内部将显然更有分量。

宋首先来到美国，他从美国农业委员会处获得了 5000 万美元的棉麦借款。在这个协定中，美国向中国政府提供商品在中国销售，所获得的收益用于中国的经济发展。从美国的角度而言，这对于减少农产品剩余是一项有益的机制。从宋的观点来看，这有点差强人意，因为南京面临着出售这些实物的麻烦事。不过，这是南京国民政府时期获得的外国最大的贷款之一，它确实援助了那些反对日本控制中国经济的人。宋还到了伦敦，他在那里参加了一个国际经济会议，并到了日内瓦，为国际联盟派遣一个经济和技术援助团到中国做了安排。[46]

宋的努力使一心想把中国与国联及西方援助相隔绝的日本人非常恼火。东京通过外交渠道照会西方列强，表示反对宋的举动。西方银行家和商人们遭到了威胁，如果他们与宋进行合作，东京扬言将其赶出日本市场。在华的日本官员照会南京，宋的不断鹊起暴露了中国政策的两面性及其“不诚实”。日本媒体攻击宋，诋毁他在海外的努力。在宋返航中国的旅途中，当他的船停靠在横滨时，他仍然留在船上，没有见到日本的官员，尽管中国媒体早先曾建议过这样的会面。因而，宋的活动看上去肯定不符合庐山会议的决策。[47]

蒋介石曾支持宋子文之行，无疑是因为它提供了对付日本人的相应方法。这是向东京施压的一种机制，并转移对南京的政治压力。尽管如此，到了 1933 年 8 月，日本人对宋的策略的敌意达到了威胁整个“先安内”政策的程度。例如，8 月 21—23 日大阪《每日新闻》抨击蒋介石在对日问题上“不诚实”，并称他实际上支持宋的抗战路线。《每日新闻》认同的亲日派领袖黄郛和张群（新任命的湖北省主席）只能主持华北问题，并且已被架空。《每日新闻》认为，汪精卫一系在南京也没有任何真正的权力，蒋介石操纵着这个政府。这篇文章称蒋的政策的形成与宋子文有关，是基于仇视日本的长期抗战。[48]

1933 年 8 月 29 日，宋抵达上海，参加了一个盛大的招待会。如同马的抵达一样，宋为赞成抗战的势力提供了一个重整旗鼓的时机。关于宋的前景，各种谣言甚嚣尘上。部分源于东京的报道，暗示他将很快被解职。解除罗和刘的职务是对日新政策的标志，这个政策与宋的观点不一致。就像《中国评论》报道的那样："各种各样的报道说宋先生将会被免职……他被视为亲英美政策的一位关键代表人物，如果是这样，他肯定与南京现政府的步调不一致。"[49]

日本人还到处报道说宋已经失去了上海金融家们的支持，无法再为蒋的赤字支出提供财政帮助。在那个夏季，著名银行家张嘉璈的日本之行为这些报道火上浇油。张与政学系有很深的渊源，有人分析他的出行是该系中坚黄郛和张群促成的，大概是为了拆宋的台。总而言之，日本人的消息把宋说成是正"面临完蛋境地"。就像 1933 年 8 月 29 日东京《时事新闻》报道的那样："最近庐山会议之后，如彼委派排日时代之外交部长罗文干氏，前赴新疆而以汪兆铭氏兼任之举，……复如浙江财阀之首领，中国银行总裁张公权氏顷正专诚来访我国之举，任何皆系可以认为对日好转之现象。"[50]

宋很快就赶往江西，1933 年 9 月 5—9 日在庐山召开了第三个重要的会议。参加者中有汪精卫、孙科和包括吴稚晖、张人杰及李石曾在内的所谓"党内元老"。会议显然对宋的美国实物借款进行了讨论。尽管东京和广州做了强烈抗议，会议似乎承认这件事是一个既成事实。南方势力均反对这项借款，指责蒋介石准备利用其收益来巩固他的军事独裁统治。[51]

庐山会议走了个过场；中国媒体报道说，实际上没有做出任何本来可以达成的决定。宋的职位在一段时间里似乎保住了。他依然留在他的位置上，并默默地为他外出期间政府欠下的总数近6000万银圆的债务努力寻找财政支持。[52]尽管如此，10月25日，宋突然被解除了财政部长和行政院副院长的职务。他的姐夫孔祥熙取代了他的两个职务。

宋显然在庐山失败了。然而，就像解除罗的职务一样，南京行动缓慢，拖延了好几个星期。在南方的压力下，蒋不希望把宋的去职与日本问题紧密地联系在一起，也不愿意将解除其妻兄的职务看作是屈服于日本人的压力（即使取代宋的是他的姐夫）。政府的官方说法是把不景气的财政局面作为宋辞职的责任，声称不涉及任何外交的问题。不过，宋曾经一直是政府中主要的反日官员，并成为日本人大肆谩骂的靶子以迫使其解职。中国媒体因此充斥着宋的外交政策导致他下台的推测。就像专栏作家汪仲芳所写的那样："所以，宋先生的辞职可以充分地看作是那些倡导清理早期中日分歧的官员们的重大胜利。"[53]

庐山会议召开的同时，华北发生了一系列的争端。我们先回顾一下，《塘沽协定》并没有彻底解决河北的危机，因为日本关东军头目在诸如中国和伪满洲国的铁路与邮政连接、该地区的海关和航空业、把非武装区从河北省政府分割出来以及中国承认伪满洲国这些问题上要求进一步的让步。黄郛也无法轻易地置这些要求于不顾，日本仍然居于主动地位。这份停战协定没有为日本人撤出非武装区设置具体的时间表。关东军支持的伪军掠夺了这一地区，为日本人继续留在那里提供了借口。

这种压力迫使黄郛及其属下与关东军和东京进行了一系列的交涉。黄郛派遣曾经参与《塘沽协定》谈判的秘书李择一和殷同到东京进行会谈。北平官员也与关东军的军官进行了几次商讨，如1933

年 7 月 3 日的大连会议。如果这些会议完全是秘密的话，南京可能不会遭到政治损害。但日本方面不断地向新闻媒体透露冲突事件，公布诸如黄郛接受伪军在非武装区充任警察部队之类中国让步的事。这些媒体报道促使人们猜测中国做了新的让步。当南京和东京在 1933 年夏建立外交联系以及罗文干和刘崇杰被解职之时，关于中国即将向东京做出包括可能承认伪满洲国在内的妥协的谣言再次流传开来。不用说，这是广东和福建领导人对蒋介石发起的谴责。黄郛的外交交易依然是南京的一个政治负担。[54]

黄郛试图尽可能长地拖延任何让步。他甚至在 8 月初成功地说服了日军从非武装区撤走，只留下一支小部队以及他们的伪军，但仍然控制着长城上的几个重要关隘。另外，关外古北口和喜峰口之间约 150 英里长、50 英里宽的河北省部分地区，尽管中国抗议说它本应是非武装区的一部分，但仍成了伪满洲国的附属部分。

尽管黄郛看上去具有巨大的自主权，但他在这些星期里仍然用电报与蒋介石和南京保持频繁的联系。8 月 6 日，黄到庐山先是与蒋介石，后又与汪精卫进行了直接会谈（黄的南行使他在日本重占多伦这个尴尬时刻适时地离开了华北）。在从江西返回的途中，黄于 8 月 20 日在上海会见了日本的驻华公使有吉明。显然，蒋想向有吉通报庐山会议上的决定，但没有哪个中国官员想公开地会见日本的使节。结果，是黄郛而非汪精卫被赋予了与日本代表打交道的任务。黄对有吉说的话是抚慰性的。黄告诉有吉，南京准备改善中日关系，而反对亲善的势力（如罗文干）正在被清除。黄承诺，中国驻东京的使节蒋作宾也将恢复职务。他自北方战事爆发以来一直在中国“进行疗养”。[55]

尽管如此，在上海与日本外交官进行的友好会谈，并没有减轻黄在日本人军事统治下的北方所遇到的困难。8月26日，非武装区和邻近的滦东地区土匪又猖獗起来，关东军宣布无限期地推迟撤出长城关隘的时间。8月31日，他们拒绝了中方派遣军队来对该地区进行“清剿”的要求。9月中旬，方振武手下以前与冯玉祥合作的4000—5000名士兵进入非武装区。日方威胁要重新占领这一地区来镇压他们。9月23日，日军的飞机从北平上空飞过，投下对这类行动进行警告的传单。所以，河北的局势依然紧张，而关东军的头目利用这种动荡的局面，以此为借口来强迫黄郛答应他们全部的额外要求。[56]

1933年9月5—9日的第三次庐山会议批准黄郛继续与日本人进行谈判，但指示他绝对不要对伪满洲国予以任何形式的正式承认。黄还尽可能地推迟任何其他损害性的让步，结果令人满意地推迟到南京—广东—福建局面解决之后。黄最后于1933年10月初回到北方，并于11月7日在北平召集了一次与日本关东军代表的会议。这次会谈是讨论日本对非武装区的要求以及华北和伪满洲国之间的关系。

北平会谈是在宋子文宣布辞职的仅仅数天后召开的。这两件事之间的联系引发了媒体对中国将要对日本做出重大让步的新一轮猜测。杨公达在宋辞职后随即撰文评论说：“亲日外交是在一步一步的推进，……由‘一面交涉，一面抵抗’至城下之盟，至直接交涉，事实明显地摆列着，是无可否认的了。”当汪精卫在10月30日的一次演讲中把和平进程说成是保护经济发展所必需的时候，杨做出了激烈的反应：“‘建设’与‘和平’，这两重烟幕，可以缓和鼎沸的舆论，可以隐蔽亲日的恶名！”[57]让杨和其他撰稿人尤其不安的是黄郛将要恢复中国和伪满洲国之间的铁路与邮政连接，这一举措将构成对伪满洲国事实上的承认。就像杨在 1933 年 11 月 10 日的一篇文章中所说的那样："从国际法上去解剖，如果通邮，通车，设立关税，有一于此，成为事实，即是承认伪满洲国。如果不是'明白承认'，则是'默许承认'；不是'法律承认'，则是'事实承认'。"[58]

即使是谨慎的胡适也承认这些流言。"自从华北停战以后，国内外都有一种揣测，说中国的外交政策要根本改变了，改变的方向是抛弃欧美的路，重叩日本的门。"胡继续倡导基于与国际联盟和西方列强相联系并寻求避免对日开战的一种温和的政策。并且，亲日的路线只能到此为止。他警告说："但我们必须认清楚：今日军阀统制之下的日本，绝对不是我们的朋友。"[59]

总是急于攻击蒋介石的广东方面的评论，把对新的亲日外交政策的推测用在了他们的谴责中。例如，11 月初《青年军人》上的一篇文章，抨击蒋唯一关心的就是维持他的军事独裁统治，并且，为了达到这个目的，从一个美国人的买办变成了一个日本人的买办。这篇文章抨击道，在宋尚在海外时，第一次和第二次庐山会议决定实行亲日的投降路线，导致了对罗文干和宋本人的清除。[60]

在谣言甚嚣尘上时，北平的会谈尤其吸引人们的关心和注目。这次会谈于 1933 年 11 月 7 日召集，由黄郛和何应钦率领的中国代表团，与包括冈村宁次少将在内的日本代表团进行会谈。日本人提出了相当强硬的要求：同意日本永久地驻守长城上的重要关隘（如山海关、喜峰口、古北口，等等）；把非武装区从河北省政府中分割出来；关东军在非武装区驻军所需之处有权租赁土地和建筑物；在非武装区中，可以在关东军指导下建立掌管经济和交通事务的机构；并且，日本可以把滦河用于军事目的。另外，会谈必须以在伪满洲国与华北之间建立铁路、邮政和航空运输的连接作为开端。日本人的表态包含了那个夏季所提出的绝大部分的要求，对这些要求的满足将造成关东军统治非武装区域。[61]

中国的谈判者们同意日本人的要求，但黄郛把铁路、邮政和空中连接的会谈推迟到了1934年。黄显然使日本人相信，立即解决这些问题，对南京的政治压力太大。其时，中国政府费了九牛二虎之力来掩饰这次会议的结果。真正的结果被隐瞒了，而政府的发言人则试图传达中国已经拒绝了铁路和邮政连接这样的印象。11月10日，汪精卫来到孙科系控制的立法院前，并受到了有关北平会谈的激烈的责询。汪断然否认中国外交政策的任何变化或南京承认伪组织的任何意向。汪声称，中国也没有承认铁路和邮政连接或海关关系的建立。[62]

对黄郛活动的反对还出现在国民党中央政治委员会中。通过孙科的努力，这个机构通过了一个决议，阻止黄郛签订涉及承认伪满洲国的任何协定。由于南京这些公开的声明和决议，以及北平谅解中的许多规定直到数月后才执行，国民党政府成功地隐瞒了会议的结果，使得民众及党和政府中的大部分人直到1934年才知晓。到了那时，福建的反叛被打垮了，而来自南方的全面威胁也被大大地削弱了。[63]

例如，1933年11月18日的《中国每周评论》写道：

> 据权威报道，作为普遍反对黄郛将军在北平与日本人进行的将要导致事实上承认伪满洲国谈判的结果，国民政府已经电令黄郛和何应钦两人〔原文如此〕中止与对满洲进行军事统治的日本关东军代表的商谈……《中国新闻》……刊登了其记者在11月11日于该国首都发来的报道，说对直接谈判的强烈反对已经在政府内部蔓延开来。[64]

董显光在1933年11月末写道，黄—冈会谈导致人们担心中国会承认伪满洲国，因而，中央政治委员会采取了行动。蒋和汪特别指示黄，绝不能越过《塘沽协定》的界限，并且要阻止对所有铁路和邮政连接的谈判。董得出结论说，这次事件说明了国民党政府是一个负责任的政府，全然不同于袁世凯和段祺瑞的旧政权。[64]曾经猛烈地抨击铁路和邮政连接构想的杨公达对中央政治委员会阻止和谈的报道表示很欣慰。他断言："目前与日本的谈判是涉及丧失领土主权的谈判"，它们"是助长了对承认伪满洲国的怀疑的谈判；它们必须被阻止"。[66]

通过这些灵巧的手法，南京获得了完全的成功。民众对黄郛的所作所为的愤恨平息了。南京把铁路和邮政问题推迟了几个月。蒋介石因而在以后的几个月中可以腾出手来集中力量对付福建事变和江西苏维埃政权。他再一次经受住了风暴。此外，《塘沽协定》后的数月给南京国民政府留下了明确的印记。以前的亲美派式微了，亲日的势力更加强大了。

在施行他的亲日方针时，蒋介石最为倚重的是政学系。这个派系是由政客、军阀和金融家在以前的北洋政府时期组成的松散组织。这个派系中像张群和黄郛这样许多知名的领导人与日本具有长久的联系。大部分人曾在日本学习过（像蒋本人一样），能够讲日语。他们具有必要的技能和关系来理顺与中国邻邦的关系。还有其他的亲日领导人，像唐有壬和高宗武这样的人，但他们是与汪精卫而非蒋有关联。

对蒋来说，这个派系的第二个优点是它松散的特性和缺乏一批政治上的支持者。这个派系通过任命其成员担任公职并通过与蒋密切的私人关系，获得了权力。蒋授予了他们执行这项不受欢迎的日本政策的艰巨任务。后来，当他可能需要改变政策时，他可以不冒什么政治危险就把这个派系踢开。蒋也宁愿在诸如CC派、蓝衣社和政学系等几个派系之间平衡政府的权力。因而，所有的派系都依附于蒋。

除了黄郛和张群外，政学系中的另外两位要员是杨永泰和熊式辉。后者曾经是江西省主席，在蒋的“剿共”战争中名噪一时。他积极支持“先安内”的路线，并帮助蒋设计了新生活运动，把意识形态的活力输入反共的斗争中。熊还把蒋介绍给政学系的老成员杨永泰，杨曾一度在广州反对过孙中山。杨激烈地反对共产党，并成为蒋介石在江西军事指挥部的秘书长。从这个角度来看，他提升了这个派系成员的利益，他们中的许多人在20世纪30年代后期做了省主席和内阁的成员。因而，在《塘沽协定》签订后的几个月里，政学系以执行“先安内”政策来为蒋介石服务。[67]

在《塘沽协定》之后，日本问题继续主导着中国政治。为了得到日本的和平合作，蒋介石不得不从南京国民政府中尽可能小心地清除那些像宋子文和罗文干这类不为日本人所接受的人物。然后，蒋不得不更加依赖汪精卫及其派系，尤其是政学系。那几个月里，还引发了对蒋介石极为有利的对地方势力的大规模改组。在北方，张学良走了，冯玉祥垮了。忠于蒋的中央军现在已进入河北。在南方，蒋已经分化了他的对手，并清除了福建的叛乱者们。这些胜利和对华北和谈的努力掩饰，均无法提升在政治方面表现积极的民众对不抵抗政策的拥戴。因而，即便蒋相对于地方对手扩大了势力，但他也无法动员中国民众来支持南京。政府工作人员、国民党党员甚至是军官们的士气随着政府继续其对日绥靖政策而大为降低。

第五章

1934 年南京的妥协政策

蒋介石以一种比自“九一八事变”以来任何时候都要巩固的政治地位迈入了 1934 年。他已经击败或削弱了其大多数地方上的敌手。他把解决华北的棘手问题一直拖延到福建问题被解决以后。他开始了最大规模和最为成功的“围剿”，这次“围剿”最终把共产党从江西赶了出去。从 1934 年初到 1935 年初，蒋的“攘外必先安内”政策获得了最大的成功。公众在《塘沽协定》之后的怒火熄灭了，南京启动了与东京的直接谈判。

1934 年一开始东京就发出了各种各样的信号。斋藤内阁曾在 1933 年秋试图阐明一个总的外交政策方案，日本的军方强行加上了一个侵略计划。在军方的操纵下，东京采纳了日本及其军队要单独地承担起维持东亚和平责任的原则。就像詹姆斯·克罗利指出的那样：“到 1933 年 12 月，日本政府采取了一项以日本军事实力为基础的外交政策，以图削弱苏联、中国国民党政府以及英美国家的影响。”[1] 日本外务大臣广田弘毅在 1934 年 1 月和 2 月日本国会的演讲上阐释了这个原则：“作为唯一的东亚和平大厦的基石，日本承担它的全部责任。我们的外交和国防就根源于这种地位及其巨大的责任。”[2]

尽管如此，日本的新观点并不排除向中国示好。在 1 月 23 日国会的一次演讲中，广田提到了关于中日关系改善的传言。他总结说，这些报道迄今尚没有什么根据，但他表示希望中国“能与日本常保善邻互助之关系，以贡献于东亚之平和及发达，不可不谓当然之使命。……若中国而谅解帝国之真意，帝国殊愿不吝以充分好意的态度报答之”。[3]

福建叛乱刚被解决，南京就向日本发出建议。蒋急于把他所有的注意力都放在第五次“围剿”上，并想平息外来的威胁。1934 年 2 月 21 日，汪精卫会见日本驻中国领事有吉明，双方进行了广泛的讨论。其后，有吉告诉日本记者，他已了解到中国的态度“急剧地变得缓和起来”，“那些主导着中国政府的人，无疑正在真心实意地致力于解决两国之间存在的问题”。[4]

因而，从 1934 年初直到 1935 年中期，像蒋介石所希望的那样，避免与日本发生进一步的冲突，并集中力量对付国内敌人，似乎很有可能。但即使在这“先安内”方针的“黄金时期”里，也并不是没有麻烦。东京坚决主张由日本主宰东亚，看起来无法解决的伪满洲国问题在关税、贸易和中国的外交关系方面引发了一系列的争执，一次又一次地引起中国公众对日本的仇视。关东军极端分子并不支持和平，并连续策划新的骚乱。南京不得不经常为各种事件进行道歉、调整政府的政策和人事任命，解决突发性事件。

有时候，这些问题相当重要。例如，1934 年 1 月初，当张学良从欧洲回到中国时，一个潜在的外交危机已经逼近。少帅此时以西安为中心，想重新执掌东北军，但日本领导人强烈反对他在华北产生任何作用。日本在这个问题上私下里通知南京，并且，1 月 23 日广田弘毅在国会的演讲中间接地提到过它。关东军头领们的批评则更为直截了当。蒋把张任命为汉口“剿匪”司令部副总司令，因而稳稳地使他离开了华北，这相当程度上是由于关东军给予的压力。尽管如此，其政治代价是张和东北军将领们的疏远。[5]

其他事件的重要性相对较小，但仍然可以产生一种危机氛围。1934 年 2 月中旬，一艘日本海军战舰在海南岛停泊，舰上的水兵开始在好几个地方拍照。这件事没有马上引发什么后果，但它造成了公众对日本人意图的忧惧。而伪满洲国问题一直都悬而未决，3 月 1 日，尽管南京加以反对，但当溥仪正式加冕为伪满洲国的皇帝时，问题又出现了。似乎是为了与中国人在这件事上较劲，日本在天津的驻军司令部于 3 月 3 日在该市南部举行军事演习。[6]

因而，南京和东京之间关系的修复被连续不断的问题所破坏。但尚没有哪个问题接近“一·二八事变”或长城之战的危机程度，也没有哪个问题给蒋介石造成了不可克服的政治难题。不过，这种气氛给“先安内”的批评者们提供了一个习惯性的批评南京国民政府（在审查范围内）的契机。自由的批评者们继续抨击亲善的概念。例如，1934 年 1 月 18 日，《中国评论》写道：“在其他国家，没有哪个政府在不放一枪的情况下，丢了两个省以后，还能维持二十四小时。但国民党的统治在失去东北两年以后，今天仍然维持着。”[7] 显然，这个作者并不乐意与东京进行和谈。

对溥仪的加冕，专栏作家孟长泳呼吁蒋采取行动：“为什么蒋总司令一直留在江西呢？为什么他的能力及其用途仅仅被限制在江西的‘剿赤’战斗中呢？”自然，答案是蒋应该放弃“先安内”的政策。孟写道：“我们认为与共产党作些让步和达成某些谅解及协定不是什么耻辱。但当外国侵略者屠杀我们并占领我们的领土的时候，向他们让步并与他们签订协定则是奇耻大辱！”[8]

除了自由派的报刊，来自广东的谩骂声浪也是滔滔不绝。那里的领导人似乎把每一次新的事变都看作是攻击南京的武器。例如，1934 年 4 月，邹鲁写道：“抗日军队全被消灭掉了。没有人奋起抗日……甚至民众反日的舆论也不能表达了。”[9] 左派团体做了附和。中国共产党也攻击不抵抗政策，无疑他们渴望转移第五次“围剿”的压力。1934 年 4 月 10 日，中国共产党中央委员会发表了一个声明，谴责国民党的卖国投降政策，反对《塘沽协定》，并反对与日本进行直接谈判。几天后，宋庆龄和其他赞成抵抗的左派领导人发布了一个总的抵抗方案，呼吁南京动用国家所有的武装力量来回击外国的入侵。[10]

尽管 1934 年中日紧张局势有所缓和，但“攘外必先安内”的政策仍然遭到强烈的反对。不断的冲突依然为蒋的批评者们提供弹药。但蒋介石真的担心这类反对吗？他在乎“民意”吗？毕竟，他使得他的大多数地方上的对手中立了，且没有重要的政治挑战。实际上，对不抵抗政策的不满开始影响到蒋最关心的一个群体——他自己的军官队伍。南京软弱的外交方针开始在军事将领中造成一种萎靡不振的气氛，这些将领们还由于日本的入侵，感受到一种强烈的羞辱感。这种不满甚至破坏了蒋的第五次“围剿”。尽管国民党的军队与共产党的相比，占据着数量上的优势，但进展迟缓。在蒋的司令部任职的蓝衣社头子邓文仪回忆说：“军纪不良，许多中上级军官都希望北上参加抗日的战斗。因而他们在江西打了很长时间而未能获胜。”[11]

蒋无意退兵，而是准备对共产党进行最后一击。他试图发起一场声势浩大的新的斗争——新生活运动，来维持军队的士气，并向他们证明“先安内”政策的成效。1934 年 3 月 18—21 日，蒋在南京召集了 100 名中央和省级主要领导人，以宣传总司令及蒋夫人植树的照片开启了这场运动。除了巩固其军队的意识形态信仰外，蒋还企图向他们推销“先安内”政策。在这次会议的一次秘密的开幕讲话中，蒋为这个政策做了辩护。他预测第二次世界大战已临近，一场大劫难将于 1936 年或 1937 年发生。蒋确信这场新的战争为中国提供了一个宝贵的契机。如果中国加入战争时已获得了统一，中国将能够得以复兴，并由弱转强。如果中国加入战争时还是一个贫弱、分裂的国家，它将被消灭掉。因此，必须首先达成内部的团结。[12]

因而，蒋在维持其外交方针时还面临着可怕的政治挑战。这种政治上的威胁不像福建叛乱或冯玉祥抗日同盟军那样来势汹汹，但却丝毫不亚于后者。蒋不得不维持其军队和其政治上的支持者们的士气。他不得不向他们证明对日本忍耐和妥协的政策有助于国家的利益。即使在 20 世纪 30 年代最佳时机，这也并不是项轻松的任务。

天羽主义

1934 年 3 月蒋介石发出的要忍耐的号召将在这个春季受到严峻的考验。1934 年 4 月 17 日，日本外务省情报部长天羽英二发表了著名的“不插手中国”的声明，被西方媒体称作“亚洲的门罗主义”。天羽声明引起了西方列强和南京的抗议，并在中国掀起了反对的浪潮。这场危机威胁着蒋在反共运动高峰期的政策，并且赞成抵抗的势力谴责南京默认了这个原则。事实上，政府悄无声息地改变了某些日本反对的财经政策。

天羽声明不是政府的一项正式声明，而是天羽针对西方与中国的财政协定这个问题，对日本记者所做的口头回应。天羽提到了日本在亚洲的特殊作用，他得出如下的结论：

> 因而，我们反对中国为了自己的利益利用任何其他国家的影响来反对日本的企图。我们也反对中国采取任何行动，期望以夷制夷。任何外国列强采取的联合行动，即使是以技术或经济援助的名义，在这满洲和上海事变后的非常时刻，肯定具有政治含义……所以，日本必须把这类事情作为原则问题来加以反对。个别国家与中国进行的经济和贸易问题的谈判，可能在事实上帮助了中国。但其结果将威胁东亚的和平，日本必须反对这类援助。[13]

日本要求控制所有涉及中国的援助和发展规划。

华盛顿、伦敦和其他西方政府对这份宣言进行了抗议，认为无法接受，且该宣言破坏了以前的协定。东京后来在 4 月 26 日发表了一个重述性质的并略为和缓的修正声明。西方政府认为天羽声明是一个新的原则；但就像詹姆斯·克罗利和其他学者指出的那样，天羽只是把现存的日本政策应用到特定的情形中。广田弘毅早就阐明了东京独立承担东亚和平责任的原则。尽管如此，这位外务大臣的演讲显得宽泛，因而没有引起西方政府的注意。天羽则是对外国援华的这一具体问题做出了反应。[14]

南京的外交部于 1934 年 4 月 19 日表示了抗议，反驳东京的声明：

> 世界无一国家得在任何地方，主张有独负维持国际和平之责任。中国既系国联会员国之一，对于提倡国际合作，促成国际和平与安全，认为其应有之义务。中国于努力达到此项目的之际，从无欲中伤任何他国之意，更无扰乱东亚和平之事。[15]

外交部的声明相对温和，并且是辩护性的——对于许多要求采取更加强硬行动的批评者来说，显得太过温和。一名观察家写道："全国上下的中文报刊对日本进行了猛烈的抨击，自1933年夏日本入侵华北以来，在激烈的程度上不可等量齐观。"[16]即使是谨慎的胡适也写道，天羽主义造成的"严重性必定比'二十一条'还更严重，也许比'九一八'以来的任何事件还更可怕"。果如所料，胡汉民抨击南京软弱的反应，指出中国本应求助于1922年2月的《九国公约》，并召开一次签字国的会议。[17]

这类危言耸听者的呼声很多时候意味着不同意蒋的"先安内"政策及与东京的和谈。1934年4月24日，北平的《晨报》宣称："国人应从今兹日本宣言，而痛感中日关系，决非一时敷衍所能改善。我愈退让，彼愈侵迫。"[18]《中国评论》认为天羽揭示了"日本想把中国变成一个保护国，并终结国际相互合作的阶段……她对主动出击的简要宣示，应该使南京认识到了拖延不作为的必然后果"。[19]许多人担心如果接受了天羽声明，中国将永远失去来自日本以外的援助，并永远无法进行防御。王芸生发表在《国闻周报》上的文章，注意到了这个新原则"破弃国际公认的门户开放主义，公然宣布关闭中国的门户"。[20]

天羽声明也是东京早期反对宋子文及其政策的运动的高潮。这名被日本人视为亲西方的前任财政部长，在前一年里，试图施行一项广泛的反日经济计划。他的方案中所有的内容，如国联的援助团、美国棉麦借款、从西方银行家那里获得财团贷款的努力、新的关税，已激起了东京的愤怒，并加速了宋的辞职。日本继续施压以扭转宋的政策。对天羽声明的争论将凸显日本在1934年这场争斗中获得的成功。南京改变了宋的倡议中最令人反感的部分。

东京把国联的技术合作和援助团视为宋的政策中最为头疼的部

分。自1931年以来，国联曾派出各种各样的专家来帮助中国进行经济建设，他们最初与全国经济委员会一起工作。由于中国政府长期缺乏资金，大多数国联的专家仅从事调查和研究项目。

尽管该联盟规模不大，但其与国联的关系令东京深恶痛绝。日本（在1933年2月）退出这个机构后，就把国联看作是西方列强的工具，并下决心破坏中国与日内瓦的联系。当时，东京还痛恨国联援华团团长波兰人路德维希·W. 罗杰曼博士。罗杰曼与宋子文一直过从甚密，1931年9月他曾在南京，其时他显然在“九一八事变”后，帮助说服了蒋介石向日内瓦发出吁请。[21]

尽管日本反对，但宋在他1933年的国外之旅中，促使国联扩大了该项目。7月，日内瓦组建了国联与中国合作的技术合作特别委员会。东京派遣国联前官员杉村阳太郎来华，其目的是逼迫南京反对这个项目。与这一举措相呼应，东京军事当局呼吁日本采取强硬措施，预先了结自第一次世界大战以来旧的西原借款。[22]日本报刊向南京警告了国联计划的可怕后果。有消息说：“这样的合作，只是导向政治干预的一个阶梯，它必然造成列强共同统治中国。”[23]日本在南京的总领事须磨弥吉郎照会外交部次长唐有壬，认为技术合作和援助团是反日的阴谋。[24]

日本成功地破坏了这个计划。即使在天羽声明以前，中国已开始逐渐控制来华的专家人数。传回给日内瓦的消息说，蒋介石对这个援助团并不像宋子文那样热诚。汪精卫在他1934年3月与有吉的谈话中显然做了说明。1934年4月底，蒋在南昌通知政府领导人，说国联的计划将被废除。其间，英国政府由于从情报网络获取了蒋的态度，因此急于安抚日本，向日内瓦建议中止罗杰曼的使命。国联的秘书长约瑟夫·阿维诺希望弥补日内瓦与东京之间的裂隙，便欣然同意。1934 年夏，罗杰曼恢复了在日内瓦的职务，而中国技术合作项目则名存实亡。1935 年春，当在国联指导交通和运输项目的罗伯特·哈斯访问中国时，他受到了冷遇。作为为“先安内”政策付出的部分代价，南京悄悄而又巧妙地接受了东京的要求。[25]

东京还攻击宋子文在 1933 年安排的美国棉麦借款。这项借款的收益被指定用于国联的计划及与宋有关的全国经济委员会，这加剧了日本对这项美国业务的反对。日本在南京和华盛顿均强烈地抗议过这笔借款。在 1933 年 7 月的一次声明中，日本外务省声称这笔借款会用来帮助中国抗日和反对伪满洲国，因而是东亚和平的障碍。1933 年 7 月 19 日，大阪《每日新闻》声称其资金将被用于军事装备及抗日活动。[26]粤系也抨击这笔借款，暗示它将被用于内战。日本报刊重复这些批评，东京甚至把它们收进了给南京和华盛顿的声明中。

1933 年秋宋子文下台后，东京再次施压以削减这笔实物借款。借款措置中的严重问题帮助了日本。因急于巩固自己的地位，并推进他的抗日计划，宋签订了一份有瑕疵的协定。按照担任南京国民政府财政顾问的美国人阿瑟·N. 杨格的说法，宋可能意识到了潜在的问题，但认为美国的借款将提高中国政府的士气，并在一个极为困难的时期有利于其总的财政局面。[27]宋安排贷出方在美国市场上采购价值 4000 万美元的棉花和 1000 万美元的小麦与面粉。但南京国民政府能够在中国售出这些来清理这项账目吗？据理查德·C. 布什的研究，宋是基于中国棉业巨擘荣宗敬的估计来决定中国的市场容量的。也许是荣希望把棉花价格拉下来，他似乎给了宋一个过高的估计。[28]

其他几个因素共同形成了反宋的力量。中国的城市经济在 1933—1936 年进入萧条阶段，造成棉纺织厂停工歇业，并引发制成品价格大跌。与此同时，中国本身出产了大量的棉花，造成了棉花交易价格下降。因而，南京出售这批美国棉花时遭到了严重的困难；孔祥熙就任财政部长后，开始以低于成本的价格清理物资。小麦出售也遇到了麻烦。政府进口的与本地的产品直接竞争，造成了国内的商品市场停滞。[29]

尽管如此，孔在出售实物中最大的困难是日本的反对，特别是在棉花市场上。美棉的质地优于中国本国的棉花；棉纺厂使用进口产品生产细纱，而使用本国商品的棉纺厂生产比较便宜、粗支的产品。让南京感到遗憾的是，在中国大多数生产细支产品的棉纺织厂是日本人开设的；大多数中国人的工厂集中生产粗支产品。为了售出美棉，南京不得不向日本人的工厂兜售。如果价格有利，日本厂主是乐于购买这些棉花的，但东京发布了因“国家原因”禁止购买的明确命令。日本的这项举措是最后一击。到 1934 年初，南京已远远落在其批准的采购量后面。最后，它重新出口了这批棉花的大部分。1934 年 3 月，南京国民政府把借款协定从 5000 万美元减少到 2000 万美元。当 1935 年 4 月物资采购完成后，中国实际上仅使用了 1710 万美元的贷款，即 1000 万美元的棉花和 710 万美元的小麦。[30]

因而，甚至在天羽声明发表以前，日本削弱美国借款的行动也获得了明显的成效。东京不允许日本人控制的工厂购买棉花，加上 1934 年春南京不愿意采纳违背日本意愿的经济政策，这些因素共同破坏了借款协定。

东京还阻挠宋子文与其他国家签订对华借款的努力。在 1933 年出国期间，宋曾试图创建一个新的财政咨询委员会，以替代 1920 年旧的财团。以前的机构是为了阻止任何一个国家控制中国经济发展而设立的，其中有日本的代表，而新的委员会将只接纳中国人、欧洲人和美国人。让·莫内，即后来的欧洲之父，同意主持这个新的机构。而分别担任这个财团美、英组织首脑的 J. P. 摩根家族的托马斯·W. 莱蒙特与香港和上海金融公司的查里斯·阿迪斯爵士，均拒绝了宋的邀请。由于东京毫不含糊地表示反对这个项目，这两人表示不愿得罪日本。阿迪斯收到了日本组织首脑强烈反对新委员会的私人信件，而莱蒙特则说他关注 J. P. 摩根家族与日本的实际业务。[31]

宋勇敢地面对失败，在辞去财政部长后，他做了新的努力。在与 1934 年初抵达中国的让·莫内商讨后，宋开始筹设一家中外投资者合股的中国建设银公司。这家机构是作为一个私人公司来创办的，以便在建设项目中利用外资（非日本的）。日本强烈反对莫内的计划。事实上，4 月 17 日的天羽声明是东京就此事给有吉电报的摘要。日本官员公开和私下里均声称不能接受外国人参与这个计划，尽管东京不反对一家纯粹的国内公司。南京默认了。当 1934 年 5 月底这家公司成立时，宋宣布所有的股东和官员都是中国人。[32]

因而，天羽声明是对日本采取的具有一定成效的现行政策的一种公开表述。东京曾在 1933 年阻止宋的计划，促成了他的下台，并在 1934 年竭力向南京施加压力，以终止所有现存的令其不快的政策。蒋在那时急于与日本调和，基本上满足日本人的要求。尽管如此，日本人的成功还不算大获全胜。中国建设银公司在 1934 年夏成立后，基本上作为国内资金的渠道，但宋从未彻底放弃对外资的寻求。例如，1935 年 6 月，宋接待了一个由著名投资银行家 W. 卡梅伦·福布斯率领的美国商务代表团。这个美国团体由私立的全国对外贸易委员会资助。福布斯、宋和孔祥熙讨论了美国银行和中国建设银公司之间可能的合作项目。然而，这三人都意识到了日本的影响力；美国国务院此前召回了一名代表进出口银行的代表团成员，声称由于担心会疏远日本，这个代表团完全是非官方的。宋也提醒福布斯，日本人参与任何项目都是不予欢迎的，但在这种形势下可能是明智的。无论如何，福布斯的努力胎死腹中。美国国务院担心投资计划遭到日本的反对，因而华尔街拒绝进行投资。美国国务院的内部人士认为日本的反对将是美国对华投资的主要障碍。[33]

宋在 1936 年春获得了较大的成功，他促成中国建设银公司与有着中国背景的英国同业联合投资，借款 110 万英镑以改善京〔宁〕杭铁路。1937 年，这个组织为湖北和广东的铁路筹集了两笔较小的借款。在东京和伦敦（它担心会疏远日本）的反对下获得这些借款，意味着对天羽主义的违背。这些贷款中，宋成功的关键部分是他与以沪、港为中心的英国金融集团的谈判。在这种情况下，这些借款没有触犯财团的协议，因而让伦敦和东京较少反感。即便如此，日本强迫中国的铁道部长允许日本人参与这些铁路借款的筹集。[34]

日本最不成功的方面是抑制南京与纳粹德国的经济往来。蒋介石曾长期以来一直依靠德国军事顾问帮助训练他的中央军，德国对国民党统治下的中国产生了巨大的影响。希特勒上台后，德国与苏联的贸易关系开始瓦解，它想找个新的合作伙伴，而中国似乎具有灿烂的前景。随着德国重新军事化，它需要像钨和锑这类关键的金属矿，而中国是拥有这些矿石的屈指可数的国家之一。1934 年，奥托・沃尔夫公司在上海设立了一家分公司，并扩展对包括铁路建设在内的各种项目在德国的购买信贷。尽管是一家私营公司，但它的信贷主要由德国政府担保。1936 年中期，冯・莱希劳将军访问中国，并通过由德国国防部控制的一家名叫合步楼的联合公司签订了一份贸易协定。这家公司向中国提供贷款用于购买德国货物，而以易货贸易的方式，主要是运送金属矿来抵债。从各种资料来看，20 世纪 30 年代德国对华贷款总额可能达到 4000 万美元。[35]

中德往来显然违背了天羽主义的精神，而东京确曾在这件事上向柏林施加过压力。不过，因为德国也未加入国联，且与日本的关系越发密切。1936 年 6 月，柏林与伪满洲国签订了一份贸易协定，并在同年 11 月与日本签订了《反共产国际条约》。因而，东京觉得德国的对华经济关系不像英国或美国的关系那么讨厌。最后，德国和中国的往来与蒋介石及其反共军事举措关系密切，而英、美及国联的活动是通过宋子文安排的。日本把宋——即使不在台上——看作中国反日圈子中的首脑，因而反对任何加强其影响的举措。

关税和贸易问题

在 1934 年的前几个月中，随着天羽争论的展开，东京还在关税和贸易问题上给南京施加压力。当 1930 年 5 月最后一个在关税问题上松口的列强日本同意时，中国重新获得关税自主。作为代价，东京要求在棉纺织品和海产品这类对日本出口商有特殊利益的产品上，保证给予三年低税率的协议。这份协议到期后，宋子文于 1933 年 5 月 22 日立即宣布了一项新关税，终结了这些产品的优惠税率，并极大地提高了多种商品的税率。南京十分依赖关税收入，宋子文希望新关税能增加政府的收入。尽管如此，在一些地区，政府计划用税率来控制贸易，并保护国内的工业，在南京国民政府时期，这大概是唯一一次系统的尝试。中国官员坚称这种关税不是反日的，而仅仅是结束了日本以前优越的地位。[36]

东京把这种举措连同美国的借款、国联的代表团及莫内的创议，视为宋抗日总方案的构成部分。具体说来，日本官员把新的关税看作是宋企图对失败了的抵制日货运动的补偿。日本对华贸易在1931—1932年的抵制日货运动中遭到了打击；但在东京施加了巨大的压力后，南京国民政府渐渐地限制这场运动。1933年1月，宋也施行了一项要求所有进口货物明确地标明其来源国的规定。因而，日本对1933年5月的关税日程表做出了强烈的抗议。

日本媒体和在中国的日本报刊立即把关税作为宋长期抗战计划的一部分加以攻击。日本的学者指责这种关税意在阻止日本的对华出口。有吉直接向汪精卫和蒋介石抗议了这些修改。尽管宋辞职后，到处谣传说有一项新的亲日的低税率关税，但在天羽争论爆发时，1933年5月的税率仍然有效。[37]

南京最终屈服于日本的劝说，在1934年7月3日公布了一份修正的关税。据海关官员魏尔特说，新关税“与上一年贸易保护主义者的修改形成鲜明的对比。这次新关税极大地降低了许多日本对华出口的主要物品的税率”。[38]这类物品包括日本占绝对优势的棉布、匹头和鱼产品。相反，为了补偿损失，南京提高了其他许多产品的税率，特别是籽棉、煤油、化学品和木器的税率。新税率对美国极为不利，因为那些主要由美国输入中国市场的产品的税率，幅度提得最大。以前保护某些民族工业的努力在1934年的修改中基本上被抛弃了。东京还迫使南京无限期地推迟最初的国土要求。[39]

因而，中国的观察家们把1934年的修改称为是亲日反美的，但日本的评论家们对这些变化仍不满意。南京国民政府总的关税仍然偏高，许多日本人要求回到以前的水平。不过，日本在反制宋的方案上的成功开始见效。在新的关税下，日本在中国市场中地位的反弹主要以牺牲美国利益为代价。中国（不包括东北）从这两个国家进口比重的变化如表1所示。由此可知，日本的市场份额开始恢复，尽管仍然低于 1932 年以前的水平。

表 1　中国（不包括东北）从美日两国进口比重表

单位：%

时间	美国	日本
1933 年	21.9	9.9
1934 年 1—7 月	27.8	10.6
1934 年 8—12 月	23.6	15.0
1935 年	18.9	15.6
1936 年	19.6	16.6

资料来源：柯博文：《上海资本家与国民政府》，第 35 页。

1934 年关税的修改在中国引发了强烈的抗议，比针对南京在日本的压力下废除宋氏方案中的其他内容更为强烈。关税变化比其他悄悄所做的让步更清楚地揭示了绥靖政策。例如，国联的计划是慢慢停止的，没有做出公开的取消，且罗杰曼在日内瓦的复职似乎是国联的事务。财团问题和棉麦借款都是复杂的问题，其结果是多种因素混合导致的。在关税问题上就没有这些纷繁复杂的东西罩着，日本的影响路人尽知。商业团体、金融家、专栏作家和政治家们抨击政府屈从于日本的压力，抛弃了贸易保护思想。

上海商人领袖中的泰斗虞洽卿告诉记者，新关税“对中国是沉重的打击”，因为日本产品的价格将被进一步降低。上海总商会、中国纱厂联合会和其他团体通电反对，均认为新关税将严重地损害中国的民族工业。[40]专栏作家汪仲芳写道：“可以说，日本人未发一枪就取得了另一场对华胜利。这一次，鉴于他们成功地从中国政府那里逼取了让步，这场胜利甚至更加势不可挡，将最终使他们实现长久以来的建立对华经济霸权的梦想。……他们急于迎合日本人。”他认为，中国的亲日官员“准备以他们可以分得一杯羹的价格出卖祖国”。[41]甚至通常支持蒋介石政府的《国闻周报》也表达了对这项关税的失望。这些变化的亲日性质似乎是明摆着的。[42]

广东的批评者们在关税问题上一如既往地最为仇视南京国民政府。《三民主义月刊》上的一篇社论把这种政策说成是向东京投降，敞开国门供人倾销，以摧毁中国的民族工业。其他广东撰稿人把这个举措看作是日本摧毁中国工业基础的总计划的组成部分。在日本的控制下，东京将实施一项工业日本、农业中国的政策。[43]

南京极力压制这些批评。孔祥熙在1934年7月19日会见重要的棉纺织厂厂主，说服他们鉴于日本对政府的压力接受新的关税。蒋介石亲自发布命令，强迫上海及其他城市的审查人和报纸编辑禁止对新关税做任何不利的报道或评论。报刊必须终止对其亲日性质或商人团体反对关税修改所做的所有评论。政府甚至审查海外电报以阻止外国记者发出揭露在关税问题上民众普遍不安的报道。在其权力能够达到的任何地方，南京对关税的抗议均予以镇压。[44]

在南京权力鞭长莫及的地区，日本人对当地的官员施加了直接的压力。例如，由于抵制日货运动在湖南依然活跃，日本驱逐舰在1935年6月中旬开到了长沙。海军军官与控制该省的何键将军交涉，强迫他解散抵制日货委员会。日本海军帮助分发日货，迫使中国商人中止抵制日货运动。因而，压力既施加给了南京，也施加给了各省，从而提高日本的贸易地位。[45]

因而，蒋介石在1934年维持了“先安内”和对日妥协的政策，但代价是高昂的。南京不得不在经济决策上牺牲其自主性，因为东京要求中国抛弃宋氏方案中的主要内容。如果宋能够在诸如保护关税和外国借款及中国控制下的技术代表团方面维持其努力，南京的建国努力本来是可以被巩固的。中国也许能够建立起统一和独立的民族经济基础。但日本坚持使中国的经济依附于日本的政策。这并不说明 1934 年政策的改变极大地降低了中国的经济增长。世界大萧条和 1937 年战争全面爆发的影响，扼杀了中国在这些年里重大的经济起飞。尽管如此，退让的政治代价更大。南京未能保护中国的经济利益，使商业和银行部门与政府关系疏远，并削弱了它的民族主义的号召力。

与伪满洲国通车通邮

天羽争端和经济问题威胁到了中日亲善，华北局势依然不稳定。1933 年 12 月末和 1934 年 1 月初，关东军决定完成向察哈尔省东南部推进的行动。由于几周前已从冯玉祥手中夺回多伦，日军打算保护长城延伸进入该省的那块地区的安全，因而发动了包括空中轰炸的重大进攻。在多伦加入冯的大业的刘桂堂从察哈尔逃到河北和河南，他在那里与国民党正规军发生了冲突。与此同时，孙殿英在宁夏的军阀混战爆发了。所有这些行动说明了华北局势依然动荡不安。同时，日本在天津的驻军司令部开始修建一个靠近南开跑道的机场，这引起了该地区中国人极大的关注。[46]

关东军当局利用悬而未决的局面逼迫黄郛谈判，暗示他如果继续拖延，就要采取新的军事行动。在中国本土与东北之间恢复通车通邮是主要问题。关东军曾在塘沽及随后的大连会议（1933 年 7 月）和北平会议（1933 年 11 月）上，就这个问题向中国政府施加压力。日本不仅寻求铁路和邮政服务的联结，而且也寻求电话、电报和商务航空交通服务的联结。若满足日本人的全部要求将会危及南京不承认伪满洲国的政策，并在中国公众中引发强烈的反对。

南京在 1933 年底曾推迟解决这个不得人心的问题，当时既面临着福建事变，也面临着来自孙科系的中央政治委员会和立法院的反对。事实上，中央政治委员会表决限制黄郛在铁路和邮政问题上谈判的权力。南京对这个问题老练的处理，表面上传递了北平会谈已经破裂的印象，而实际上它已经说服了日本人把这个问题推迟到下一年春季。[47]

不过，在会谈间隔的几周里，这个悬而未决的问题并没有从报刊上完全消失。负责与日方直接谈判铁路安排的平奉铁路负责人殷同，于 1933 年 12 月来到南京，与中央政府商讨这个问题。他的到来再次引起中日亲善的反对者们的关注。方秋苇在 1934 年 1 月 1 日的《时代公论》上撰文质问：“是谁在寻求建立铁路、邮政和海关的服务？是谁在拼命地争取这些？”方断言，答案显然是日本人，而不是南京认为将从这些联结中获益的东北人民。“东北人民现在寻求的不是从铁路和邮政服务中得到任何的便利，而是希望有人能解除他们的疾苦，把他们从奴隶般的锁链下解放出来！”[48]

1934 年 4 月，当黄郛南下江西与蒋介石商量这个问题时，铁路和邮政问题上的举措变得明朗起来。在公开场合，南京否认任何未定的协议；而蒋本人则小心翼翼地保持缄默，因为国民党内部的反对非常强烈。交通部长朱家骅——恢复与东北联系的反对者——在 4 月 12 日重新确定了阻碍的政策；次日，孙科主导的立法院表决反对黄郛的谈判。立法院终结了黄郛主持华北外交的权力，并下令阻止所有关于铁路连接的会谈，因为它断言这样的举动将导致对伪满洲国的承认。在邮政问题上，该机构提议承认日本人而不是伪满洲国在占领区域发行的邮票。这个建议是基于第一次世界大战期间，德国在被占领的比利时使用邮票的实践。这表明仅是承认军事占领，而不是在外交上承认一个傀儡政权。[49]

由于政府内部如此强烈地反对，南京本应无限期地拖延这个问题，可关东军当局却不等人。4 月 13 日，他们指责中国在执行《塘沽协定》时“无诚意”，并警告说，如果中国不议定通车通邮，这将成为一个“严重的问题”。关东军头目坚称铁路和邮政问题是塘沽口头谅解的组成部分。同时，日本在平奉铁路沿线增加兵力，并于 4 月 11 日在北平东郊、4 月 17 日于丰台举行军事演习。日本人的这些举动在北平激起了一阵关于日本即将采取军事行动的谣言。[50]

在日本的军事压力下，尽管有国内的反对，蒋和黄郛仍然决定在他们 4 月份的会议上继续进行谈判。在江西与这两人会面的汪精卫，承担了在南京推行这个政策的任务。立法院中的反对实际上并不是关键性的，因为政府会拒绝把铁路和邮政协议提交给这个机构。按照以前像塘沽停战会谈这样的谈判程序，政府官员争辩说这些协议是地方性的解决方案，不是条约，因而无需立法院的批准。这些协定可以在国民党中央政治委员会中解决，而那里蒋占据着优势。[51]

在此期间，黄郛于 4 月 16 日来到上海，与有吉举行了会谈。黄的努力暂时受到了天羽声明以及有关争论的干扰，这项声明在 4 月末占据了中日问题的中心舞台。他在等待这场争论降温过程中，明智地退回到莫干山的老家。即使在退隐中，他实际上还与北平、南京和蒋的军事指挥部保持电报联系。[52]

由于对拖延不满，关东军司令部于 5 月 9 日发表了一份声明，指出抗日事件正在非武装区中发生，这些事件证明中国在执行《塘沽协定》时的不诚实。声明中说：“看到中国在执行《塘沽协定》中缺乏诚意，多么令人痛心。因而，如果中国人不确保他们将坚决诚实地执行这个协定的条款，并且，如果是因为那个缘故而引起麻烦，也不论是如何发生的，这个责任必须由中国当局来承担。”[53]这类语言在过去被关东军用来为军事行动正名，因而，这份声明被中国报刊看作是用来恐吓中国的策略。《国闻周报》总结道：关东军所说的“停战区域内，有抗日行动，并且中国对履行协定无诚意。这样毫无根据的诬词，可以看作是逼迫华北的第一步”。[54]

在关东军发表声明后，黄郛在 5 月 12 日立即从莫干山回到上海；5 月 14—15 日，殷同与关东军和伪满洲国的官员在山海关举行了铁路问题的正式（而秘密的）会谈。一个协定草案达成了，在这个草案中，一家新的中日公司——东方旅行社负责北平至奉天之间的铁路交通。[55]黄把协定草案电告蒋介石，蒋后来告诉汪精卫，这件事必须提交中央政治委员会。蒋认识到了这个问题上的政治困难，但觉得协定是无法拖延的。汪告诉中央政治委员会，日本在这件事上向中国施加压力，并且，华北的安全岌岌可危。该委员会主观上不赞成这个协定，但为了阻止来自广东领导人和其他人的批评，决定对这件事不加声张。[56]

尽管企图秘而不宣，但关于谈判的消息还是走漏给了媒体。北平一份国民党的出版物《华北日报》在 5 月 31 日准确地报道了协议草案的全部细节，并说明它将由中央政治委员会来讨论。南京国民党的官员大为恼火，在 6 月 11 日关闭了这家报纸，解雇了它的负责人。正如一位观察者所写的那样：“中央对于党报这样严厉地处置，这要算是第一次。”[57]这一不得人心的政策，连国民党的报刊都不敢相信。

这样的保密努力实属掩耳盗铃。《国闻周报》指出，由于日本在这个问题上的恐吓，政府害怕公开谈判会引发民意的敌视。广东的领导人也没有因南京官方的缄默而停止对这件事的批评。邹鲁在1934年5月初写道，铁路和邮政问题已经导致了南京当局事实上承认了伪满洲国和失陷的东北四省。胡汉民在6月中旬撰文称，南京“投降和屈辱”政策造成的华北危机，比《上海停战协定》或《塘沽协定》时期的危机更加严重。黄郛目前的活动将导致中国承认伪满洲国及一条总的投降路线。[58]反对不仅仅是口头上的。6月9日，有人在黄郛的上海居住处后面的花园中投掷了一枚炸弹。黄非常幸运，这枚炸弹没有爆炸。[59]

其时，殷同来到大连、天津和北平，签订平奉铁路运营的最终协议，这份协议于6月28日公布，并于7月1日生效。第一天被一次爆炸所破坏，这次爆炸发生在塘沽东部，炸死了10名乘客。[60]在上海，曾经一直帮助安排运营服务的中国旅行社总部窗户被捣毁。这促使其负责人宣布：

> 中国旅行社原来不愿接受铁道部的提议。尽管如此，由于国民政府当局的坚持，并由于作为中国公民履行其职责，中国旅行社的董事会最终决定按照国民政府的指示，在这件任务上与日方进行合作。尽管肯定东方旅行社将是一件蚀本生意……中国旅行社为了服务国家的缘故，仍没有对损失加以考虑。[61]

不论是蒋、汪、黄郛、中国旅行社，或是南京的任何机构，没有人想公开地承担同意与伪满洲国建立铁路服务的责任。

媒体的反应是负面的，尽管其声音在某种程度上被审查和期待已久的协定的虎头蛇尾性质所削弱。建立一家新的机构来负责交通，并未减轻人民的担忧，即中国出于实际考量而承认伪满洲国实质性的存在。其他人不满南京未能对其政策做出解释。清华大学政治学教授、哥伦比亚大学的毕业生张奚若在《独立评论》上撰文对铁路服务问题做出反应。张悲叹说，中国政府从未公开地解释过为什么它会在这件事情上退让。有人推测，铁路服务曾是达成《塘沽协定》谅解时的组成部分；但如果是这样，那么，张认为当时汪精卫信誓旦旦说没有附加的秘密条款则显然是谎言。[62]

铁路方面的问题解决了，关东军头目再次就邮政和交通问题施加压力。1934 年 7 月 21 日，殷同回到大连，商谈非武装区的地位和邮政问题。[63]尽管中方没有透露会议的活动，但它仍然引起了胡汉民的《三民主义月刊》的注意和批评，它抨击这次会议，再次谴责《塘沽协定》包含现在正在实施的这些秘密条款。[64]

主权问题阻碍了邮政问题的解决。在伪满洲国发行自己的邮票后，中国于 1932 年 7 月曾发起一次抵制东北信件的运动。接受这些邮票显然意味着承认这个伪政府的存在。西方列强支持这种封锁，并向国际邮联做了照会。在从东亚到欧洲的信件传递中，满洲的战略位置引发了难题；到 1934 年春，西方对联合抵制运动的支持动摇了。1934 年 5 月，国联的一个委员会建议，如果邮政关系被视为邮政组织之间的联系，而非政府之间的联系，可以恢复通邮。国联和中国的不承认原则仍然不会受到侵害，或者就像这个建议所表述的那样。[65]

其时，黄郛于 1934 年 8 月 11—16 日在庐山与蒋介石和其他领导人进行了好几次会谈，其间，讨论了邮政事务和华北的其他问题。关东军保持着对河北的高压，8 月 24—25 日在平津地区举行了军事演习。8 月 26 日，日本海军在渤海湾开始演习，这场演习包括对塘沽港的实际封锁。[66]关东军当局还任命了一个由伪满洲国邮政机构负责人藤原保明为首的正式代表团来谈判邮政服务。9 月 21 日，南京派出了一个由中国邮局总干事高宗武率领的正式代表团来谈判邮政问题。其间，黄郛对中日之间的僵局能够被打破感到满意，在南方逗留了几个月后，于 9 月 19 日回到了北平。[67]

这次谈判立即面临着直接的困难。日本人坚持认为伪满洲国是一个独立的国家；中国人坚持不与伪政府直接打交道，并要求设立一个单独的机构来处理邮政服务。由于这些冲突无法解决，中国代表团接到另外的指示，于 10 月初返回南京。而 10 月底的新一轮谈判还是陷入了僵局。黄郛让南京领导人了解到谈判的进程，担心如果谈判破裂，关东军将用它来作为借口挑起事端，建议进行让步。他显然说服了蒋和汪精卫。[68]

南京绝对不愿在承认伪满洲国这个敏感问题上让步，否则国内的政治后果将非常严重。例如，胡的《三民主义月刊》在 11 月发表社论，说蒋曾在日本的授意下派遣黄郛到北平，而黄也将成为华北的溥仪。[69]甚至在南京的官员内部也起而反对。汪精卫和唐有壬向中央政治委员会与以前反对向伪满洲国开通铁路服务的交通部长朱家骅做工作，以确保其赞成。[70]

南京在 11 月 7 日提出了一项新的让步，但被关东军的官员所拒绝，然后他们发表了一个最后通牒：中国必须在 11 月 19 日接受日本的方案，否则，日本将中止谈判，让中国来承担责任。11 月 21 日，中央政治委员会全权委托唐有壬前往北平，去接受日本最后一组要求。1935 年 1 月 10 日，中国本土和伪满洲国之间的信件业务恢复了，南京在其官方声明中说是“为了人民方便之故”。

最后的安排尽管使中国濒临承认伪满洲国的危险，但确实为南京提供了一个“面”罩。信件的实际传递通过中国人建立在山海关和古北口的一家机构来进行。邮票和邮戳将不用伪满洲国的名称，而使用欧文字母。伪满洲国发行了一种既没有印上它的名称也没有印上其“皇帝”肖像的特殊邮票，以用于中国的业务中。即使在信件业务恢复后，一些困难依然存在。例如，中国政府拒绝发往伪满洲国“首都”新京的信件，除非它使用以前的名称——长春。[71]

《中国评论》说中国在国际上处于一种极为怯懦的境地，因为它成了第一个违背联合抵制伪满洲国邮政的国家，意味着整个不承认的立场将随之破灭。《三民主义月刊》讥讽性地引用南京宣布的这个问题的解决是“为了人民方便之故”。它说，这“实在滑稽”，因为迄今为止，南京国民政府没有显示出对人民的方便丝毫的关心。但其他撰稿人支持这次行动。《时代公论》注意到与在东北的家庭成员的联系被隔绝的那些人的痛苦，并且，当把信件寄往欧洲而不能经满洲通过横贯西伯利亚的铁路传递时，需要多费两到三个星期的时间。[72]

这份协定也提供了电报和电话服务，这两者都经过山海关来联结。前者于 1935 年 2 月 5 日设立，后者于 6 月 1 日建立起来，两者都由交通部指导。[73]悬而未决的问题是空中交通。中国人曾在 1933 年 11 月的北平会议上同意将空中联结放在中国本土与东北之间的交通联络的谈判中。尽管如此，南京不愿同意航线的联结。因为它们基本上是一个新的业务，而不是以前现存联系的恢复，并且是日本蚕食华北的一个明显标志。此外，日军在 1933 年的危机中，曾使用飞越领空来恐吓北平和天津，在公众中造成了对日本空中力量的强烈担忧。关东军已在热河和长城沿线修建了机场。在 1934 年，天津当局曾抗议日本的华北驻军在天津的南开地区修建机场，但没有成功。在日本的支配下，任何进一步的空中联络都被看作是令人不得安宁的。因而，黄郛把航空问题一直推迟到 1935 年的春天。[74]

事后看来，黄郛把整个交通问题掌握得很好。他成功地走着钢丝，如果他不作为的话，就会受到日本军事行动的威胁，而如果他急于行动，又会使南京面临政治困难。黄尽可能地拖延这个问题，从而把对蒋介石的政治损害降到了最小。因而，总司令可以在“围剿”的关键月份中，集中精力对付江西苏维埃政府，并在后来共产党的军队被迫于 1934 年 10 月进行长征时，进行追击。

“攘外必先安内”的重申

在 1934 年夏季和秋季，蒋介石似乎已经稳定了中日关系，而第五次“围剿”也趋于成功。谈判延伸下来，并化解了一些问题，如铁路和邮政问题及日本人破坏宋氏经济方案的决心。即使是像横生枝节的天羽问题的突发性打击，也通过谈判得以控制。尽管如此，蒋这几个月中在控制日本问题上的成功，直到事后才显现出来。这一次充满了危险，潜在的中日危机原本可能随时爆发，迫使蒋延缓了其反共军事行动。最大的风险绝不是来自像关税或与伪满洲国的铁路连接这样的问题。对于这些问题，南京已经预见到了，并谨慎地控制住了。最大的威胁是那种突发性的“事件”。在中国的中日紧张气氛中，总是存在着单个的挑唆者可以采取行动从而造成局面突然升级失控的可能。

这类事件的潜能是巨大的。在中国某些地方，中国人和日本人之间几乎没有哪个星期没有突发性的事件。在 6 月初发生的事件可能具有典型性，当时在天津的中国海关检查人员企图登上一艘名叫“昌平丸”的日本轮船。他们被手持刺刀和手枪的年轻日本人阻止了。在大多数这样的场合下，中国提出抗议，但通常在日本的压力下屈服，这次也是如此。[75]

日本副领事藏本英明在南京的失踪，是这些事件中最为危险的一次。仇视在短瞬之间就迫在眼前。事件开始于6月8日夜，在有吉明对南京的访问结束时。在有吉离任的欢庆中，藏本不见了，他的失踪在次日早晨才被发现。当时日本官员照会中国的外交部，要求立即采取行动寻找藏本。南京警方进行了全面的搜寻，悬赏15000银圆给提供线索的人。[76]

双方（没有明显的证据）均把责任推向对方，这就是1934年6月中日关系的状态。日本官员和记者立即把它看成是中国的一个阴谋，认定这位领事已经被中国逮捕以向日本的外交官施加压力。中国人则肯定这个事件是日方的一个阴谋，是用来制造军事行动的借口。许多人想起了为日本人进攻东北提供了托词的中村事件。

日本领事馆明确地把责任推给了南京，为失踪事件向中国政府做了强烈的抗议。在一份正式声明中，副领事田中把这件事说得极为清楚："证明了中国政府无力保护日本人民的生命和财产。"[77]领事馆让日本海军派军舰到南京以强调其不满。从上海向上游开来的"对马"号巡洋舰和"苇"号驱逐舰，与另外一艘来自汉口的驱逐舰相会合。[78]

日本的新闻报道坚定地认为这是中国人的一场阴谋。联通社从上海发回的报道讲述了最近在中国发生的针对日本领事官员的无礼事件。联通社声称藏本最近曾抱怨被中国警察跟踪。日本记者立即谴责中国警察的监视，并同时把它作为中方责任的证据。在这个框架内，一个阴谋理论可以很快被塑造出来。6月11日，东京《朝日新闻》在报道中写道："在藏本先生不明不白地失踪以前的很长一段时间里，中国宪兵曾对日本总领事馆的官员进行盯梢。所有那些游荡在日本总领事馆官员身边的中国人都被认为是蒋介石领导的臭名昭著的蓝衣社控制的特务……因而，藏本先生很可能是被这些特务绑架了。”[79]

其他的日本报纸甚至更加直接。例如，东京的《时事》称是中方的责任，并对仅是由于特殊原因的说法进行质问。“不论是什么动机激发了中国人的愤怒，导致了藏本的失踪，不论它是由中国内战而引起的政治阴谋，抑或是一场针对藏本个人的恶意行为……中国必须明白问题是非常严重的。”[80] 6 月 13 日的《报知》写道：“如果藏本事件系中国政治阴谋所致，那它给全世界提供了一堂有关中国真实现状的实物教学课。在那里，再也找不到哪个镜头比现在当前的事件更能再现中国乱七八糟的状态了。”[81] 日本的右翼组织对这个事件大加利用。6 月 12 日，国体拥护联合会的头目向外务省发出呼吁，要求日本采取强硬的行动。[82]

6 月 13 日，当这位走失的副领事被发现藏在靠近明孝陵的小山上时，藏本事件便突然告终。在赏金的激励下，当地的农民向中国警方报告了他的所在之处。中国警方在把藏本送回给日本当局前与他进行了谈话，并报告他躲到山上显然有自杀企图。藏本可能遭受了情绪上的困扰和事业上的困难，在有吉访问南京的过程中觉得自己受到了冷落。由于公使的离任，藏本明确地被指派去管理行李。由于受到了侮辱，这位副领事溜到了郊外，在那里准备绝食自尽。在对他询问之后，藏本被送还给了日本当局，他们很快把他带走，用日轮把他送到上海进行治疗。最后，藏本被隔离起来送回了日本，整个事情被东京隐瞒了起来。[83]

随着藏本的现身，南京国民政府如释重负，一场潜在的危机被消除了。中国媒体对结果感到很高兴，因为东京似乎在这件事情上表现得相当愚蠢。日方普遍认为这是中国的一个阴谋，并采取了相应的行动。正如《中国每周评论》所写的那样，藏本“不仅活着，而且是一场国际事件中的主角，这场事件给了日本帝国政府以绝顶的讽刺。最具讽刺性的是在中国的日本外交、海军和军事方面的官员，为了不可告人的目的，把藏本的失踪夸大成一场重要的外交事件，他们对此负有主要的责任！……仅仅一个副领事就使他的国家备受讽刺，而所有日本的军事力量也将无法阻止中国人和世界其他地方人民的嘲笑，对于一个卑下的日本人而言，它依然如故。”[84]

日本媒体没有马上原谅中国。国民通讯社的一篇评论写道：“外交大臣活着被发现的事实本身，就足以证明其冒犯的政治性质……因为一名在中国首都特别警卫队护卫下的外交官，是不能在他们不知道的情况下被弄丢的。”[85]最后，日方慢慢地接受了中国警方的说法，藏本是由于个人原因单独行动的。

在中国，最初的喜悦消退之后，许多评论家反思，这次事件是如何导致中国濒临灾难的。正如汪仲芳所写的那样：“我们一想到万一他真的被……〔杀〕接踵而至的可怕后果，就不禁要战栗。只要有他失踪或发现已死的事实，不管在什么情况下，将成为一个充分的借口，对此，日本政府可以采取任何它认为合适的过激行动。”由于军官中村被杀就足以入侵东北，那么，一名副领事的死亡“将肯定被当作实施他们策划已久的征服全中国的一个千载难逢之机”。[86]

汪写道：“五天来，可以毫不夸张地说，全国上下处于一片混乱状态，并充满了紧张和焦虑的气氛。”他回顾说，在此期间，“政府债券的价格急剧下跌……〔但是〕，一当他被发现的消息传出后，证券市场立即回升”。汪写道，现在威胁结束了，但第二次这样的事件则随时还会发生。“我们总是处于日本威胁的危险之中。”[87]

事后，许多中国人仍然相信整件事是日本的一个阴谋，一次悉心策划的挑衅事件。迟至 1981 年，一份国民党官方有关该事件的报告称，藏本“告诉警方，说他是奉命失踪，以给日本提供一个干预中国事务的借口”。[88]

整个藏本事件持续不到一个星期；这次危机来得快，去得也快。不过，这次事件暴露了蒋“先安内”方针的脆弱。一个人——似乎是出于个人原因采取的行动——引发了一场严重的危机。日本媒体大都对蒋在实施绥靖政策中的政治牺牲视而不见，宁愿立即对蒋和蓝衣社进行谴责。日本官员似乎乐于使用军队作为胁迫的首要手段——海军会集南京就是证明。中国确实幸运。藏本显然打算自杀，但缺乏进行到底的勇气。假如他不论出于什么原因死了，来自右翼势力对东京的压力可能迫使日本采取侵略举动。

蒋介石一直留在江西的军事指挥部中直到危机的平息，6 月 15 日他回到了南京。蒋和其他南京官员似乎被新一轮日本侵略的可能性所吓倒。在这件事之后不久，蒋批准了对伪满洲国开通铁路业务；几天后，7 月 3 日，南京公布了新的亲日关税。

蒋介石在藏本事件和进一步的对日妥协后，再次为他的“先安内”方针进行辩护。面对他在江西军官们中——他们中的许多人赞成一个更加强硬的对日立场——的低落士气，蒋于 7 月 23 日和 24 日在庐山向军官团做了秘密演讲。在这些讲话中，他强调日本的绝对优势及其战争准备，与中国的不备战进行了对比。他号召其军官予以更大的投入和奉献使中国备战，而他同时劝告要忍耐并理解“先安内”的必要性。中国军人必须致力于“恢复我们军人的人格和灵魂，……完成吾人安内攘外复兴民族之革命使命”。[89]蒋警告说，由于日本已经占领了长城，每一位军人都必须更加努力工作，献身于民族大业。他劝诫说，鉴于以前每人每日工作 8 个小时，他们现在必须工作12个小时。[90]

蒋警告说，这种紧迫感并不意味着马上抵抗，时机并没有成熟。他说："敌人的情形，就军事上来看，可以说无论那〔哪〕一方面，都准备齐全了；他的陆军，到于〔如〕今已有三百三十万人，海军已有一百二十万吨，空军……现在已有三千架了，他们对于战事上一切的准备，无论在经济上、政治上、社会上，那〔哪〕一项都已准备好了。"蒋通过对比说，就中国形势而言，"不仅是在物质上和实力上没有具备，就是在我们思想上、精神上也没有统一。我可以断言：现在如果我们和日本打仗，一定有些恣睢灭裂的反动派来乘机捣乱"。[91]

不过，蒋并不认为形势无望。他提醒军官们，中国是一个由帝国主义列强统治的半殖民地国家（引用孙中山的话）。因而，日本不仅必须挑战中国，而且必须要打败所有的西方列强，而日本缺乏完成这个目标的力量。蒋评论说，事实上，中国绝对没有给日本造成真正的军事问题。他说："日本的军事准备，不是对我们中国，"因为"中国不配做他军事上的目标"。中国太弱，以至于日本最高司令部无须认真地考虑其军事威胁，他们主要关注的是美国、苏联和英国。[92]

最后，蒋警告他的军官们不要理睬企图利用日本问题反对南京国民政府的"反革命分子的诽谤"。蒋重申孙中山早期的警告："如果我们中国没有得到时机，贸然和日本开战，日本可以在十天之内占领中国一切重要地区，就可以灭亡我们中国。这句话就是我们总理〔孙中山〕在三民主义里苦心警诫我们一般国民的话，后来一般反动派，说这些话是我讲的，就说我是怕日本人，不敢同日本人宣战。……反动派尽管帮助敌人来攻击我国政府。"[93]"现在这时候，说是可以和日本正式开战真是痴人说梦，……所以今后我们要抵抗倭寇唯一的条件，就是统一。”[94]

汪精卫回应了蒋的观点。“闻得有些同志将‘剿匪’与御侮看做两件事，以为‘剿匪’为轻，御侮为重，这是很错误的。……犹如要向前方去打仗，必须肃清后方。国内的‘匪患’，如果不能‘剿除’，那么，我们步步受着牵制，有何方法去抵御外侮呢?”汪称这两件事实际上是一个问题。[95]

尽管是如此不得人心，但在1934年，“先安内”仍然是蒋汪政权的政策，并且，它收到了成效。中日冲突避免了；11月10日，国民党军队进入了江西苏维埃政府的首都瑞金，蒋介石已把中国共产党逐出了中国南方。但代价依然高昂。为了迎合日本，蒋介石不得不极大地改变南京国民政府的政策，废除国联的项目，削减美国的棉麦借款，并降低对日本产品征收的关税。在华北，蒋不得不批准与伪满洲国的交通连接，这就软化了不承认的立场。所有针对日本要求所做的这些妥协，在政府内外弱化了南京领导人民族主义的公信度。蒋介石面对着江西军官团中的不满，不得不持续地用演讲和运动来鼓舞他们的士气。

第六章
敌乎？友乎？

“首先我敢说，一般有理解〔力〕的中国人，都知道日本人终究不能做我们的敌人，我们中国亦终究须有与日本携手之必要。……中山先生曾经说：‘如果东亚没有日本，中国早已被人瓜分或共管了。’”[1]这些表述中日合作必要性的言论，出现在徐道邻公开发表的一篇文章的段落中。这篇文章的标题为《敌乎？友乎？》，写于1934年10月，发表在一家与外交部有关的《外交评论》12月的增刊上。实际上，这篇文章的要旨是蒋介石授意其秘书陈布雷，由陈撰写了最终的样稿。正如蒋后来叙述的那样，由于政治原因，“不便”以陈的名义来发表。为了偷梁换柱，民国初期著名的亲日政客徐树铮之子徐道邻被署成了作者。[2]

尽管其作者身份被偷梁换柱，但这篇文章被大量地转载和讨论，它的官方色彩已是路人尽知。日方把这篇文章看作是蒋介石对其观点的表达。正如一位日本的观察家尾崎秀实在该文发表后不久评论的那样，这篇文章“作为一种试探性的气球很值得注意。作者是徐道邻，但据传他写这篇文章是与国民党评论家陈布雷合作的，系根据蒋介石的授意”。[3]

在《敌乎？友乎？》中，蒋介石表达了中国迫切希望与日本建立和平关系，并在实际上对广泛解决中日之间的困局列出了和谈的要点。作者建议，中国应抛弃以前依赖国际联盟的政策，并开始双边会谈。由于在江西的反共战争已到了最后关头，蒋显然希望解决他的主要外交难题，以集中全部力量追歼红军。

这篇文章开始就坦率地承认南京政府的政策走进了死胡同。蒋写道：“〔中国政府〕目前所标榜的‘一面抵抗，一面交涉’的政策，实在只足以表示当局的无办法。”中国人也不会希望出现一场解决其问题的世界大战，尽管蒋在以前的演讲中曾这样说过。“现在更有一类人，悬想到俄日或美日开战时，乃至第二次世界大战发生时，中国将何以自处……因此可知，中国要在第二次世界大战中守住中立，或希望从中取巧，得到什么利益，就无异于痴人说梦。”作者总结说，中国唯一的希望是消除战争的可能性。[4]

蒋指出和平也非常符合日本的利益。尽管日本具有军事优势，但如果战争爆发，征服中国并不是一件如此简单的事情。日本有能够封锁中国沿海的海军力量；但由于中国是一个次殖民地国家，其他的外国列强在中国有着错综复杂的利益，并将反对日本。因此，日本与英国、美国或是苏联开战就成为可能。如果日本入侵内地，它很可能会组织一个第二和第三个傀儡国（在华北和内蒙古），但这将要在财力和人力两方面付出代价。民众在伪满洲国的抵抗还在继续，故日本必须在那里留下相当规模的军队；相似的情况也会在中国其他地区出现。即便日本能够在常规战争中轻易地打败所有的中国军队，但城市、港口或重要交通枢纽的沦陷也不会击垮中国或其自然经济。人民将幸存下来，并进行战斗。日本将不得不征服中国每一寸土地。蒋认为，尽管日本的力量强大，但它为了自身的利益仍然要建立一种和平的关系。[5]

由于这篇文章以别人的名字发表，蒋坦率地承认南京以前的对日关系中存在着严重的错误。蒋承认南京本应在“九一八事变”后立即与日本直接进行谈判。没有这样做的结果是，与日本温和派达成协议的任何希望注定要落空，并使军国主义者坐收其利。[6] 蒋还认识到中国官员缺乏试图找到解决办法的胆量。“九一八事变”已在中国引发了强烈的反日情绪，而中国官员担心违背民众的意愿。他们没有认识到革命的外交不同于一般的外交。作者引用了列宁在以前的世界大战中大胆地与德国签订和平条约的事例，从短期来看是付出了代价，但最终拯救了十月革命。[7]

但如果日本真的希望和平，那么，它也将不得不做出牺牲。中国人民乐于把日本人视为朋友，但只有在他们抛弃了侵略方针的情况下才会这样。蒋警告说，中国不会接受东北的永久沦陷，因此，为了与中国进行文化合作的方针，日本应该放弃使用武力。它应该在与中国达成更大和解的背景下，归还劫掠的中国领土。蒋认为，对他们来说，中国必须愿意与日本和解，必须认识到狂妄自大、拖延、裹足不前、感情用事及不理智的想法根本不能解决中日之间的问题。如果双方能够清楚地认清这些，那么，中国和日本可以变得非常近密，甚至可以永远和平共处。[8]

因而，《敌乎？友乎?》表达了蒋的态度：希望全面与日本和解，但也认识到任何中国政府都不可能做出某些形式的牺牲。这篇文章被大部分中国报纸转载，并引发了强烈的反响。它的半官方性质是众所周知的。它发出了蒋介石愿意把中日谈判引向全新的和更广泛的基础的信号。像对“一·二八事变”或长城抗战这样地方性的和直接性的问题的讨论将不再设限。一个总的和平条约似乎是可能之事。因为它暗含了中国外交政策的新方向，这篇文章引起了各方面的评论。

亲政府的文人迫不及待地拥护这个新观念。1935 年初，陈公博在一家刊物上撰文称，国家不像个人，不可以有永久的敌人。关系太复杂，且影响世界的和平。陈认为，中国应该改变其早期的立场，并与日本进行直接的谈判。[9] 然而，随着《敌乎？友乎?》之争的持续，在蒋和陈公博这类的汪精卫系之间，分歧日益凸显。蒋和汪之间从来没有谐睦过。这两人均同意与日本进行谈判，但汪显然对蒋不更加公开地支持这项政策心怀不满。蒋经常离开首都，迫使汪独自地实行一项不得人心的政策，且蒋甚至不愿以陈布雷的名义来谈论《敌乎？友乎?》这个问题。[10]

《中华日报》主笔、汪系中的一员林柏生在 1935 年 2 月的一篇文章中表示了对蒋的方针的某些不满。林写道："我读了徐道邻君《敌乎？友乎?》一文之后，我所最佩服的……我以为到了今日，中日两国人士，都应该有徐君一样的态度，不为环境所驱，不为情感所闭。"不过，林认为徐（即蒋）没有回答一个关键的问题。日本很可能将不会同意归还东北的领土，甚至很可能还会继续侵略。那么，中国该做些什么呢？林认为中国应该继续实行"一面抵抗，一面和谈"的政策——一项与汪精卫及《敌乎？友乎?》中抨击的方针有关的政策。林告诫说：中国"一面要努力准备，一面要充实国防，一面要运用外交"①。如果日本不准备主动采取行动，那么，中国应当坚持它的现行政策。林确实表达了希望日本停止其军事进攻并进行正式谈判的想法，但是——可能是为汪执言——他告诫说：《敌乎？友乎?》可能把和解的期望提得太高。[11]

---

① 原著的引文与原史料略有出入，译文从原史料。——译者注

广东对《敌乎？友乎?》的反应毫不含糊，它进行了全面的抨击。《三民主义月刊》在提及徐和林柏生的文章时，将其斥为南京官员的“投降路线”：“为什么这两篇文章值得我们注意呢？不是因为他们的观点正确，而是因为他们的观点极为荒谬。他们各自代表了南京政府中的某位人物的外交计划。前者〔徐〕代表了蒋介石的对日路线。后者代表了汪精卫的立场。”作者嘲讽了徐对蒋的外交政策的叙述。文章称，蒋以“不抵抗将军”闻名于世。他镇压反日的抵制日货运动，并且，甚至不允许谈论抵抗。[12]至于林，作者抨击其路线是卖国的。林曾指出日本不愿归还东北省份，且如果没有一场自取灭亡的战争，中国基本无法改变这种局面。《三民主义月刊》断言，这个路线表明汪精卫事实上承认了伪满洲国。[13]

胡适的《独立评论》一如既往地发表了更加理性的评论。在1935年3月3日出版的那期刊物上，傅斯年对中日合作问题进行了评说，他说这是以前的两个月被大量讨论过的问题。傅指出，日本和南京领导人必须明白东北一定要归还，越出国联报告的任何东西实际上都不能被作为解决问题的基础加以接受。傅断言，日本必须放弃不断镇压抗日活动的要求。这不过是被用来作为干涉中国内部事务的借口。最后，南京必须在任何对日条约中，避开任何领土的和经济方面的利益集团。因此，傅的态度成为对南京新的对日倡议持谨慎和怀疑态度的一种。[14]

胡适本人表达了相同的、悲观的看法。出于对一位日本记者问题的回答，他称他不相信“中日两国关系真趋好转。因为两国间的友谊的根本阻碍至今尚未除去。此根本阻碍即是伪满洲国之存在”。胡警告说，政府无法按日本人的要求制止抗日活动，因为人民敌视的态度已经根深蒂固，只要日本占领着中国的领土，就无法改变。[15]

因此，蒋的试验气球在中国遇到了含糊的对待，无法给像胡适这样的温和派留下印象，并现出了蒋和汪精卫之间的嫌隙。尽管如此，《敌乎？友乎？》这篇文章主要是意在东京而非中国的民众。在日本首都受到的对待，将决定关于永久和平的试验性的暗示是否是镜花水月。

中日亲善？

《敌乎？友乎？》在中日关系的风风雨雨中出现，并展现了对用条约解决问题的短暂希望。日本新闻记者松本重治甚至在他的回忆录中把这几个月称为中日关系的“黄金时期”。1934 年秋季和冬季，汪精卫数次会见日本公使有吉，包括一次餐会交流，这是自“九一八事变”以来最友好的外交关系。[16]

1935 年 1 月，日本和中国媒体均不断猜测正式的外交谈判已然逼近了。日本在南京的总领事须磨弥吉郎在 1 月 21 日会见了汪精卫，并对记者说，中日关系正在绝对地得以改善。次日，外务大臣广田弘毅在国会中说，中国政府似乎缓和了其反日立场，并且，“目前在中国人民中间正在形成一种感激日本真正动机的趋向”。广田称，为此，日本将“用一切办法来鼓励这种倾向”，并且，他希望中国将在那个方向上一同努力。[17]报刊报道指出，广田提出了在条件改善前需要中国人给予满足的两个重要要求。第一，中国必须制止所有反日的情绪和怒潮。第二，南京应该与东京和伪满洲国合作，组成一个共同的经济集团。[18]

日本报纸立即把广田的讲话解释成改善关系的信号。就像东京的《日日》报道说：“中日局面现在进入了这样的阶段，如果双方政府分别〔原文如此——译者注〕加以控制，将在这两个国家的关系中看到巨大的变化。在日本，外务大臣在国会的讲话，在中国，汪〔精卫〕博士的姿态及蒋介石和有吉公使的会谈，均指向了中日关系的改善方面。”[19]这场吉兆在1935年的整个春季得以持续。

中日关系“黄金时期”潜在的障碍是日本的军队，它们一直反对任何可能强化南京的总协定。日军特别是关东军和华北驻屯军要求把北方从国民党统治下分割出来。我们还记得，1933年11月，日本军方曾强迫斋藤内阁签署一个日本从政治上推动中国分裂的计划。1934年12月7日，在军方的不断施压下，冈田内阁在批准一份题为《关于日本的中国政策问题》的文件时，重申了这项政策。这份文件谴责南京应对华北的反日情绪负责，并要求削减其在那个区域的权威。中国不是被看作一个国家，而是几个地区，南京仅被视为一个地方性的政权。关于国民党政府，这份文件强调镇压反日情绪的必要性，并巩固日本在中国的商业地位。[20]

因此，外务大臣广田和军方追求着两项不同且矛盾的政策——广田想与南京达成一个总的协定，这个协定事先设定了南京政府作为中国政府的合法性；军方想分裂中国。[21]12月7日的会议之后，关东军与华北驻屯军均把华北独立的计划升级。[22]日军的行动，尤其是下述的察东事件，显然与1935年早期外务省积极的声明背道而驰。

尽管12月7日的文件秘而不宣，但中国报刊仍分析出广田并没有得到军方对其中国建议的全面支持。例如，1935年1月14日的《国闻周报》注意到，尽管日本外务省发表了对华外交政策，“但同时，一部分号称强硬派的军人，把关东军和与驻华武官打成一片，指摘〔责〕中国当局对日之无诚意”。《国闻周报》总结说，“外务省虽有意要把对华外交，拉到常轨，……而实际上至少华北的外交，是在日本军人之手”。[23]两周后，在评价广田在国会的演讲时，由于日军在察哈尔的行动明确显示了对广田和平方针的反对，《国闻周报》重申了它的悲观论调。[24]

尽管日军反对，但南京政府和东京的外务省仍在推进和平进程，大概是希望形成不可阻挡的和解之势。1 月 29—30 日，蒋介石接见了有吉，当时告诉记者说，他认为广田在国会的演讲中很诚实，且双方应该力图改善对待对方的态度。目的就是敦于睦邻。[25] 2 月 14 日，蒋对大阪《朝日新闻》的一位记者说，中日关系似乎正在改善。数日后的 2 月 20 日，汪精卫在国民党中央政治委员会的一次讲话中说了同样的话。汪说："要想实现'统一'和'建设'，必需要长时间的和平，……中国对于任何友邦都愿意在平等互助原则之下，保持增进友谊与和平的关系，何况对于在地理上、历史上、文化上、种族上和我国有密切关系的邻国日本呢。"汪特意提到 1924 年 12 月孙中山在日本神户所做的一次演讲，在这次演讲中，这位已故的领导人号召中日进行合作。[26]

蒋介石派出了前司法院长和海牙国际法庭的法官王宠惠作为他的私人代表前往东京，继续进行和平试探。王于 2 月 9 日到达，在为期 4 周的对日访问中，他会见了广田、首相冈田及其他日本军事和外交领袖。蒋对王的选择是非常老到的。尽管王是自"九一八事变"以来访日的中国人中级别最高的，但王的访问仅是半官方的，因为他在南京政府中没有正式的官衔。另外，王的访问被说成是通过美国返回欧洲的中途停留（尽管他的最初路线是经过香港）。最后，因为王是一名广东人，与南方联盟关系密切，他的访问将不会太多地激起广东的批评。

王向广田说明了中国解决问题的条件。第一，中国和日本必须以互相尊重各自的领土完整、独立和平等为基础来着手解决问题。

第二，中国和日本应该追求相互友好的行为。例如，南京应该镇压反日运动，而东京则应该终止日本人对中国地方性独立运动的支持。中日争端应该用外交方法而非恐吓或武力来解决。广田对王的回答显然模棱两可，但他重申日本要求镇压所有的反日运动。[27]不过，当1935年3月4日王离开日本时，他公开地表示了乐观：“离开好客的日本海岸前往海牙，我高兴地认为某些东西已然达成，以终结东方两个伟大的国家之间现存的不幸隔阂。”[28]

作为王—广会谈的直接结果，南京开始镇压中国的反日活动。2月21日，南京禁止所有报刊刊登反日或赞成抵抗的文章或广告。2月27日，蒋介石和汪精卫向中央政治委员会提交了一份方案（立即予以批准），把所有反日的抵货活动定为非法行为。同时，邵元冲的宣传部长一职被叶楚伧所取代。邵以前曾支持抵制日货运动。叶和国民党的组织部长陈立夫立即命令党的机构停止任何反日行动。党和政府机构奉命遵行。例如，3月11日，上海市政府通过了把反日活动定为非法行为的法令。[29]

新法令在南京权威已巩固的地区立即生效。例如，有南京背景的《时代公论》无法在新环境中展开活动，于1935年3月停刊。这份刊物一直坚决拥护国民党，但曾经常批评绥靖政策。在1935年3月22日的最后一期中，编者谈到自“九一八事变”和《上海停战协定》后3年来的挫折。他列出了一长串的耻辱——没有派军队去东北、依赖国联、热河沦陷和《塘沽协定》。他称，没有人敢于谈抵抗，政府在江西与共产党作战，而汪精卫和黄郛则采取对日绥靖政策。由于这家刊物不能再报道这些事情，编者决定停刊。[30]

另外，新的法规并不是全部生效的，并且，日方抗议有太多令其恼火的文章逃过了国民党的审查。例如，1935年3月16日，《东方杂志》发表了一篇论述东北抵抗运动的长文，这篇文章的论题让日本人尤为恼火。这篇文章称："这英勇的壮烈的牺牲，不仅写成了中国民族解放史上的最光荣的一页，而且掀起了世界上弱小民族及被压迫的大众反帝国主义的暴行和淫威的斗争最精彩的一幕。"尽管"日本帝国主义的屠杀和恐怖高压政策，唆使汉奸的破坏"，但抵抗运动将继续下去。由于刊登这样一篇激烈文章的刊物为上海最有声望的刊物之一，这就说明南京新的政策并没有把反日出版物完全清除掉。[31]

其他撰稿人如汪仲芳向在上海的西方报刊投稿，机智地避开了审查。在 1935 年 3 月 2 日出版的《中国每周评论》上，汪警告说："以前的战神现在已把自己打扮成了一个和平天使，这种打扮只能骗过目光非常短浅的人……人们不禁要怀疑这些作为日本新政策伪装的友好谈话，最后很可能将更具侵略性。"[32]

南京的审查者对广东也无可奈何，尽管它的矛头更多地是对准蒋而不是日本人。胡汉民的《三民主义月刊》尖锐地挑战企图与日本达成和解的蒋介石和汪精卫。一篇文章比较了在不同的统治者手中丢给外国控制的中国领土的大小。据其统计显示，蒋介石丢失的领土（8513304 平方里）超过了以前的任何统治者。作为对比，光绪帝（1875—1907）① 丢失的领土为 7899997 平方里，而道光帝（1821—1850）丢失的领土为 5526340 平方里。因此，蒋介石对中国现代史上最大的灾难——国家已近于分崩离析——负有责任。[33]

胡汉民再次抨击蒋介石利用共产党这一借口来避免对日开战。

---

① 原文如此。光绪帝爱新觉罗·载湉卒于 1908 年 11 月 14 日，在位年份应为"1875—1908"。——译者注

1935年5月初该刊发表社论说：“多年来‘肃匪’一直是一个具有吸引力的标语。……蒋介石并不想抗日，所以现在他飞到了江西，并在最近去了四川和贵州，全都以‘剿匪’的名义！”[34]但甚至就像胡批评蒋与日本打交道那样，当土肥原贤二在3月初访问香港时，胡本人却会见了土肥原。土肥原希望在南方给南京找麻烦，并尽可能破坏广田弘毅的和平努力。他和胡没有达成协议，但胡对土肥原的接待无疑让南京感到不安。[35]

不过，民众针对和解的行动并没有停止。1935年3月6日，日本副外相重光葵宣布：“中日两国之间的亲善，是因双方发现在已故的孙中山博士和日本人民的东方主义之间存在着惊人的吻合这个结果而形成的。换句话说，作为两个睦邻，日本和中国现在正重新回到它们的正常关系上。”[36]

但所有这种公开的讨论极为广泛，基本没有涉及讨论的任何实际内容。从东京和南京传出的公开信号开始暗示某种经济协议正在讨论中，而广田当初曾要求建立一个日本—中国—伪满洲国的经济利益集团。谈判的细节永远也不会正式发布，但中国的媒体不断登出关于中日经济提携的“小道消息”。传出的谣言说日本已向中国提供了一笔可能高达5000万元的款项，以把中国财政和经济建设纳入日本的庇护下。中国曾企图从英国和美国获得借款，但没有成功，而蒋的政府绝对需要资金。[37]媒体推测日本将向中国提供新的“西原借款”，就是借款附带重要的政治条件。非官方的报道建议，这些条件包括解雇南京的德国军事顾问及其美、意航空专家，而聘请日本人来指导它的军事。[38]

在许多谣言中，对经济会谈最全面的论述出现在1935年4月16日出版的《东方杂志》上。作者（白苇）概述了日本的态度，这是他从广田、有吉和土肥原贤二的公开声明中收集来的。第一，日本要求中国终止反日活动，并实行一条亲日的路线。第二，日本提出了一个实物交易的方案，通过这个体制日本将从中国获得棉花、农产品、铁和羊毛，以直接交换日本生产的商品。第三，日本将为农业中国建立一套信用制度。第四，东京将给南京提供媒体上广为讨论的大笔贷款。白苇推测日本希望恢复它在中国被“九一八事变”所损害的贸易地位。与此同时，日本由于大萧条引发的贸易战和保护主义，被关在了其他市场之外。日本的提案将为原料提供另外的来源，并为其工业品提供出路以补偿其他市场上的损失。

白苇总结说，是日本而非中国从这份提案中获益。中国的工业化将被扼杀。推销国货的努力将在日本进口的冲击下失败。白苇暗示借款将是政治统治的幌子，且农业方案是想让日本来控制中国的农村经济。最后，日本希望从中国市场挤走所有的西方列强。总而言之，这个合作的方案显然是想进一步强化日本而非中国的利益。[39]

白苇的论调是有分寸的，这是由于他在南京审查的影子下行事。海伦·福斯特·斯诺以“薛海伦”的中文名字从北平写来的稿子就不是那么谨慎了。5 月 18 日，她写道：“在维持平衡的另一方，在现代世界中，征服国家和殖民地的兴趣势可不挡。……日本人将剥削中国农民的劳动，她将要按她自己的开价购买其像原料这样的产品，她将用这些原料生产，并加上她可以从他的贫乏资本中所能榨取的利润再卖回给他。”她总结说，中国“将不被允许进行工业化。她不会成为一个现代的国家。因为日本的缘故，她必然继续是一个农业的、政治上软弱及文化上落后的国家”。[40]

尽管有许多的批评，但在 1935 年春季，中日之间的“亲善”活动在继续，并在 5 月达到顶点，那时日本外相把驻中国公使的地位提升为大使的级别，以作为对中国亲善的一种姿态。[41]而这种行为是寻求缓和的最强烈的新信号，但事后看来是两国关系“黄金时期”结束的标志。即便南京和日本外务省致力于建立和解的基础，但日本军方制造了一场新的危机。

关东军反对和平举措

日本军方从一开始就反对广田弘毅的和平举措。我们回顾一下，在1934年12月7日，冈田内阁在军方的压力下，通过了《关于日本的中国政策问题》的文件，这份文件要求东京削弱在华北的国民党权威。在1935年初的数周里，由于中日和解的动力在增强，军方头领开始关注已提出的可能增强南京在华北的势力及其权威的协定。[42]

关东军的反对是非常明确的。即使在广田对国会发表演讲以前，关东军的将领们于1935年1月4日在大连召开了一次军事会议。军方领导人决定按照1934年12月内阁的举措来实现日本的目标。关东军立即在察哈尔省挑起了与宋哲元军队新的冲突，这就是所谓的察东事件，它一直持续到2月初。因而，广田对南京的建议与北方死灰复燃的战事相伴随。如前所述，新的纠葛在中国造成了人们既对广田举措的可信度，也对他让日本军方支持其计划的能力产生了怀疑。[43]

关东军对察哈尔蓄谋已久，早就占领了该省东北部地区的多伦，并在1934年初占领了另外一部分地区。1935年1月的争端涉及该省的一个东南角，长城的一个分岔的东部和北部突了进来。在《塘沽协定》时期，日本声称有争议的地区实际上是热河省丰宁县的一部分，因而属于伪满洲国。中方称该地区属于察哈尔的沽源县。即使在今天，中国和日本的当代文献对这次争端的起因仍各执己见。中国的学者将此称为察东事件，并谴责入侵的关东军。他们说，这些争议的地区在1932年9月日军入侵热河前，即已被宋哲元的部队占领。与之相对比，日本的资料仍称此为热西事件，并谴责宋两次入侵了热河的领土，即1933年12月宋镇压刘桂堂的反叛及1934年秋他挑起了一场新的冲突。日本史学家岛田俊彦写道，关键的麻烦是宋的部队“展示了反日的态度及不断地给日本人出难题”。[44]

中方和日方的叙述，均认为1934年10月27日在张北发生的一次事件成了1935年1月冲突的背景。这次通常被称为“第一次张北事件”的争端，涉及由天津的华北驻屯军参谋长和日本在张家口领事馆的一名代表率领的一支8名日本人的队伍，他们从多伦北部的察哈尔首府张家口启程旅行。据中国方面的叙述，这支队伍没有正式护照，在张北的南门曾被中国军队短暂地（大约40分钟）扣留过。日本的资料坚称，这支队伍有正式签证和旅行文件，因而是被非法拘禁的。另外，他们称队伍中的一名成员被中国士兵“打了一拳”。无论如何，日本当局立即抓住这次机会，提高了对宋哲元的要求，向张家口和北平正式提出了抗议，并向宋发出了最后通牒：所有中国军队必须在1934年12月31日以前从有争议的“热河省西部”撤走；日本人必须被给予充分的自由，无须检查护照或签证即可在察哈尔全省旅行；在张北的中国司令官必须道歉；必须惩罚犯罪的部队。中方的资料说宋接受了后两个条件。日方的资料说宋接受了所有条件，但后来在1934年底进入了这个有争议的地区，破坏了协议。[45]

1935年1月6日，关东军开始把第八师团从热河向沽源调动。在北平的日本军方随员向何应钦通报了这次调动，谴责宋的侵略行为以及对最后通牒置之不理。战事的规模不算太大。大约2000—

3000名日军及10辆坦克、20门重炮和几架飞机在1月23—24日与宋的部队交火，中国方面死伤数十人。何应钦电告蒋介石后，与日本在北平的官员举行了会谈，并提出了和解。何和宋均不想挑动日军的进一步进攻。[46]

2月2日，宋哲元的代表在一个小镇大滩与关东军举行会谈，宋接受了日军的大部分要求。他把军队从一个大约700平方英里的有争议的地区撤出，这里将由热河的自卫队担任警卫。日军还发表了一项声明：如果宋在任何情况下威胁了伪满洲国，“日军将独自而坚决地采取行动，但其责任将由中国方面承担”。另外，如果中国军队“企图巩固其防线”，日军将视为敌意行为。[47]

察东事件作为一次军事冲突，其规模属于中等，但具有几个重要意义。首先，关东军成功地阻碍了广田弘毅和南京新一轮和平运动的启动。广东不失时机地抨击南京新的妥协。在一篇题为《日军侵察》的社论中，胡汉民的《三民主义月刊》指出，南京继续其“先屈辱，再妥协”的方针。文章然后把广田的和平声明与日军对察东的进攻进行了对比。[48]

日方对察哈尔的计划同样有具体的动机。该省以藏有中国最丰富的铁矿而著名，据一份调查称，该省的铁矿储量大约占中国（不包括满洲）总矿藏的40％。[49]尽管如此，察东事件最重要的意义是其与蒙古“独立”问题的关系。关东军早就想要建立一个与伪满洲国类似的蒙古——一个在其操纵下的傀儡国家。1933年夏，关东军建立了一支由小矶国昭率领的特种部队，以实现这个目标。日军把多伦作为他们从事这项工作的大本营，并建立了一支由一名既不会说、也不会读蒙文的汉化了的蒙古人李守信率领的蒙古伪军。

关东军头目希望对中国蒙古人发自内心的怨恨加以利用，许多蒙古人对民国年间兴起的越来越多的汉人向内蒙古移民心怀不满。1932年冬，由德王率领的一支蒙古代表团从察哈尔北部和绥远省来到南京，提出了蒙古独立的要求。中国政府迟迟不予答复，直到蒙古王公们向日本人发出建议。此后，南京突然做出了反应，并于1934年4月允许建立在德王和云王领导下的蒙古地方自治政务委员会。[50]

蒙古王公们对南京的让步并不满意，而是继续与日军举行商谈，进行挑拨离间。1934年6月土肥原贤二访问内蒙古，并竭力劝说德王加入日本阵营。对此，蒋介石于1934年8月提出了每月支付给蒙古王公们15万银圆的建议。蒋甚至还试图通过个人外交预先阻止蒙古和日本的联系。1934年11月6日，蒋、端纳（一名澳大利亚人，在为张学良服务6年以后，大概加入了蒋的私人顾问中）及宋哲元在一次短暂的华北之旅中，从张家口来到了绥远省首府归绥（呼和浩特）。蒋在那里亲自接见了德王和云王，他们则施加压力，要求更多的金钱。[51]

南京也试图做出一些恐吓。德王的一名特使韩风林在北平被宪兵总署逮捕，并在后来大概是作为一名日本特务而被处死。土肥原贤二试图利用它来反蒋。在蒋访问北方之后不久，土肥原很快就向德王提交了一份秘密报告，说是蒋亲自下令处死了韩。[52]

因而，南京与土肥原贤二争相获得蒙古的归心。关东军利用第一次张北事件和察哈尔事件来削弱宋哲元在察哈尔的影响，以增加其特务们的行动自由，并推动德王与日本人合作。在沽源设立的非武装区，为建立另外一支伪军提供了理想的场所。[53]

中国媒体显然意识到了察东事件与蒙古问题的关联。例如，《时代公论》上一篇题为《察东事件之认识》的文章直言不讳地指明了这一点。文章总结说，日本人所说的沽源是热河一部分的说法，只不过是一个借口。它最终目标是蒙古全境和西北，而进入察哈尔只不过是其侵略进程中的一个步骤。[54]

尽管关东军在察东事件中为其代理人赢得了更多的便捷，但它并未放慢中日会谈的势头。因此，在 2 月底，土肥原贤二到华中和华南进行活动，以企图与蒋介石的对手们进行联系。如前所述，他在香港走访了胡汉民，并且到广西会见了那里的领导人。土肥原甚至在广田弘毅企图与蒋签订一个协议时，希望拆蒋介石的台。当 1935 年 3 月 23 日苏联同意向日本出售其中东铁路的股权时，关东军的机动能力增强了。这削弱了苏联对伪满洲国的威胁。[55]

土肥原返回后，关东军头目于 1935 年 3 月 30 日起草了《关东军的中国政策》。这份文件对南京新的对日“亲善”表示极大的怀疑。它断言仅是因为南京面临着经济危机，国民党的反日态度才缓和起来。如果经济形势改变了，这些反日的情绪会在任何时候死灰复燃。这份报告要求不能给中国政府任何帮助和鼓励。东京在行动前，应该等待南京采取亲日的行为。如果在日媒体鼓励中国人奢想日本将在这方面缓和下来，那就必须予以打击。它呼吁支持像广东这样的地方势力，以破坏南京政府的稳定。应该在华中和华南建立日本的经济纽带，以促进日本对这些地区的经济渗透。最后，在华北，必须建立地方自治的政权，且日本必须“让华北的地方政权绝对地驯顺”。[56]

尽管提出了 3 月 30 日的这个方案，但关东军仍无法阻止 5 月公使升级为大使。因这个步骤使日本军国主义者产生不满，外务省在这个问题上取得了胜利。不过，在春末夏初，关东军和天津的华北驻屯军对河北和察哈尔施加了新的压力，给中日关系制造了新的危机。心灰意冷的黄郛于4月3日离开华北，一去不复返。6月，日方强迫中方达成两个妥协的协定——影响河北的《何梅协定》及影响察哈尔的《秦土协定》。这两个协定的取得不费吹灰之力，后来关东军在秋季强行推进其把华北的5个重要省份分割出来，并入日本人统治的自治区域的计划。因此，关东军从东京获得了控制日本对华政策的权力，并排除了中日协议。

在河北，关东军和华北驻屯军强迫河北省政府进行重组，企图建立一个更加驯顺的政权。关东军的将领们对省主席于学忠尤为不满。于乃张学良以前的部下，其部队是前东北军的一部分，他被认为是极其反日的。作为把南京视为地方性而非全国性政权的计划的一部分，关东军头目还想从北方把所有国民党组织和人员清除掉。在向中方施加压力时，日本军国主义分子利用河北非武装区的问题，宣称该地区的抗日游击队非常活跃。与此同时，日军阻止中国军队对该地区进行“清剿”。日方最终想更全面地控制非武装区，以使其作为独立运动的一个桥头堡。

1935年2月，当中国政府同意建立一支重组的自卫队来维护非武装区治安时，日方已经向那个方向挺进了。1935年2月10日，土肥原贤二与何应钦举行会谈，讨论了这个问题。4月初，两名亲日的军事领导人殷汝耕和陶尚铭被正式授命，分别指挥在密云—北平和滦州地区的自卫部队。尽管如此，其他与于学忠关系更加密切的警察部队依然留在非武装区，造成了不稳定的局势。[57]

与这些进展相同步，关东军当局想强迫中国同意伪满洲国与华北之间的通航。我们回顾一下，那个问题在以前的交通谈判中被搁置下来。在中国没有回应时，关东军于4月17日单方面开展了从伪满洲国和察哈尔的城市到北平的军事运输业务。日方对中国的抗议置之不理。[58]

5 月，关东军利用两次事件——非武装区内中国游击队的活动及两名记者在天津被杀，以此为借口对河北提出了新的要求，这些要求最终导致了于学忠的被逐。第一次事件涉及由孙永勤率领的一小股游击队，他们从非武装区的顺化出来活动，并且，按照日本人的说法，他们经常进入热河境内袭扰。孙大约拥有 1000 名士兵、600 支枪。5 月 20—24 日，关东军的一个旅进入非武装区，打败了孙的部队。在进军中，他们宣称掌握了明显的证据，证明孙是得到了于学忠的积极支持。中方的消息相当委婉地指出孙曾经以热河为根据地，日军故意让他进入河北以制造行动的借口。中方也会淡化这次事件的重要性，因为一个旅的日军在 5 天内就解决了问题。[59]

天津的谋杀发生在 5 月 2 日，是日本租界中两起不相干的事件，均涉及在日本人出资的天津报业工作的中国新闻记者：为《国权报》工作的胡恩浦及为《振报》工作的白逾桓。5 月 11 日，在北平的日本领事馆武官高桥坦会见了何应钦，谴责中国政府制造了这次事件。他断言蓝衣社策划了这起犯罪活动，而他们的行动揭示了国民党是如何支持反日骚乱的。他驳回了中方关于谋杀发生在日租界（这里不在中国警察的管辖范围）的说法。但事实上，至少有一位日本的历史学家认为关东军的天津特务机关本身参与了这场谋杀。土肥原贤二的大量便衣在 1935 年 6 月一直在天津和丰台竭力寻衅滋事，以便提供行动的借口。在何应钦的回忆录中，他当时认为华北驻屯军的参谋长酒井高桥①大佐策划了整个事件。无论如何，日本军国主义

① 原文如此。日方当时与中方交涉的人物为天津日本驻屯军参谋长酒井隆和日本领事馆武官高桥坦，这两人在中方史料中常被写成“酒井高桥”，实际应为“酒井、高桥”。下文出现的类似问题不另注。——译者注

者手中有了两起事件可用来作为借口，以进一步提出要求。[60]

《何梅协定》与《秦土协定》

尽管关东军已控制了华北的局势，但天津华北驻屯军中的极端分子掌握着主动。不仅这两个集团之间存在着竞争，而且日军“皇道派”强硬路线成员酒井高桥大佐也赞成对华采取强硬的立场。在驻屯军司令梅津美治郎去伪满洲国参加一次会议期间，酒井乘机向中方提出了新的要求，这些要求远比梅津或东京所批准的那些要强硬得多。5月29日，酒井和高桥坦向何应钦发出了最后通牒（但没有具体的时间限制），要求清除在河北的国民党政权。次日，天津驻屯军在于学忠的官署前围上了装甲车和机关枪。[61]

酒井在5月29日提出的要求范围极为广泛，并在随后的6月4日和6月9日与何的会议中得到了强化。酒井称，如果反对伪满洲国的活动继续下去，那么，天津和北平将可能不得不被并入非武装区。他威胁说，如果再有像天津谋杀之类的事件发生，就要采取军事行动。酒井要求国民党和南京政府的所有机构从河北撤走；像蓝衣社之类的反日组织必须解散；所有中央军，包括蒋孝先率领的驻扎在北平的中央宪兵第三团、黄杰指挥的第二师部队及关麟征指挥的第二十五师，必须从河北撤出；被认为是反日的天津市市长和其他官员必须被撤职；河北省主席于学忠必须被撤走，而他的五十一军，即原先属于东北军的3万部队，必须离开河北；河北省政府也必须迁到保定。最后，酒井要求蒋介石放弃其表面上喊着友好关系而暗地里却准备着对日战争的双重政策。6月9日，酒井特别强调，必须在全中国而非仅在河北根除反日活动。[62]

当蒋介石在成都指挥“剿共”战争时，日本发出了最后通牒。

蒋通过电报与何应钦、汪精卫、黄郛和张学良进行商量。南京与东京进行接触，企图给天津驻屯军以釜底抽薪。蒋作宾大使通过广田弘毅表示关注河北的问题。尽管如此，日军坚称最后通牒纯属外务省职权以外的军事问题。因此，广田无法对这个问题进行商谈。[63]

蒋介石断定何可能不得不接受最后通牒，但指示他不要签订任何正式的协定，只在口头上接受。何企图改变日方的要求；但酒井把压力公开化，对记者说：“如果中方认为目前日军的示威……纯系威胁，那他们就大错特错了。日方再也无法容忍中方的背信弃义了，从而决定采取一切必要的手段来维持这一地区的和平与秩序。”[64]其时，关东军在山海关部署了一个步兵旅和一个骑兵旅，并在锦州部署了两个空军中队。天津驻屯军把军营安在了唐山和天津，准备立即采取行动。事实上，6 月 9 日当于学忠部队的几名士兵烧掉了属于华北驻屯军的一根电话杆时，战事一触即发。[65]

日本媒体也采取了一种威胁性的态度。在报道酒—何会谈时，东京的《朝日》写道：“事态的发展不能不说华北的局面是南京当局的过失，它对日本一直实行双重的政策。”东京的《报知》对这种情绪做出回应：“由于于学忠将军莽撞的行动……国民党和蓝衣社无视《塘沽协定》、采取恐怖行为和反日行动，华北正处于极为严重的局势中。”大多数日本媒体采用了军方的说法，认为广田“软弱的”对华政策使蒋介石的态度变得强硬。东京的《日日》报道说：“让局面恶化的是蒋介石将军的态度……没有迹象显示他会采取行动来解决争端……在我们一度本应进行戒备时，我们已经过多沉湎于中日亲善的谈判中了。”[66]

酒井在 6 月 9 日的会议上采取了一种反常的威胁态度，结果，何决定立即接受日本人的所有条件。6 月 10 日下午，他在口头上予以接受。由于最后通牒是以梅津将军的名义发出的，这次谅解通常被称为《何梅协定》。当于学忠不愿放弃他的职位时，执行协定的障碍产生了。于曾在5月25日同意把河北省政府从北平迁到保定，企图对日方先行让步，但他不愿再做其他退让。蒋介石曾要求在汉口的于的老长官张学良进行干预。据某些报道说，张最初支持于，但在最后同意打电报劝于辞职。[67]

作为协定的组成部分，南京于1935年6月10日发布了《敦睦邦交令》①。这项法令禁止反日活动，尽管没有具体指明日本。法令中说："睦邻尤为要着，中央已屡加申儆。凡我国民，对于友邦，务敦睦谊，不得有排斥及挑拨恶感之言论行为。"[68]

有的史学家认为，中方退让得太轻率，而天津的华北驻屯军缺乏对最后通牒支持的力量。例如，黎令勤指出，何应钦没有恰当地区分驻屯军和关东军提出的那些要求。在他看来，"南京向天津驻屯军的让步是一个判断上的败笔"。[69]事实上，日本在某些方面对驻屯军的支持确实很弱。按照詹姆斯·克罗利的看法，日本海军担心可能有西方列强卷入华北的新危机，且对这样的冲突没有准备。军部也告诫梅津不要采取军事行动。因而，克罗利断定南京软弱的反应鼓励了极端分子。他写道："天津驻屯军轻易地使河北的国民党政府妥协了，并没有逃过总参谋部情报部门的眼睛。"[70]另外，南京几乎无法依赖来自温和派或西方列强的帮助。

6月10日的口头谅解并没有终结"何梅"问题。高桥坦在6月11日强迫何签订一份正式的文件，但蒋通过电报反复要求必须维持口头上的谅解。另外，在6月11日的书面文件中，高桥加进了三点

---

① 有的写作《邦交敦睦令》或《睦邻敦交令》。——译者注

声明，何认为这极大地超出了 6 月 10 日口头协议的范围。这三点是：第一，“对于有再度渗入之嫌疑或有妨害中日关系之虑之人物或组织不得重新进入〔河北〕”；第二，那些临时性或地方自治层面的官员应该是那些不会“妨害中日关系”的人；第三，日本可以对局面进行检查和监督，以确保协议被执行。这三个新的条件将把河北的地位降低成日本的保护国。为了避免对这几个方面施加进一步的压力，何于 6 月 13 日离开北平来到了南京。[71]

关东军官员继续逼迫何做出书面声明。最后，在 7 月 6 日，何寄了封短笺给梅津：“径启者：六月九日酒井参谋长所提各事项均承诺之，并自主的期其遂行。”① 关东军头目后来争辩说这份书面声明包含了所有三条总的条款。中国人认为仅涉及了非常有限的要求，而不是三个总的条件。另外，对协定的调和性质感到难堪的国民党领导人甚至否认《何梅协定》的存在。1936 年 1 月 16 日，蒋介石对一群抗议日军进入华北的学生说：“我可以告诉你们，所谓的‘何梅协定’事实上并不存在。”在蒋看来，何与酒井之间的会谈以及何与梅津之间的短笺并不等同于日方大肆渲染的《何梅协定》。即使在今天，像梁敬錞、李云汉这样与国民党有联系的学者及何应钦本人在他的回忆录中，称之为“所谓的‘何梅协定’”，就像它真的不曾存在过。[72]

当何—梅的戏剧在河北上演时，关东军同时向邻近的察哈尔省进军，寻求推动其对内蒙古的蚕食。1935 年 6 月 5 日发生在察哈尔张北的一次事件，通称为“第二次张北事件”，被用作向察哈尔政府提出新要求的借口。在这次事件中，4 名日本特务从多伦去张家口旅

① 在其他地方写成“且自动加以实施”。——译者注

行。由于没有护照和旅行证明，6月5日下午他们在张北的北门被扣留。据国民党的资料，“日人仅被扣留了八个小时，并未受到侮辱”。[73]但日本史学家岛田俊彦称，他们“被关押起来不给食物和居处，被人抽出大刀和刺刀威胁”。[74]

当本地的中国官员最终报告了在北平的宋哲元时，他下令把日本人释放了。关东军官员立即抓住这次事件，称这是对皇军的侮辱。他们声称，宋在第一次张北事件时就同意日本人可以不受限制地在察哈尔旅行。6月11日，张家口的特务头子递交了一封强硬的抗议信，要求惩罚那些曾经参与的人，并要求宋亲自道歉，还要保证不再发生侮辱事件。[75]其时，6月11—12日在宋的部队与日本人的傀儡部队之间发生了小规模的冲突，日本人称之为“第二次热西事件”，而中方称之为“第二次察东事件”。[76]

关东军现在有了所需要的借口，它唯一要做的就是决定向宋提出哪些具体的要求。土肥原贤二和关东军特务机构中的许多人想让宋的二十九军全部撤到黄河以南。但东京总参谋部表示反对，称这个要求过于强硬。在把于学忠及其五十一军驱逐出河北的同时，再强迫二十九军撤出察哈尔，东京担心可能会激怒西方列强，并引燃中国的大众舆论。某些日本领导人也对宋哲元怀有矛盾心理。他们尽管谴责他的军队抗日，但认为宋比于学忠要好得多；而且某些关东军头目还希望把他收罗进一个亲日的“自治政府”中。

关东军司令官南次郎将军召集主要领导人物，并于1935年6月18日，煞费苦心地想出了一个与宋哲元谈判的方案。非武装区将进行扩展，以并入察哈尔中部和北部的大部分地区。宋的二十九军将撤出这些地区（后来决定宋的部队事实上占领于学忠撤出的河北部分地区）。土肥原贤二将与宋进行谈判。[77]

刚刚在河北做了重大让步的南京，希望在日本人行动前阻止他们对察哈尔提出要求。6 月 18 日，南京免去宋哲元的察哈尔省主席职务，用秦德纯来代替他，并命令涉及第二次张北事件的部队向南调动。尽管如此，这些让步毫无成效，因为在 6 月 23 日土肥原贤二向新主席提交了关东军的要求。这些要求包括把非武装区扩展到察哈尔境内，把二十九军撤到该省的最西南端，通常在张家口的南部和西部；二十九军的领导人必须为他们的抗日行动道歉；犯罪团体必须予以惩罚；并且，必须在察哈尔全省废止诸如国民党党部和蓝衣社这样的反日组织。所有要求必须在两周内予以满足。最后，中国必须阻止所有从山东向察哈尔的汉人移民。

这些要求在 6 月 18 日被关东军首脑批准。另外，土肥原向秦德纯提交了一份未经南次批准的第二套要求，这些要求与土肥原组织一个由德王领导的独立的蒙古傀儡国家即所谓的“蒙古国”有关。实际上，土肥原企图威吓秦以支持这样的行动。他要求察哈尔政府不要干预日本和伪满洲国与蒙古人共事，支持日本在内蒙古诸如像铁路和公路建设这样的项目，要对日本在该地区的旅行予以便利并帮助修建日本的军事设施，同时要聘请日本人作为军事和政治顾问。

秦德纯被土肥原要求的范围惊呆了，他拖延了好几天，其间与南京进行了联系。土肥原威胁说如果要求不能被满足，就要采取军事行动，并且，关东军在热河边境进行集结。因此，6 月 27 日，秦交给高桥坦一封信，接受日方的要求。尽管如此，最终促成《秦土协定》的确切原因仍是个有争议的问题。不管是当时，还是后来的书面资料中，国民党一直都认为秦仅是接受了第一组要求。土肥原和日本学者争辩说所有要求都被接受了。[78]

我们所能弄清楚的是，《秦土协定》后，宋哲元仍然担任二十九军的总指挥，其部队被分了开来，3万人调到平津地区，2万人留在察哈尔的张家口。秦德纯做了北平市市长，而张自忠成了1个月内察哈尔省的第三任主席。一支自卫军被组织起来担任察哈尔非武装区的警卫，其中包括两支部队，一支由汉人组成，另一支由蒙古人组成，总数达4000人。关东军对这些安排并不完全满意，8月5日，强迫汉人部队的总指挥允许蒙古伪军守卫察哈尔北部的6个县，该地区有与蒙古国的交通联系。[79]

关东军入察是它策动蒙古独立运动的步骤之一。日本轻而易举地唬住了南京，并没有让德王有所损失，他在某种程度上一直是左右逢源。德王曾于1935年5月访问伪满洲国，商讨在伪满洲国、日本和“蒙古国”之间可能的合作。《何梅协定》之后，他越发亲日了。在察哈尔取得成功后，关东军于1935年7月25日制定了新的内蒙古政策。这份文件大致说明了日本支持德王和其他领导人的计划，以发展和训练在察哈尔的自卫军，并扩大其在绥远省（察哈尔西部）的影响。这份文件最后断言内蒙古宣布独立的时间将取决于河北、山东和山西独立运动的进展。[80]

土肥原一直等到1935年底才在察哈尔采取新的行动。察哈尔多伦周围的地区已经由伪满洲国来统治了，并且，土肥原已经建立了一支由汉化的蒙古人李守信率领的蒙古伪军。因对察北的非武装区感到不满足，土肥原让李的部队于1935年12月8日对察北6个县发动了一次进攻。李部得到了关东军的坦克和飞机的支持，不过后者被装扮成了伪满洲国航空公司的飞机。尽管东京限制日军直接介入这场冲突，但李军很快击败了非武装区的自卫军，并占领了察哈尔中部和北部的大部分地区。12月29日，李到达该省西南部的张北，离张家口北部和长城仅数英里之遥。此时共有8个县被占，并开始使用伪满洲国的货币，接受伪满洲国的内务顾问。

蒙古伪军的胜利把德王进一步推向了土肥原的阵营。1935 年底，他访问了新京，在那里会见了南次将军，并接受了日本的武器和资金。德王最终于 1936 年 2 月 12 日宣布蒙古从中国独立，并使用了新的国旗。他在张北建立了蒙古军总司令部，由他本人担任总司令，李守信任副总司令。尽管德王不是一个完全驯顺的人，但这个新机构中有无数的日本顾问。许多日本领导人更想把这个新的地区并到伪满洲国的蒙古族地区，而德王则想要一个独立的地位。尽管许多蒙古王公拒绝与日本人合作，并向西逃到绥远，但新的安排是日本人对内蒙古进行操纵的一个重大胜利。[81]

《何梅协定》和《秦土协定》显然强化了日本对河北和察哈尔的控制，对南京政府则是一个灾难。在渲染了好几个月的对日和平总协定的可能性之后，南京发现它的努力付诸东流。许多中国人开始相信中日关系的稳定可能要基于南京事实上承认伪满洲国。尽管让许多人反感，但傀儡国显然存在，并且中国不可能去“解放”这些领土。因此，许多人认识到铁路和邮政联结的恢复是这种困难环境中最好的政策。尽管如此，1935 年 6 月的事件表明，事实上承认伪满洲国并不足以让日本军方满意。它的意图在于河北和内蒙古，并可能是整个华北。南京的妥协似乎还没有让日本人感到满足，只不过是增加了它的胃口。

因而，南京在河北和察哈尔对日军的轻易屈服，在全中国引发了巨大的失望。一位敏锐的中国问题观察家、日本记者松本重治注意到了国民党党内和党外，在《何梅协定》和《敦睦邦交令》后突然重新爆发的对蒋介石与汪精卫的抨击。南京采取各种手段想压制反蒋和反汪气氛（就像松本描述的那样）。[82]政府企图限制关于谈判的信息，一直没有公布关于《何梅协定》的任何正式文件（事实上它否认其存在）。特别在6月10日的《敦睦邦交令》后，政府加强了对中国媒体的审查。

这些措施并没有全部收效。关于谈判的消息从许多渠道透露出来。日本媒体对谈判进行了全面的报道，这些报道被在华的外国媒体采用。何—梅和秦—土会谈所要求的部队调动与人事变更被公布出来，正在华北发生的主要政权的转换已大白于世。在许多情况下，南京对媒体的控制，更多的是增加而非消除了不安。由于政府没有公布准确的协议文本，并且没有明确地发表中国的政策声明，推测和流言盛极一时。

例如，《国闻周报》向其读者报道说，5月29日酒井和高桥坦向何应钦提出了要求，并向其读者表示歉意说它无法公布这些要求的准确清单。6月10日，文章准确地报道了广田弘毅已不愿就此事在东京进行谈判，而南京已决定接受尚未公开的那些要求。尽管如此，这篇文章报道说各项举措已然明了，包括把河北省首府迁到保定、解除天津市市长的职务和把于学忠及其部队撤出。《国闻周报》报道说，不过，日本官员并不满意，而且，来自东京的报告也非常严厉。因此，这篇文章暗示不确定的条件依然没有履行。

到6月17日那期的《国闻周报》出版时，形势更加明朗。通过日方的消息来源，有关5月29日要求的近乎完整的清单，连同何与大阪一名记者的一次访谈的部分内容也被公布出来，在这次访谈中，何重申蒋介石对和平的信念。最后，同期的《国闻周报》还报道说，有30架日本的飞机已飞抵北平地区，来监视中国军队的撤离。总而言之，中国报刊的读者肯定知道了《何梅协定》的主要条款以及南京政府的实质性让步。所缺乏的是南京的正式声明，而任由人们对协定所含附加的、秘密的条款猜测纷纭。[83]其间，1935 年 6 月 24 日，英文的《北华捷报》基于对美国驻日大使的访问，登载了一份删节的《秦土协定》的目录。其他期刊予以转载。因此，尽管企图进行审查，但会谈的某些细节已为大众所知。[84]

与以前一样，南京的审查在长江下游以及对国民党媒体非常有效，但在外界就行不通了。因此，像国民党的《上海党声》这样的期刊在讨论停火会谈的问题上极为慎重。该刊在 1935 年 6 月 8 日写道：“我们听说在过去的那个星期中，华北的局势更加紧张了。至于紧张的原因，我们不会说出来。这仅是不好轻易地原原本本来解释它。”该刊所能做的最好的事就是劝其读者不要灰心。“由于对外政策气氛中的这些变故，我们希望我们的同志不要忘记他们自强以自救的工作。”[85]这些言论没有说出什么东西，以至于许多订户可能觉得忧患变得更大而非更小。

其他地方的媒体受到的限制要小得多。具有讽刺意味的是，某些最直率的议论出现在应日本的要求撤走国民党机构的华北地区。像蒋孝先的宪兵这样的保安机构已不能再压制媒体或左派的活动了。正如海伦·福斯特·斯诺（娜姆·威尔斯）在她的《中国学生运动笔记》中写道，《何梅协定》之后，学生组织的行动比以往要自由得多，更加激进的力量被允许发展。像《民族战线》这样的左翼刊物可以在天津秘密地出版，并对南京进行直言不讳的抨击。该刊激烈地抨击“卖国的国民党”，指出“它为日本帝国主义扫清了道路，出卖国家的领土和民族的权利……不论日本想要国民党给他们什么。这个卖国政府不敢公开地公布停火的条件，而仅是不断地发布《敦睦邦交令》”。[86]

即使是长期保持温和声调的胡适，在《独立评论》上也相当开放。胡承认日本要求的确切性质尚不清楚，但他从像《敦睦邦交令》与撤走官员和军队这些已采取的行动中分析出其中的大部分。胡让人不解的是，他曾是南京政策的一名拥护者，不是一个悲观主义者。他称，过去一年中，中日提携的幻想破灭了，而现在全世界对日本的目的看得很清楚。胡相信一个全新的和团结的民族正在这种局面中出现。“我们不必悲观。看呀！在这沉默忍受的苦痛之中，一个新的民族国家已渐渐形成了。”胡把日本的侵略看作是铸炼了一个团结的、更强大的中国。[87]

最后，英文报刊基本上绕过了南京的审查者们，以至于像美国人控制的《中国每周评论》这样的报刊可以自由地讨论日本问题。例如，1935 年 6 月 8 日，一位匿名的专栏作家愤然写道：“目前在它的所有可怕现实所揭示的局势中可悲的因素，是国民革命运动的全面崩溃，仅在数年前，这场革命曾鼓舞国内外希望其祖国有着更美好的一天的数以百万计的青年。”该刊直言抨击“中国的领导人缺乏聪明才智、爱国精神和政治家素质，而让个人野心蒙住了双眼，看不到其国家和民族更大的需要”。[88]

《中国每周评论》也发表了数不清的在中国广为流传的小道消息。1935 年 6 月，孟长泳写道，日本的要求包括蒋介石和张学良退位、解散国民党以及中国、日本和伪满洲国结为同盟。[89]尽管不准确，但由于谈判搞得鬼鬼祟祟，孟的报道和其他人所写的文章在读者中反响很大。大量阅读英文的学生和市民给流言工厂增添了原料。尽管南京的审查者尽了最大的努力，但中国大众很快就知道了日本肆无忌惮的要求。蒋介石倡导的《敌乎？友乎?》的政策已然破产，且南京政府的威望也相应地受到了损害。

《新生》事件

1935 年灾难性的夏季给南京政府带来了更多的压力。它向东京提出的建议不过是给北方带来了新的失败，现在它又被要求打压所有的反日情绪。不过，迎合日本是中国政府的政治窘局。对南京政府施加的各种压力从《新生》事件中可以明显地看出，这次事件是在《何梅协定》后发展起来的。

《新生》周刊是邹韬奋非常受欢迎的《生活》周刊的继承者。后一种刊物曾强烈地反对南京的不抵抗政策，在 1933 年 12 月南京将其停刊时，它曾是中国最受欢迎的刊物。我们回顾一下，邹在那年 7 月杨铨被暗杀后离开中国。但紧接着，邹的同事于 1934 年 2 月重新组织起来并开始出版第二份刊物《新生》，该刊的编辑、格式和方针均与《生活》一致。

《新生》的主编杜重远是一位来自奉天的反日难民，他让《新生》的发行量回到了早期《生活》的水平，每期大约 15 万份。杜实际上曾在日本受过教育，回到奉天后，在那里创建了一家陶瓷公司，在总商会中非常活跃。“九一八事变”后，他与新的日本统治者发生冲突而逃到上海，在那里结识了黄炎培（中国职业教育社的领袖及邹韬奋的赞助人）和银行家张嘉璈。后者资助杜再次涉足陶瓷制造业，但杜的兴趣是去解放其家乡省份。1932 年春，他建立了一个机构来资助在东北的抗战，并作为《生活》的撰稿人开始与邹韬奋密切合作。因此，在邹远赴海外时，杜顺理成章地做了这家新刊物的主笔。[90]

从一开始，《新生》就对不抵抗政策进行了挑战，且总是设法免于被审查者们查封。在创刊号中，杜宣称他的目的是保持中国人民活跃的抗日情绪，并记住他的那些在日本占领下苦难的同胞。由于南京事实上向承认伪满洲国的方向迈进，杜担心会永远失去东北，他开始刊载从沦陷区中偷寄出来的信件，这些信件恳求读者不要忘记他们在东北的同胞。有人在1934年春天的一封信中写道："我很诚恳的期望贵刊关于这惨亡的东北，多提上几句。我们对于东北实在没有别的希望了，只有叫我们这些下层的大众们知道他，记着他，设法夺回他。"[91]

1934年，杜对南京外交政策的批评不断地增加，特别是在唐有壬专门取消了光复东北的军队以后。杜在1934年3月写道："东北一般民众，自'九一八事变'发生后，天天希望政府出兵，收回失地。"现在这些希望破灭了。自那以后不久，他在关于满洲问题的文章中写道：

> 我敢说政府已经忘记了这块广大的丰饶的土地。政府已在进行抛弃那些生活在敌人压迫之下的大众了……政府一向所标榜的对日政策，所谓"不承认伪组织"者，如何已转变为"默认"伪组织的存在；所谓"一面交涉，一面抵抗"者，如何已转变为"一面交涉，一面屈服"。[92]

对向日本的每一次退让，杜均要对南京政府嘲讽一番。例如，1934年夏，他抨击南京修改关税和降低"敌货"的税率。[93]

杜抨击日本的文章甚至更加犀利。1934年11月，该刊重登了东北抗日战士传唱的歌曲，这些歌曲把日本人称为鬼子和害虫。像"军国主义的""法西斯分子"和"帝国主义的"这类形容词经常被用来描述日本政府。[94]该刊还抨击日本大亚洲主义的概念，称这个理论纯粹是帝国主义的幌子。杜特地对这个由日本领导人和汪精卫一道提出的、与孙中山大亚洲主义的观点相似的思想进行挑战。[95]

当《敌乎？友乎？》以徐道邻的名义发表时，杜重远也对该文进行了批评。他称，日本帝国主义必然是中国的敌人，即便徐在这个问题上期期艾艾。杜注意到了这篇文章的明显用意，并称它的发表使人们担心政府将上日本人的当。他断言，中日提携只有在平等的基础上才有可能，而不是在中国必须成为日本保护国的前提下。[96]

因此，杜重远及其《新生》既让蒋介石、也让日本人感到恼火。作为发行量最大的中文刊物，它的反日立场显然违背了南京在中国打压反日情绪的承诺。但为什么南京要让这家刊物继续出版呢？就像对待《生活》一样，查封《新生》不是一件简单的事。它处在公共租界中，这一位置使事情复杂化。该刊还拥有众多的和忠诚的追随者帮助其发行，防止邮局禁运。最后，以“犯罪”的名义，查封一家把日本帝国主义称为中国敌人的刊物，要付出政治代价的。

南京企图进行吓唬，就像它在其他场合所做的那样。1934 年 11 月 13 日，上海一位与《生活》群体有关系的著名报人被暗杀了。[97]死者史量才主持过上海最著名的报纸《申报》，并部分地控制着《新闻报》和其他报刊。史显然对蒋介石在“九一八事变”后的不抵抗政策不满，他的报纸竭力要求南京采取更加强硬的立场。他与邹韬奋及《生活》的赞助者黄炎培过从甚密。史还与黄合作，并与青帮头子杜月笙合作，组织了上海地方协会，该协会为十九路军和东北的抗日战士提供资金与援助。

史与蒋介石的关系开始变味了。《申报》对“剿共”战争不感兴趣。蒋和史曾一度进行过私人会谈，但未能解决他们的分歧。发生在上海城外公路上的史量才暗杀案通常被归咎于戴笠和蓝衣社。当时任军事委员会情报机构头子的戴和蓝衣社因在国民党时期搞了许多政治谋杀而受到谴责。[98]

这次暗杀确实在上海新闻界产生了恐怖效应。对一位如此著名的领袖、一名被看作抗战的倡导者的谋杀，全面打压了上海地区的媒体人士。甚至杜重远在某种程度上也修改了他的那些社论。与此同时，这次事件暴露了使用暗杀的问题。这次谋杀震惊了大众舆论。广东利用这次暗杀谴责蒋企图建立法西斯独裁统治。如果不付出高昂的政治代价，南京无法用这种办法简单地消灭其对手。[99]

杜重远逃脱了暗杀，但他的刊物最终因日本的压力被查封了。在上海的日本当局利用一篇1935年5月4日发表的题为《闲话皇帝》的短文大做文章。以“易水”的笔名发表的这篇文章，对诸如英国、意大利、日本和暹罗历史上与同时代的皇帝的作用进行对比；它断言现代皇帝基本上都是傀儡。关于日本天皇，它说：

> 就我们所知道的，日本的天皇，是一个生物学家……一切的事，虽也奉天皇的名义而行，其实早作不得主，……日本的军部，资产阶级，是日本的真正统治者。……然而目下的日本，却舍不得丢弃“天皇”的这一个古董，自然，对于现阶段的日本统治上，是有很大的帮助的，这就是企图用天皇来缓和一切内部各阶层的冲突，和掩饰了一部分人的罪恶。[100]

这篇文章以尖刻的语言对被说成是“可怜的”伪满洲国傀儡皇帝进行了议论。

这篇文章几乎没有引起直接的反响，因为几乎没有什么日本人去看《新生》。但随着河北危机的发展，日本的强硬派将这件事作为向南京进一步施加压力的途径。在天津的日本媒体谴责了这篇文章，他们称这篇文章侮辱了日本天皇和国家，并亵渎了日本的国体。争论从天津传到上海，那里的日本侨民协会和日本媒体对该刊进行了遣责。示威兴起了，在公共租界中日本人为主的地区，中国人商店的窗户被捣毁了。[101]

6 月 10 日南京发表了《敦睦邦交令》之后，激进的日本组织指责《新生》事件证明了南京在这个问题上的虚伪。日本人在上海的《日日》称：

> 国民党必须为像目前这期《新生》这样的事负责是不言而喻的，由于该党一直执行一条鼓励中国新闻界的出版物对本国进行贬损的政策是众所周知之事……在处理华北问题时，日本采用了一条终结蒋总司令两面派立场的政策。《新生》事件表明这位总司令仍然执行一条双重的政策，这个政策是远东和平的障碍。[102]

《时事》报回应了这个主题。它写道：“过去这些年里所有发生在中国的反日骚乱，其根源不言而喻都在于国民党。《新生》事件证明了在国民党领袖中依然存在着强烈的反日情绪。”[103]

日本官方向中国政府做出了正式抗议。令人不快的这一期《新生》在其出版前得到了上海图书杂志审查委员会的批准，所以，日本当局认为国民党要对这篇文章负责。6 月 24 日，在上海的总领事须磨弥吉郎会晤了市长吴铁城，要求该刊停刊，并要求惩治主笔。随着日本人居住区骚动的增加，东京又增加了另外的要求。7 月 2 日，有吉明会晤了唐有壬，要求国民政府和国民党正式道歉，禁止该党总部批准反日活动（与政府相对应的禁令），并从上海撤走像蓝衣社和 CC 派这样的反日机构。有吉强硬地指出，甚至上海党部也要关闭。为了向南京施加压力，日本第三舰队的兵力集中到南京，一旦日方的要求得不到满足，就准备开战。[104]

日本媒体暗示《新生》和中国其他抗日团体介入了更大的阴谋。据说张学良及其派系支持杜重远。7 月 6 日，《每日新闻》指责该刊和杜重远得到了上海地方协会的资助。那个机构据说是抗日活动的中心，赞助在满洲的抵抗运动，并向反日的地下（或称为“蚊子”）报刊提供资助。《每日新闻》指责杜重远曾积极地参与该协会活动，与杜月笙及已故的史量才一起合作。[105]

南京接受了日方的大部分要求。1935 年 7 月 2 日，杜被吴市长下令逮捕，《新生》也因此停刊。它在 1935 年 6 月 22 日出版的最后一期，载有一篇直言不讳地痛斥中国政府在河北妥协的文章。[106]在初审中，杜否认对那篇文章负有责任，声称他不知道“易水”的真名，并且由于那篇文章发表时他不在上海，他根本不知道此事。“易水”显然是复旦大学政治学系的毕业生艾寒松，他曾是《生活》和《新生》的撰稿人。[107]

7 月 7 日，国民党中央宣传部长叶楚伧电令各省党部，重申禁止党组织进行反日活动。这是该党发布的与政府《敦睦邦交令》相对应的命令。叶称：“国民党在中国对日关系的态度上，与去年 1 月由蒋介石总司令和汪精卫先生所明确阐明的南京政府的态度完全一致。国民党与政府一样希望日本和中国之间悬而未决的所有问题都能通过和平谈判来解决。”[108]次日，即 7 月 8 日，叶解除了上海机关中 7 名审查者的职务，并为他的机构进行道歉。[109]

7 月 9 日，杜在江苏的一个地方法庭受到了审判。他被认定有侮辱友邦首脑的罪名，并被处 14 个月的徒刑。法官禁止上诉。法庭里面一片哄乱。学生们和杜的支持者高呼着“打倒日本帝国主义”“反对投降”和“《新生》万岁”之类的反日口号。日本记者认为这些混乱状况是国民党阴谋的组成部分。日本电通社发自上海的报道说：“在法庭中的整个事件是由国民党党员事先安排好了的，他们对散发传单肯定负有责任。据说日本当局所做的调查表明，在该主笔进入法庭时，这些国民党党员们与他握了手。”[110]

叶和南京政府进一步加强了对反日活动的镇压。例如，7 月 10 日，一名因出售赞扬十九路军和东北抵抗运动书籍的书商被江苏的一家法院判处 3 个月的徒刑。唐有壬专门做出保证，所有支持东北抵抗的活动将坚决予以消灭。[111]

《新生》事件说明东京要求中国必须按照日本的准保护国地位来行事。中国人必须表现出像殖民地朝鲜对日本天皇那样的尊崇。逼迫南京在河北和察哈尔做出妥协后，日本人又看到了在南方采取行动的一次机会。极端分子能够控制外务省（它仅在报刊、居民团体和军人策动的事件之后采取行动）采取一种更加强硬的立场。南京政府妥协的代价在不断地增大。

对杜的判决几乎没有什么抗议，审查制度阻止了一切骚动。当然，广东对杜案的法律依据进行了质疑。[112]在“一二·九运动”的一次预演中，1935 年 11 月 1 日北平的学生团体呼吁国民党允许言论、新闻和集会自由。这份呼吁中特别提及了杜重远，称他是一名遭受罪恶的法律不公正审判的“爱国者”。最后，学生们把新的审查制度比作秦始皇的焚书坑儒。[113]

不过，日本的压力和国民党的审查制度一起逐渐生效了。蒋介石于 1936 年设立了一个隶属于军事委员会的中央图书杂志审查处，重组了政府的审查机构。这个机构在控制媒体方面比其前身更有效力。[114]日本也关掉了在中国的许多报纸。具有讽刺意味的是，与国民党有关系的出版物，其中有一些曾极受欢迎，成为华北第一批的受害者。1935 年 6 月的协定已清除了党的机构，并导致了《国民日报》在北平、天津、张家口、归化、济南和青岛的停刊。[115]南京还关闭了在福建厦门的党部。在 5 月的反日示威之后，日本当局要求进行正式道歉并关闭这家党部。1935 年 7 月 7 日，厦门市市长予以同意。[116]

南京对反日情绪的打压短期内获得了成功，但从长远的角度来看，却埋下了下一场既反对日本、也反对南京的民意爆发的种子。《敦睦邦交令》无法强迫中国民众喜欢日本，但它可以让民众的怒火指向南京。

危机的后果

南京对冀察危机和《新生》事件的处理，在政府内部引发了一波抗议的浪潮。汪精卫作为行政院长和外交部长的双重角色，受到了这种批评的冲击。尽管蒋介石与汪向日本发出倡议，并且蒋对 1935 年夏通过的决策以电报形式予以批准，但蒋在公开场合却保持低调。他在四川指挥着“剿共”战争，几乎未做出过公开支持南京外交政策的姿态。

在这种背景下，汪精卫面临着来自政府内部越发高涨的批评；8 月 7 日，国民党中央政治委员会通过了对汪作为外交部长的不信任案。在监察院中，华北官员如黄郛受到了叛国的弹劾。孙科和于右任的追随者参与了这次反汪的活动；并且，根据日方的资料，他们得到了 CC 派和孔祥熙与宋子文领导的所谓欧美派的支持。后两个派系的反对显然激怒了汪，因为陈氏兄弟是蒋忠实的支持者，而孔和宋则是蒋的连襟和妻兄。因此，在汪看来，蒋介石在当时的危机中使他“备受折磨”。[117]

由于汪被这些人身攻击所激怒，并缺乏来自蒋介石的公开支持，

7月中旬他借口疗疾离开南京来到上海。几天后，他又去了山东的青岛，让孔祥熙代理行政院长。8月8日，汪从青岛致电中央政治委员会辞去在政府中的职务。与汪有关系的政府要员不久也辞去职务，其中包括实业部长陈公博、铁道部长顾孟余、侨务委员会委员长陈树人、外交部次长唐有壬、教育部长王世杰、行政院秘书长褚民谊及行政院行政事务办公室主任彭学沛。[118]

政府要员的集体辞职引发了重大的政治危机。尽管汪辞职的公开原因是身体不适，而且他确实有健康问题，但即使是中国媒体也认识到真正的原因是中央政治委员会中对他的攻击。[119]汪竭力迫使蒋介石站出来并公开赞同汪及南京的对外政策，从而承担某些责任（和指责）。与立法院长和监察院长相比，汪还要求给予行政院长更大的权力。汪把自己设想成是不可替代的。在那些可能取代他的候选人如胡汉民、孙科、孔祥熙和宋子文中间，胡和孙与蒋的关系势同水火，他们连同孔和宋一道被日本人视为眼中钉。就像专栏作家汪仲芳指出的那样：“不论蒋总司令是否真的与汪先生的政治态度完全一致，他都别无选择，只能对汪先生投信任票，这是因为任何继承他的新人，除非能被日本人接受，否则极有可能使中日势态……进一步复杂化。”汪认为，这不是一个令人羡慕的位置，因为“在过去的三年中，作为事实上的中国首相，由于其谨慎的政策，汪先生在他的人民中失去的威望正好与他获得日本人的欢迎成比例”。[120]

南京立即采取措施说服汪返回。8月9日，中央政府派遣蔡元培和叶楚伧到青岛与汪会谈。后来蒋派出了张群作为私人代表，并从成都致电中央政治委员会，督促他们采取一切可能的办法说服汪回心转意。[121]当这种姿态失败后，蒋从成都飞到庐山，在那里与孔祥熙、宋子文、张学良、陈立夫及其他领导人进行了会谈，重申他对汪的支持。[122]

汪精卫并不满意。要他收回辞呈，他就要蒋在南京而不是在庐山发表一个公开支持的表态。汪另外的要求仍不明朗，但他显然坚持要把行政院的地位提到比其他4个院的地位要高，以便阻止后者特别是立法院和监察院干预政府的行政事务。他还要求对与行政院有关的中央政治委员会的权力予以削弱。日方的消息还报道说，汪坚持要清除掉中央政治委员会和外交部中不抵抗政策的反对者，并要求宋子文停止对他的外交政策的批评。[123]

蒋介石显然同意了这些要求。他和蒋夫人于8月19日飞到南京，汪则在两天后抵达。两人对危机商谈出了结果，蒋率领中央政治委员会常务委员一致劝汪复职。汪予以同意，他的追随者们也各复其职。[124]因而，这场政治危机来得快、去得也快，汪精卫显然是胜利者。汪“逼出了”蒋介石，并迫使他公开表态支持汪及其政府的对外政策。因此，蒋分担了对南京在河北和察哈尔失败的谴责以及《新生》事件的难堪。汪在政府中的地位因这次事件而显得更加巩固。

有传言说汪曾试图利用他与日本的关系来提高其政治地位。汪去日本人势力强大的青岛的决定，引发了这样的一些报道。日本在上海的武官处也发表了挺汪的强硬声明，指出他的辞职将是蒋对日态度的一个“精确的气压计”。[125]这些传言的实质是汪有了日本人的支持，通过使用辞职的威胁，打出他的“日本牌”来增加他的政治权力。

粤系在传播这些报道时最为卖力，可能是由于胡汉民曾被暗示作为汪的一名替代者之故（尽管胡当时已离开香港前往欧洲）。《三民主义月刊》抨击说，汪最初计划退往大连，但认为这太显眼，遂决定在青岛居住下来。该刊指出蒋和汪意见相抵，且蒋嫉妒汪不断增长的权力。该刊指责说，蒋想解汪的职，但担心日本人的反应。结果，他最后默认了汪的要求。[126]

尽管如此，粤系继续对蒋—汪合作进行攻击。该刊抨击说："南京政府的独裁者蒋介石和对卖国的外交政策负有责任的汪精卫，继续不停地投降和卖国……中国人民的两大恶敌，是日本帝国主义及其走狗蒋介石和汪精卫。"该刊最后说："我们必须反蒋抗日。"[127]

这几个月中，张学良是另外一支与南京政府疏远的政治势力。张被派往设在武汉的"剿共"司令部，但他仍然希望返回华北。他对《何梅协定》尤感恼火，因为他的最后一位重要的支持者于学忠以及最后一支重要部队五十一军已被赶出河北。尽管蒋向张通告了华北的人事变动，但张无力阻止他们。张渐渐地形成了更加强硬的反日立场。就在《秦土协定》后不久，他公开宣布："政府现在应该调动国家所有的力量来抗日。"[128]私下里，他告诉于学忠："我希望领袖蒋介石能改变对我的任命，不要让我与共产党作战，而应让我与日本人作战，因为我认为死在'剿共'的战斗中不如死在抗日的战斗中有价值。"[129]当蒋于10月2日任命张为西安的"剿共"司令部司令时，他确实又把张及其老东北军将领们重新团结起来。尽管如此，蒋的意图不是为了抗日，而是获得老东北军对其发动最终的"剿共"战役的支持；他估计西安的军官们在少帅不在时是不会赞成的。

随着1935年夏季慢慢地逝去，其他人开始赞成张的抗日倾向。在政府内外，对向日本妥协的憎恨非常强烈。那时在江西失败后撤出、正在进行长征的中国共产党利用了这种局面。1935年8月1日，中国共产党发表了《为抗日救国告全体同胞书》。尽管对南京领导人进行了谴责，但它呼吁停止内战，并暗示建立一个抗日统一战线的可能性。因此，1935 年夏这些事件的汇合使许多中国人相信蒋介石“攘外必先安内”的政策失败了。冀—察危机加上《新生》事件证明，只有彻底投降，日本人才能满足。中国人必须抵抗，否则就会被消灭。与此同时，从政治上解决共产党问题出现了可能。在以后的几个月中，在中国形成了停止内战、对日采取强硬立场的情绪。

还有，1935 年夏不抵抗政策的政治代价必须与其收益进行衡量。推迟了对日开战，蒋可以继续追歼共产党。以此为借口，他把中央军调入了四川，在这个中国人口最密集的省份首次确立了南京的影响。南京政府还利用这几个月控制了中国的金融资源，以便在 1935 年秋进行货币改革。蒋提倡新生活运动，以便重振国民党的士气。因此，南京从延迟对日开战方面获得了益处。

蓝衣社在华北

在要求清除华北的抗日活动中，日本人主要对准蓝衣社。日本军方与媒体均把这个组织看作是一个秘密的、抗日的机构，并指责他们策划了在中国几乎所有被认为是仇日的事件。对蓝衣社排山倒海般的谴责，时常忽略了中国的政治现实，把他们与日本所反对的中国某位政治人物联系在了一起。[130]对蓝衣社的指责还被用来把蒋介石与抗日活动直接联系起来。1935 年 8 月，在重要刊物《支那》上发表了一篇题为《华北事件与蒋介石的责任》的文章。文章断言，由于蒋直接领导了蓝衣社，他对华北局势负有直接的罪责。[131]

这类说法如果仅限于公开的言论，它们可以作为纯粹的宣传而予以禁止，但它们还出现在日本政府内部发布的秘密情报中。例如，日本外务省调查部岩井英一的一份研究中，就重复了对蓝衣社的许多公开指责。他把该机构描绘成坚决抗日、积极领导抵制日货运动的组织，以支持在满洲的抗日力量而著称，并参与了暗杀与日本进行合作的中国人。岩井指出，蓝衣社设计了一个长期的抗日计划，从而对日本的利益构成了严重的威胁。[132]

另一份写于1934年的情报，指责蓝衣社在吴世昌领导下在伪满洲国的行动，认为他们对伪满洲国“首都”新京（长春）的一系列抗日恐怖活动负有责任。这份报告称，蓝衣社配合了东北抵抗力量的活动。在天津的机构也积极刺探日方情报，并参与暗杀，派人潜入伪满洲国。至于北平，这份报告援引了被视为蒋介石堂弟的中央宪兵司令蒋孝先的话。1934年的这份报告，列出了它说是在1934年2月潜入伪满洲国破坏铁路的特工的具体人名。4月11日，另一批10余名恐怖分子从南京被派到了天津（名字被列出）。蓝衣社已悬赏50万银圆购买伪满洲国皇帝溥仪的脑袋，而对各个军事和政治合作者也都定下了数目稍小的赏格。[133]

日本1935年的一份政府报告《蓝衣社的组织及其反满抗日活动事例》中，对蓝衣社甚至予以更加强烈的谴责。它称，蓝衣社参与了抗日恐怖活动，与抗日的全国救亡联合会密切合作。蒋介石利用了最近的河北和察哈尔问题实施了抗日反满的活动，包括一系列的暗杀。这份报告捕风捉影地称，蓝衣社的核心是复兴社，该社是运动真正的前线组织，拥有10多万名成员。这份报告张冠李戴地说何应钦是一位重要的领导人；但它确切地把蒋介石说成是运动的首脑，并查明了其他领导人如刘健群的身份。[134]

这份报告继续写道，伪满洲国新一轮的恐怖活动，从1934年7月25日的一次会议后数量有所增加。在这次会议上，徐会之被任命为蓝衣社东北局的头目。报告称该局的主要目的是推动在东北的抗日活动和恐怖行为。包括一些有组织的朝鲜人在内的暗杀团在天津进行行动，并试图潜入伪满洲国。蒋介石也亲自派遣蓝衣社的铁血团成员到北方从事恐怖行为。有50名成员已经来到了北平，有半数进入了伪满洲国境内，另一半在通向奉天的铁路沿线领导了一场暴动。[135]

尽管有过于夸张的谴责，但这份报告指出了日本人在与蓝衣社打交道中的成功。1934年4月，当这些特工潜入山海关时，许多人已被捕获。当铁血团特工的暴动被镇压时，他们被抓了起来。不过，这份报告称，威胁仍然存在。1935年1月，一名蓝衣社的特工已着手实施在奉天地区支持抵抗的计划，并且，还有一次企图在溥仪赴日途中对他进行暗杀的活动。[136]

这份报告认为，蓝衣社仍然控制并指挥着在伪满洲国的主要抵抗部队。它列出了吉林、黑龙江、奉天和热河将领的具体姓名，并暗示他们的部队仍然是伪满洲国的一个威胁。蓝衣社还在华北和满洲指挥着反日的抵制日货运动与媒体的活动。这份报告援引《大公报》4月刊登的两篇文章，一篇是关于伪满洲国的动乱的，另一篇是关于鸦片的，作为蓝衣社成功地传播抗日情绪的例证。[137]

最后，该报告附上了一长串属于蓝衣社特工策划的具体暗杀和暗杀企图的目录。这份目录包括如下内容：

1933年2月〔应为5月——译者注〕暗杀张敬尧；

1933年5月在天津刺杀吴天民，出于他所谓的日本关系(吴曾在山海关地区率领一支亲日的傀儡军队)；

1933年10月在罗隆基写了一篇批评国民党的文章后，将其打伤；

1933年11月吕律被捕并死于监禁中，吕是一名前天津政府中反对蒋介石的官员；

1933 年 12 月枪杀与胡汉民有关系的报纸主笔刘亚樵；

1934 年 4 月胡汉民的另一名关系人黄少谷之死（此处的指责不正确）；

1934 年 3 月 16 日暗杀热河的前官员姜桂题；

1935 年 5 月 3 日在天津刺杀两名报人，促成了《何梅协定》。[138]

这些指责十分广泛。蓝衣社——暗指蒋介石——真的是华北和伪满洲国一揽子抗日活动的背后主谋吗？日军似乎接受了这种说法，并把它提高到作为在中国采取行动的借口。在 1935 年 6 月的谈判中，日本人喧嚷的废除蓝衣社的要求，说明了他们的担心。

尽管如此，即使是对这些情报粗率的解读也显示出其威胁被极大地夸大了。各个不相干组织的抗日行动总是千篇一律地被归入蓝衣社的名下。例如，《大公报》刊登的关于东北骚乱和鸦片的调查文章，与蓝衣社基本上不相干。全国抗日救国联合会一向由张学良的追随者控制着，并得到了中国青年党的支持；它不是一个由南京领导的机构。蓝衣社对满洲此起彼伏的抵抗基本上不负有任何责任。根据李昌西的研究，国民党几乎没有给抵抗者任何支持，而他们的数量在 1932 年最多时达 30 万人，到 20 世纪 30 年代中期降到了仅有 2 万人。李认为，1935 年这些部队的影响确实增强了，这是因为中国共产党在《八一宣言》之后采取了统一战线的策略。是共产党增强了对抗日军队的领导，而非蓝衣社。[139]

那么，为什么日方的情报中明显地夸大蓝衣社的作用呢？不论是军队的，还是政党的，大多数日方的情报机构支持日本对华采取强硬的路线。情报部门不是想通过与蒋介石谈判，将他在北方的政治地位合法化，而是希望削弱他。因此，尽可能多地把他的蓝衣社说成是插手了反日事件，对他们来说，在知识上和策略上非常便捷。因为，如果蓝衣社被牵连进了这些事件中，那么蒋作为他们公认的领袖，要对伪满洲国的抵抗和华北的不得体事件负责。蓝衣社的活动证明了蒋对其和平建议的“无诚意”，显示了其“两面性”的政策，并迫使日本竭力孤立他。

对蓝衣社的谴责还可以为日本激进分子的大亚洲主义进行辩护。如果日本在满洲创建了一方“王道乐土”，在那里，所有亚裔人种在日本的庇护下能够和谐地向前发展，那么，谁能够解释持续不断的抵抗呢？外面的煽动者必须对此负责。如果有人真的相信大亚洲主义的思想，那么没有本土的抵抗才是合乎情理的。所以，蓝衣社的阴谋为“王道乐土”中持续不断的“麻烦”提供了一个适当的解释。它还顺理成章地为日本在中国进行的军事集结提供了合理的借口。

尽管如此，日本特工在高估蓝衣社时，也许说的是实话。许多人似乎真的担心该组织可能会振兴国民党，并在南京创立一个更为强大的政权。这类担心有时近乎癔想。日本的情报也不是万无一失的。正如迈克尔·勃恩哈特对日本情报搜集的研究所揭示的那样，日本特工经常出错，更为严重的是，当局参考情报几乎总是用资料来支持先入为主的成见。[140]

最后，日本特工可能由于认为蓝衣社是和自己一样的组织而误解了它。诚然，关东军激进分子追求一个相当别出心裁的促进扩张主义的目标。相比之下，蓝衣社的目标更广。蓝衣社运动是一场企图复兴国民党和按照法西斯模式的路线来重建中国社会的活动。[141]蓝衣社的目标是建立强大而有组织的党和国家，这个目标要求解除日本对中国的统治，它是在这种程度上反日的。尽管如此，在具体实施中，蓝衣社似乎完全效忠了蒋介石及其“先安内”政策。他们大部分的重心，特别是戴笠领导下的其“特务”分支机构的重心，是控制国民党阵营内的亲共势力以及蒋介石的对手。

蓝衣社起源于1931年底和1932年初，当时一场爱国的热情席卷了全中国，特别是在年轻人中间。中国青年的呼声和抗日团体的暴增，为共产主义的传播创造了一个成熟的环境。按蓝衣社的重要领袖邓文仪之子、一位受过西方教育的学者邓元忠的说法，1932年初蒋介石在接见新的蓝衣社领导人时，对其观点进行了解释，认为中国尚未准备对日开战，但必须从精神上进行重建以备抗战。因此，蓝衣社接受了“攘外必先安内”的基本精神，并献身于长期抵抗的准备中。邓元忠说，他们相信抗战的最后胜利有赖于内部的团结。

结果，尽管蓝衣社特工试图阻止中国与日本合作，并参与刺探日本在中国的军事和政治计划，但抗日活动不是他们的主要任务。大部分蓝衣社的情报活动似乎是针对共产党和其他中国人，而非日本人。[142]

许多日本情报间接地证实了这一点。1935年的一份日本研究概述了蓝衣社天津办事处的头目张天飞的行动，他被说成是华北和伪满洲国抗日恐怖斗争的主谋。尽管它重述了这些指责，但当报告详细描述张的行动时，它清楚地说明控制共产党和工人组织是其首要的工作。另外，张花在支持伪满洲国抗日运动中的支出仅列出了8万银圆。张会见了10余位抵抗军队的代表，要求他们宣誓效忠以换取资助。从字里行间可以推测出蓝衣社在伪满洲国的活动规模并不太大，可能更多的是为了阻止共产党控制抗日军队，远超实质性地损害日本人。[143]

蓝衣社行动的这幅平衡画面在中国的远征军总司令部1940年的一份报告中得到了证实，这份报告是在夸大事实的需求基本过去之后编写的。这份报告称蓝衣社的目的曾经是剪除蒋介石的异己，包括共产党、胡汉民的支持者及亲日人物。这份报告尽管对戴笠情报网络的发展做了详细的叙述，但对蓝衣社在华北的作用没有做过多的叙述（另外，蒋在1938年春解散了这个机构）。[144]

我们可以把日本人对华北蓝衣社的叙述与在该地区工作的中国特工的回忆录做一对比。最近，刘健群、陈恭澍、唐良雄、干国勋和乔家才的著作以及邓元忠的研究，提供了有关该地区的重要资料。尽管如此，在使用这些资料时必须谨慎。大多数在台湾出版的回忆录是由戴笠的前特工们所做。他们经常把人和行动英雄化，与日本人夸大蓝衣社作用的叙述正好是半斤八两，如乔家才的一部题为《铁血精忠传：戴笠的故事》的回忆录、陈恭澍的《英雄无名》。

台湾方面不作拔高的叙述较为罕见。一名戴笠的前特工魏大铭撰写了题为《评述戴雨农先生的事功》的系列文章。尽管赞扬了戴笠的爱国主义和献身精神，但魏也做了负面的评论。他称20世纪30年代两起著名的（对史量才和杨铨）暗杀，政治上的代价极大，且是重大失误。在讨论战时情报时，他写道，西方国家把重庆看作是一个情报漏勺，它的密码为日本人尽知。在内战中，共产党似乎比国民党拥有更好的情报资料。[145]

魏的文章激起了批评的浪潮。乔家才把魏说成是自大和吹嘘。另外，乔谴责说，由于魏曾为戴笠工作过，他本应受到效忠规定的约束，而永远都不应发表这类言论来损害许多特工的名声。乔断言，魏对史和杨暗杀案的评论是对共产党宣传的学舌，并且是为戴笠罗罪。最后，他们对蒋介石本人进行了攻击，因为戴是听命于蒋的。[146]

这些攻击令魏大铭感到不安，他给《传记文学》写了封短信，说他宁愿过着平静的生活，而不希望挑起争执或是伤害任何人的名声。他说他的文章是为私人用途而写，而且他没有在发表前进行适当的校订。[147]

尽管有这些值得注意之处，但回忆录文学对揭示蓝衣社在华北的行动仍然十分有用。例如，刘健群属于一个中坚的、高度机密、称为“力行社”的蓝衣社核心组织，在1937年它仅有528名成员。[148] 1933年3月，刘被派到华北担任蓝衣社特工的首领来从事训练和宣传工作，尤其是在宋哲元的二十九军内部。刘报告了宋对他的活动的某些抵制，但他说最终相处甚洽。宋的不安是可以理解的。蓝衣社在华北的活动显然是效忠蒋介石的势力来侵占新的政治地盘。宋也不是唯一的反对者。日方的消息报道说，华北的几名人物，特别是黄郛，均对蓝衣社的到来进行抵制。[149]

刘的宣传活动着重强调长期抗战的必要性。他在1934年对河北年轻的军校学生听众说，日本帝国主义不仅仅是对东北或华北的威胁，更是对整个中华民族的威胁。他称中国的四分五裂招致了进攻，且直言不讳地指责了冯玉祥和其他人最近的分裂活动。中国必须准备一场第二次世界大战，这时它可能会有一个像波兰在上一场世界大战中曾经做过的那样自救的机会。其间，中国青年必须竭力团结并使中国向前发展，来改良教育和农村社会。[150]因此，刘的主题不过是在“攘外必先安内”背景下的抗日。还有，刘记述了日本人的反对妨碍了他在北平的工作。

他回忆说，《何梅协定》终结了他的活动。他结束了他的行动并回到了中国南方。两名同志留在了北平，他们均被日本人逮捕，并受到了拷打以问出蓝衣社的情报。因此，刘的回忆录暗示日本人有效地中止了1935年夏蓝衣社在华北的行动。[151]

一个略有不同的情景出现在陈恭澍的叙述中。陈也是中坚的力行社的一名成员，他是加入戴笠保密组织的黄埔军校第五期毕业生。陈在抗日战争爆发后被日本人逮捕。1932 年 11 月，陈被派往北平站，在那里从事情报工作。这个保密机构以军事杂志社作掩护，主要从事情报搜集工作。[152]

陈回忆说，1933 年春，随着张学良的辞职与何应钦到北方就职，蓝衣社在北平的活动增加了。1933 年 4 月在戴笠视察该局后不久，北平企图阻挠板垣征四郎建立一个傀儡政权。5 月，北平局暗杀了张敬尧，给板垣的计划以重重的一击。[153]

据陈恭澍回忆，对张的暗杀是蓝衣社在北方抗日战争取得最伟大胜利的标志。随着黄埔军校第七期毕业的两位干部的到来，他们在 1934 年的行动确实增多了。力行社也与蒋孝先领导下的宪兵总队配合北平局的活动，以改进他们的情报搜集活动。另外，陈描述的其余任务则不像暗杀张那么成功。

他们的下一个目标是吉鸿昌，他是冯玉祥的下属，1933 年夏他曾与冯在察哈尔共同战斗。但吉上了蓝衣社敌人的名单，主要是因为他与共产党的关系越来越密切。1934 年 11 月初，蓝衣社企图在天津的法租界暗杀吉。这次行动因草率而没有成功；但在事后，法方同意把吉交给国民党当局。他受到了军事法庭的审判，被判有罪，然后以从事共产党活动之名被处死。[154]顺便说一句，吉依然是中国的一名英雄。最近的一部传记赞扬他是一名“杰出的共产党员”与“伟大的爱国者和著名的民族英雄”。他被处死归咎于“亲日派头子”何应钦，他的军事法庭是“可恨而又可耻的”，并且是“亲日、反对抵抗与反革命的”。[155]

在吉案之后，蓝衣社也是在天津法租界企图除掉石友三，但完全失败了。石毫发未损，而两名特工被日本宪兵逮捕。[156]陈没有对

《何梅协定》做具体的说明，但指出在这之后，有一年半的时间他没有插手华北的工作。不过北平和天津站在紧张的形势下继续运转。陈回忆说，在那个阶段，他们的活动仅限于搜集情报。他列出了在天津用秘密电台报告日本军事力量的 4 名特工。[157]

尽管蓝衣社在华北的影响在 1936 年底和 1937 年有所提升，但其结果并不是非常引人注目的。陈说，下一个重要目标是殷汝耕，1935 年底他在冀东开始成为日本的一个傀儡（详见下文）。蓝衣社使出了九牛二虎之力，虽然殷经常去北平，但并没有成功地干掉他。在他的叙述中有一段，陈描述了 1936 年底当戴笠首次给他们一辆汽车以做情报工作之用时的喜悦。[158]总之，陈对蓝衣社的叙述，使他们不像是超人的形象，特别在《何梅协定》之后。他们在华北的使命在涉及面和资金投入方面都不大。他们的成绩是屈指可数的成功和大量的失败。

台湾其他的叙述在评价蓝衣社的活动时就不这么谦虚了。[159]乔家才卷帙浩繁的作品就属于这种类型。他把力行社描写成一个纪律严明的组织，在华北经常挫败日本人的阴谋。黄埔毕业的乔，1932 年初当他在太原时，同学的信中提到了这个新组织，他知道了它的存在。他在山西的省会开始为戴笠做情报工作。乔回忆说，戴非常怀疑阎锡山与日本人的勾结。乔的工作在 1935 年 4 月不是被日本人而是被逮捕他的阎的宪兵所打断。他在被释后离开了太原，并到杭州任职，直到 1939 年才回到北方。[160]另外，乔的叙述并不是单独强调华北问题的。他称，力行社是为了支持“先安内”政策而组建的，它最大的挑战是 1933 年的福建叛乱及 1936 年的广东局势。[161]

最后，是邓元忠的著作，它不同于回忆录文学。邓是一名受过训练的学者，可以得到特殊的资料，并通过他的父亲邓文仪获得访问机会。按照易劳逸的说法，邓的著作是“台湾出版的研究国民党时期最客观的著作之一”。易劳逸写道，尽管作者“对力行社在六年半存在时间里的成就做了夸大的评价”，但他的著作揭示了在运动中内部严重的派系问题。[162]诚然，内部的问题变得如此严重，以至于蒋介石最后对这个组织失去了信任。

尽管邓的研究客观而又富有启迪作用，但他不过是反映了运动中的一种自豪的意识。他称，当1933年中央军在黄杰、关麟征和蒋孝先率领下进入河北时，蓝衣社的特工（尽管他使用了力行社的术语）是北方的一支主力。他们在中央军中进行政治训练，配合前东北军的活动，反对冯玉祥的分裂行动。另外，邓承认《塘沽协定》极大地限制了北方的宣传工作。[163]

后来，在1935年当日本当局提交导致《何梅协定》的要求时，他们仍然提及了蓝衣社和复兴社；但邓有些自豪地说，他们从未使用力行社的术语。因而，他断言日本的情报机构并不知道这场运动的核心组织的存在。[164]（实际上，日本的情报已查明了力行社的性质。）

邓称，其时，日本当局也为隶属于关麟征中央军的学生训练团而感到棘手——这是蓝衣社作用的更有力的证据。[165]尽管《何梅协定》关闭了许多公开的华北运动的前线组织，但邓认为蓝衣社仍然活跃。有趣的是，他引用了1935年11月《纽约时报》的一篇报道来作为证据，这篇报道引用了北平日本军事人物的话，他抱怨蓝衣社的活动。[166]总之，尽管邓的研究在台湾的那些出版物中是最有学术性的，但它着重强调了这场运动在抗日中的作用。像台湾的回忆录一样，他的著作展示了对这场抗日运动所取得的成就的自豪感，且在某种程度上实际是提供了与20世纪30年代日本情报相对应的历史资料——尽管资料越来越多，但永远不会在这些报告中得出全面的看法。

因此，来自台湾地区和中国大陆的这些新的叙述，澄清了许多关于蓝衣社的行动令人不解的情报。不过，由于所涉及的证据的类型，它仍然不可能对蓝衣社的行动做出明确的评判。举一个具体的例子——1935 年 5 月天津两名亲日的新闻记者被暗杀。[167]大部分台湾出版的叙述相信是蓝衣社策动了这场暗杀。这些记者被刻画成卖国贼，他们拥护在日本统治下的华北独立，而为了国家的利益，蓝衣社不得不除掉他们。然而，谁从他们的死亡中获益了呢？日本激进分子把它用来作为提出新要求的借口，对此，南京轻而易举地退让了。《何梅协定》使南京政府极为难堪，并激起了救亡运动。那么，为什么蓝衣社要策划这次行动呢？难道它是一个失误或误算？还是日本人本来就已介入了呢？难道是双方的特工在将计就计？如前所述，某些证据显示，日本特工指挥着这场谋杀。[168]总之，尽管有新的资料，但谋杀案仍然是个谜团。各方的特工提供了关于成功和失败相冲突的说明。

还存在着一种可能性：蓝衣社特工策划了这场暗杀，希望推动一场中日战争的爆发。尽管目前蓝衣社忠于蒋介石以及献身于“先安内”政策的回忆录文学连篇累牍，但这些特工希望南京抗日并力图促成这件事，这是可以想象的。易劳逸指出，蓝衣社在对日问题上蔑视蒋介石，并且对他的绥靖政策失去了耐心，至少是有可能的。[169]

综上所述，由于涉及证据的性质，对蓝衣社的任何评判都是假设性的。日本情报把蓝衣社刻画成一系列反日阴谋的主谋，显然是夸大其词。不过中方的回忆录证明了蓝衣社与中央军结合，在 1933

年春天以后，力图使南京政权进入河北。他们的目标是共产党、蒋介石的其他敌人以及与日本合作的中国人。因此，关东军竭力消灭蓝衣社，可以视为其努力把南京从华北全部排除出去的逻辑延伸。

现有的证据也显示《何梅协定》严重地打击了蓝衣社在华北的影响，尽管在西安事变后其活动有了一些增加。特工的数量减少了，并且，他们的盟友黄杰和蒋孝先指挥的部队（这两人均与戴笠关系密切）被调走了。仅有些数量不大的情报刺探行动在继续着。如果这些是真正的事实，那么，《何梅协定》就给了南京和蓝衣社以重重的一击。

总之，蒋的《敌乎？友乎？》的倡议没有给中日关系带来一个改善的气象。关东军和华北驻屯军司令部制造了一场新的危机，并迫使中国接受屈辱的《何梅协定》和《秦土协定》。这些新的妥协在南京引发了政治骚乱，甚至在蒋自己的军队中造成了不安。蓝衣社在华北的活动，既有针对日本人的，又有针对蒋的国内敌手的，均受到了挫折。蓝衣社运动本身甚至可能也对蒋"先安内"政策大失所望，并试图破坏它（尽管其证据不能一锤定音）。从这个政策中获得的真正利益——推迟了对日本的战争，把共产党追逼到了西北——是有高昂的政治代价的。

因此，在1935年，日本问题继续主宰着中国政治。在南京的政客中，蒋寻求和平，但似乎不愿承担迫切要求妥协的公开责任。《敌乎？友乎？》假借他人之名来发表。汪精卫打出他的"日本牌"来提高在政府中的权威，辞职并退到青岛，确信日本人对这个政治角色的支持，并迫使蒋请求他复职。而蒋确实利用他的权威公开地让汪重新参与政府中。蒋的选择范围显然是有限的；如果他的和平倡议万一获得成功的话，他将不得不依靠汪和政学系。蒋可能在中国政府中有意让蓝衣社担当更加强大的角色，但日本的反对泯灭了这个念头。因此，日本人对南京政权的结构发挥了巨大的间接影响。

在地方势力中，蒋继续向胜利迈进，将追击共产党作为一个契机，使南京的权威进入了新的区域。但是，华北权力的新安排现在又回到了让南京头疼的境地。张学良和冯玉祥被大大地削弱了；结果，南京把它的军事和政治势力插进了北方。这就引发了南京在华北与日本人的冲突，并导致了蒋政府一场可耻的退却。不是北方的军事人物，也不是黄郛，而是蒋的亲信何应钦不得不驯顺地同意把南京的机构从河北撤出。

从民意的角度，随着南京《敦睦邦交令》的颁发和审查得越来越严格，表面上似乎南京在镇压抗日活动和出版物方面取得了进展，但南京仅是在公众的情绪上捂了一个盖子，这只锅还在继续煮着，民意依然强烈地反日。由于南京政府似乎在中国为日本人做事（杜重远由于惹恼了东京而被逮捕），甚至蒋政府中像蓝衣社这样的成员，也对中国软弱的立场变得失望起来。

第七章
直到和平无望

在执行其“攘外必先安内”的政策时，蒋介石向共产党开战，向日本人妥协，并让其他政治人物承担向东京退让的罪责。尽管如此，在1935年下半年，这种策略再也无法维持下去了。日本极端分子被《何梅协定》和《秦土协定》的轻易成功壮大了胆子，他们竭力要求在华北的权力。随着日本的挑衅越来越多，南京一如既往地通过外交途径来解决，使用经济提携的承诺作为政治退让的砝码。但中国的软弱立场似乎仅仅是刺激了日本人的胃口。正在忙于应付这些麻烦时，1935年11月1日一场企图对汪精卫的行刺，打破了原本就很脆弱的国民党政府的团结，并迫使蒋介石在南京担负起一个更加公开的角色。就在妥协的代价不断增加之时，政治责任逐渐压到了蒋一人身上。

当他们推进其华北独立计划时，关东军和华北驻屯军的首脑是主要的策动者。特务们既制造了骚乱，也利用了河北特别是在非武装区中现有的动乱，为新要求提供借口。特务们资助“自发的”动乱，如1935年6月底靠近北平丰台的一次，为中国政府无力维持秩序提供了证据。[1] 有时日本人纯粹是故意找碴。1935年8月4日，非武装区警察部队的一名中国指挥官刘佐周，在其到达滦州后被人开枪打死。日方称这是一起由蓝衣社实施的政治阴谋。酒井、高桥提出了解决问题的新要求。[2]

日本人利用这些事件来增强他们对华北的政治控制，赶走他们不喜欢的官员，并威胁那些可能有用的人。日方竭力要求解散华北与南京联系的标志——北平政务整理委员会，并要求扩大非武装区。日方甚至开始在河北行使警察的权力。作为滦州枪击案的结果，8 月 5 日日本宪兵在北平逮捕了陶尚铭，并把他羁押在日本公使馆的军营中将近两个星期。直到 7 月在日方把陶赶出来之前，他曾经是非武装区警察部队的一名指挥官。[3] 日本人逮捕陶尚铭，在中国引发了强烈的反应，因为他是北平政务整理委员会的成员，所以从技术角度来说，是中国政府的一名官员。日本当局在中国领土上逮捕一名中国官员，说明他们决心控制平津地区。唐有壬正式抗议逮捕无效，然而这仅是日本使用警察权的开始。[4] 日本宪兵在 7 月初就已经逮捕了《大公报》的一名记者。此后的数周里，许多公众人物、商人、教育家和学生在北平与天津被拘押。[5]

其时，在河北的骚乱持续不断。1935 年 8 月 19 日，在北平的中国政府电告蒋介石，提醒他将会有更多的麻烦。他们报告了酒井、高桥已着手实施在整个华北地区进行军事和经济破坏的计划。[6] 不论是否是这个计划的组成部分，日方似乎找到了无数的反日行为来加以抗议。例如，他们称 8 月 14 日中国军队曾向他们在非武装区中滦河上的两艘船只开枪。日本电通社报道说，由于这次事件，“华北的局势好像再次转向恶化的境地”。在济南，日本军官抗议两名日本人曾受到中国士兵的“粗暴对待”。8 月 15 日，当土匪在靠近山海关的非武装区中袭击一辆火车，并抢劫了几名日本人和朝鲜人时，日本断定这不仅仅是一个匪案，更是蓝衣社指挥的一场反日阴谋的证据。

联合新闻社报道说："某些抗日、反伪满洲国的组织，可能是蓝衣社的成员……仍然潜伏在华北。"日本在天津的总领事川越茂在9月2日向河北省政府提交的正式抗议中重申了这种观点，称明显违背《何梅协定》的蓝衣社抗日活动在该省继续进行。[7]

南京仍然希望和平解决华北的势态，并悄悄地接受日本的许多要求。8月29日，南京撤销了北平政务整理委员会。那个机构的影响随着黄郛的长期不归被削弱了，黄自1935年春以来一直留在南方；不过它是华北与中央联系的一个象征。[8]尽管蒋介石希望和平，但他公开警告说中国的让步只能到此为止了。在9月出版的一份日本经济期刊上登出的一篇访谈中，蒋提醒日本读者："中国是一个自主和独立的国家，无论如何都不可能放弃我们领土和行政权力的根本原则。"蒋强调，中国希望和平。为了维护和平，"中国并非不可能做出合理的让步，但这些让步必须有个限度"。[9]

其时，土肥原贤二在华北到处活动，企图煽动独立运动。9月，他飞到太原向阎锡山提出建议。在北平，他迫使宋哲元拔擢傀儡组织。在山东，省主席韩复榘顺从了日本人的要求，禁止所有国民党的活动及其机构。土肥原的活动让南京领导人感到棘手。在9月26日的一次演讲中，孙科警告说，日本利用阎和胡汉民来分裂中国的企图注定要失败。蒋介石对此十分关注，他离开成都，在10月7—14日对北方进行了一次视察，行经了西安、洛阳、开封和太原。蒋特别急于羁縻阎对中央政府的忠诚。按照唐纳德·格林的说法，阎反对自治运动，但与日本人眉来眼去，以从蒋介石那里获得让步，如果山西遭到日本的进攻，让蒋保证中央军要承担义务。蒋显然为阎的军费提供了额外的资金及在华北更大的政治权力。这两个人之间似乎达成了谅解，因为阎在10月26日抵达南京参加国民党代表大会。阎的到达是对日本人的回绝，以至于日本的军方领导人竟然在北平发布了一条新闻报道，说日军将阻止阎从南方返回太原。[10]

中国官员除了担心土肥原贤二外，他们还对多田骏中将感到失望，他于 1935 年夏在天津取代梅津美治郎成为华北驻屯军的首脑。多田是北方五省独立的积极倡导者。在 9 月 24 日对日本记者的一次新闻发布会上，他对此发表了强硬的声明：他称五省必须独立；并且，由于蒋介石和国民党对此加以阻挠，必须把他们的政权从华北赶出去；所有抗日反“满”的势力必须予以驱逐；华北必须从经济上脱离南京，五省必须共同合作防止赤化；东亚未来的和平依赖于以日本为中心的日本、中国和伪满洲国的合作。[11]

多田的谈话后来发表在一本小册子上，这本小册子中甚至包含了对蒋介石更加猛烈的攻击。多田以一个长长的对日本大陆政策的标准解释来开头。东亚和中国已经被白种人的侵略所压迫；日本的政策是基于通过终结白人的压迫来解放中国，以及为东亚带来永久和平的原则，从而完成它自己的民族使命。在多田看来，蒋介石和国民党的存在阻挠了这项使命的完成。多田指责说：“蒋介石本人已多次与日本发生冲突。”他称南京目前对日友好政策的宣言是假的，南京暗地里进行抗日活动，且蓝衣社依然留在北方。多田写道，南京的实业部、铁道部和财政部全都阴谋阻挠中日经济提携。而蒋介石的反共行动也并没有给他留下什么印象。多田断言，尽管蒋发动了“清党”运动，但国民党的下层中间仍然渗透了共产主义意识形态，在组织上与共产党类似。他的谈话强硬地建议，蒋介石和国民党需要彻底加以清除，但他把他的建议局限在华北独立方面，他称在日本的领导下，华北将成为完全的“王道乐土”。[12]

即使在中日关系紧张的时候，多田的谈话也震惊了中国领导人。

他是日本军方的一位重要人物，而且他几乎是在号召推翻中国政府。这件事发生在南京和东京仍然正在洽谈一个总的友好条约之时，多田的声明预示了未来关系前景不妙。它是对自《敌乎？友乎？》以来整个和平创议的嘲弄。南京允许中国媒体刊登多田的谈话，但评论却寥寥无几。在南京出版的半官方性质的《时事月报》发表了一份详细的摘要，而《国闻周报》则登载了多田小册子的译文。因此，广大读者知道了多田的计划。中国驻东京大使蒋作宾也向广田弘毅做了抗议，广田回答说，多田的声明是对记者说的，因此，并不代表官方的政策。由于处于《何梅协定》的时刻，广田断然拒绝处理这件事。[13]

尽管华北是日本关注的中心，但在华中和华南发生的几次事件，给中方造成了更大的压力。10月初，中国当局在汕头查获了据称是走私到中国没有缴纳适当税收的日本大米。日本当局立即提出抗议，并且，据联合社报道说，日本第五快速舰队派出了6艘驱逐舰和1艘巡洋舰来到汕头，如果其要求没有得到满足，就准备采取“有效的行动”。陈济棠和李宗仁将军会晤了日本驻广州的总领事，平息了这件事。

在武汉地区，日本领事强烈抗议中国驻军司令官叶蓬把抗日思想融会到其士兵的训练中。日本特工已在叶部的军营中发现抗日小报。日本领事在9月17日和21日提出抗议，要求撤叶的职、道歉并保证停止反日活动。日本海军当局全副戒备，并在汉口集结了8艘炮舰。10月9日，湖北省主席张群接受了日方的要求，并把驻军司令官叶蓬调了职。国民党审查者们除了让中国报刊刊登简短的指挥官变动的启事外，禁止刊载事件的细节。尽管如此，由于外国媒体大量地报道了这件事，武汉势态的消息慢慢地传开了。在浙江的温州也发生了短暂的紧张局势，一名日本商人称他曾受到国民党特工的威胁。[14]这些事件都没有引发一场严重的危机，但紧接着多田反蒋小册子的这种炮舰外交的展示，引起了中方对日方意图的不安。

其间，在北方，日本军方领导人于 1935 年 10 月 12—14 日在大连会面部署战略。不久之后，土肥原贤二和关东军特务在北平的东部与东南部靠近非武装区的香河县策划了一次新的暴动。在日本的诱使下，中国领导人在香河组织了一场亲独立的“人民运动”。10 月 20 日，数百名反叛者打着要求降低税收和从南京独立的标语涌入县城，并对政府机构发起了攻击。10 月 22 日来了一支数十人的日本宪兵，声称要赶走所有参与独立运动的日本国民，但显然却在帮助反叛者巩固对县政府的控制。10 月 23 日，反叛者宣布脱离河北省政府，把共产主义的威胁作为这次行动的借口。河北省主席派去的官员被反叛者拘押起来。[15]

这场暴乱本来可以由非武装区的殷汝耕或是由北平的宋哲元轻易地平息掉，但由于日本的介入，中国领导人对干预变得犹豫不决。大量的日本人混进了反叛者中，而东京的司令部表示支持这场运动。10 月 24 日，河北省主席商震和殷汝耕在天津会见了日本驻屯军司令来解决此事。日方允许非武装区的警察来恢复乡村的秩序，但不允许他们进入县城。[16]高桥坦照会商震：“群众运动”不应该被镇压，最后他在 10 月 26 日同意在该地区建立一个自治政府。后来，它被并入了殷汝耕的傀儡政权中。[17]

关东军特务的兴趣并非一个县。它希望香河事件可以迫使宋哲元和其他华北领导人参与广泛的独立运动中。日本媒体，特别是右翼报纸，支持这个设想。10 月 21 日，联合社发自天津的报道说：“独立运动……在河北省民众中正在稳步地取得支持。”东京的《中外日报》称："在华北，河北省香河辖区的独立运动蓬勃兴起，这恰恰说明了整个河北省将要被席卷进来。"东京的《都》报称："如果华北人民摆脱了南京政权的枷锁，并试图与日本和'满洲国'交好，这将被证明是东亚永久和平的基石。"[18]

就在香河事件发生的同一时刻，华北驻屯军向河北官员强行提出了新的要求，希望这种高压加上"群众运动"将迫使他们加入独立计划中。10 月 29 日，高桥坦向商震和宋哲元提交了一系列新的要求，表面上是解决 8 月初的滦案。他要求解散军事委员会北平分会、北平市长袁良辞职、中国官员对滦案正式道歉，并镇压所有的反日分子。华北驻屯军发起了一场公开的为这些要求正名的行动。它发表了一篇新闻报道，说袁良积极地支持蓝衣社的抗日恐怖活动。它声称已逮捕了一名参与滦案的中国特工，显示其人与蓝衣社组织有关。此外，日本特工在北平组织了一场反袁的群众示威，以证明——该司令部称——他缺乏群众的拥护。

为了给解散军事委员会北平分会的要求找到理由，关东军司令部发表了一份报告，称它有"证据"证明何应钦和该委员会参与了一项反日的阴谋。10 月 31 日联合通讯社发自新京（长春）的报道说："今天关东军司令部在此声明，'东北义勇军'由'北平志愿团'直接负责，而由'国民军事委员会北平分会'间接负责。'义勇军'由何应钦将军指挥……在'九一八事变'的纪念日，发动了大规模的抗日反满活动。"[19]因此，日本军方暗示，它将很快打击所有抵制其要求的官员或机构。其最终目标是要所有留在华北的官员进行全面的合作。

在 10 月 29 日的要求中，日本外交团与军方进行了联合，与何—梅谈判时的形势形成了对比。在天津的总领事川越茂给河北当局发出信件，重申军方的要求，并要求给非武装区增加5个县（包括香河）。川越强调了在北方镇压反日分子特别是蓝衣社的必要性，谴责中国官员在执行《何梅协定》时的无诚意。河北领导人接受了这些条件中的大部分。11月3日袁良辞职，由秦德纯取代。宋哲元的一名部下萧振瀛做了察哈尔省主席。宋照会日本人，他正在尽一切努力逮捕蓝衣社。尤为重要的是，中方同意把日方要求的4个县并到非武装区中，这一行动把非武装区的边界扩大到紧靠北平和天津。至11月底，南京撤销了军事委员会北平分会。不过，尽管河北的政治领导人对具体要求做了让步，但他们仍然赶不上日本自治的步伐，迫使急不可待的日本军国主义者在11月采取了新的策略。[20]

日本在天津的总领事采取的行动，部分是为了让东京的外务省可以重新获得对华北局势的发言权。在1935年的整个夏季，这个问题的契机已被军方掌握。在春季曾似乎大有希望的东京和南京之间的谈判，已被河北和察哈尔的局势所破坏。南京继续向东京提出建议，希望广田弘毅能遏制军方的要求。广田与南京谈判，但在1935年秋提高了他的条件。显然，广田如果要得到军方对其政策的支持，就不得不采取一种更加强硬的对华路线。[21]广田和外务省因采取过于软弱的对华政策而经常受到攻击。正如一位为东京《日日》撰稿的作者所写的那样：“外务省不熟悉对华知识。在过去处理对华事务中，它已犯下一个又一个大错。这是所有公正的观察家不偏不倚的判断。”这样一种观点暗示了军方的侵略策略是上策。作者继续写道：“国家边界和领土的传统观点不经修改是不再适用的了。如果东方的和平可以通过在华北创建一个新的政权来得以保证，日本可以予以帮助……并无须太介意世界的反对。”[22]

尽管南京知道日本外务省的局限性，但它仍然觉得与它交涉是最有希望的途径。例如，6 月 17 日，甚至在广田拒绝干预河北问题之后，蒋作宾向他重申了中国希望基于两国平等的原则——在此之下，日本不得支持华北的地方政府——商谈一份友好条约。9 月 7 日，蒋重提这个要求，建议签订一份互不侵犯友好条约。作为诱惑，蒋提出经济提携的条文和一项补偿，中国事实上承认伪满洲国以换取日本放弃华北自治的想法。[23]

广田在回复蒋作宾时态度暧昧，部分原因是日本的政策尚未确定。军部、海军省和外务省这三个主要部门在 10 月 4 日召开了一次会议，达成了一致的对华政策。这次会议赞成在华北创立一个自治的地方政府的努力，但也批准了广田弘毅基于三个总的原则商谈一个对华友好条约。广田在 10 月 7 日把这些通常被称为“广田三原则”的内容照会了蒋作宾。这些内容如下：

第一点，中国须绝对放弃以夷制夷政策，不得再藉欧、美势力牵制日本……

第二点，中日“满”三国关系须常能保持圆满，始为中日亲善之根本前提，欲达此目的先须中日实行亲善，在日本方面中国能正式承认满洲，方认中国确有诚意，在中国方面或有种种关系有不能即时承认之苦，然无论如何对于伪满洲国事实的存在，必须加以尊重。（一）须设法使伪满洲国与其接近华北地位不启争端。（二）须设法使伪满洲国与其接近之华北地位保持密切之经济联络。

第三点，防止赤化，须中日共商一有效之方法。赤化运动发源某国，在中国北部边境一带有与日本协议防止赤化之必要。[24]

“广田三原则”措辞笼统，可能会带来麻烦。在华北的南京政权没有获得承认。正如蒋介石在10月13日所评论的那样，它们的要点是中国退出国联、承认伪满洲国及成立一个反苏联盟。蒋指出，由于谈判在进行，中国应该提出一个反提案，着重强调其领土主权和国家统一。[25]

10月20日，蒋作宾答复广田，强调了平等和主权。在回复三原则时，蒋认为中国并无以夷制夷的政策，而且，与其他国家的关系不应该影响与日本的亲善。其次，他实际上宣布中国将在事实上承认伪满洲国，但不能予以正式承认。不过，中国将努力维护长城两边的和平和经济提携。最后，关于第三点，他说中国已打了多年的仗来消灭共产主义。蒋指出进一步的合作是可行的，但这取决于日本全面承认中国的领土完整和独立。[26]

从南京的利益来看，与东京有意义的谈判的前景几乎看不到成功的希望。广田的原则十分含糊，新的要求可以来自任何协定。另外，广田似乎不愿或是不能把华北放在谈判中。南京确实在寻求其他的选择。它通过李滋-罗斯代表团与英国开始经济商洽（下文将要述及）。蒋也与柏林接洽关于德—日—中联盟的可能性。蒋的政府与德国的关系密切，包括德国在华的长期军事使团。在10月中旬，汪精卫和蒋介石决定通过德国驻南京大使柯瑞伯和在上海的德国海通社的代表埃德蒙·霍夫勒与希特勒接洽。中国建议三国之间在反对共产主义和经济项目上进行合作，在德国的帮助下解决中日间的分歧。由于日本与中国和德国的关系均非常密切，南京显然希望将柏林作为对付东京的筹码。

中国的计划得到了德国的支持。冯·里宾特洛甫正与日本驻柏林大使大岛浩商谈反共产国际的条约。冯·里宾特洛甫显然对中国的态度很热心，设想建立一个反共产国际的三角同盟。他在1935年11月15日转告南京，希特勒个人对这样的一个协定感兴趣。尽管如此，当中日关系在华北问题上趋于恶化时，柏林最终放弃了这个想法。另外，德国政府中的许多人告诫说，卷入中日的困局中，将会成为理顺德日关系的障碍。是东京而不是南京给予德国最多。因此，1935年12月7日，柯瑞伯照会蒋，德国的调解基本上是不可能的。中国参加反共产国际的想法流产了。[27]

这次外交活动一直秘而不宣。由于南京向柏林提出建议，保密做得很彻底；但即便如此，广田的三原则还是慢慢地为中国大众所了解。同时，流言开始传播开来，说日本要求建立一个日本—中国—伪满洲国的反对共产主义和苏联的联盟。到了10月底，中日双方的媒体均报道了三原则的要义；而且，联合社在10月28日报道说，日本的军事官员将正式分别向蒋和华北领导人提出建立反共产国际条约的建议。[28]说蒋介石将决定与日本签订反共产国际条约的谣言在中国广泛流传。大多数人设想随着日本在反共的幌子下有权从政治上和军事上干涉中国，这样的一个协定将意味着日本控制了中国。对反共产国际问题的讨论，进一步把抗战和内战问题联系到了一起。由于蒋介石具有强烈的反共情结，并执行一条不抵抗的路线，许多中国人开始担心他可能会签订一个反共产国际的条约。他们不断地要求蒋停止内战，并恢复与苏联的友好关系，这些举措将排斥与日本的任何条约。只要反共的内战继续下去，反共产国际的条约似乎就有可能。

粤系为这种推测大造声势。发表在1935年11月15日《三民主义月刊》上的一篇文章指责蒋介石准备接受日本关于反共产国际条约的提案，这将把日本、中国和伪满洲国联合成在日本控制下的一个共同的军事同盟。该刊抨击说，这份提案是日本企图在亚洲实施闭关自守政策的构成部分。南京接受这份条约是其反动政策的一部分。该刊把蒋的反共战争说成是一场失败，因为在反共中，蒋向日本投降，从而增加了人民对其政府的厌恶。它提出质疑："如果政府拱手把国家主权让给了日本人，打败共产党又有什么好处呢?"这篇文章再次重复胡汉民以前所做的谴责："攘外必先安内"不过是不抵抗的一个幌子。"现在，没有人相信南京在安内后还能去攘外。"

11 月的文章把"先安内"倒了过来，称它实际上是在帮助共产党。"如果南京进行抗战，它将获得人民全心全意的拥护。如果它企图在日本的指挥下消灭共产党，它将永远不会成功。只有先进行抗日，然后它才能反共。"这篇文章断言："抗日和反共是一回事。如果我们不抗日，那么，也就没有必要来反共。只有当我们抗日时，我们在那时才会有共同的语言：'反共'。但南京的军事人物已经把自己变成了日本帝国主义的工具。"[29]因此，广田的反苏同盟的建议，增强了抗日和继续进行反共内战这一问题之间的联系。

南京的政治骚乱

1935 年 10 月底，中国领导人开始聚集到南京准备国民党第四届中央执行委员会第六次全体会议，紧接下来就是第五次全国党代会。尽管华北危机笼罩着这次会议，但随着日期的临近，一种希望感逐步形成了。北方的两位要人冯玉祥和阎锡山来参加代表大会，做出了拥护南京政府的姿态。媒体报道说，广东也将派出代表团。中日危机似乎培育了中国领导人团结的感情。[30]

这种感觉很快就破灭了。11 月 1 日，在第一次会议后不久，领导人集中起来拍集体照。突然，一名摄影师拔出一把 4 英寸的勃朗宁手枪，向汪精卫开了 3 枪。国民党老兵张弛和——某种程度上具有讽刺意味的是——汪的老对手张学良在枪手再次开枪前把他摔倒。刺客孙凤鸣本人受了伤，后死于狱中。汪伤情严重，被火速送到医院。对汪的行刺给国民党领导人带来了一场重大的危机。他从政坛上的临时离去，破坏了国民党政治势力现有的平衡，并危及了复杂的中日关系，因为日本通常是挺汪的。[31]

即使在今天，在此事件的 50 余年以后，汪精卫刺杀案仍没有尘埃落定。在当时，大多数中国大众很快就推测刺客及其同党是出于对绥靖政策的愤慨这一动机。事实上，孙凤鸣明确地告诉了警察，他刺杀汪是由于他向日本妥协的卖国政策。[32]不过，汪阵营中的许多人立即怀疑蒋介石在一定程度上与此有牵连。这种怀疑有旁证证明。在国民党领导人集中照相时，蒋却故意没有出席。所以，汪的支持者怀疑蒋事先知道刺杀阴谋。疑犯之死也阻止了调查，并助长了阴谋说。汪夫人显然仍认为是戴笠的特工策划了这起罪行。在她看来，蒋想把汪作为其权力的障碍予以清除，但因为担心激怒日本人而不能直接这样干。[33]

尽管汪—蒋在 1935 年 8 月举行了公开的会谈，但他们的联合依然不稳定，因此，汪的许多支持者立即对蒋进行了谴责。即使当更多有关刺客的事实浮出，而谴责向别处转移时，这种不稳定依然如故。正如陈公博回忆的那样，汪精卫从未觉得与蒋介石的合作很愉快。后者控制着军事权力，其妻兄或连襟控制着财政。陈回忆说，即使在外交政策上，也由蒋和黄郛决定，而不与汪商量。因此，他是一个没有权力的行政院长——承担了对南京错误的指责，但无权加以改变。另外，汪的支持者觉得他们总是被蒋的特工所盯梢。[34]

陈还注意到蒋的许多亲信对汪的被刺幸灾乐祸，特别是 CC 派和其他派系觉得汪阻碍了蒋成为一个真正独裁者的人。如果没有蒋的直接指示，这些组织能策划这起刺杀吗？退一万步说，蒋要为没有保护好汪承担罪责。显然，蒋的卫士们曾怀疑某些出席上午会议的人，并对蒋采取了密切的保护，对汪则没有做任何保护。[35]

日本人对这些怀疑表示了同感。一份在上海的日文报纸谴责欧美派对这起罪行负责。日本情报直指蓝衣社，而中国问题专家波多野乾一确认刺客是 CC 派的一名成员。联合社则登载了最生动的故事，发自上海的报道说，汪精卫本人认为蓝衣社要对此负责。南京的审查者禁止中国媒体对这些流言进行报道，暂时关闭了一家违背禁令的报纸。[36]

调查显示刺客与一家以新闻社作为幌子的十九路军和福建反叛者有关，或者是警方的报告这样说的。这个组织的领导人策划了这次阴谋，准备刺杀蒋和汪，作为对绥靖政策的报复。据说刺客对警察说，这两个人“对日本持续不断的侵略行为的反应，只会想到妥协；他们从未想过抵抗”。他说他们已受到了全中国人民的痛恨。[37]

这种情节替蒋洗去了所有的罪责。正如《大公报》推测的那样，他也是一个预计之中的受害者，仅是因为运气好，没有参加照相而逃脱。在这些报道中，行刺是福建集团的一次反国民党的行为。[38]但戴笠手下所做的不同的调查，称发现与广东有牵连。尽管使用了福建的关系，但广东领导人才是罪行背后真正的主谋，并资助了那家新闻社。戴笠的报告把蒋列为主要的行刺目标，汪仅是蒋不在时的次要选择。[39]

广东媒体的行为似乎支持了这些怀疑。它在谈及汪的死时幸灾乐祸。《三民主义月刊》把汪称为卖国贼，在谈到对他的枪击时说，人民将欢欣鼓舞。刺客被说成是一位有抱负和有主义的人，是一名烈士和民族英雄。文章断言，汪死有余辜。“因此，今天的枪击说明中国人民不死的意愿……我们唯一遗憾的是他没有早被打死。”[40]

在最后的分析中，尽管我们不能精准地确定是谁操纵了行刺汪精卫，但几个特征是确凿无疑的。第一，普遍谴责了汪的妥协政策。中方和日方的消息均认为汪承受了外交政策问题的沉重打击。第二，行刺结束了蒋—汪之间的合作阶段。中国的外科医生无法取出汪身上的一粒子弹，他去了欧洲求医。即使当他的伤治愈了，这次事件之后两人及其支持者之间的猜疑和紧张关系一直未能消除。第三，行刺使得蒋介石完全承担了日本问题的责任。随着汪的就医，蒋在第五次全国党代会上不得不直接负责外交政策的报告及关于华北局势的谈判。

最后，行刺击碎了国民党会议团结的幻想。随着在这次突发事件中的相互攻讦，各个派系如CC派、西南联盟、汪系及其他派系之间关系更紧张了。11月12日，当第五次全国党代会最终在南京召开时，中国的团结明显岌岌可危。尽管广东派出了一个庞大的代表团，但西南联盟的重要领袖如李宗仁、白崇禧或陈济棠，实际上没有一个人出席，尽管李此前承诺要出席。胡汉民依然滞留海外。团结的希望破灭了。[41]

并非所有高层政治人物的出席总是一件好事。例如，冯玉祥到南京带来了团结的幻想；蒋也任命他为军事委员会副主席的职务以示褒勉。但一到南京，冯就企图利用在日本问题上强硬立场的影响来提高他的政治声望。从对中央政治委员会到对学生组织的各种各样的演讲中，冯呼吁制订一个团结所有中国人抗日的综合计划。冯不断地提醒听众们记住他在察东抗日的历史，他的亲身经历对挽救中国至关重要。日本武官处强烈抗议冯的讲话。由于冯在南京担任一个挂名的显赫职务，显然使南京与日本的外交关系变得复杂化。[42]

中日危机已迫近党的代表大会。甚至在代表们纠缠于南京的政治危机和华北的自治局势时，新的中日纠纷在南方出现了。11 月 9 日，一名日本船员在上海道奇路上被人神秘地开枪击中。尽管没有立即找到关于凶手的直接证据，而且这件事是发生在公共租界中，但日本军事当局把它说成是反日活动的证明。他们把这次事件与其他反日行为联系起来，如一家日本铺面的一扇窗户碎掉了，一名中国人向一名日本妇女泼硫酸的事件，以及一名日本女小学生被一粒石子砸了的案件，作为一场更大阴谋的证据。日本媒体跟着军方学舌，称刺杀汪及在上海的这些反日行动暴露了中国新的诡计。就像东京的《日日》报道的那样：“在上海报道的反日事件的频繁，说明在中国正进行着一场恶毒的反日运动……很难想象南京政府或军事委员会主席蒋介石总司令没有执行一条支持诸如发生在上海这类恶毒的中国人攻击日本居民的政策。”[43]

日本军事当局立即做出反应，向上海增派军队，一度在道奇路上驻扎一支分队。这种举措在上海引起一阵恐慌，因为在民众中流传的谣言说，日本的进攻如箭在弦。随着华北的骚乱和遍及上海的入侵议论，党的代表大会不可能避开日本问题。不过，代表们似乎无法达成一个行动的方案。外交政策报告被大会通过，仅写进了对最近中日关系中主要事件的概要，以代替阐述新的方针。报告论述了天羽声明、藏本事件、华北危机、察东问题，甚至还有《新生》事件，但它只不过是一种报纸样式的大纲。它没有提供中国应该怎样来解决问题的方案，在重复关于“不承认”傀儡组织的国际法和原则的含糊方针时，仅仅是重申党对安内与世界和平的使命。[44]

蒋介石在代表大会上关于外交政策的讲话尽管简短，但事实上是会议的最重要时刻。这份报告在媒体上用中文和译文全文发表出来，在国内外被转载，远比正式的外交报告吸引的注意力为多。随着汪精卫的就医，蒋独自占据了中央舞台。这大概就是为什么是蒋，而不是一个较次要的如唐有壬这样的官员来做这份报告的另外一个原因。南京领导人担心会议上对外交政策的争论可能会失去控制。不抵抗政策的反对者也许企图在政治上让政府难堪，并在此过程中，在一个紧张时刻把中日的争论复杂化。由于蒋做了这份报告，他阵营中的所有势力不得不团结一致。代表们无法通过把矛头对准汪精卫或唐有壬来攻击外交政策，因为任何狙击都被视为攻击蒋本人。这也许不会被日本人误解为是大会的政策与蒋在某种程度上的歧义。

尽管非常引人注目，但蒋的讲话仍然极其推诿塞责且不着边际。他简单地指出了自“九一八事变”以后，由于中日之间的纠纷，全国上下均陷入烦闷痛苦之中。然后他立即提醒他的同志们，三民主义的第一要义——民族运动，具有双重性质，它不是单纯的对外运动。在外部的关系中，民族主义包含中国与其他国家取得平等。在国内的关系中，它包含中国向自立和自强发展。因此，当孙中山强调废除不平等条约时，他也呼吁自强和发展经济。蒋的看法似乎是说在实现民族主义革命的目标中，民族的团结和发展与消除中国不平等的地位同样重要。

作为第二点，蒋称国与国之间的关系不像人与人之间的关系。国家不可以永久地仇恨另一个国家。他引用欧洲历史作为例证，在欧洲历史上，国家有时联合，有时开战。他说由于现有的国际关系的复杂性，一个国家与另一个国家的联合或绝交的政策应该由作为一个整体的国家利益来决定。这样的决定不应基于一时的感情或仅是国家局部的利益来做出，一定要通过权衡问题的轻重来做出。他用孙中山所告诫的不止一个国家可以灭掉中国来提醒其听众。此外，其含义似乎是说中国不得不超脱中日危机的直接考量和情感，甚至可能还有中国在北方的需要。政府不得不考虑国家发展的长期问题。如果仅集中在日本问题上，可能让其他国家，或许使苏联有机可乘。

因此，蒋的讲话信马由缰地谈了日本问题。他指出中国人在面对中日关系的许多事件时应该耐心，以便维持完成中国国家发展所必需的和平。只是在结论中，蒋才较为直接地说出了他的主张：

> 一切枝节问题，当为最大忍耐，复以不侵犯主权为限度，谋各友邦之政治协调；……和平未到完全绝望时期，决不放弃和平；牺牲未到最后关头，亦决不轻言牺牲。以个人之牺牲事小，国家之牺牲事大；个人之生命有限，民族之生命无穷也。[45]

因此，只要和平的任何希望尚在，蒋就决心求和。中国人必须耐心，并要认识到战争的代价是巨大的。蒋演讲的话里是对《敌乎？友乎？》的回顾；不过在这篇文章发表的这一年里，中国确实是非常接近了“最后关头”。当然，在蒋的讲话中没有回答的问题是“最后关头”的确切性质。南京准备走多远？同时代的观察家们似乎心中无底。由于缺乏记载（如果有人不考虑蒋日记中的少量片段），我们实际上无法确定蒋本人是否知道。日本占领华北本应属于“最后关头”吗？蒋向他的德国顾问汉斯·冯·希克特坦承，保卫黄河以北地区毫无希望，北方军队不堪一击。[46]只是到了1937年战争全面爆发后，“最后关头”才变得明朗。蒋不愿放弃北方的真正主权。不过我们无法确定他在1935年11月做出了这个决定，因为在1935年底和1936年在中国出现了巨大的政治压力，使得华北问题成了“最后关头”。因此，蒋的讲话并没有阐明中日之间的形势，或缓释了大众的压力。

正如北京大学的一位历史学教授在《独立评论》上撰文，对“最后关头”所批评的那样：“四字所指实在也太宽泛，长城呢？黄河呢？长江呢？还是珠江和南海呢？”至于“和平未到完全绝望时期，决不放弃和平”的口号，作者写道：“我们的敌人总是继续进攻，由满洲而热河，由热河而冀察，由冀察而整个华北，得寸进尺，没有休止；我们却老是退让，不抵抗，讲妥协，这样一种办法，和平当然是不会绝望的。”[47]

尽管大众对蒋的立场感到不安，但 11 月 23 日大会的结局是蒋完全控制了南京政权。12 月 7 日，蒋担任了汪精卫的行政院长旧职，明确地让他担负起发展中日关系的责任。不久以后离开中国的汪，被授予了国民党政治委员会中央执行委员会主席一职。

中日经济提携

“中日经济提携”一语是 1935 年两国外交会谈中一个持久的特色。广田弘毅在他的对华建议中着重强调了这种思想，而南京则经常把这个想法传来传去。尽管如此，随着会谈的进展，双方对这个问题的看法却大相径庭。南京企图利用这个问题获得东京在军事和政治问题上的让步。随着在华北的走投无路，南京讨价还价的唯一筹码是向日本提供经济利益的含糊承诺。对南京政府来说，经济领域中的让步在政治上较少令人反感。从日本的角度来看，经济提携似乎是一种确保日本对中国经济领域进行控制的很有希望的方法。

作为互利的结果，1935 年秋，双方都在探讨这个问题，但成功却最终与谈判者擦肩而过。日本军国主义再一次成了主要的祸首。由于对所有可能会巩固南京的协定的怀疑，他们对经济条约很冷淡。

与此同时，关东军和华北驻屯军企图削弱南京政权的财政基础，并破坏它的金融。至 1936 年底，这在经济上对中国产生了重要的影响，并成为南京和东京之间恶感的源泉。日本军国主义者也赞助经济机构以增加日本对中国的渗透。由于缺乏资本和经济学专家，他们一无所获。

南京也在经济问题上造成了某些紧张。11 月，政府在英国的支持下，启动了币制改革的一揽子计划。尽管南京与东京进行了谈判，但南京把它的经济关系向英国、德国和其他国家开放，以便阻止日本操纵中国的经济。由于那是东京政府的确切目标，日本反对这些关系就不足为怪了。

为了在经济问题上与东京理顺关系，1935 年 10 月在孔祥熙安排下，南京派出了一个由中国金融和商业领袖组成的高层代表团来到日本。代表团以吴鼎昌为首，包括徐新六、陈光甫、钱永铭和周作民。这些人不仅是中国金融界最著名的一些人物，而且许多人与政学系关系密切，蒋越来越依靠他们来实施他的绥靖政策。代表团参观了主要的经济中心，会见日本商业、金融和工业领袖。在日期间，代表团为中日贸易协会的成立进行了安排，该协会既研究中日贸易中的问题，也为促进中日贸易而开发项目。该协会的总部设在东京和上海，中国从日本获得技术知识和领导力量以发展中国的工商业。

相关的投资开始了。南京批准成立了一个河北经济委员会，以吴鼎昌和周作民为首，其中包括天津和北平总商会的银行家与官员。该委员会表示，愿意雇用日本的顾问并在完成其工业计划时与日本合作。其间，日本于 11 月 20 日设立了兴中公司作为一家合股企业以推动中日经济提携。它在北平和大连设有总部。[48]

这些企业的目的相当含糊。如果中日之间的分歧真的解决了，它们本可以成为经济提携计划的基石。然而，几乎就在同时，日本军国主义者开始挑战所有的行动，在日本媒体上对这种企业散布怀疑论，再次提出中国的“诚意”问题。在报道蒋设立河北经济委员会时，《国民新闻》称：“外部原因使他企图从经济上与日本合作……但某些日本观察家说，这是一堵阻止日本在华北扩大影响的墙壁。如果是这样，这就意味着蒋总司令一方对培育真正的中日亲善缺乏热情。”[49]另外的批评说中国资本家本身没有诚意，并且是反日的。正如《报知》所报道的那样：“浙江省的金融家们……处于宋子文先生的影响之下，〔因而〕其组织活动对日本不是件好事。”[50]

日本军方对华北的经济计划也在提携的类别下发表出来，比东京—南京的计划要直接得多。关东军1935年7月制订的计划，着重强调中国、日本和伪满洲国之间三方的合作投资。这个计划指导日本军方与南满铁道株式会社（满铁）合作，以在日本的控制下发展华北的经济。最初阶段着重于改善货币流通和发展采矿业及棉花生产。

为了最集中地使用资本，关东军的计划瞄准河北。仅是在以后的阶段，项目才向其他地区扩散。直接的计划包括疏浚塘沽港以便让海轮到达天津，并完成冀南的石家庄至河南郑州的铁路。最终的目标包括改善青岛、秦皇岛和塘沽的港口，及在整个华北扩大铁路的修筑。兴中公司（主要由满铁投资）将设立分公司来发展商业、工业和航运事业。

如果关东军的计划全部被实施的话，将要确立日本对华北的经济霸权。改善了的港口和铁路可以用来向日本运输棉花、食品和矿物，并有助于日本制成品在中国的分销。并非巧合的是，万一与南京或与苏联开战，它们还可以提高日本向这个地区运送军队的能力。

不过，尽管抽调了满铁的资源，但日本军国主义分子从未寻找到资金来完成其 1935 年 7 月的这份计划。满铁和关东军均因伪满洲国的开支在财政上捉襟见肘。[51]然而，在中日谈判中，“经济提携”的概念直接变成了日本军方竭力分裂华北的同义词，给 1935 年 10 月中国经济代表团的来访盖上一块遮羞布。

尽管如此，签订经济协定的最大障碍是 1935 年 11 月中国的法币改革，这是在日本的竭力反对下施行的。这次改革根源于 20 世纪 30 年代中国经历的严重的货币问题。作为最后一个仍然使用白银作为法定货币的重要国家，当西方国家放弃金本位、推动银价上涨时，中国受到了负面的影响。后来在 1934 年 6 月，美国签发了《白银购买法案》，进一步使白银的价格攀升。每盎司白银的价格从 1932 年的 0.27 美元上升到 1935 年 4 月的 0.65 美元。这样的急剧上涨几乎使中国银圆的外汇价翻了一倍，使中国已经受到大萧条打击的出口失去了世界市场。经上海口岸的出口额，1929 年达 56720 万元，1934 年下降到仅有 27190 万元。因而，银价的上涨加剧了大萧条对中国的影响。[52]

美国居高不下的银价导致了中国白银的外流，这是由于上海的外国银行把它们运送到海外以囤积居奇。尽管中国政府竭力把白银输出宣布为非法行为，但它仍然继续流出；并且，中国承受着严重的货币和流动资产的短缺。这种人为的紧缩引发了一场经济危机，进而要求采取行动。1935 年 11 月 3 日，南京政府宣布法币改革，三个重要政府银行的钞券变成了法币。公民要在 3 个月内把手中的白银兑换成法币。这次改革立竿见影，因为钞票在中国普遍被接受了。这对南京政府也是一件幸事，它开始用印钞票来填补其长期的赤字。尽管后来导致了中国战时灾难性的通货膨胀，但在 1935—1937 年这个阶段，它抵消了人为的紧缩，并促进了长江下游的经济复苏。

日本在几个层面上反对法币改革。总的说来，东京对巩固南京政府的财政基础和增加其声望的措施非常警觉。日本军方十分担心南京的钞票可能在华北被普遍使用而阻止自治运动。尽管如此，最让日本恼火的是大不列颠积极参与了南京实施的措施，而没有与东京商量。伦敦曾派出弗里德里希·李滋-罗斯爵士作为它在东亚经济事务的正式代表。李滋-罗斯曾短暂地访问过东京，然后在1935年9月到达中国，他在那里滞留了好几个月。他为南京政府的财政问题提供咨询，并让英国政府对在华的所有英国公民发布了国王令，接受法币政策。由于英国在上海和香港的外国银行中的优势地位，这项法令对早期改革的成功至关重要。

中英关系激怒了日本。广田的三原则之一就是中国不能利用西方列强来反对日本，而天羽主义宣称日本必须成为东亚的经济霸主。在东京看来，南京与李滋-罗斯的关系已经触犯了这两项政策。[53]日本官员直言不讳地表示了对改革的反对。日军在上海的武官矶谷廉介公开攻击英国的角色，并警告说，如果北方的中国人把他们的白银运送到南方，将对其经济产生灾难性的影响。东京的日本最高司令部和外务省也发表了类似的声明。[54]

日本媒体对改革进行抗议。由于11月3日的通告仅在枪击汪精卫的两天之后，一些日本资料指出这两件事是相互关联的。正如大阪《朝日》的社论所说的那样："如果枪击事件没有发生，且如果汪先生一直真正地掌控着中国的事务，无论如何南京政府在着手货币改革的计划以前，要考虑适合日本，并试图与日本达成谅解。"这篇文章推测说："南京政府中亲西方的势力利用汪先生不在其位，以便让政府按照它所用的方式来改革中国货币。"[55]

尽管日本人抱怨，但他们对改革的不满仅是对华北产生了直接的影响。土肥原贤二向冀鲁的政治领导人施加压力，要求对改革不予配合。至 11 月 10 日，多数签发了禁止向南方运银的命令。与此同时，这场改革使土肥原和其他日本军国主义者认识到了自治形势的紧迫。[56]正如日军参谋本部中国课课长喜多诚一所说的那样：“如果货币改革生效了，造成白银大量流入南方，那么，北方军队高层领导人关于实现日—‘满’—华经济提携的计划将成为不可能的事。”喜多称，为了这个缘故，日本不得不阻止白银向南方流动，并立即着手清除南京在北方的权威。

喜多断言：“在华北的局势没有从政治上加以解决以前，一切都无从说起。在目前的形势下，南京政府控制了一切，这将破坏日本在华北的所有事业。南京政府仍然坚决倾向于依赖英美。最近的货币改革计划就反映了南京对它们的依赖。”在谈到对局势的看法时，他认为：“只要华北在南京政府的直接控制之下，与华北达成任何理性谅解的企图都是无用的。”[57]土肥原和关东军领导人与喜多有着同感，在货币改革之后急于完成他们的自治举措。

在华中，日本的强硬派面对着既成的事实。由于法币改革在南方获得了绝对的成功，日本居民团体开始使用以日元为基础的纸票作为反对中国货币的一种手段。至 1936 年 1 月，发行了将近 200 万日元之数。除了在上海的日本人社区中使用外，在日本企业中的中国人也以这些纸券付薪，并鼓励他们在别处使用。[58]在南方和北方，日本人均竭力阻止南京巩固其政治和经济的基础。

1935 年 11—12 月的自治危机

土肥原贤二企图在 1935 年 11 月完成他的自治计划，部分原因是受到南京货币改革的刺激。尽管最初的设想是五省方案，但由于阎锡山对山西和绥远的统治，这个方案显得难以完成。因此，土肥原就着重于河北、察哈尔和山东。他企图迫使宋哲元在冀察、韩复榘在山东宣布脱离南京而自治。在巨大的压力之下，宋在11月11日给南京领导人打电报要求第五次党代会终结党的训政阶段，并施行宪政。尽管没有说出自治的计划，但宋的电报中隐含的对南京的批评被看作是为自治运动搭建了舞台。多田骏抵达天津向韩复榘施加压力，韩当时也给代表大会发了份类似的电报。[59]

土肥原觉得有必要增大压力以迫使宋和韩配合这项计划。结果，关东军头目调动了1.5万名士兵，在包括两个轰炸机中队的空军支持下，进入山海关和古北口地区。11月18日，土肥原给宋发出了最后通牒：要么在11月20日宣布自治，要么关东军占领河北。让宋和中国政府幸运的是，土肥原做得太过分，东京的政治和军事领导人并不准备在这个时候冒战争的风险。

土肥原完全是超越了自己的权力，期望像以前一样，中国能很快投降。东京的日军司令部致电其在中国的代表：“华北自治运动必须作为一个征服国策的组成部分来实施，非陆军所能专断。尽管有传言说华北自治运动将在本月二十日前后宣布，这件事必须慎重考虑，并在我们听取对有吉大使意见的反响后，以及根据它将要对〔伦敦〕军事大会产生的影响并根据其他外交考量做出决定。”[60]

那时一切皆不明朗。中国、日本和西方等许多观察家均认为土肥原将会成功。日本媒体确实反映了这种看法。《日日》报道说：“几天之内，一个自治的华北政府将要诞生了。这件事将成为中国北部省份8000万人民的一个喜庆的消息。新政权致力于为所有生于斯的人民创建一片王道乐土。”《报知》称：“人们所熟知的巨大而富饶的领土

‘华北’很快就要脱离南京政权而完全自治了。自治的最后决定已在北平举行的华北政治和军事首脑们的会议上做出。河北、山东和察哈尔省已经加入了这场运动，而山西和绥远也将会预期跟从。”《报知》认为，这场运动不仅将在北方建立一方“王道乐土”，而且还有助于在南方消灭国民党。“新政权的出现将被证明是对南京致命的打击，迄今为止，南京的存在相当大的程度上是依赖北方的财政来源。”[61]因此，土肥原让许多人相信这个计划的成功为期不远了。

给人这种感觉的一个理由是宋哲元表面上与日本人勾勾搭搭。在大多数观察家看来，宋是旧式军人，与蒋介石没有真正的联系。尽管1933年他的二十九军在长城进行了英勇的抗战，但没有人认为他将会或者能够顶住土肥原的要求。也没有理由怀疑南京会采取坚定的立场来支持宋。尽管如此，宋在私下里每天与中央政府保持联系，告诉他们他想抵抗，但需要支持。蒋在11月16日电令宋，督促他下定决心。蒋称，中央政府和中国人民全都支持并依赖他。宋犹疑地在11月17日要求给予更加具体的支持，蒋则在11月19日和20日答复了他。最后，蒋说服宋拖延并不理土肥原的最后期限。他答应向有吉提出华北问题，并派何应钦到北平作为南京政府的代表。尽管何在形式上仍然是军事委员会北平分会的委员长，但他已在南方待了好几个星期。有了这些保证，宋任由11月20日的最后期限自行逝去。[62]

评价宋在这次危机中的动机是很困难的。他确实不想成为日本人的一个傀儡——这从他在1935年的行动及1937年战争全面爆发后他的抗战来看，基本可以肯定。尽管如此，这些日子里，宋也许要了点花招，以便提高他的地位。按照有时充当蒋—宋传话人的刘健群的说法，宋并不愿意顺遂日本人的愿望，但想从蒋那里获得比已经得到的更加坚定的支持保证。如果与关东军开战，宋不想被抛弃。其他人把宋视为利用自己的地位，以一方要弄另一方，从而使南京和日本都向他让步。毕竟，宋从冯玉祥的一名部下很快升为两个省的军事领导人。黎令勤指出，蒋同意解除商震的河北省主席的职务，并把他的军队撤到河南，以此获得了宋的忠诚。曾驻扎在天津的商的三十二军，被宋的部队取代，使宋成为中国留在河北的唯一重要的将领。

某些学者，如中国的历史学家徐铸成认为宋只是在犹豫，在一个难以捉摸的局势中无法决定哪种行动是最好的。按照徐的说法，宋的顾问们分成两派。一派以秦德纯为首，反对与日本签订任何令人不快的协定，并在谈判中主张坚决抵抗。另一派以萧振瀛和张自忠为首，主张安抚日本，并与南京保持更大的距离。宋两边的话都听，且依然犹豫不决。不论他的确切动机是什么，宋并没有在 11 月 20 日签署最后通牒，而关东军也没有发起攻击。[63]

其间，日本当局在北平和天津均企图恐吓他们的反对者。日本宪兵在 11 月上旬加强了对有敌意的中国人的逮捕。在那些被捕的人中，有 6 名天津审查机构的官员、2 名市社会局的官员、1 名二十九军在北平的参谋、2 名铁路职员和 1 名塘沽的公共安全官员。有几位商业和金融领袖被拘留，其中包括天津总商会的 2 名官员。

当 11 月 24 日以国立北京大学校长蒋梦麟和胡适为首的教育界领袖发表反对自治的声明时，日本宪兵把矛头指向了无数的教育界人士。在被捕的人中，有天津商学院和法学院的院长及其艺术系的主任、河北大学的 1 名教授，甚至有天津市图书馆馆长。蒋梦麟在他的回忆录中回忆其被拘禁时的情景说："当我进入河边将军的办公室时，我听到了钥匙的嚓嚓声，这说明我身后的门被锁上了。"蒋见到了一名“士兵站在门边，拿着一把抽出的手枪”。日本人谴责蒋的抗日活动，并企图说服他去大连。当蒋拒绝合作时，他们最终释放了他。南京再次对这些逮捕进行抗议。[64]日本特地把矛头对准河北的教育机构，因为他们把这些机构视为抗日活动的中心。由于不满中国学校中使用的教科书是反日的，并因此在学生中间造成了强烈的反日情绪，他们要求清除令其不快的作品。11 月 13 日，天津市长同意成立一个审查委员会来清除学校课本中所有反日的言论。[65]

日本宪兵的行动，与军事上的耀武扬威和空中的飞越相配合，在北平和天津制造了紧张的气氛。许多中国人受到了恐吓。在天津的重要报纸、声望素著的《大公报》成了日本人大肆施加压力的对象，包括对其记者的拘押，并由审查者对令日本人不快的社论加以罚款。结果，这家报纸准备南迁。报社的主要负责人来到上海，1936 年 4 月在那里开始发行一个分版。这次行动令人认识到河北的气氛实在太冷酷，以至于报纸无法继续下去。[66]尽管如此，如果我们做一回顾，可以看出日本的行动失败了，这是因为它唤醒了大众特别是学生，甚至促成了更大的抗日怒潮。日本军方的许多人断言这种方法适得其反，后来这类行动降低了强度。

尽管如此，当 11 月 20 日蒋介石会见有吉时，华北局势似乎一触即发。蒋采用了詹姆斯·克罗利所说的“胡萝卜加大棒”的政策。他表示钦佩广田的三原则，但指出在华北的骚乱将阻止签订一个总的条约。[67]蒋甚至说他个人是赞成三原则的，但立即把这种赞成与华北问题联系起来。至于“经济提携”，蒋对具体让步提出了一个总协定作为诱饵，以获得承认南京在华北方面的权力。有吉直言不讳地宣称，关东军支持自治运动，而南京必须同意北方某种形式的自治。另外，日本将无法容忍任何镇压“群众”运动或把中央军派到北方的打算。蒋反驳说，北方民众支持中央政府，而土肥原贤二炮制了这场自治运动。蒋照会有吉他正派遣何应钦北上，但有吉警告说何的北上太晚了。[68]蒋和有吉的会谈不仅没有解决任何问题，而且有吉把蒋的谈话理解为中国接受了“广田三原则”，并向东京做了汇报。蒋后来宣布根本没有准备打算这样接受。[69]

在与有吉会谈之后，蒋给北方的领导人发出了另一组电报，夸大了他在会谈中的成功，以便劝阻他们与土肥原合作。在 11 月 22 日给宋哲元、韩复榘和商震的一封电报中，他称有吉保证日本军事当局将不会用军队支持自治运动，而且土肥原的话并不正式代表关东军。他重申南京将不承认任何自治安排。[70]

其间，土肥原贤二在北方面临着一个难堪的局面。由于已经公开地提出了 11 月 20 日的最后通牒，而他却缺乏力量来执行它，且被迫宣布推迟实行更大的自治方案。在此过渡时期，他实施了关于河北非武装区一个次要的自治计划。11 月 24 日，非武装区亲日的警察队司令官殷汝耕宣布其区域“独立”。次日，建立了冀东防共自治委员会来统治这块 22 个县的地区（其中包括 11 月增加进来的）及 500 万—600 万人民。“独立的”冀东实际上处于日本的统治下。关东军已经给各个重要县的部队委派了顾问。[71]

土肥原把冀东的独立仅看作是他能够采取进一步压力前的一个临时步骤。他特地催促宋哲元加入冀东委员会，然后宣布成立北方防共自治委员会。其时，南京企图阻止这场运动。11 月 26 日，行政院撤销了殷的所有职务，并下令把他作为叛国者加以缉拿。如前所述，蓝衣社把殷放在了他们的敌人名单上，并对他策划了未遂的暗杀。所有这些都没有阻止殷。他把首府设在离北平仅有 12 英里的通州，并经常前往北平，在那里很惬意地花费着他在新职位上聚敛的私人财富。[72]

在对殷使用“大棒”时，南京对宋哲元则竭力使用“胡萝卜”。也是在 11 月 26 日，南京委任宋为冀察绥靖主任，使他成为两个省的大权独揽的中国军事指挥官。将要回到华北的何应钦被授予一个政务头衔，担任行政院驻北平的办事长官。南京想羁留宋的忠诚。蒋在打击殷的同时，则授予宋一个地位更高的头衔，希望阻止宋参加冀东委员会。[73]

日本军方对南京干预北方感到恼火，次日便做出反应。11 月 27 日，占领北平西南方的丰台铁路中转站，并切断在天津的铁路交通，有效地把这两座城市与中国南方孤立开来。这次行动的借口是有传言说南京想把火车车皮转移到南方。日军在长城增兵，并且，据某些报道说，新增的 3000 人部队被派到河北。这些举措的政治意图显然是逼迫河北领导人加入自治运动。[74]

蒋不能直接反对这次施压。南京对占领丰台提出抗议，而蒋给北方的领导人发出了另一轮的电报，督促他们与何应钦合作。他指示何向北平的知识界领袖如蒋梦麟和胡适重申南京不会放弃北方。显然，如果华北能被挽救的话，何的使命至关重要。[75]

由于面临直接的军事威胁，宋哲元在 11 月 27 日照会土肥原，他将在“一两天之内”支持自治，但一直拖延到 12 月 3 日何应钦到达北平后才批准。尽管如此，何的使命的成败，不是由北平而是由东京所制定的决策来决定的。日本政府尽管已决定不支持土肥原使用武力，但也不愿完全终止它的分裂华北政策。11 月 22 日，军部、海军省和外务省决定，理想的解决方法是让宋哲元发表一份“温和的自治声明”，这项措施在 11 月 25 日被冈田内阁批准。宋发表的这份“温和的自治声明”就是同意北方在财政和金融上独立。同时，东京将与蒋介石在“广田三原则”的基础上进行谈判。[76]

何应钦面临着与北方的中国官员、并间接地与日本官员进行紧张的讨价还价的时刻，他竭力寻找一种既可以迎合日本又能为南京和北方的军事人物所接受的方案。宋哲元一度感到双方的压力太大，干脆到山西去暂避。最后，何达成了一项妥协。12 月 11 日，南京设立了由宋哲元担任委员长的冀察政务委员会。从南京的观点来看，该机构将保护这两个省中某些形式的中国主权，它的设立和成员任命均由南京掌握。许多日本军国主义者反对这种形式，但在东京被驳回。

从日本方面来看，这个机构具有某些在“温和的自治”计划中阐明的特征。该委员会具有巨大的独立性和权威，而且其组织声明宣布它将致力于中日合作的相互利益来反对共产主义以及华北与伪满洲国之间经济的一体化。尽管由南京来委任，但该机构的成员，接纳了关东军和天津驻屯军提出的许多亲日官员。具体说来，前安福系的成员，如王揖唐、高凌霨都被包括在内。没有一名国民党的成员。宋哲元以主导者的形象出现；商震被委任为河南省主席，而他的军队也撤到了该省。总之，双方均达到了他们的部分目的，战争被避免了。[77]

蒋介石在 1935 年 12 月 12 日向中央政治委员会解释这项新的安排时，称何的代表团已阻止了一个自治要求。蒋解释说，该委员会不是一个新的结构，而是与在广州的西南政务委员会形式上相似，而且，在它的名称中并没有“自治”一词。在他的日记中，蒋记载道，他挫败了自治运动，并赢得了一场精神战的胜利。[78]

并不是每个人都与蒋有着同感。由于中日谈判被某种诡秘所遮盖，并由于像《塘沽协定》和《何梅协定》这些以前协议的条款从未正式公布过，怀疑多如牛毛。特别是在北平，何应钦没有再次向知识界的领袖们做出保证。正如北京大学的政治学家张忠绂所写的那样，环绕着中日协定的诡秘，“一、增加对日本恨恶的心理，二、怀疑本国的政府并仇恨一切办理对日交涉的人员”。[79]清华大学的张奚若对蒋介石的话做出回应，他写道：“所谓外交，就是退让，就是屈辱。”他断言，像《塘沽协定》《何梅协定》以及目前的解决方案之类的协议，“增加我们的束缚，巩固我们的锁链，一步紧一步地要置我们于死地”。[80]

正如可能预料到的那样，广东大肆抨击新的安排。《三民主义月刊》攻击何应钦的使命，并把新的冀察委员会说成是一个在日本控制下的自治政府。该刊也提到了有多大部分的察哈尔已经被伪军占领。“过去这个月所发生的事件，证明了中央政府仍然支持不抵抗，且在这项政策下，它将要失掉华北。”[81]与此同时，嫩江战役的英雄马占山将军加入了批评阵营。他援引意大利法西斯进攻埃塞俄比亚的事例，谴责道：“只有遵从阿比西尼亚的先例，并抵抗外国的侵略，我们才能洗去民族的耻辱并收复我们的失地。”[82]

这些猛烈的言辞反映了对冀察局势普遍的不满。尽管蒋讲了话，但大众普遍把这个委员会的设立视为对日本的一个让步，它把对河北和察哈尔的有效统治让给了东京。学生的大规模抗议，即所谓的“一二·九运动”引爆了全国范围的反对新方案浪潮。中国共产党中央委员会发表了一项谴责日本吞并华北及蒋卖国的声明。抗日浪潮（下一章将要讨论）对冀察委员会产生了深远的影响。它在古都营造了一种抗日的政治氛围，提高了那些想抗拒日本要求的政治人物的士气，阻止了那些愿意做傀儡的人。学生的态度感染了官员们和军人。甚至连日本人也逐渐认识到向中国施加压力已经适得其反。如果日本想从政治上控制河北，它将不得不直接使用军事手段。

因此，即使冀察委员会包括许多对日本友好的人事任命，但它仍然维持与南京的关系。例如，铁道部长张嘉璈在其回忆录中回忆了与宋和该委员会打交道的情形。他访问北平并搞出一份计划，使北方剩余的铁路资金能够被用于疏浚塘沽港，这是一个由日本人促成的项目。宋因此满足日本人的要求，而又继续合法地通过南京来工作。张也把食盐和海关收入转用于宋的军费，以努力保证他的忠诚。[83]另外，尽管该委员会的工作方式没有满足日本人的要求，但用詹姆斯·克罗利的话来说，它的设立“无法掩盖日军在华北省份急剧地剥夺南京政府权力和威望的事实”。[84]

冀察委员会与殷汝耕的冀东委员会的关系很紧张。最初，日本人似乎已考虑把两个机构合并。然而，由于宋的组织与南京保留着关系，殷汝耕的机构在 12 月 25 日宣布自己是一个独立的政府，并把它的名称由“委员会”改为“政府”。殷切断了与宋的所有联系。土肥原至少公开地表示希望这种分裂可以被解决。他告诉记者：“自治委员会的组织开始并没有走华北人民所希望的那条路”，除非殷和宋最终能够解决他们的分歧，并把两个机构合并起来。但土肥原不会预测这件事何时会发生。他向记者解释说：“由于他们是中国人，我们必须给他们时间。……他们是那种不急不忙的人。”[85]

土肥原未能完成他的完全公开的自治计划，使他丢尽了脸面，并进一步恶化了他与华北驻屯军多田骏长期以来就非常紧张的关系。后者不满作为关东军一员的土肥原的活动，并把这视为自己的地盘。土肥原组织了许多亲自治阵线的组织和示威；而当他的计划失败时，他指责多田没有给予足够的支持。土肥原认为如果多田配合的话，本来可以给宋哲元施加更大的压力。这场争吵变得如此激烈，以至于东京派喜多诚一到中国来调解。最后，在 1936 年 3 月，土肥原被召回到日本。他未能把五省从中国分离出来，但在河北和察哈尔破坏南京的权威方面收获颇丰。[86]

因此，1935年底给日本人带来了新的收获。尽管土肥原逾越了他的权力，并且未能获得全面胜利，但关东军头目认为将来的压力会成功地把宋哲元及其冀察委员会推向日本阵营。无论如何，南京避免了一场在北方的彻底失败，蒋介石仍然没有走到“最后关头”。

和平内阁

1935年12月初给南京政府带来了重要的变化。蒋介石代替汪精卫出任行政院长，而同时保留军事委员会总司令一职。在党内，蒋是排在胡汉民之后的中央执行委员会常务委员会的副主席，并且是排在汪精卫之后的中央政治委员会的副主席。由于胡和汪皆在海外，蒋在两个位置上均担任了“代理主席”。蒋担任的党、政府和军队元首的正式职务，比以往更有权力，并且，越来越多的人称他为“中国的独裁者”。

在政府的构成上也发生了惊人的变化。为了填补汪精卫及其派系辞职造成的空隙，蒋介石转向所谓的“和平派”。这些人中的大多数曾在日本留过学，保持着许多日本的关系，并被视为赞成中日总协定。蒋和黄郛的结拜兄弟张群出任外交部长。前驻日大使蒋作宾成为内务部长。何应钦继续担任国防部长。内阁中的新面孔是吴鼎昌，他曾率领经济代表团赴日，现在成为实业部长，而银行家张嘉璈担任铁道部长。据张群的回忆录，蒋选择这些人是由于他们无数的日本关系。他希望他们的关系将促成与日本暂时的和解。[87]

政学系主宰了新内阁。蒋已越来越依赖这个派系。随着汪精卫系的衰落，政学派是唯一被东京接受的派系。CC派、蓝衣社和欧美派均被视为反日的。随着黄郛淡出政坛，新的外交部长张群以这个派系中主要元老政客的形象出现。黄和张早年曾介绍杨永泰进入蒋的幕僚，这使该派系开始飞黄腾达。除了张，吴鼎昌和张嘉璈被看作与这个派系是一路人，而蒋作宾则被视为是杨永泰的故交。

不过另一场暗杀又造成了政治骚乱。12月25日，唐有壬在他的上海法租界寓所被人枪杀。唐曾是外交部次长，主张绥靖政策，且与汪精卫是同路人。当汪离开中国时，唐辞去了外交部的职务，而在新的内阁中被任命为交通部次长。该机构是汪精卫系的最后一个据点。在许多方面，唐的被刺与汪的枪击案相似。大众舆论把这次事件归咎于唐的绥靖政策。日本人对这次事件和失去一位日本的朋友表示失望。最后，刺杀导致了蒋汪之间剧烈的敌意，并清除了内阁中汪的最后一位支持者。[88]

尽管在华北发生了动乱和危机，张群仍积极地寻求全面的对日和解。在就职不久之后的一次新闻发布会上，张强调中国在平等和友好的基础上与邻国达成和平的期望。他引用蒋在第五次全国党代会上的讲话，重申中国愿意在尊重主权的原则下进行和谈。张群和蒋介石均会见了有吉，并重提中国早期的建议——如果日本承认中国在华北的主权，就愿意与东京商谈更广泛的问题。张也决定避免任何更加“地方性的”解决方法——何应钦的使命被搁在了一边——并且他指示省级官员要把所有谈判提交给外交部。[89]

尽管东京外务省的官员期望一个更加广泛的解决方案，但他们的手脚被军方的要求所束缚。1936年1月8日该部门的首脑讨论了张—蒋倡议，所得的结论是南京政府将不得不承认日本在解决华北问题中予以“指导和建议”的权力。由于这对与南京签订一个总协定造成了困难，外务省决定先商谈像经济提携和关税这样的单独问题，所有这些均在“广田三原则”的框架内。[90]

这一进展是如何的困难将很快变得明朗。1936 年 1 月 21 日，广田弘毅在日本国会发表演讲，并在他非常乐观的讲话中重申他的三原则。广田对原则的阐述，有些不同于以前的说法。他的第一点关注消灭在华的抗日活动，但他强调日本并非仅是想要武力镇压，而是“与日本进行积极和有效的合作”。第二点，广田坚持最终承认伪满洲国是华北和平的必需。尽管南京仍然不愿承认，但广田说通过设立冀察政务委员会，华北局势的紧张被极大地缓释了。最后，他重申日本愿意与中国合作反对共产主义。广田讲话中最引人注目的部分是他的总结，他在总结中宣布南京已经接受了他的三原则。“中国政府不仅表示与我们的看法一致，而且最近提出了按照上述路线开启谈判的建议。”[91]

南京立即从广田的声明中抽身。1 月 22 日中国外交部发表的一份声明称，广田是错误的，中国并没有接受三原则。南京认为它们过于含糊，不能作为谈判的基础。该部称，在等待东京具体的方案，但仍未收到。这样的一个误会是如何产生的呢？广田把他的设想建立在蒋介石与有吉谈话的基础上，在这次谈话中，蒋对这位大使说他个人赞成这些原则。张群对这个误会的解释不太令人信服，他认为蒋仅是作为个人而不是作为行政院长在谈他的看法。另外，南京愿意将基于三原则的谈判一直与华北问题的解决相挂钩。[92]

关于三原则的口舌之争对和谈是个打击。广田显然丢了脸面，他一度受到来自日本极端分子的压力。为什么南京发表这样一份尖锐而又极快的否认声明呢？中国的抗日浪潮、亲抵抗的情绪是主要因素。1935 年 11—12 月的危机引发了群众情绪的快速增长，最引人注目的是“一二·九运动”和全国救亡运动。党、政、军中亲抵抗情绪的增长强大到足以迫使南京否认它接受了广田的原则，至少，如果它们没有与适当的华北解决方案挂钩的话。中国大众对南京的否认声明并非完全满意。正如胡适所写的那样，政府采用的秘密外交注定了中国人民和外国政府均对外交部的声明极不信任。[93]

不过，如果能保持南京在北方的某些作用的话，蒋介石仍然决心避免冲突。正如蒋在广田演讲的喧嚣过后不久对矶谷廉介所说的那样，蒋告诫道："我担任行政院长的职务是由于我真诚地希望调整我们两国之间的关系。如果这次机会失去了，我怀疑是否会有下一次机会。"另外，蒋明确地说，只有在日本"严格地尊重中国的主权，并不做任何容易被视为侵略的事情"时，和平才能维持。蒋承诺，如果日本同意，"中国将准备营建更加密切的关系，甚至包括军事和经济同盟"。[94]

蒋再一次对和谈采取了"胡萝卜和大棒"的政策——合作的诱惑被冲突的前景所平衡。尽管如此，广田演讲所引起的喧嚣，说明没有汪精卫或黄郛作为政治盾牌，蒋介石只能走得这么远。当日本温和派面临着来自激进分子的麻烦时，中国调和的势力正承受着压力。矶谷了解蒋的压力，但却不予同情。在2月上旬，他返回日本，并告诉记者："蒋政权利用迫使宣布废除不平等条约及仇视日本和'满洲国'的势力来维持权力。如果蒋总司令公开与这些势力决裂，可能会让他自己突然垮台。"矶谷认为如果蒋寻求和平，他就必须努力。他说，日本所盼望和要求的是"那些令人厌恶的势力——它们成了蒋政权中的恶瘤——被清除掉，从而实行一项坦诚和友好的政策"。[95]换句话说，如果蒋想让日本军方满意，那他就必须放弃国民革命的全部遗产，并倒向日本的怀抱。但蒋愿意或是能够走得这么远吗？在1936年1月，对中国大众来说，答案似乎不太明确；但随着这一年的进展，答案变得明朗了：蒋不会或是不能这么做。

1935 年下半年发生的事件，已经震动了中国政坛。汪精卫枪击案和唐有壬的被杀使汪精卫系被赶出了南京政府。如果蒋想寻求和平，他能够依靠并且也能被日本人接受的唯一派系是政学系，因此有了“和平内阁”。这个阶段，蒋在军队、党和政府中把他个人的权力巩固到前所未有的程度。不过，这种权力并不能确保他的行动自由。当南京施行诸如法币改革之类被日本人反对的政策时，结果可能增加了中日之间的紧张气氛。

由于土肥原决心分裂华北，此时，地方领导人之间的平衡越来越受到日本人本身的威胁。甚至在蒋介石在中国西部地区扩张其权威时，他也不得不与日本人妥协，并给河北和察哈尔设立一个新的政治机构。冀东地区完全沦丧了。南京表面上推迟“最后关头”的愿望，面临着日本无穷无尽的要求，这继续挫伤民众对政府的信任。

第八章
群众的抵抗浪潮

从1934年10月《敌乎？友乎?》的发表到1935年11—12月的自治危机，南京政府继续坚定地贯彻不抵抗的政策，甚至把日本称为“友邦”。随着1935年局势的进展和日本在华北计划的水落石出，中国民意对绥靖政策越来越无法容忍。到了年底，在遍布全国的学生示威运动的鼓舞下，全国救亡运动在中国造就了一种新的政治氛围。“民意”给中日戏剧中以前的角色增加了活力。蒋介石和南京政府发现由于民众的压力，他们的选择余地是有限的；诸如日本资助的华北走私这样的问题就无法隐瞒下去。像宋哲元这样的地方领导人由于担心他们自己部队中救亡情绪的传播，是不会对日本人显得太驯顺的。对日本军国主义者来说，他们慢慢地明白了对华北的统治不仅仅需要一些地方将领的默认，还需要镇压群众的力量。日本发起的行动现在不仅遇到来自南京蔑视它的官员们的抗议，而且时常遇到诸如遍布成都和广东南部各地的暴力行动。中国的政治环境由于民意的高涨而被剧烈地改变。

由于共产党是中国最终的胜利者，学术界以前在研究学生和全国救亡运动时，主要基于他们与中国共产党的联系这样的视角。西方学者一直强调诸如关于实行统一战线的国内党派政治，共产党对学生和救亡组织的秘密领导，以及在发表了呼吁建立统一战线的《八一宣言》后群众对共产党的反应等视角。由于学界对救亡和学生运动的研究沿着这条途径发展，学者们通常几乎忽略了它们对1936—1937年国内及国际局势的影响。在本书中，我将不再梳理关于共产党作用的旧背景，而是从一个不同的角度即它对国民党政治及其政策的影响，来考察亲抵抗运动的发展。[1]

有一点必须弄清楚：抗日运动的激发主要是由于日本的侵略。日军没完没了地施加压力所激发的众怒，与对蒋介石的深层担心——为了保住他的政治地位，可能会与东京结盟——融会在一起。我们回过头来可以看出，蒋不愿这样做；但在1935年，此事并不明朗。结果，学生、教师、商人、职员和工人等开始组织起来。民意变得越来越重要。

如同“前言”中已说明的那样，在中国，民意包含不到10%的人口，主要是大城市的人口。民意也不能直接左右政府，蒋介石和国民党并不面临着普选。不过，民意具有影响力。尽管在这10年中蒋的军事基础扩展了，但南京政权仍然相对较弱。它的财政基础很小，它对地方政府的控制是有限的。即便蒋打败了许多地方性的对手，但中国的军事构成仍然包括那些效忠于其上司而不是效忠于中央政府的军队。南京当局的一个有力武器是它掌握着孙中山的革命遗产和由此带来的威望。这些因素加上它的军事实力，使南京有别于先前软弱的北洋政府。由于对南京对日政策的不安和失望从学生中蔓延到政府官员和部队的军官中，即使“中国的独裁者”也不能对民意熟视无睹。蒋在要求结束内战并抗击日本的群众情绪与他的优先打败共产党并延迟与东京的任何冲突之间，处境越来越难堪。

重新兴起的学生运动引发了赞成抵抗政策的民意的蓬勃发展。

自 1932 年相对沉寂的学生激进主义在 1935 年底，特别在华北急剧形成。1935 年夏日本势力的推进、“自治”运动以及日本宪兵对包括教育界领袖在内的中国人的逮捕，激起了北平学生团体的愤慨。如前所述，具有讽刺意味的是，学生抗日激进主义的成长，实际上得益于《何梅协定》。像宪兵一类的南京机构在河北曾有力地镇压了教育界中的左翼分子。随着国民党这些机构的撤离，左翼分子以及更多激进的学生领袖有了更多的自由来从事他们的抗日活动。日本人和宋哲元均不能有效地搜出学生激进分子。燕京大学和清华大学中的气氛特别宜人。[2]

实际上，河北教育机构中的教师和行政管理者最早促发了这场运动。在蒋梦麟的领导下，他们一再把自治运动斥为一场骗局。日本人对包括蒋在内的几名骨干领袖的拘禁，不过是为河北校园中的抗日气氛火上浇油。[3] 两件事使学生的活动升了级：11 月 24 日殷汝耕的自治运动和 12 月 3 日何应钦的到来。学生把何看作是卖国的《何梅协定》的始作俑者，并认为他将要向日本人屈服。北平和天津学生发表声明，要求抵抗，并直接挑战蒋介石 11 月 19 日的演讲。他们对他的话进行嘲弄，质问道：“和平岂尚有望？最后关头岂尚未到？”中国人必须记住埃塞俄比亚的前车之鉴，进行抵抗。[4]

学生运动在 12 月 9 日和 12 月 16 日的两次大游行时，达到高潮。学生抗议使北平两次陷入瘫痪，宋哲元下令关闭城门和切断电车路线。尽管采取了这些措施，学生示威者仍在市内游行，散发抗日传单，高呼反对自治的口号，并要求面见何应钦。12 月 9 日的活动激发了该地区的学生主体，并导致了 12 月 16 日有 7000—8000 人参加的更大规模的示威。学生罢课遍及该地区几乎所有的大中学校，学生组织控制了大多数的校园。北平学生联合会要求立即停止内战，抵抗日本帝国主义。[5]

示威必然影响到了冀察政务委员会，坚定了那些赞成继续与南京保持联系的人的信念。正如易社强指出的那样：“宋哲元的态度被学生运动极大地强化了”，因为宋“现在有了一道民意的堤防来防备日本人的进一步要求”。[6] 学生与宋的部队和警察之间的关系并非总是顺顺当当的。在 12 月 9 日第一次示威中，北平警察在与学生打交道时实际上非常和缓，对学生运动显示了某些支持。但 12 月 16 日的氛围要紧张得多了。更大规模的示威活动和学生不断上涨的激情导致与警察发生了无数次的冲突。[7]

日本人施加的压力也是北平警察更加强硬地处理第二次示威的一个因素。按照秦德纯回忆录中的说法，日本人曾想派遣他们的宪兵来镇压“一二・九运动”。当时任北平市长的秦，向日本人保证中国警察可以控制局势，并警告他们，如果调派宪兵，结局就是一场灾难，就会发生一场新的五卅运动。秦回忆说，日本人接受了他的看法，没有派遣他们的军队。

秦的处境非常困难。他想阻止对学生的任何伤害，但同时又要绝对保护日本人的生命财产以免给干涉造成任何借口。秦回忆道，对 12 月 9 日的示威，不允许警察佩带武器，只使用消防水管来保护日本人的设施。他还向学生发表演讲，企图缓和局势。当时日本当局向宋哲元控告秦的演讲是反日的。[8] 秦的回忆录可能是在为自己辩护，但日本人施加的压力确实已经导致了北平当局试图采取更大的行动来镇压示威运动。秦德纯向领导者们恳求结束动荡状态，而宋哲元首次禁止示威，并在后来下令平津的学校于 12 月 23 日提前放假。[9]

宋的警察与学生之间的冲突凸显了运动中的一个矛盾。许多学生把宋视为卖国贼，与殷汝耕是一类人。另一方面，学生领袖意识到只有二十九军才能挽救河北和察哈尔。结果，学生组织越来越尽力向这支部队进行宣传，培养抗日情绪。许多学生甚至开始与二十九军一道训练。[10]

“一二·九运动”激发了全中国的学生。示威和请愿活动从北方的天津、济南、保定和张家口蔓延到包括上海、南京、广州和武汉地区的南方重要城市。至12月18日，16个城市中的22个学生组织加入运动中。至这个月底，在32个地区举行了65次示威游行活动，全都要求南京抗日。学生领袖很快组建了像在上海成立的全国救国联合会这样的联合组织，这些机构把学生团体与其他救亡组织联系起来。[11]

学生运动的爆发再一次把南京置于一种难堪的境地，使它处于日本的压力与中国民意的夹击之中。南京不得不控制学生，否则就要看着它努力建立的“和平内阁”流产。但此时抗日情绪是如此强烈，镇压实际上是为运动火上浇油。12月19日，教育部长王世杰下令禁止进一步的示威游行。全国学生却以更加猛烈的抗议浪潮来回应。[12]急于制止运动的南京，开始逮捕学生领袖并封闭校园。12月20日，政府在沪宁地区宣布戒严令，后来又发布紧急状态法，以增加其镇压示威游行的权力。[13]

蒋介石把镇压与努力取得学生对他的政策的支持结合起来。他提出在1936年1月中旬召开一次教育界和学生领袖的会议，以便政府可以直接面对学生来解决问题。并非所有的学生组织都接受了蒋的邀请。北平学生联合会拒绝委派代表，称蒋从未履行在“九一八事变”后召开的一次类似的会议上所做出的承诺。按照学生的说法，蒋介石那时曾发誓在三年之内收复沦陷的领土。他们愤恨地说：“四年过去了，不但没有努力收复失去的省份，而且热河和冀东以及察北的六个县也沦于日本的统治之下。”他们断言：“政府领导抗日无方。”[14]

尽管比较激进的学生组织不予理睬，但教育界会议在1月中旬还是如期召开了。1月15日，蒋亲自向学生发表演讲，再次为他的对日政策进行辩护。他否认南京默许了日本的统治。他猛烈地抨击南京与日本达成秘密谅解的谣言。他称，不论是《上海停战协定》还是《塘沽协定》都没有秘密条款，而《何梅协定》事实上并不存在。他保证：“我们革命的国民政府，绝不会签订任何丧权辱国的条约。”[15]

蒋重申他那镇压共产党乃头等大事的观点。他称，江西共产党是他最为关注的事。随着他追击红军进入四川、贵州和云南，他不但“歼灭”了共产党，而且置这些地区于中央的统治之下。蒋称，他的成功令日本人产生警觉，他们因此对河北发动了侵略行动，以阻止中央进一步统一西南地区，以此希望把他的军队从四川调到河北来。他说他已看穿了这个阴谋，并满足日本的要求，把中央军、党的机构和特务从河北撤出。蒋说，所有这些举措都不损害中国的主权，因为河北仍驻扎着中国军队。宋哲元和二十九军遵从中央的命令。蒋以一个保证来做结论：如果和谈破裂，日本的侵略继续下去，南京准备做出最后的牺牲。[16]

蒋1936年1月15日的讲话表明，他自1931年以来的想法基本未变。尽管被自治危机搞得焦头烂额，但他仍然声称“剿共”战争必须优先于抗日。他看上去还是愿意进一步妥协以避免与东京开战。亲国民党的学者开始怀疑学生领袖的诚意，指责他们主要关心的是挽救共产党的灭亡，而不是真的希望抗日。虽然这场运动中的许多领导人与共产党有联系，但这肯定不是绝大部分加入正义的抵抗运动者的初衷。实际上是蒋介石本人如此明显地在把内战和抗战问题联系了起来。他坚持把“剿共”战争放在优先地位，甚至在面对日本确切的华北计划时，也造成了停止内战和抵抗日本的争论。

邹韬奋与全国救亡运动

“一二·九运动”激发了全国民众的舆论。学生组织与知识界领袖，特别是像一直赞成抵抗的宋庆龄这样的左派人物共同合作。学生和知识分子一道打造了一场更广泛的全国救亡运动，致力于抗日纲领和国共统一战线。赞成抵抗的全国救亡运动实际上从未消失过。20 世纪 30 年代宋庆龄曾一再组织这类运动，得到了何香凝（廖仲恺遗孀）以及诸如鲁迅、茅盾和丁玲之类文学巨匠的支持。[17]但直到 1935 年底，在拖延未决的华北危机引发民众支持抗战的浪潮之前，国民党的镇压成功地扼制了这场运动。学生运动的突然爆发，加上中国共产党在《八一宣言》后的新政策，创造了一种更加强烈的激发全国救亡运动的气氛。

也许这场新运动最重要的因素是前《生活》和《新生》撰稿人的领导。它某种程度上是邹韬奋领导下的赞成抵抗的立场，这曾促进它的发行，使之成为当时读者最多的期刊。尽管邹于 1933 年 7 月被迫离开中国，《生活》也于同年 12 月被查封，但它的大多数读者支持杜重远主编的后继刊物《新生》。尽管因——或可能由于——该刊评论了日本天皇，南京对该刊进行了镇压并判杜入狱，但前《生活》一班人立场坚定地领导了这场救亡正义行动。

当邹韬奋知道了杜被捕和《新生》停刊时，他尚在美国。他立即赶回中国，在 1935 年 8 月抵达上海。[18]尽管邹的主要刊物被南京查封了，但他仍然有一个在上海生活书店中的行动基地。早些时候，这家企业曾是中国最成功的出版和发行企业之一。尽管如此，至1935年，政府的压制已削减了它的规模；但它仍然是《生活》一班人思想传播的一个渠道。在邹不在时，银行家兼作家章乃器曾是这家企业最活跃的领导者之一，他在1934年出版了一部400页的文集，其中许多文章是针对日本问题的。1935年1月，张仲实成为这家企业的经理。张曾在苏联受过教育，在公司活动中推行了一条更加强硬的左翼路线——一条同情邹最新倾向的路线。[19]

邹的当务之急是创办一家新的周刊。尽管有政府镇压的威胁，但他仍于1935年11月16日创办了《大众生活》。该刊的名称反映了邹这一方复杂的动机。“生活”一语说明了新刊物与以前刊物的一致。“大众”一词揭示了邹的思想更加强烈的“左”倾。他在海外旅行中，曾在苏联待了相当长的时间，并由衷地被苏联所感染。不论如何混杂，《大众生活》很快达到了它的前两份刊物的发行量。某些消息实际上证实，在它的高峰时，每期发行了将近20万份，这可能比以前的《生活》要多得多。[20]

《大众生活》的开始出版，正是民众对华北危机的关注达到顶点之时。邹强烈的亲抵抗路线再一次造就了刊物的显著成功。早在1935年11月发行的第三期中，它登载了具有轰动效应的关于中国驻日大使接受了“广田三原则”的报道。邹着重强调中国如果能被挽救的话，就必须拒绝东京的要求。每一期都重复着抵抗的主题。邹写道：“帝国主义对于所侵略的国家，决不肯因摇尾乞怜而中止，这是很显然的，革命外交是以民族的解放——争取民族的自由平等的斗争——做坚决〔定〕的立场。”该刊还引用了经常被提及的埃塞俄比亚抵抗意大利作为中国的榜样。[21]

《大众生活》开辟了由服刑的杜重远主笔的一个常规栏目《狱中杂感》。尽管杜在谈论其服刑及其原因时很慎重，但他呼吁抗击民族的敌人，并严厉地抨击胡适（作为支持南京最著名的知识分子，他可以作为一个最便捷的靶子）。当然，杜的栏目的最醒目之处是让读者想到了他的磨难，这更增加了《生活》群体的神秘感。[22]

在“一二・九”学生游行期间，《大众生活》已经发行很广，是这场运动向华中和华南地区传播的工具。《大众生活》用照片、现场采访和社论报道了这场示威游行来支持学生。富有煽动性的言论对学生英雄进行了赞扬，该刊登满了在街道和医院中受伤学生的照片。该刊写道：学生运动“这至少使全世界知道中国大众并不甘心做奴隶”。它“至少使全世界知道，投降屈辱，毫不知耻不是出于中国大众的意思”。[23]数周间，关于学生的文章分布在马占山主笔的呼吁建立统一战线和抨击胡适的栏目，以及对埃塞俄比亚的报道中。

邹对学生的支持越出了新闻报道的范畴，包括真正有组织的帮助。“一二・九运动”之后不久，平津学生派代表到上海以争取南方的支持。在学生代表给邹提供了游行的第一手叙述后，他就帮助他们与上海地区的学生组织取得联系，并安排访问了几所学校。邹还组织了学生代表与诸如章乃器、王造时、沈钧儒和沙千里这样几位知识分子之间的讨论。这种基本的工作引发了像 12 月 24 日上海游行这样的活动，这些全都是对“一二・九运动”的支持。[24]

如果不是亲抵抗分子的组织，学生游行示威的影响也许很快就会消失（就像“九一八事变”后那样）。在整个 1935 年 12 月和 1936 年 1 月，全国无数的救亡组织在上海乃至全中国建立起来，全都献身于停止内战的纲领并致力于团结抗日。这些后来合并成了一个全国性的联合会的组织，把学生、知识分子、职业工人等联合到了一起。据松本重治所说，运动像野火一样蔓延开来，远远超出了政府所能控制的范畴。[25]

邹韬奋是这场运动的关键人物。他和其他亲抵抗的知识分子组织了上海文化界救国会，于 1935 年 12 月 12 日发表了第一份宣言，要求在中国的领土上保留中国的主权，呼吁外国军队和傀儡组织全部退出冀东与满洲。在华北不应再做进一步的退让，政府必须征召全国所有的力量来抗击日本。由德高望重的马良领头，超过 200 位著名的知识分子在这份宣言上签了名。[26]

该救国会的著名领导人中包括邹韬奋、章乃器、陶行知、王造时和沈钧儒。大多与黄炎培和职业教育社有联系，或曾经一道在民权保障同盟工作过。陶行知曾是哥伦比亚大学约翰·杜威的学生，多年来一直是大众教育运动的一名活跃分子。王造时曾获得威斯康星大学政治学博士，在上海担任律师及光华大学的学院院长。沈钧儒具有极长的职业生涯，包括在清政府中的任职以及与孙中山的关系。1935 年，他是上海的一位知名律师。[27]

文化界的团体是全国所组织的许多救亡机构中前所未有的一个。12 月 21 日，数百名妇女积极分子组织了上海妇女界救国会。主要的领导人包括何香凝和一名与宋庆龄关系密切的律师史良。[28]其他团体包括上海新闻记者的组织（其宣言强调新闻公开的必要）、一个大学教授的救亡组织、一个大中学校学生组织的联盟，甚至包括一个电影业的组织。后来上海的一名律师沙千里组建了一个职业工人的救亡组织，而陶行知则建立了一个全国危机教育协会。[29]

这些组织参与集会、请愿活动、发表宣言及宣传和教育工作。学生和非学生组织均竭力寻求阻止在华北与日本的任何妥协，而进一步拓展抵抗事业。在组织上海各界救国联合会时，各种组织的活动达到高潮。数千人参加了1936年1月28日（选择这个日子以纪念1932年上海“一·二八”事变4周年）的集会，在这次集会上成立了这个组织。[30]

全国救亡运动激怒了蒋介石。南京想镇压它而又不至于引起点燃民众舆论的事变。1936年2月11日，政府发出一个警告，说这场运动被共产党控制，他们利用了人民对日本势态的失望，在幕后进行操纵，用它来谋取政治利益。[31]南京还向救国会的领导人施加压力。邹韬奋报道说，刘健群（蓝衣社的一名首领）和张道蕃这两名官员找到他，露骨地暗示邹，如果他不减少对南京的批评，他就要冒承担严重后果的风险。根据邹后来对这次会谈的回忆，他们暗示如果他合作就予以金钱回报，来淡化威胁的味道。

邹与杜月笙商量了这件事，这位青帮首领同情抵抗运动，而又与蒋介石和戴笠有着非同一般的关系。杜建议邹陪他到南京与蒋直接讨论抵抗问题。戴笠亲口保证邹的安全。邹在与密友商谈后，决定不去南京。他觉得，与蒋的私人会谈将一无所获，而且离开上海这个安全之地，风险巨大。后来，邹称他事实上已经发现了蒋准备把他软禁在南京，而对外称委任他做陈布雷的特别助理。[32]

尽管未能把邹诱骗到南京，但政府对最成功的亲救亡刊物《大众生活》施加的压力却升了级。由于已经禁止了对该刊的邮送，南京又令其停刊。1936年2月29日出版了最后一期。邹向其读者说出了这次镇压，但誓言抵抗侵略的斗争将会壮大起来。“中国民族解放运动当前最主要的内容是抗X反汉奸的民族自卫战争。”[33]

邹没有被南京的压力吓住，他立即着手出版一份新的期刊。他乐观地把它命名为《永生》。这份刊物在被南京镇压前，发行了将近3个月。邹的慷慨语调一仍其前。例如，在《永生》较早的一篇文章中，邹直斥中日经济提携的计划将把中国变为日本的经济殖民地。“如果中国人民不对我们的主要敌人〔即日本〕发动一场抵抗战争，那么，中国将要被毁灭。”[34]南京最终于1936年6月初查封了《永生》；出于个人安全原因，邹从上海避走香港，他在那里滞留了数周。由于从未长时间地缺乏发表自己见解的渠道，邹创办了一份日报《生活日报》。它的出版得到了蔡廷锴的支持，其日发行量很快达到2万份，成为香港发行量最大的报纸之一。[35]

南京官员也企图封住救亡运动其他领导人的口。由于上海市长吴铁城的施压，章乃器被浙江兴业银行开除，并被资助到国外做研究。政府想让章离开中国。他拒绝了资助，而是把他的全副身心和老辣的笔触投入抗日大业中。他在1936年2月写道：“北伐战争时代国民革命军的口号——打倒帝国主义——现在成了一项罪名。”在3月份的一篇文章中，他实际上把蒋介石称为卖国贼：“让卖国贼们高谈他们的‘敌乎友乎?’吧。中国人民已经非常清楚地看到了谁是敌人、谁是朋友。”[36]

南京对单个领袖们的压力并不能阻止全国救亡运动的势头。政府对运动的反对似乎仅仅是为群众的反应火上浇油。当2月底南京公布新的紧急法令增加警察力量来控制示威游行时，救亡者们在上海组织了大规模的抗议来回应。甚至在《大众生活》面临停刊时，上海的一班人开始出版他们自己的刊物《救亡警报》。由于这场运动扩展到了全中国，救亡组织成立了全国性的团体。3月29日学生组织在上海进行了一次集会，随之举行了代表全部18个省和60个不同组织的救亡领袖参加的总集会。[37]1936年5月31日，全国各界救国联合会的成立是组织活动的顶峰。这次会议的宣言中说：“自‘九一八’以来，中国经受了四年零八个月的苦难。”其间，日本已攫取了

“面积达1680000平方公里的领土，占领了六个省，奴役了我们6000万人民，杀害了30万余人。”唯一的解决办法就是“我们所有的军队理应结束内战……并立即采取对敌行动”。[38]

在整个1936年春，全国救亡运动继续发展。正如林百克所说的那样，只有国民党和共产党比全国救亡运动规模更大、更有影响。他写道：“实际上，这是一场没有身份标识、没有正规或系统组织的运动……这场运动像野火一样蔓延开来。”最后他断言：“大多数尚未信仰官方的国民党或是具有共产党党员身份的文化人，都深受这场运动的影响。”[39]

救亡运动的发展破坏了蒋的“先安内”政策，并危及与日本调解的可能性。即使不支持救亡事业的知识分子，也与绥靖政策保持距离。被救亡刊物猛烈抨击、并对学生示威者们没有提供什么支持的胡适，就是一个明显的例子。尽管胡衷心希望免于战争，但他在1935年11月24日告诉他的读者，日本人的要求似乎没有止境，而他私下里对美国大使说，中国可能要被迫进行一场自卫战争。[40]在接下来的夏季里，胡通过纽约的期刊《亚洲》，向美国读者描绘了一幅甚至更加严峻的前景。他说：“25年来，我一直是一位和平主义者”，但“日本将迫使中国应战——我看是别无选择”。[41]

尽管说了这些悲观的论调，但胡适还是利用他的国际声誉来促成中日纠纷的和平解决。1936年4月，他提出了七点建议作为中日和谈的新途径来消除愈演愈烈的敌意。胡的建议在中国、日本和西方媒体上登载出来并引发了大量的评论。就其核心，他告诉日本的读者，如果日本希望解决中日分歧的话，它就必须放弃《塘沽协定》、河北非武装区以及华北的计划。[42]

胡的建议招来了各方的火力。日本媒体非常愤恨，日本人控制的在华刊物提出要把他逐出华北。救亡者们和学生组织通过比较，把胡说成是一个卖国贼，因为他在七点建议中没有谈到伪满洲国的问题，似乎承认傀儡国是一个事实。[43]对胡的建议的反应，说明1936年没有中间立场的基础。一项既让日本人满意、又能为中国“民意”接受的中日调和方案，似乎毫无希望。这是蒋介石“和平内阁”成功的不祥之兆。

日本的强硬态度

1936年群众的抵抗要求并没有像“九一八事变”后那样变弱。国民党内外的政治不满情绪加剧。如果南京能够稳定中日关系的话，那么，蒋也许可以保持他的“先安内”政策。但事实不是这么回事：日本的态度如果某种程度上变硬的话，就排除了成功的外交活动。

日本的政策也并非完全清晰。日本的政治结构被1936年2月26日东京一次未遂的兵变极大地动摇了。尽管这次未遂的兵变在4天内就被平息，但它使整个日本帝国大受震动。从南京的角度而言，兵变图谋基本上是一次正面的事件。在承受日本多年的指责——中国是一个地理术语而非一个政治实体——后，中国领导人幸灾乐祸地看着东京陷入混乱之中。另外，兵变的失败使日本军队中皇道派急剧式微，一般认为它比其对手统制派更加激进。

为了尽可能地恢复纪律，统制派的领导人清洗了军队中可疑的对手，特别是对关东将领们的控制。关东军司令南次郎被植田谦吉取代。1936年4月25日，东京命令关东军司令部把所有华北的文件提交给天津驻屯军，它被改名为“华北方面军”。土肥原贤二和多田骏均被召回。[44]所以，“二二六”的后果似乎在华北产生一种更加稳定的氛围，这种氛围对南京很有利。

事实上，“二二六”以后形成的对南京有利的一面是一种幻觉。统制派的“温和”只不过是与其对手相比而言的；毕竟，东条英机是统制派的一名主要领导人。兵变图谋深深地震骇了东京的政治领导人；而现在步调取得一致的军队，开始对日本的政策采取更加牢固的控制。这甚至在对华外交人事的任命中可以明显地看出来。

1936 年 2 月，有田八郎被任命为驻华大使。蒋“和平内阁”中的外交部长张群对可能出现的外交进展抱着极高的期望，因为他是有田的老熟人。但在东京兵变后，广田弘毅担任了首相，而有田则升为外务大臣。[45]有田想任命后来担任副外务大臣的重光葵出任在南京的空缺，但统制派的领导人基于他对华太软弱而否决这项举措。在另外几位候选人被明确驳回后，东京选择了当时担任天津公使的川越茂。尽管他的级别很低，通常不能担任这个职务，但前几个月中川越对天津驻屯军的支持使他赢得了统制派的青睐。[46]在此后的数月里，川越将在南京被证明是一个强硬分子。总之，统制派最终在东京的胜利，是中国的不祥之兆，因为它使军队有了更加一致的步调，且平息了日本的政党反对派。

这在日本对宋哲元的政策中可以明显地看出来。尽管未能说服他在 1935 年 12 月宣布自治，但日本领导人强迫他的冀察委员会与殷汝耕的傀儡政权合并。司空见惯的形式出现了：中日之间的紧张造成了新的事件，它又引发了对宋的新一轮的要求。例如，1936 年 1 月初发生在塘沽火车站涉及一起骚乱的塘沽事件，据说宋的士兵抢劫了日本的店铺并“侮辱了”日本国旗的大沽事件，发生在北平的中国警察和士兵与日本宪兵冲突的朝阳门事件。还是天津领事的川越立即要求道歉、赔偿和开除涉案人员。土肥原和多田均强迫宋宣布自治。[47]

当东京“二二六”兵变的图谋转移了日本的注意力并从华北调走了关键角色时，宋获得了短暂的喘息。尽管如此，至3月中旬，日本领导人开始重新施加压力，此时利用红军势力进入山西这一借口，要求与宋进行联合防御部署。日本消息称张学良已与共产党签订一份秘密协定，目标是把阎锡山赶出山西，接下来再侵入河北、察哈尔和绥远。日本领导人照会宋，日本的援助是阻止这种威胁的关键。他们提供顾问、飞机和士兵来联合反共，联合可以包括阎，当然不包括任何中央军。日本领导人不但拒绝南京参与这样的举动，还把蒋的“剿共”战争斥为骗局。据同盟社报道，南京“正以发动‘征剿’中国的‘赤匪’为借口，在华北集中它的中央军”。它称，蒋介石的真实目的是插手华北和察哈尔。[48]

《报知》也直斥蒋“先安内”的方案是一个诡计。它称：“南京在背后对北平的学生反日游行示威以及那里共产党的活动给予了大力支持。”“它业已走到了与苏联合作，在华北反日的地步。”这篇文章断言，最终的问题是中国没有接受日本对华北的统治。“中国人无法现实地解释那里的事件。他们非常不切实际地提出国家平等的原则。”该文认为这种理论“无法在国际实践中得以证实”。[49]

其间，宋哲元正忙于准备他自己的反共计划，并坚持认为二十九军无需日本人的帮助就可以控制局面。至4月底，红军已经转移到了黄河西侧，排除了直接行动的借口。[50]尽管这样，日本将领仍向关内大举增兵，以进一步向宋施加压力。5月中旬，日本把华北军从不足2000人增加到超过8400人。新的援军分布在天津、北平和华北其他地区。这次行动的目的，不仅是用来恫吓宋，也是为了把现行的华北军地位提升到一种与关东军相似的程度，因为前者已被授予掌控关内的所有事务。南京对这次增兵提出强烈抗议，称它极大地越出了《辛丑条约》的规定范围。[51]

日本领导人不仅拒绝了南京的要求，而且谴责蒋政府新的反日行动导致日方批准这次增兵。同盟社在 5 月 18 日报道说："南京误以为自二二六事变后日本军方对华北的政策已变得软弱，它在它所控制的地区开始采取了一条限制日本活动的政策。"同盟社把南京称为"中部民国"，以强调它仅是一个地方政权，它断言南京的这种新态度已经"违背了中日亲善三原则"。[52]其时，右翼的《报知》指责 CC 派曾准备派暗杀团北上除掉得到日本支持的北平和天津的中国领导人。[53]在日本人看来，这些新的威胁是这次增兵的合理借口。

天津的学生游行抗议日军的这次增兵。5 月 28 日，数千名学生冲破路障，进行反日游行。学生组织后来在南开大学开会，组织了一次从五卅运动纪念日开始、为期 3 天的罢工。日本当局对试图弹压学生的中国领导人表示不满。尽管如此，增兵问题越来越为一场受共产党领袖如刘少奇领导的运动注入新的活力。由于共产党重视群众运动的工作，地下组织一直在宋哲元的二十九军进行宣传，激发抗日情绪。地下党还在天津六大纱厂的每一家工厂的工人中进行工作，并与中国的店主和商人进行合作，致力于传播亲抵抗的精神。尽管政府进行了镇压，但学生于 6 月 13 日组织了另一场大规模的反日集会。[54]

华北军要求宋在 5 月 30 日之前宣布自治，其借口是他没有控制住反日运动。驻军首领不但引用学生游行，而且引用了津东铁路上一辆载有日本军事人员的车厢神秘爆炸事件作例证。有谣言说日本人在天津拘留了宋母，如果宋不合作就要危及她的安全。[55]学生和知识界领袖逼宋坚定其立场。胡适在一份刊物上发表文章，用二十九军在喜峰口的传统来提醒宋，数以千计的二十九军士兵曾在喜峰口抗战中献身。他断言，河北的希望，“在于二十九军的领袖没有忘记那八千名为国捐躯者”。[56]

宋再一次保持了坚定的立场。二十九军将领们的会议一直开到5月29日深夜，做出了新的决定。次日，宋告诉记者，他不会出卖中国北方的主权。就在这时，宋把被普遍视为亲日的天津市长萧振瀛解了职，而用张自忠来取代他。[57]

日本领导人对宋已失去了耐心，并暗示他可能被赶到冀南。他显然不是他们所需要的那种傀儡。大阪的《朝日》提醒读者，宋是著名的抗日人物冯玉祥的部下。[58]尽管如此，日方却更加指责南京应对宋的不妥协负责。5月，当有田八郎作为外务大臣在国会发表演讲时，他指出中日关系“已在某种程度上走入了死胡同”。他认为造成这种局面的原因在于“中国方面没有认清远东的形势。中国缺乏让中日局面焕然一新的决心”。[59]

从根本上说，宋哲元力图避免向日本做出重大让步，但他还在继续解决地方性的事件。他似乎已拿定主意，日本人欲壑难填，而新的让步要求将是没有止境的。这种决断大概更多地归结于政治形势和宋个人的观点。他在政治上的摇摆被华北反对再次退让的巨大的民意力量所阻止。学生示威游行获得了工人和商人的支持。尽管如此，宋本可以像蒋介石那样，不理睬民意，如果它不影响其军事基础的话。有证据显示，二十九军内部的大部分人正越来越仇视日本人，即便宋个人想妥协，也难以做出进一步的退让。毕竟，喜峰口之战过去仅有3年时间，而且，学生宣传队在与部队一起工作时，集中强调这一传统。

二十九军日益增长的抗日情绪造成了一触即发的局面，因为这支中国部队与日本的华北方面军驻扎在一起。例如，7月9日，在大沽的中国士兵和日本部队调动时所发生的看起来很小的一个冲突，导致了一场骚乱。并且，在 7 月 21 日日军逮捕中国方面的领头人物后，天津的中国警察与日本宪兵发生了战斗。对这两起事件，日本均要求中国当局再次进行道歉并予以赔偿。[60]

最严重的中日骚乱发生在北平正南方的一个铁路枢纽——丰台。平津铁路穿过丰台，在这里向卢沟桥延伸，与平汉铁路相连接。日本对这两个铁路枢纽的控制，有效地把北平与中国南方孤立开来。实际上，日本在 1935 年秋的自治危机期间，曾短暂地占领过丰台并阻断了铁路交通。

在日本人向河北增兵时，他们在丰台开始修建军营，尽管这里不是《辛丑条约》规定的军队传统驻扎地点之一。这座城市里中国人和日本人之间的关系紧张起来，小规模的冲突一触即发。1936 年 6 月 26 日，一匹受到火车汽笛惊吓的中方马匹，跑进了日本军营的建筑区域中，并被捕获。当中国士兵试图找回这头牲口时，随之发生了一场战斗。日本指挥官立即要求宋道歉，对受伤的日本人赔偿，处罚中国士兵，并把他的军队从丰台撤走。除了最后一条，宋全部应允。他答应用他的其他部队更换卷入这次事件中的部队，但他不会放弃丰台。[61]

至 7 月底，日本人在丰台修好了军营，2000 名日军驻守这个地区。与当地中国军队的关系依然紧张。1936 年 9 月 18 日紧张的“九一八事变”五周年纪念日这天，在丰台的中日双方的军队均出动待命。一次小小的冲突立即导致持续到第二天的一场严重的战斗，当时日本援兵攻陷了中方的阵地。于是，日本人变得不依不饶，要求所有中国军队必须从丰台撤出。这个重要的铁路枢纽将完全置于日本人的控制之下。尽管受到了其将领们的压力，并有全国各地学生和救亡组织漫天而来的电报，但宋退让了，并撤出了他的军队。此时，一条连接北平与南方的铁路只剩下卢沟桥这一站；1937 年 7 月，当日本人企图占领它时，抗日战争全面爆发了。[62]华北方面军无法说服宋参与自治计划，此时准备用一种更加直接的方法——军队，来征服河北。

日本支持下的华北走私

日本支持下的华北走私是另一个激起中国民愤并导致 1936 年夏初中日关系走入僵局的问题。走私问题不是一夜之间出现的，因为关东军首领长期以来一直鼓励这种活动，帮助向华北输入种类繁多的货物，而不向中国海关纳税。这既破坏了南京在这个地区的权威，也打击了中国海关机构。海关税收几乎占了南京政府收入的半数，且是一件性命攸关之事。东京的许多政党领袖长期以来一直抗议中国的关税率太高，并在私下里支持军方的行动，作为迫使南京削减关税的一种方法。海关税收也是潜在的外国借款的担保，削减这项税收将缩小中国的选择余地。[63]

在中国与伪满洲国之间的贸易恢复后，南京在关内建立海关机构时，关东军中的军国主义者们一如既往地开始干涉中国的海关行政，竭力反对对日本人、朝鲜人或是伪满洲国公民的任何检查。1935 年 9 月，日本人实际上解除了中国海关机构的武装，并禁止海关的任何船只进入河北非武装区的沿海水域。来自伪满洲国的走私者们可以沿着这条海岸径自卸下他们的货物，而不担什么风险。[64]

1935 年 12 月，土肥原贤二的华北自治计划失败后，日本的阴谋家们支持一个范围广泛的经济战方案，利用冀东自治政权获取利益。榆关的特务头目竹下义晴少佐负责这次行动。[65]因此，1936 年初，在华北发生了中国人所说的“走私狂潮”。[66]大量的船载货物卸到了非武装区的港口，然后通过铁路或卡车运入华北。海关官员无法阻止走私的泛滥，因为走私者们得到了日本军方的支持。现随意选取一件事例，1936年2月18日，走私者攻击榆关海关机构，抢回了一船被没收的烧酒。包括几名日本人在内的走私者，在日本领事馆警察的眼皮底下，殴打了手无寸铁的中国海关官员。所以，到了仲春，中国海关官员已被彻底镇吓住了，并已停止行使职能。[67]

为了把这种贸易合法化，并增加收入，1935年3月，殷汝耕的冀东政府施行了它自己的关税政策，税率远低于中国政府的税率。如以煤油为例，中国征收4.30元的关税，而殷的政权仅征1元。自5月至8月中旬，137万加仑的煤油被输入到中国，而没有缴纳中国关税。控制着煤油贸易的美英公司，业务经历了严重的下滑。由于日本支持殷的较低关税，走私者们缴纳这些税收；而冀东政府每月从它的海关中获得400万元，减轻了资助该政权的日本人的某些负担。当中国的机构企图阻止违禁品通过铁路输入天津时，日本人不让他们检查列车上的货物。[68]

因为走私问题，南京政府的收入遭受严重的损失。在1936年的头4个月，华北的海关收入下降了40％。整个说来，走私到中国的货物价值可能占有记录的进口值的20％。因而，走私潜在地夺去了南京总收入的近10％。[69]输入华北的大量廉价商品既损害了中国人，也损害了外国人的合法贸易。日本人利用这种局面获得了对中国北方几家大企业的控制。如1936年7月19日，天津的两家重要纱厂出售给了日本的同业。至7月底，六大中国纱厂中仅有两家幸免落入日本人之手。因此，走私活动是日本人从经济上统治华北的更大的计划的组成部分。[70]

尽管大部分走私活动是通过冀东来进行的，但有些活动则是在日本海军的暗地保护下，从台湾直接进入粤北和闽南。在厦门，煤油的合法年度进口额，一年之中从 185 万桶下降到仅有 31 万桶。[71]

随着海关检查的崩溃，在河北地区的毒品交易也开始增长起来。尽管很粗略，但有证据显示在华北的日本特工利用毒品交易的收入来资助他们的活动。鸦片曾是伪满洲国的财政支柱及华北军国主义分子的传统收入来源。此时海洛因的生产进入了天津的日租界，而在大连则开始盛行起来。鸦片与海洛因贸易均得到了日本当局的保护。[72]

中国政府不断地就日本支持走私问题向东京提出抗议，但没有任何效果。外国势力也参与进来。英国曾一直控制着中国海关关务，英国人梅乐和爵士那时担任海关总税务司。梅乐和开始担心海关税收的下降可能要减少用于偿还外债的基金。弗里德里希·李滋-罗斯爵士于 1936 年 4 月与川越会晤时，代表英国政府要求日本采取行动制止走私。但川越谴责说这个问题是中国高得离谱的关税所致，并拒绝采取行动。[73]

走私问题进一步激起了中国的大众舆论，催生了学生和救亡者的抗议运动。左派团体既抨击日本支持走私活动，也抨击南京政府未加抵制。如邹韬奋的《永生》称唯一的解决办法就是救亡运动支持的全国范围的抵制日货运动。该刊指出，以前的抵制日货运动在未被中国政府禁止以前，有力地打击了“友邦”。[74]

来自救亡团体这类的批评是预料之中的事。但越来越明显的是，尽管有《敦睦邦交令》，国民党的消息人士，甚至政府官员，也开始就走私发表极其直率的声明。被视为亲日的外交部长张群，在 5 月 25 日就这个问题发表了措辞强硬的讲话。他用了“走私狂潮”的字眼，断言："如果日本真的期望与本国相提携，它只要采取一种简单的举措就会立即中止这种悲哀的局面。"[75]像《上海党声》这类国民党刊物重复了这样的谴责。该刊断言："通过容许日本国民在河北走私，日本已经妨害了我国的海关业务。"[76]因此，越来越多的反日语调展现了中国方面强硬的路线。

中国媒体对走私问题的报道引起了日方的关注。5 月 22 日，一名日本驻南京领事馆的官员警告张群，日本认为这违背了《敦睦邦交令》。广田弘毅也告诉中国驻东京的领事，中国媒体对此事的不断报道阻止了这个问题的进展。广田暗示，如果中国降低其关税率，并且在华北和福建的中日经济提携得以改善的话，走私问题可以加以解决。[77]

走私问题置蒋介石于十分难堪的境地。如果放任自流的话，它势必将破坏南京政府的财政基础，这个基础即使在最佳时期也是很弱的。如果对这件事加以限制，南京可能要力图阻止河北本身的走私泛滥，不是派武装人员北上，就是让宋哲元直接挑战日本对中国海关官员的干涉。不论哪一种举措都要冒与华北方面军发生冲突的严重风险。第二种途径就是直接承认在河北的败局，而当货物向南进入河南和山东时，则尽力阻止其流动。这条途径将减少与日本发生冲突的风险，但等于承认南京已失去了对河北的行政控制。

南京政府对上述两种途径的要素都加以利用，到 1936 年夏末，极大地降低了走私货物的数量。事实上，1936 年上半年，南京对走私问题的态度，比对中日关系中的几乎任何其他问题都要果敢。毕竟，走私问题意味着金钱的流失。为了保住其军饷，蒋介石宁愿冒险。但在其切身利益较少的地方，他似乎更乐意妥协。在华北的退让将给他造成一个政治难题，但这些退让不会危及他的权力基础。

由于意识到在河北强化海关的困难，中国官员悄悄地致力于控制走私货物输入该省。武装的海关人员开始登上津浦线和平汉线上的火车车厢，查扣没有中国关税缴付证明的货物。[78]东京对这种方法提出抗议，谴责南京的检查政策正助长了抵制日货的运动，并违背了《敦睦邦交令》。[79]尽管有这种抗议，但南京不为所动，并开始控制货物的南流。

宋哲元拥护南京政府对走私问题展示出新的决心。1936 年 7 月，他的部队清除了天津火车站的武装走私分子。1936 年底，当后者转向公路以代替铁路向南方渗透时，南京开始在公路沿线驻扎武装卫队。中国的新态度非常强硬，殷伯克写道：“到 1937 年 4 月，中国政府的态度变得如此坚决，以至于所有的货物，不论其国别，都被置于正常的海关控制之下。”[80]因此，1936 年的夏季坚定了蒋介石和宋哲元不做重大退让的决心。尽管南京对走私的立场成功地减少了非法货物的流通，但中国和日本却越来越走向战争的边缘。蒋介石发起的外交活动与他的“和平内阁”似乎注定要失败。1936 年 5 月底，驻南京总领事须磨弥吉郎对记者说：“局面摆在这里，现在中国必须在与日本相互依赖，还是与日本开战中做出选择。我已向蒋总司令明确地指出过这一点。”尽管中国领导人曾说过，他们想解决与日本存在的分歧，但须磨称，“他们尚未显示出这么做的真实意图”，相反，“他们却正在以所谓的走私问题向日本发动攻击，并对日本增加其华北的驻军力量表示莫名其妙的反对”。[81]

各方——南京、日本和北平——的态度逐渐变得强硬。局面一触即发。7 月 10 日，当一名日本商人在上海公共租界外的某处被人开枪打死后，日本海军将领立即把军舰调往该地区，并开始部署海军陆战队。[82]日本的右翼媒体马上说中国怀有阴谋，尽管没有任何证据。《时事新闻》报道说，对日商的谋杀“发生在反日示威日趋激烈之时，肯定不会是由私人的恩怨所造成，而是中国蓄谋已久的阴谋所致”。[83]《中外日报》写道：“最近的事件是中国缺乏诚意及其反对日本和日本人民态度的明确例证……在中国的反日情绪像野火似的蔓延。”这篇文章称：“在目前的局面中，日本必须采取断然的措施。”[84]

至 1936 年夏，中日关系似乎向全面崩溃迈进。蒋介石和宋哲元为高涨的抗日情绪所限，而日本的强硬分子把所有的抵抗斥责为南京策划的阴谋。在中国的整个领导层中，越来越觉得“最后关头”已然逼近。[85]“和平内阁”的倡议显然已名存实亡。不过，蒋介石仍执着于“剿共”内战，并想尽可能地推迟与日本的战争。

国民党政治与抵抗问题（1936）

南京的对日政策从来都是中国国内政治中一个有争执的问题，而 1936 年春则走到了极点。广州的分裂者领导人尖锐地抨击蒋介石的不抵抗政策，这一立场顺带为其政权的存在提供了合理的理由。1935 年底正在高涨的群众反日运动和迟迟未决的北方危机，与穗宁之间紧张的加剧同时发生了。

促使这次摊牌的诱因是蒋介石对广州越发强硬的态度。蒋已渐渐地强化了他对两广周围各省的控制，威胁了它们的自治。福建反叛者的瓦解、中国共产党被赶出江西以及中央政府的军队进入贵州和四川，消除了广州和南京之间的缓冲地带。然后，蒋迫使贵州的鸦片贸易从广西改道，剥夺了该省一项主要的收入来源，而南京的法币改革也危及了地方货币。蒋甚至向胡汉民提供了国民党中央执行委员会常务主席的职务，企图把他引诱到南京。[86]

因此，至1936年初，两广的自治岌岌可危。南方领导人进行了反击，对蒋介石的一个最弱的软肋——他的软弱的对日政策——展开抨击。胡汉民拒绝了蒋提供的职务，对记者们说，只有在政府采纳了他的包括抗日在内的“全国救亡”方案后，他才会前去南京。[87]德高望重的国民党领导人邹鲁警告说，日本正在福建策划一场自治运动，以与河北的自治运动相呼应，而南京不但不抵抗，反而在镇压爱国行动。[88]4月17日，广西军队的总司令李宗仁呼吁开展全国范围的救亡战争以抵抗日本。[89]因此，抗日的高调仍然是南方领导人的立足之本。

当胡汉民于1936年5月12日死于脑出血时，穗宁之间的争吵发展成了一场突发的危机。蒋介石显然告诉南方领导人，随着胡的去世，他们现在必须服从南京的权威。[90]南方领导人通过抨击蒋软弱的反日政策及组建他们自己的抗日救国军加以对抗，准备通过宣布他们自己的战斗意愿来逼蒋抗日。他们还期望这项政策将使得南京中止其对南方的觊觎。

1936年6月1日，西南政务委员会宣布，它将派遣部队北上对日作战，以拯救河北省。广州发表的一份声明要求南京也能这么做，断绝与日本的外交关系，并领导全国的抗战。当白崇禧率领的南方部队以北上抗日为名进入湖南省时，他们遭遇了阻止他们前进的中央军。中国似乎到了内战的边缘。[91]

广州危机的发生，正好是在全国范围的学生示威抗议日军在华北增兵及其支持的走私活动之时。5月底，学生和全国的救亡领导人会集到上海，组织了新的全国性团体。这场危机使这些团体处于左右为难的境地。按理说，他们支持广州的抵抗呼吁，但这个时候的一场内战将使日本人坐收其利。南方领导人显然易受这样的攻击：

他们是从事一场自私的反叛，而不是正当的抗日活动。即使在左派中，也没有什么人给予这样的支持。[92]

例如，全国学生联合会在上海召开会议，赞成南方的事业，但却存在某些疑问。学生们敦促南京允许两广军队不受阻碍地前往抗日前线，但再次提出停止所有的内战。[93]全国救亡联合会接着采取了相同的方法。它在 6 月 14 日发表的声明中，赞扬了南方领导人高举的抗日大旗，谴责蒋介石没有加入进来，但警告必须避免内战。救亡领导人提出的一个解决方法是西南的军队直接开到河北去援助宋哲元。[94]

随着穗宁之间僵局的持续，内战迫在眉睫，救亡领导人甚至与西南的领导人，特别与陈济棠变得更加疏远。7 月 15 日，包括邹韬奋和章乃器在内的几位救亡领导人发表的一份声明，重申对南方事业的同情，但警告说，单纯地与南京对抗，将引发内战。当邹谴责陈“假借抵抗的词语来激起内战”从而质疑陈的诚意时，他甚至更加直率。在邹看来，陈希望南京对日作战，而他自己则不愿这样做。[95]

其他独立的撰稿人对南方领导人的批评甚至更加猛烈。胡适警告说：“抗敌救国的第一个条件是要在一个统一的政府之下造成一个统一的民族国家。”胡告诫说，即便一个人以前曾反对过国民党或是国民党中的人，现在“我们必须考虑团结”。[96]陈之迈宣称，尽管南方人唱着高调，但“全国的舆论却只觉得他们的动机是私怨……我们可以不满意于中央的当政者”。他写道：“但我们不能在这个国家生死存亡的时候，拥护赞成一班只知泄发私怨，遂其私图的道理〔原文如此——译者注〕。”[97]

尽管如此，对南方领导人的公信度打击最大的显然是媒体正确的报道，说他们已接受了日本人大量的援助。特别是广西拥有日本的顾问，并以低价购买了日本武器。[98]这些与日本来往的消息，中外媒体均作了登载。清华大学教授张奚若还报道：陈济棠曾告诉日本人不要理会广东的抗日高调，因为这仅仅是用来作为反对南京的工具。张宣称，南方领导人是这个民族的叛徒。[99]

与日本关系的暴露，危及了西南领导人的安全，并让蒋介石坐收其利。广州的反叛罩上了一场由日本策划的、旨在分裂中国的阴谋这样的气氛。即使是南方阵营中的成员，也开始变卦。邹鲁突然远走海外，陈自己的几名将领表示反对广州的行动。湖南的军事领导人、地位极为关键的何键，捎话给蒋介石，表示忠于中央。西南领导人显然打错了算盘。[100]

反叛瓦解了。当南方军队与中央军在湖南继续僵持时（严重的战斗被避免了），蒋在幕后进行了工作。7 月中上旬，南京获得了广东第一军司令余汉谋将军以及拥有 62 架飞机的广东全部空军的倒戈。蒋慷慨的贿赂，加上对反叛的不满，导致了这些倒戈事件。随着地位的崩溃，陈于 7 月 18 日辞职并逃离广州。其后，南京重组了广东政府，废除了独立的西南组织。由于广西组织紧密的军事集团较少跟风倒戈，广西则更加难以对付。另外，包括蔡廷锴在内的前十九路军的领袖，于 8 月中旬抵达广西，使广西的抗日姿态具有更高的可信度。蔡在广西组建了一个师的部队，主要收罗了他以前的部属，并准备创建一个由李济深和李宗仁领导的独立的“抗日政府”。[101]

李宗仁和白崇禧急于保持广西的基础，而不愿在一场反叛中孤注一掷，他们决定与蒋和解。至 9 月初，他们已与南京达成一项协议，这项协议为该省保留了相当大的独立性。李继续控制这个省的军队，而白则到南京就职。十九路军的领导人于 9 月 16 日前往香港，西南的反叛结束了。蒋获得了非同寻常的胜利，统治了广东这个富省，并控制了较穷的广西。[102]

西南反叛的崩溃与福建叛乱的失败相类似，不仅说明了蒋介石势力的增长，而且也说明了日本问题的含糊性。尽管 1936 年蒋的绥靖政策甚至可能比前一次反叛时更不得人心，但蒋的敌人还是不能简单地利用这个问题。在严重危急时刻攻击南京让日本人坐收其利，并破坏了广东呼吁抵抗的论调。因此，许多救亡领导人对西南的瓦解表示欢迎，尽管他们讨厌蒋。他们坚持认为，南方的溃败并非抵抗大业的失败，尽管广州举着抗日大旗。章乃器劝其追随者不要对广州的崩溃感到灰心，而是要起来动员中国人民抗日。[103]

蒋的胜利不是没有代价的。尽管他击败了国内的挑战，但他的成功丝毫没有解决日本问题。实际上，这场胜利可能使中日冲突更加逼近了。把南京称为“中部民国”的日本激进分子对南京的胜利感到沮丧，甚至更加坚定了反对国民党政府的决心。正如 7 月底《日日》的社论指出的那样：“蒋总司令的统一，使这个国家对东亚和平构成了威胁，并将导致中国经济的混乱。”[104]

蒋的胜利也没有让呼吁采取更加强硬的对日政策的声音静息下来。国民党阵营内部的许多人认为，国家此时已团结得足以采取一条更加强硬的路线。甚至西南政务委员会和广州国民党西南分部的撤销也付出了代价。蒋曾用这个西南的机构为 1935 年 12 月设立冀察政务委员会做辩护。既然这些机构取消了，还有什么理由来承认那些北方的机构呢？正如知识界的一位重要领袖傅斯年在 1936 年 7 月指出的那样：“我们要知道，所谓的西南两机构全是不法的组织，全是私人把持地盘的借口。”他认为，相同的组织应该同样被撤除掉。[105]因而，蒋对广州的胜利，给他带来了压力，要求在对日关系中采取更加强硬的立场。

甚至在蒋战胜了广州时，他还企图重新阐明他的对日态度。1936 年 7 月 13 日，在对一个国民党组织的讲话中，蒋做了自 1935 年 11 月关于“最后关头”的讲话以来最重要的外交政策声明。他的话既是对中国增长的抗日势力，也是根据增兵和走私问题对日本本身做出的反应。蒋特地提到了“不到最后关头，我们决不轻言牺牲”这个原则。蒋力图对“最后关头”做更加清楚的说明。他称：“我们绝对不订立任何损害我们领土主权的协定，并绝对不容忍任何侵害我们领土主权的事实。再明白些说，假如有人强迫我们欲订承认伪国等损害领土主权的时候，……就是我们最后牺牲的时候。”但即便这样的时刻到来了，蒋也没有说它就是，而认为中国应该首先使用政治和外交手段。蒋说，过去 6 个月中发生的事件，使大多数中国人相信，通过外交手段，和平仍然有望。他暗示中国想避免战争，但日本不得进一步逼迫中国。[106]

据易劳逸的研究，7 月 13 日演讲中最重要的一点不是蒋放弃了绥靖政策，而是此时“他强调了妥协的限度而不是妥协本身”。[107]华北的许多人因这一进展备受鼓舞。张奚若针对“保卫领土完整”一语，认为这体现了南京外交政策的新内容。张称，对中国主权的进一步进攻将会受到抵抗，尽管他承认许多北方人对蒋的保证表示怀疑。[108]

日本人理所当然地把蒋的讲话看作是阐明了外交政策上更加强硬的立场。《日日》报道说：“如果蒋介石总司令的讲话在某种程度上被照办的话，那么，中国正设想一场针对本国的武装冲突。”这篇文章报道了在中国“以日本为假想敌”的大规模军事化行动。《朝日》写道："我们对蒋总司令在 7 月 13 日会议所做的讲话感到遗憾，在这次讲话中，他实质上宣布了中国将抵抗任何侵犯其主权的企图。""我们将悲哀地看到，这次讲话将助长中国人反对本国情绪的高涨。"《朝日》认为，和平仍然有望，不过要按照日本人的条件。"就是华北的经济发展、该区域的贸易以及降低中国的关税问题。对这些问题中任何问题的解决，都将给中日局面带来可喜的气氛。"[109]

但此时中国妥协的意愿有了明确的限度。在 1936 年 8 月 4 日中央政治委员会的一份秘密备忘录中，蒋介石强调他愿意与日本调和，以维持和平，但是宣布："如果日本在任何地方对中国领土做进一步的侵犯，'则必须进行不惜牺牲的武装抵抗'。"[110]因此，蒋对西南的胜利，增强了他在国内的权力，但并没有平息日本问题。蒋此时公开地承诺对中国的领土完整决不再做让步，并且，他显然意识到战争已是山雨欲来。1935 年冬，他命令张治中在沪宁地区修筑工事，以备战斗之用。1936 年夏，参谋人员和军校学员对这些工事进行了检测。这些努力不仅是让军官们为次年夏季将要发生的战斗做准备，而且还通过展示南京在认真地保卫中国的主权而激发士气。[111]

蒋还开始了经济上的备战工作。蒋认识到中国的工业集中在沿海地区，特别是集中在上海，因此极易被攻击，他批准了在湖南长沙和湘潭周围建立政府控制的重工业区。由当时军事委员会下属的一个机构——全国资源委员会负责筹备，其经济方案中，规划建立钢铁厂、机器厂、无线电设备厂以及其他许多重工业，以便为战争经济打下基础。当这个项目被战争打断时，成就一般。不过，这种努力揭示了蒋在 1936 年对战时需求的考虑。[112]

一连串的事件

蒋 7 月 13 日讲话中变得坚定的立场，将在一个未确定的地区即中国内地人口稠密的四川省得到检验。东京曾一直要求获得在成都开设领事馆的权力，其根据是，成都是省会，而且日本和其他列强过去曾在那里设立过代表处。1936 年，一名法国医生在该市曾为他的国家担任过临时领事。

南京没有同意东京的要求，认为日本已经在四川的另一个大城市、条约口岸重庆设有领事代表。当然，争论的实质是中国担心日本的进一步渗透——更多的领事馆警察、更多的冲突和事件以及可能更多的日本走私。日本增加了在中国特别是华北领事馆警察的数量，并且，他们变得越发活跃。就像黎令勤指出的那样，这些警察是“分散在中国领土内部的日本武装团伙，他们从事间谍工作，把日本居民组织成志愿团，并向地方当局施加政治压力，以便扩展日本的利益”。[113]

南京特别急于避免在四川和成都出现这样的事情，因为不论四川省还是成都市均有长期的反外传统。成都还拘留了一大批政治上活跃的高校学生。南京也不能轻易地控制这个地区的局势。刘湘直接指挥着那里的军事，并享有巨大的独立于蒋的自治权力。由于认识到这是一个火药桶，并担心日本特工急于寻衅，南京竭力迟滞日本扩大对四川省会影响的任何企图。[114]

日本决定不等南京的同意就开始设立领事馆。东京任命的成都代总领事岩井英一，在一小支日本记者和商人的陪同下，于 1936 年 8 月 18 日乘船抵达重庆，并准备前往就职。8 月 23 日，这支日本队伍中的部分人（不包括岩井）到达成都，遇到了抗议其到来的大规模游行示威。次日，大约有 2000 人，绝大部分是来自与美国有关的华西协和大学的学生，进行了游行，并砸毁了一家据说是出售日本走私货物的贸易和交通公司。中国警察当场驱散了暴民，但傍晚他们又在几名日本人入住的旅馆附近重新聚集。这群人冲破了警察设置的界线，把 4 名日本人拖到街上，剥下他们的衣服并殴打了他们。[115]

当秩序恢复时，两名日本人（均为新闻记者）被打死了。他们遍体鳞伤的尸体在城墙边被找到。另外两名日本人（商人）被打成重伤。中国政府后来称，当地警察在与暴民的冲突中遭到重创，其间打死了 10 名示威者。日本调查者后来对此提出争议，认为仅有 60 名警察被派去对付多达 1 万人（有人说 2 万人）的人群，而且警察几乎没有采取任何保卫日本人的举措。

可以想见，日本政府被成都事件激怒了，并立即派权威人士到该市调查此事。8 月 28 日，日本国会开始讨论这次事件。东京既谴责了地方当局，也谴责了中国中央政府没有保护在华的日本人，并嘲弄了《敦睦邦交令》。成都和南京官员企图缩小事件的损害。成都领导人致电日本驻重庆领事表示道歉，并承诺进行彻底的调查。被说成是暴民领袖的两个人于 8 月 27 日被刘湘下令处死。南京也对事件表示遗憾，并谴责了共产党人士。9 月 15 日，外交部长张群开始与川越茂大使会谈来解决日本提出的要求。[116]

日本人把这次事件看作是向南京施加新的要求，从而打破中日关系僵局的一个契机。从一开头，日本人就坚决认定这是一个全国性的问题，而不仅仅是一次地方性的事件。9 月 5 日，日本调查团的一名成员波左近中佐对记者说：“迄今为止已发现的这次事件的所有细节表明，这次攻击是在中央政府的纵容下，按照精心的策划来实施的。”[117]

9 月 15 日，当川越开始谈判时，他向张群提交了一份强硬的特别要求。他以中国尚未同意的广田弘毅的三原则及解决华北局势的必要性作开头，还加上中国禁止所有带有反日意图的聚会、解散中国所有以抗日为目标的组织的要求。关于这次事件的具体情况，川越要求南京公开道歉、处罚所有责任者、对受害者或其家属进行赔偿、在成都市开设领事馆、降低中国海关对与日本人利益有关的产品征收的税率、在长江流域发展中日联合航运公司、建立中日之间的空中联系、在南京政府的机构中使用日本的顾问，以及中国协同努力以根绝赞成独立的朝鲜人在中国领土上进行的活动。川越还强调必须清除公立学校教科书中所有反日情绪，以便断绝学生中反日感情的源头。总的说来，川越给蒋介石政府提出了至今最广泛的系列要求。2 艘日本军舰离开上海驶往武汉，而另外 3 艘已经前往东南亚水域的战舰被召回到上海。[118]

这些要求中的大部分，是东京在 1936 年 8 月 11 日实施“国策基准”① 后，由日本的外务省制定出来的。外务省最初决定一步一步地逼迫南京签订一系列的协议，以保证“真诚的中日提携”，并逼迫南京承认华北的自治。由于成都事件，东京有了一起提出这些和其他要求的时机。[119]

尽管川越的要求非常强硬，但许多日本人还想得到更多。右翼的《国民新闻》呼吁日本在成都驻军，而上海的《日报》则要求东京不要再对华“软弱”。[120]矶谷廉介少将要求解散国民党。他称：“日军认为如果南京能解散国民党”，那么，“国民政府应该可以被迫向日本政府递交一份文件，同意日本允许使用武力来解决由……国民党挑起的问题和事件”。[121]

---

① 原文为“Fundamental Principles of National Polity”，意为“国体基准”，其中“Polity”疑为“Policy”之误。——译者注

尽管如此，中国民众的舆论同样激烈。甚至国民党的机构也对日本人的要求表示愤慨。例如，有位作者在《上海党声》上写道，成都不是一个条约口岸，未经中国政府的允许，外国人不可以到那里旅行。中国政府在法律上对此不负责任，因为日本人在成都违反了条约协议。[122]

与全国救亡联合会有联系的作者则更加直言不讳。大多数人认为中国和日本处于战争状态，因此，对日本侵略者的攻击是正当的。有位专栏作家为《新认识》撰文说："这次事件是敌人攻击我国五年之后群众感情的爆发。""所有真正想拯救我们国家的人，将对成都事件中英雄的人民表示真正同情的感情。"[123]群众感情如此强烈，以至于即使在政府胆怯之时人民也采取了行动，有些人对此表示自豪。孟长泳写道："成都事件，实际上很可叹，应该给侵略者留下一个教训，提醒他们目前中国民众对日本侵略的愤慨是非常强烈的。"他警告说，如果日本继续不顾中国的民意，那么，南京政府将根本无法压制群众情绪的爆发。[124]

孟的预言非常准确。中国的反日情绪促发大量的诱因，使张群的任务基本无望。正如双方均被成都事件所激怒那样，另一次事件在广东南部的一个条约口岸北海发生了。曾参加过西南反叛的蔡廷锴领导的十九路军余部，转移到这个地区，并且支持反日活动。1936 年 9 月 3 日发生的一场示威游行，失去了控制，有个暴民打死了在该市居住已久的一名日本公民中野顺三。日本人说此人有个中国妻子，是一名无辜的药商；中方说他是一名走私分子及间谍。日本海军聚集到了北海和海南岛地区。日本强烈地抗议了这次事件，并把它加到了川越的冤屈清单中。这次事件成了日本将其在海南的活动升级、扩大日本海军的目标和经济计划的借口。[125]

因此，随着1936年9月18日“九一八事变”关键的五周年纪念日的临近，中日关系极其紧张。南京千方百计阻止可能损害张群谈判姿态的新事件的发生，竭力阻拦任何纪念性的示威游行。政府甚至下令禁止前些年留下的降半旗这样一个传统。[126] 尽管南京做了这些努力，但一周中，零星的反日事件遍及中国。如前所述，在丰台的中日士兵之间，发生了交战。在汕头，一户日本人的住宅被炸掉。而在汉口，一名日本领事馆警察在靠近日租界的边界巡逻时被暗杀。针对后面这件事，另外2艘日本驱逐舰加入了武汉地区的舰队，并有一队海军陆战队前来增援汉口的日租界。日本总领事也亲自向湖北省主席杨永泰提出强烈抗议。[127]

由于中国政府已宣布在9月17—20日之间实施戒严令，实际上禁止所有的集会，上海一直较为平静。尽管如此，9月23日，4名日本海员在公共租界的日人区中遭到枪击，2人受伤，1人被打死。上海日人区的日本警察暴跳如雷，肆意拦截中国人进行搜查、盘问，并加以逮捕。日本海军还登岸保护该地区，在四川北路1932年他们曾用作一个基地的舞厅中设立了军事指挥部。9月25日，裕仁天皇批准向上海地区的日本海军增兵。8艘新的驱逐舰到来了，使上海的日本舰队一共拥有5艘巡洋舰、24艘驱逐舰和10艘鱼雷，陆上有2200名海军。这些举措引发了中国平民的骚动，看到战事欲来，难民纷纷涌出闸北地区，但危机很快就被平息了。[128]

这些事件的责任一直未能清楚地查明，但日本媒体及其政府开始把它们说成是一场有计划的在华反日恐怖活动，并把责任扣到南京的头上。这样一来，日本就可以利用这些事件作为川越讨价还价的砝码。在日本外务省、海军省和陆军部的东京会议之后，同盟社报道说：“这一系列的反日事件是由南京政府顽固的反日政策所导致的，对于这一点，三个部门已达成共识。……甚至可以想象，事件的背后不是国民政府本身，就是国民党。”[129]

日本媒体依然更加直言不讳。《日日》驻南京的记者报道说：“反日宣传已被用来争取群众和巩固蒋总司令的独裁统治。”他断言，日本“必须打击并且要重重打击这个反日运动的堡垒”。《支那》报道说：“涉及屠杀日本人的反日恐怖，包括爆炸、侮辱日本士兵及绑架日本人”，而《朝日》则谴责陈立夫在挑动对日开战。日本媒体也指责不在南京的蒋介石，没有回到首都来主持谈判。东京的《读卖》报道说：“成都事件已过去近一个月”，但蒋总司令“仍然待在广州，显然是逃避责任”。[130]

中国媒体的评论，受审查所限，极少具有煽动性。但一些中国作者指出，几次攻击发生在日本警备的地区中，暗示这些事件可能是日本人的阴谋。大部分人赞同李剑波的看法，他是这样写的：“今年秋季实在是个‘多事之秋’，……但我们必须记住，中国发生过许多‘不幸事件’，1931 年的奉天事件，1933 年的热河事件，1934 年的滦东事件，及 1935 年的冀东和察北事件。……成百上千平方英里的领土沦陷了，数以百万计的人民沦为奴隶。”[131]

因此，张—川会谈呈现出了摊牌的性质。在成都事件后会谈开始时，川越提出了广泛的要求。与之相比，张群的策略是把谈判限制在事件本身的具体要求方面。他同意道歉，对受害者赔偿，并惩罚犯罪团伙，但不愿越出这些。不幸的是，在每次新的事件后，随着日本要求的提高，张群的立场变得毫无指望。9 月 23 日，在两人第三次会谈时，川越强硬地重申了准许华北五省自治的要求。[132]

尽管川越表明了态度，上海的日本海军正在增兵，但张仍然拒绝了日本的要求。他告诉川越，华北的自治损害了中国的主权，因此不能接受。他拒绝了共同防共的方案，称这是一件内政，中国对此事处理得令人非常满意。在回答日本的降低关税要求时，张重申这是一件内政，但如果解决了走私问题，也许会予以考虑。至于要求南京聘请日本顾问一事，中国将基于因机构而异、因人而异的原则而予以考虑。在控制朝鲜国民的问题上，张提醒川越，他们拥有治外法权，这令中国很难下手。张一项一项地驳回了川越的要求。

至于中国反日情绪这个基本问题，张指出降低对华的侵略姿态即可解决这个问题。张然后提交了为达成这个目标的反要求：日本应该放弃上海和塘沽的停战协定，解散冀东政府，打击走私活动，制约华北日军的行动，停止在北方侵犯中国领空，并遣散察哈尔和绥远的伪军。张称，这些举措将降低群众的反日情绪。川越拒绝考虑这些建议，和谈陷入了僵局。[133]

随着和谈陷入僵局及上海局势的恶化，日本外务大臣有田于 9 月 28 日暂时中止了会谈。他对记者说，目前的谈判也许会使事情“要么变得更好，要么变得更坏”。双方的关系“不允许像过去一直盛行的那样，在模糊不清的事态中任其自流。中国现在处在了重要的十字路口，要决定是否与日本和解”。[134]有田明确表示，他想直接与蒋介石会谈。和谈只有在蒋回到首都并亲自负责谈判时才能恢复。日本领导人做出决定，如果蒋不回南京，他们将在军队支持下向他提交一个最后通牒。[135]

蒋尽管仍然希望免于战争，但已到了不能让步的底线。他授意张群拒绝所有新的要求。9 月 18 日，他电令在南京的何应钦准备防御，以防和谈破裂。蒋警告说，如果日本占领北海或海南岛，中国必须进行动员。6 天后，随着上海局势的恶化，他命令何在沪、宁、杭地区筹备防御。如果日本强启衅端，那么，中国将进行抵抗。[136]

蒋确如日本希望的那样，回到了南京，并在 10 月 8 日亲自会见了川越。战争大概已经被避免了。他向川越重申了他的立场：相互尊重国家之间的主权是中日关系稳定的基石，他拒绝对华北问题进行让步。[137]蒋—川会谈没有解决任何问题，但却让紧张气氛得以缓释，并重新恢复了张—川会谈。这位外长和大使一直把他们僵持的会谈持续到 12 月初绥远事件（将在下文阐述）再次将它打断时为止。张暗示在经济提携和关税方面做出让步，但在重要问题上，两人依然差距太大。[138]

随着谈判被拖入 10 月和 11 月，中日媒体均意识到双方陷入了僵局中。但谁将做出让步呢？10 底举行的张—川第五次会谈之后，《朝日》报道说："显然，中国和日本在关键的华北和防共问题上没有达成共识。""现在肯定要么达成一致，要么破灭。"更具民族主义性质的《中外日报》指出，和谈是一个阴谋。"中国人想拖延谈判，以利用这个时间来完成备战。"这篇文章断言，如果冲突发生，"日本将落入中国人的圈套中"。这主要是指责日本外务省的软弱政策。[139]

张和川越于 12 月 3 日举行了最后一次会谈。这位日本大使宣布："日本政府最终确信外交努力的无效""在突出的国际关系的调整方面，徒然空费了许多天……却一无所成"。看起来只有战争才能解决问题。12 月 8 日，日本陆军大臣寺内寿一对记者说："日本的剑也许将不得不拔出，尽管我们极不愿这样做。如果中国拒绝对局势做出回应，而是任其沿着目前的路线走下去，我恐怕将会有严重的后果。"[140]

绥远事件

华北问题一直主宰着张—川会谈。东京决心要分割出北方五省，这个态度在8月11日施行的“国策其准”中得到了再次确认。尽管如此，蒋介石和南京此时公开地执行一条决不在中国的领土完整问题上做出新的让步的政策，就像蒋在7月13日的演讲中所保证并被南京对走私问题的新决心所证明的那样。谈判无法沟通上述两种立场之间的分歧。

日本领导人在1936年秋末极为担心他们在华北正在恶化的实际局势。诚然，蒋介石在西南的胜利增加了他在全中国包括北方的威望。日本消息称，蒋正利用他新的地位来扼制冀察委员会。《朝日》在8月底发表社论说：“如果南京政府坚持把华北置于中央领导之下，来彰显它在西南赢得的胜利，南京和东京之间肯定会发生严重的摩擦。”[141]当有谣言说蒋想撤换被普遍认为亲日的山东领导人韩复榘时，关东军参谋长板垣征四郎在8月29日对记者说日本将不会容忍对他的撤换。对许多日本阵营中的人来说，似乎日本已单纯地失去了在华北的动力，而必须重新抓住主动权。《日日》写道，南京已经“把它狡诈的手腕伸进了山东和华北……在与南京打交道中，日本方面需要一种更加强硬的政策”。[142]因此，当反日的“恐怖”活动发生之时，日本领导人立即抓住这件事，就华北问题向南京施加压力。

冀察政务委员会的领导人宋哲元被夹在了南京和东京之间。宋承受着他自己二十九军中抗日情绪的压力，还受到东京的压力，并担心被南京所抛弃，他处于一种无法承受的境地。他曾在1936年夏第一次丰台冲突之后，采取了一种更加强硬的姿态。[143]但在1936年9月，他对日本人做出了重大的让步。在9月18日的第二次丰台事件之后，他从这个重要的铁路枢纽中撤出了。10月初，宋与华北军司令田代皖一郎举行过几次会谈，并根据田代的要求，设立了一个冀察政务委员会六人常务委员会，在这个机构中，他任命了几名亲日人物，这项举措旨在清除南京任命的人员的影响。[144]但宋对田代最重要的让步，是一揽子经济事务，范围是如此的广泛，以至于他力图压制媒体报道此事，而在后来则否认达成了协议。

宋一田协定规定中日公司来修筑从天津至石家庄的铁路，在大沽发展一个新的港口，重新开挖龙烟铁矿，发展商务航空业，开办无线电和电报通信公司，以及扩大棉花和羊毛生产。这些提案中的许多条以前曾讨论过；总的说来，它们把日本的资本、管理和控制与中国的劳动力及资源联系起来。田代对一揽子经济事务的看重，与东京强调以经济和外交手段在中国实现其目标的政策相吻合。宋接受这份协议也与南京给予经济让步以代替政治妥协的方针相一致。因此，宋在经济问题上做让步的同时，拒绝了田代要他在 10 月 10 日宣布自治的要求。[145] 10 月 16 日，宋派一名专使到南京解释他与田代的会谈，并要求南京增加军费。蒋后来于 11 月初派了一位密使到北平，建议宋避免像天津—石家庄铁路和大沽港这类更具战略意义的项目。[146]

宋的代表参加了蒋于 10 月 17 日在杭州召开的特别会议，来讨论华北局势。包括韩复榘和杨虎城在内的大多数北方领导人参加了会议，而其他人则派出了代表。这次会议是在南京因“恐怖”问题承受巨大的压力之时召开的，重申了政府关于华北问题必须由南京而不是由地方机构来解决的承诺。所有由地方官员进行的谈判必须得到南京的批准。中国可以在经济问题上进行谈判，但对主权问题必须保持坚定的立场。[147]

对无所进展感到沮丧的日本华北方面军，从 10 月 26 日至 11 月 4 日进行了大规模的机动，其中包括在天津和丰台附近的实战演习。

日军占领了天津的200户住宅以供军队入驻，从而造成了巨大的破坏。尽管如此，日军的挑衅举动非但没有唬住中国军队，反而似乎激怒了二十九军，二十九军于11月11—13日举行了反演习。军官们组成了一支特殊的“忠义团”来增强军队的凝聚力。学生组织加入了演习中，并派出宣传队慰劳部队，激发抗日情绪。[148]

张奚若在11月29日出版的《独立评论》上撰文，要求河北和察哈尔所有的地方委员会全部予以解散。他写道：“全国今日拥护统一，抵御外侮的热烈情绪，冀察当局岂能装作不闻不见?”[149]这种对宋哲元的批评太过分，他关闭了这家刊物。只是在胡适（当时他尚在美国）的竭力游说下，才于1937年春复刊。[150]关闭一家刊物，即使是声望素著的《独立评论》，也无法解决宋的难堪局面，他被夹在田代的要求与他自己二十九军高涨的抗日情绪中间。

北方最严重的局面不是出现在河北，而是在西部的察哈尔和绥远。关东军长期以来一直在鼓动蒙古自治运动，并希望最终建立一个“蒙古国”。从设在察哈尔多伦的大本营中，李守信领导的亲日势力已经把该省的一大部分分割出去；并于1936年5月，在关东军特工的指导下，建立了一个蒙古自治政府。该组织建立在察哈尔北部，德王任主席，李守信担任了副主席。反对这次行动的蒙古领导人集结到驻扎在绥远省省会归绥市的省主席傅作义的周围。[151]

被华北方面军剥夺了关内活动权力的关东军尤其急于取得在内蒙古的成功。关东军司令部的情报课长田中隆吉中佐指挥了蒙古的活动。他的目标是把傅作义逐出绥远。他把关东军的走私和毒品活动的资金挪用到蒙古人的秘密行动中。关东军在这件事上花费了大约600万日元，而田中偶然一次就支付了50万元。资金也来自伪满洲国和冀东政权。[152]

田中建立了一支大约有 6000 名士兵的唯利是图的部队，来支持德王的事业。按照他后来的叙述，他不相信这些部队能用于战斗，但不论是德王，还是田中的上司武藤信义大佐均急于采取行动，遂在 11 月 14 日从察哈尔对绥远发动了一场进攻。进攻的部队仅有 2000 人，其中许多人以前是土匪，有 10 门炮和 8 架飞机。当 11 月 18 日傅作义的军队与他们交火后，中方大获全胜。[153]

胆子壮大了的傅于 11 月 24 日对战略中心、伪军司令部百灵庙发动了攻击，并获得了非凡的胜利，迫使日本支持的部队退出绥远。12 月 2—3 日，日军发起的一场反攻同样被打退。傅的轻松获胜，使他成了民族英雄。他的上司阎锡山立即见风使舵，在山西开始动员以支持绥远的部队。阎把这件事用来作为恢复其正在下滑的政治命运的一个手段。[154]

此时誓言保卫所有中国剩余领土的南京，也对日本支持的侵略做出反应。11 月 18 日，中国外交部的代表高宗武就这次进攻向川越提出抗议。日本大使拒绝讨论这件事，声称东京不承担任何责任。他说，蒙古人的独立运动纯粹是中国的内政，所有的日本参与者均是个人而非官方行为。川越的立场激怒了南京领导人并恶化了本来就已紧张的张—川会谈的气氛。张群宣布中国将不惜一切代价维护河北、察哈尔和绥远的主权。尽管对绥远的进攻完全是日本人的阴谋，但川越的声明也并非完全虚构。田中进攻的具体细节是秘密策划的，没有通报给东京的政党领导人；而且，对进攻的空中支持来自伪满洲国的“志愿军”。[155]

南京派遣陈诚和汤恩伯率领 2 个师的中央军北上支援抵抗，并且，来自西安老东北军的增援也到达了。日本人对蒋介石利用此事作为借口向北方调兵抗衡他们的地位大感恼火。但并非每个人都有这样的印象。埃德加·斯诺正确地推测说，蒙古军十分虚弱，并断言：“如果蒋介石此时派遣任何重要的中央军去绥远，他们被派出的目的是与红军作战。”[156]事实上，中央军并没有与蒙古人进行过像样的战斗，蒋也没有在空中对日本人进行挑战。但胡宗南率领的3个师被派到了甘肃地区，在那里他们确实与红军开战了，但非常的不成功。[157]

绥远事件在心理上的冲击非常巨大。在多年的耻辱和退却之后，中方的轻易获胜被媒体大肆渲染。中方的报道，极大地高估了主要是金钱收买的军队中日军兵力的数量，造成了关东军比中国人曾经想象的要弱得多这样一种印象。要求蒋介石采取更加强硬立场的压力越来越大。绥远事件后，中国面对日本侵略时的胆怯，在政治上越来越没有人能够接受。

救亡团体利用这场胜利来证明中国可以抵抗，他们称在这场胜利中看到了各种群众行动。有位专栏作家在《世界知识》上所写的关于绥远的文章中说：“中国人民大众将不允许日本再占领中国一寸领土。”他把中国的战士比作十九路军。[158]傅作义将军及其三十五军一夜成了英雄；救亡团体筹集金钱，并北上送来食品、装备及声援的电报。[159]

这些赞扬的弦外之音是对南京隐讳的批评。《世界知识》写道，绥远不是一起地方事件，而是关东军精心策划的恐吓蒋介石承认五省自治活动的组成部分。[160]《新知识》进行质问：“我们如何来帮助绥远的战士们呢?”主要建议包括：呼吁政府来援助战士们，反对在南京继续进行外交谈判，直到侵略停止为止，并允许绥远的群众参与抵抗。[161]甚至邹韬奋也希望绥远的胜利能够促使政府进行抵抗。[162]

东京认识到这次事件已成了一场灾难。它不仅是一场军事上的惨败，而且中国的胜利已影响了民意，并决定了张—川会谈的命运。在绥远事件后的气氛中，蒋介石绝对不可能接受日本的压力。关东军领导人意识到，他们严重地误算了，并请求东京允许他们进行更加直接的干预以挽回绥远局势。东京予以拒绝。军方和政党官员认定这场冒险是非常轻率的，而华北方面军也反对关东军侵入它的地盘。日本的窘境因12月12日的西安事变而得以解脱，注意力从绥远被转移开来。其后，德王宣布了单方面的停火。[163]

自然，日本媒体对中国的抵抗非常气愤，一如既往地称此事说明缺乏诚意。《朝日》的社论写道："正在支持绥远省政府主席傅将军的国民政府的态度，很值得注意。"傅将军在蒋于10月24日来到西安、11月31日到洛阳时，曾与蒋会谈过，这篇文章推测说，他那时肯定从蒋那里获得了指示。同盟社在12月7日报道说，蒋将要再次来西安商量在绥远的作战计划。非常具有讽刺意味的是，它传播谣言说，西安"会议将要讨论正在西北进行的与共产党的军队达成和解的可能性"。[164]

绥远事件和中国的新氛围是终结张—川会谈的致命因素。12月5日，日本大使离开南京，指责中方自绥远事件后采取了一种荒谬的姿态。中国外交官员对日本拒绝讨论这次事件仍然愤慨。像绥远的局势一样，外交僵局被西安事变以及后来1937年1月23日日本广田内阁的辞职暂时冲淡了。战争被推迟了。[165]

和谈的破裂加上绥远的抵抗，显然提高了蒋的声望。中国媒体报道了张—川会谈时日方的要求。由于谈判无所进展，并最后以中方未做任何让步而终结，许多民众对这种新的更加强硬的立场感到欣慰。中国在绥远的胜利似乎在某种程度上证明了这种新方针。这些事件加上西南的失败以及经济的复兴，用易劳逸的话来说，"对中国人民”产生了“非同寻常的心理影响”。新的信任和乐观情绪出现了。易劳逸指出：“这种新的国民情绪的主要政治受益人是蒋介石。”[166]

这样一来，蒋被日本人塑造成了英雄——唯一的一位可以统一中国并抵抗日本侵略的人。当蒋在1936年10月29日庆祝50寿辰时，全国性的祝寿活动开始了。进行了好几个月的捐献，为他献上了68架飞机作为生日礼品以用于国防。[167]南京的备战使中国人相信他们能够保持坚定的立场。

甚至一场政治谋杀也有助于这种民族情绪。1936年10月25日，长期担任蒋军事指挥部秘书长、时任湖北省主席的杨永泰，被一名独行枪手击毙。杨作为政学系的一名主要领袖，被公认为是亲日及强烈反共的。杨曾把他那一系的成员举荐到南京及省政府举足轻重的位置上，在1935年12月“和平内阁”由派系成员主导时，达到了顶峰。民众舆论把这次谋杀归因于杨的亲日立场；而且，刺客成夔超称其动机是除掉亲日的卖国贼。日本媒体立即谴责在中国的反日情绪，而左翼团体则对这次事件倍感高兴。在纽约出版的左翼刊物《今日中国》发布的一篇讣告，大约概括出了这种看法：“杨永泰：官僚、阴谋家、卖国贼。”[168]杨的死与黄郛的不治之症正巧赶在了一起，黄于1936年12月6日死于肝癌。两名绥靖政策的重要台柱子走了，政学系的力量被严重地削弱。抵抗运动的支持者们欢欣鼓舞。

1936年是中国政治舞台上发生重要剧变的一年，这些全都与日本问题纠缠在一起。到这年年底可以看出，在南京内部，蒋介石的对日立场变得强硬，与之相伴的是政学系命运的衰落。在地方领导人中，蒋在广东获得了一场重大胜利，但这是一场激起了与日本开战意识的胜利。

这一年中最重要的进展是赞成抵抗的民众舆论的高涨。尽管有《敦睦邦交令》及政府的镇压活动，南京仍然无法阻止全国救亡运动的迅速发展。民众对华北日本人的活动、关东军对走私活动的推动及对中国一揽子要求的愤慨，简直无法扼制，并且无法轻易地加以控制。广东领导人未能成功地利用这种高涨的抗日情绪。他们那些作为抵抗运动的努力，实在缺乏可信度。但绥远的领导人由于获得了一场中等规模的军事胜利，立即成了中国公众的英雄。

民意的高涨严重地限制了蒋贯彻其“攘外必先安内”政策的能力。它不是单纯的亲抵抗势力的政治影响问题。反日情绪是如此的普遍，以至于反日事件在中国各地均开始发生。从内地城市成都的骚乱和攻击日本人，到河北丰台中日军队之间演习中的冲突，这种紧张气氛产生了一连串的事件，每一次事件均伴有日方的新要求。在这种情形下，蒋认识到绥靖政策的命运注定要失败。显然，他仍然抱有在战争爆发之前，最终消灭中国共产主义运动的希望。

第九章
走向冲突——西安及其之外

在张—川会谈和中国在绥远意外胜利中形成的南京坚定立场，引发了中国人的新情绪，人们普遍希望不要再不经战斗就对日本让出领土。但一个主要的问题依然没有解决，即蒋介石还梦想镇压中国共产党，并梦想尽可能长地坚持“先安内”的政策。他拒绝了全国救亡团体提出的停止内战的建议，进而把抵抗与反共问题甚至更加紧密地联系在一起。由于日本逼迫南京签订联合防共协议，许多中国人担心，蒋对消灭共产党的痴迷可能会导致其接受日本人的要求。在中国，并非人人都有这种新情绪。

日本和德国于1936年11月25日签订了反共产国际条约，为抵抗问题创造了新的国际背景。如果中国将来抗日的话，那么，作为蒋介石主要外交盟友的德国将变得不可靠。随着英国和法国的注意力集中到希特勒身上，而美国又处于孤立主义的阵痛中，仅有斯大林有希望提供援助。但在蒋集中精力对付红军时，与苏联更加密切的联系将是令人尴尬的。正如埃德加·斯诺在1936年7月所写的那样：“中国许多重要人物现在确信，只有与苏俄结成强有力的联盟，中国才能希望在与日本帝国主义的斗争中幸存下来，并确信只有中国共产党的领导，或至少是在其合法化之后，这样的一个联盟才会有可能。”[1]

甚至蒋介石也认识到苏联的关系可能是必要的。他曾委派两位私人特使到莫斯科去讨论可能的中苏关系——1934 年的蒋廷黻及 1936 年初的陈立夫。最后，在 1936 年秋，当川—张会谈陷入僵局时，中国在 10 月任命蒋廷黻为驻莫斯科大使，增强了与苏联的外交联系。蒋后来回忆说，当他的任命被公布时，它获得了“最大程度的、最狂热的期望。私友和公共机构中，不论是官员还是群众，均为我摆下了一系列的饭局和宴会。每次聚会中，我都看出人们希望并祈祷我在某种程度上能够设法让苏军与中国人肩并肩地战斗，来反对日本侵略者”。[2] 由于日本人坚持联合防共，他们实际上把中国民众推向了苏联一方。

蒋甚至在追击红军时，也保持着与中国共产党秘密联系的渠道。秘密谈判在莫斯科和中国举行。蒋的条件仍然苛刻——他要求红军实质性的投降——结果，这些谈判在西安事变以前一无所获。[3] 蒋既不急于与莫斯科、也不急于与他的国内对手交好，并把这些选择视为最后的手段。他对全国救亡运动显得尤为敌视，这场运动主要由非共产党发起。他拒绝了他们建立统一战线的呼吁，并继续致力于“先安内”。已于 5 月底组成全国救亡协会联盟（或简单地称为“全国救亡联合会”）的救亡组织，在整个 1936 年继续成长。

1936 年 7 月 15 日，救亡运动的 4 名领袖邹韬奋、章乃器、沈钧儒律师及教育家陶行知发表了该组织一份名为《团结御侮的几个基本条件与最低要求》的纲领。作者注意到了当时宣布准备与国民党合作的中国共产党态度的转变。他们宣布，所有党派此时必须认识到日本问题是民族存亡之事，中国人内部的战争必须终止。

这份宣言引人注目之处大概是它对蒋介石的领导进行了直率的

评价。这份文件称，蒋的“攘外必先安内”政策已经失败。他指挥的“剿共”战争已经进行了 5 年，却没有取得胜利。其时，日本公然违背《塘沽协定》，并对“亲善”的承诺进行了嘲弄。文件要求蒋停止反共战争，解除针对西南的威胁，并恢复中国的言论自由来宣布抵抗。他们认为，如果蒋采纳了他们的纲领，他将成为一个伟大的英雄，并使宋哲元及其他前方的将领备受鼓舞。[4]

蒋对这份宣言置之不理，但它的出版和广泛的发行，引起了都市民众强烈的兴趣。8 月 10 日，毛泽东宣布支持这份建议，可想而知，这项举措增加了南京对这个团体的猜疑。[5] 蒋把救亡团体的组织者们视为共产党的盟友，他们对统一战线的呼吁不过是一种赤色权谋。[6] 该团体的领袖们否认了这样的指责，坚称该团体没有党派关系。当后来问及特殊成员的共产党关系时，他们回答说，该团体接纳所有拥护抗日统一战线纲领的人，他们不对成员的党派关系进行调查。[7]

即使到现在，国民党史学家们还倾向于否认该团体领袖们的任何爱国动机，并称该团体确实是共产党的一个工具，它力图在条件没有成熟时开始抗战，来破坏蒋的悉心备战。例如，国民党党史会的李云汉把该团体说成是共产党的一条阵线，一个举着抗日大旗但实际上与真正的爱国主义南辕北辙的团体。[8] 梁弓藏指责说：“尽管该团体宣布它没有党派影响，而事实上它是共产国际的真正产物，是‘共匪’与国民党斗争的工具。”[9]

台湾学者对救亡运动只是偶尔会做出较为公允的分析。陈纪滢最近在《传记文学》上写道，当周恩来领导的上海共产党地下党鼓动抗日运动时，包括国民党党员在内的许多爱国人士，参加了这次运动，而没有人认识到这是共产党的计谋。[10] 就其事实，陈的论点具有一定的道理。该团体的领袖与共产党干部之间有着明确的关系。但把该团体作为单纯的共产党的工具加以驳斥，则是很荒谬的。那时的红军是遥远西北地区的一支小部队。不是红色特工的阴谋，而是民众对日本侵略的反对和对蒋的“先安内”政策的憎厌，使得对统一战线的呼吁具有吸引力。

这场救亡运动的重要领袖邹韬奋，在他于 1936 年 6 月离开上海后，在香港创办的报纸《生活日报》的专栏上，对统一战线的思想进行了辩护。邹指出，在该团体倡导的民族统一战线的概念与对法国联合阵线所定义的人民联合阵线之间，有着明显的区别。后者是指一种左派主导的政治联合，而邹认为在民族统一战线中，所有党派和人民均受欢迎。邹还对批评者嘲笑救亡者们敦促与以前他们认为是卖国贼的人进行合作做了回答。邹认为攻讦必须勾销。例如，尽管他以前对张学良在 1931 年的不抵抗进行了抨击，但如果此时张赞成抵抗，他也予以欢迎。[11]救亡作家开始降低直接攻击蒋介石的声调，就像当时中国共产党所做的那样。

蒋介石强烈地反对全国救亡联合会。除了他怀疑该组织与共产党有联系外，他还希望避免对日战争，因此，他不得不镇压这个如此明目张胆的抗日团体。尽管这场运动获得了普遍的拥戴，但南京仍企图镇压它。如，上海市长吴铁城公开谴责学生激进分子造成了华北局势的恶化，并警告上海地区的学校官员，除非他们控制住学生救亡组织，否则，在上海将酿成同样的危机。国民党谴责全国救亡联合会是一个未经登记的、非法的、“反动的”机构，并称该组织为绥远抵抗募集的资金实际上被协会官员所贪污。蓝衣社组织了一个上海特务部，开始监控和破坏救亡活动。[12]

这些策略在镇压这场运动中毫无作用。随着日本侵略的明显加剧，1936 年秋对救亡事业的支持到达了顶点。对每一次新的中日事件，救亡刊物都发起了抨击。例如，当日本海军在反日的“恐怖”活动后在上海集结时，全国救亡联合会谴责日本的压迫，并要求南京保持强硬的立场。[13]

1936 年 11 月，南京与全国救亡运动之间的斗争达到了高潮，与绥远事件和张—川会谈的破裂同时发生。救亡领袖们受这些事件的鼓舞，强烈地要求建立统一战线。1936 年 8 月，邹韬奋从香港回到上海来支援这项事业。邹在各种刊物上撰文，不断地警告说南京也许会变得胆怯，并与东京妥协。救亡者们必须强烈要求建立统一战线。对这些政治攻击非常恼火的蒋介石，11 月 7 日在洛阳与陈立夫会谈，决定使用一切可行的手段来镇压救亡运动。[14]

针对日商纱厂的罢工触发了南京与救亡团体之间的摊牌。从 11 月 8 日开始，上海好几家日商纱厂的中国工人举行了罢工。至 11 月 20 日，有 2 万多人参加这次罢工，并开始向包括徐州、天津和青岛在内的其他城市传播。尽管罢工的最初原因是工资和工作条件，但由于当时的爆发性气氛，他们很快采取了抗日的调子。全国救亡联合会拥护这次罢工，并向工人提供了资金援助和政治宣传，组织集会来鼓动这场运动。日本当局指责联合会的领袖制造了这次工潮；当 1936 年 11 月 17 日上海丰田纱厂发生暴力事件时，日本总领事要求南京逮捕联合会的领导人。[15]

1936 年 11 月 22 日夜，中国当局逮捕了全国救亡联合会的主要领导人——邹韬奋、章乃器、沈钧儒、沙千里、李公仆、王造时和史良。这 7 个人包括了除宋庆龄、何香凝和德高望重的马良（当时 97 岁）之外的该组织的所有重要领袖。公共租界和法租界中的警察均配合中国政府进行了这次没有授权或特别指控的逮捕。尽管政府竭力使这个案子无声无息——当时几家救亡刊物被停刊——但这次逮捕在中国造成了一场轰动。中国报刊立即用一句带有强烈的儒家色彩的褒语来称被告们为“七君子”。为了努力减少人们对这个案子的注意力，南京政府于1936年12月4日把7个人转移到了苏州，1937年春在那里进行了审判。日本驻上海总领事就这次逮捕向吴铁城表示了他个人的感谢。[16]

“七君子”获得了来自全中国潮水般的支持。宋庆龄对记者说，这次逮捕是日本人施展压力的结果。她称：“全国救亡协会的七位领袖已经被捕，但还有四万万中国人，他们的爱国的怒火和正当的义愤是无法镇压的！让日本军国主义者小心！他们可以促成逮捕七名领袖，但他们还必须来对付中国人民。”[17]

声援的电报打到了该联合会和监狱中。前来探监的人中包括青帮头子杜月笙、银行家钱永铭，以及商业巨擘王晓籁和虞洽卿。广西领导人李宗仁和白崇禧向蒋打电报，要求把他们释放。报纸刊登了7个人及其家庭详细的背景故事，把他们塑成了民族英雄。[18]西方反法西斯知识分子也举行集会支持他们。由约翰·杜威和阿尔伯特·爱因斯坦领导的组织给南京打电报，敦促将他们释放。当时正在进行国际旅行的教育界领袖陶行知，也组织了美国的海外华人机构来支持救亡者们。[19]

因此，对7位领导人的逮捕，使他们的事业大受其益，民众更加支持统一战线。冯玉祥在11月26日的电报中就此事提醒蒋介石，敦促他释放这7个人，并称对他们的逮捕违背了民意。蒋不为所动。他在12月3日答复冯，谴责救亡者们煽动左派的活动，提倡一条人民战线，并鼓动罢工和动乱。他称他有证据证明代表全国救亡联合会的章乃器一天就花去了7000元支持上海的罢工。蒋称，这威胁到了国家，必须予以镇压。[20]

冯对这场逮捕的影响所做的预言非常准确。这次事件使学生抗议运动重新兴起，促成了北平的罢工。钱端升写道："他们的被捕极大地激励了一大批的追随者和同情者，以至于他们实际上成了仅次于国民党和共产党的第三大党。"[21]中国青年党的左舜生回忆说："他们的被捕助长了普遍的抵抗要求、对政府和蒋先生的不满，并增加了某些军事人物对七位人物的同情。"[22]

逮捕"七君子"也助长而不是降低了反日的工潮。12 月 2 日，在青岛有 27000 名中国纺织工人举行罢工，使该市所有 6 家日商纱厂停工。日本海军派舰队来保护工厂并破坏罢工。这支海军攻击了国民党机构、市图书馆及《平民报》的总编办公室，逮捕了包括该报主编在内的 9 个人。像中国报刊所说的那样，日本人"占领"青岛一直持续到 12 月 23 日，进一步激起了反日的抗议活动。日本人在青岛的行动也助长了民众对救亡者们和七君子的支持。[23]

"七君子"最重要的支持者们是西安的军事将领张学良和杨虎城。这两人均转向了全国救亡事业。杨曾在 1936 年与杜重远会谈过，当时两人在上海的同一家医院就医。杜就抵抗问题向杨做了宣传，并把他介绍给包括沈钧儒在内的全国救亡领袖。与此同时，杜作为过去奉天的一位工业家，是张学良的朋友，并与张在上海的代表保持着联系。全国救亡的领袖们促成了张—杨之间的合作，这两人曾经是对手。杨以前是冯玉祥的部下，最初憎恨张和东北军到他的地盘上来。[24]

当"七君子"被捕后，西安司令部表示了愤慨。张和杨允许救亡运动在西北不受约束地进行组织活动，并对青岛日商工厂中中国工人的罢工予以援助。张在 12 月 3 日飞到洛阳亲自与蒋介石会谈，请求释放 7 位领袖。当这个请求被回绝后，张和杨虎城把这个要求放到了西安事变的政治纲领中。[25]

因此，当蒋介石于 1936 年 12 月初前往西安时，中国的局势瞬息万变。中国在外交谈判中的强硬立场以及在绥远的胜利，引发了普遍的希望，认为中国终于准备抗日了。但蒋似乎是按日本人的要求逮捕“七君子”，又发出了另一种信号，并让许多人对南京的立场蒙上了疑问。我们也许永远无法完全理解蒋在西安事变前那些日子里的意图。但有一件事是确凿无疑的：在蒋长期的政治生涯中，他一直致力于在他领导下的一党制国家的思想，几乎没有表现出能容忍政治上的开放。因此，蒋对救亡者的镇压不仅仅是担心他们会引发对日战争，也是担心他们也许会引发民众对其宿敌共产党的支持。

蒋对救亡运动政治呼吁的担心在后来处置“七君子”中可以明显看出来。他们甚至在西安事变以及南京与红军停战后仍然被关在狱中。1937 年 4 月 3 日，江苏法院宣布了对七人的指控：“危害国家并提倡与三民主义相矛盾的主义”；1937 年 6 月，案件开始审判。被告们否认了所有的指控，称对他们的指控是日本人的宣传。作为律师并作为该群体资望最长的沈钧儒，在一大批知名律师的帮助下，指导了他们的辩护。他被问及“抗日救国的口号是不是中国共产党的口号”时，沈答道：“共产党吃饭，我也吃饭。如果共产党有可能抗日的话，那么，我就不能抗日？”[26]

对 7 位领袖的审判在媒体上引发了巨大的震动。学生为他们举行了游行示威，民众疾呼将他们释放。宋庆龄和几位知识分子组织了“入狱救国”运动。他们宣布，由于七人的罪名是爱国，他们也全都有罪。1937 年 7 月 5 日，宋率领一个代表团到达苏州，在那里他们要求逮捕他们，并与七人一起受审。但事后看来，这场审判虎头蛇尾。到那时，救亡的计划已经成功。在 7 月，抗日战争全面爆发后，“七君子”最终被保释了。[27]蒋不得不做出让步，以争取战时的民族团结，即便它承担了政治的风险。

西安事变

尽管蒋介石在 1936 年底采取了更加强硬的对日立场，但他仍然迫切希望推迟开战，并集中其力量来对付共产党。虽然陕北根据地的共产党似乎不堪一击，但“最后一击”并不容易。胡宗南指挥的 4 万名中央军 11 月在甘肃进攻西北大约 8 万人的红军时，战绩相当糟糕。对共产党一场成功的攻势至少需要西安两支主要部队——张学良率领的拥有大约 13 万人的老东北军及杨虎城率领的人数较少的 4 万人的西北军——的全力支持。没有他们的支持，蒋可能要面临着用他自己的中央军来替换他们的棘手任务。

张和杨对与共产党作战均没有积极性；实际上，两人均不理蒋在 1936 年 10 月底要求发动进攻的命令。特别是张的东北军，思念似乎再也无法恢复的东北故乡。西安的军队在以前与红军的作战中也乏善可陈，好几支东北军的部队遭受了灭顶之灾。东北军将领怀疑蒋把他们推去“剿共”，从而削弱他们的力量。因此，救亡思想逐渐被张、杨及其军官们所接受。1936 年 4 月，周恩来与张学良进行了短暂的会晤，提议建立抗日统一战线。1936 年 6 月建立的王以哲领导的东北军军官训练学校，具有强烈的亲统一战线的倾向。西北军也不例外，在其军官中，有大量的共产党地下工作者和同情者。[28]

至 1936 年底，在红军和西安之间达成了实际停火，救亡团体不受限制地组织了一场亲抵抗的运动。愤于西安违抗态度的蒋，于 12 月初前往该市，以迫使其将领们加入“剿共”战争中。在激烈的争吵之后，双方陷入了僵局，蒋威胁要把张和杨调出西北。[29]

1936 年 12 月 12 日，张和杨在举世闻名的西安事变中扣押了蒋介石。其他像陈诚、蒋作宾和蒋鼎文这些南京官员也被关押起来。其他地方对西安事变已有详细的叙述，这里无须细致地描写。[30]西安的将领们发表了八项主张，要求予以满足，以此来换取他们释放蒋和其他人质。这些主张包括停止内战，释放救亡领袖，重组容纳亲抵抗分子的政府，并召开全国救亡大会。在其后的两周中，中国和所有的东亚国家均屏息以待事件的结果。南京的谣言甚嚣尘上，说蒋已经被害，国防部长何应钦准备对西安进行惩罚性的征讨。

这次兵变弄得救亡团体措手不及。西安的反叛者赞成他们的思想，但反叛者的行动危及了中国的稳定。如果蒋被杀或是被无限期拘押，南京和西安之间将很有可能发生一场严重的内战，与国民党政府内部自身的政治混乱绞合到一起。中国脆弱的政治体制将很可能崩溃，日本将是胜利者。最起码，失去了南京支持希望的宋哲元和北方将领，可能会被迫接受日本操纵下的“自治”。因此，12 月 15 日，全国救亡联合会重申支持西安反叛者提出的统一战线的目标，但呼吁和平解决这次事变，并恢复蒋的自由。随着对中国安全的威胁越来越明显，全中国所有不同政治色彩的公共团体全部拥护释放蒋的请求。[31]

12 月 25 日，当张释放被俘者并陪他去南京时，这次事变如同其发生一样戏剧性地结束了，张到南京后成了一名囚犯。蒋介石到南京时受到了盛大的欢迎，大约有 40 万人在从机场出发的路上排成队伍。[32]实际上，在全国的城市中，发生了自发的游行，甚至蒋的敌人也因中国避免了内战而松了口气。因为这是蒋介石手下的将领违抗命令，所以他承担了这次事变的责任，并几次试图辞去所有的职务。

政府没有同意，但允许这位总司令请假治疗他在 12 月 12 日夜所受的伤。蒋一度退隐到他的家乡奉化。张学良很快因其行动受到军事法庭的审判，其后他被释放让蒋监管。尽管绝大多数人估计张的监禁是很短的，但蒋在大陆和台湾均对他予以关押。在这次事变 50 年之后写作本书之时，张学良仍然处于“保护性的关押”中，并从未从他的角度对西安事变予以未经审查的叙述。①

为什么西安的将领释放了蒋呢？政府官员发表的声明含糊不清，西安事变的结局让大多数中国人迷惑不解。流言很快传出说，中国共产党曾经插手，蒋介石和周恩来曾商谈统一战线的协议，以换取蒋的释放。尽管南京予以否认，但有证据证明这些说法。1937 年 1 月 6 日，政府从西北指挥部的名称中拿掉了“剿匪司令部”的词语。中央军和红军之间的停战，结束了 10 年内战。蒋介石做了件不可思议的事吗？他已同意放弃他的“攘外必先安内”政策以换取对他的释放？不论在当时，还是在今天，对这个问题仍然各执一词。

尽管对这件事有着卷帙浩繁的研究作品，台湾地区和中国大陆最近关于这次事件的出版物如雨后春笋，[33]但不仅关于事件的意义，而且甚至关于真实事件的本身，在史学家中仍然存在重大分歧。只是在一个方面达成了广泛的共识。大多数研究西安事变的学者，不论其政治关系如何，皆强调这次事变极为重要的意义。吴天威的著作取名为《西安事变：中国现代史的转折点》。蒋介石及其夫人所撰的文章，副标题取名为“对中国命运危在旦夕之际的西安两周的叙述”。北京外语出版社最近出版的罗瑞卿等人的著作，副标题是“中

---

① 在本书送交出版社时，张学良已被释放，在他的 90 岁生日庆典后，被允许到海外旅行。他仍没有过多地评论西安事变。

国历史的转折点”。尽管这些作者有着相反的观点，但他们全都赞同西安事变是一个“转折点”。

对这次事变的历史兴趣也没有衰减。它戏剧般且奇怪的解决方法令事件蒙上了神秘色彩。张学良仍然被隔离，引起人们推测存在着被隐瞒的“内幕”尚有待揭出。此外，西安事变的主要角色就其在事变中的作用，制造出了他们自己的神话——各自的叙述互有抵触。他们在中国大陆、台湾地区和其他地区的支持者继续为他们的观点辩护。结果，对这次事变的历史争论依然活跃。

蒋介石立即公布了他对西安事变的说法，这个解释受到了国民党正统史学家一成不变的维护。按照这个说法，蒋大义凛然地拒绝与拘押他的人讨论任何释放条件，更乐意赴死而不愿损害他作为民族英雄的威望。蒋在被释后不久称：“即彼等欲要挟余签认何种条件，余亦宁死必不受胁迫。”多年以后，他在台湾地区仍保持这种观点，他在《苏俄在中国》一书中写道：“我断然拒绝与叛军讨论任何政治条件。”[34]蒋告诉我们，他从未流露出害怕。他在 12 月 13 日的日记中写道：“我必须保持着引导耶稣基督走向十字架的那种精神。”“这将证明我从我母亲那里获得的教诲是正确的，并不辜负我的同志们的期望。”[35]

如果蒋介石拒绝让步，那么，这场危机是如何解决的呢？按蒋介石的说法，张学良在读了蒋的日记和他缴获的相关文件后，发生了转变。张突然认识到了蒋“先安内”方针的高明以及他真心诚意的爱国情感。据蒋叙述，张在 12 月 14 日来看他，说：“委员长之日记及重要文件，我等均已阅读。今日始知委员长人格如此伟大。委员长对革命之忠诚与负责救国之苦心，实有非吾人想象所能及者。”因此，是蒋的拘捕者，而不是蒋做出了让步。据说，张曾说：“如余以前获知日记中所言十分之一二，则此次决不有如此轻率鲁莽之行动。”[36]当然，张学良从未不受限制地对他转变一说加以证实或挑战。

在拘捕者变得仁慈后，蒋与幡然悔悟的张一道飞到了南京，总司令在那里发表了他的《对张杨之训话》，装作是12月24日在他被释放前发给他们的。在这份官方的声明中，蒋赞扬这两位领导人认识到了他们所走的道路的错误。“今尔等……决心送余回京，亦不再强勉我有任何签字与下令之非分举动，且并无任何特殊之要求，此不仅我中华民国转危为安良机，实为中华民族人格与文化高尚之表现也。”为什么他们企图进行兵变呢？“尔等过去受反动派之煽惑。”尽管没有挑明，但这些“反动派”似乎是共产党和救亡者们。蒋写道，“现在余一年以来之日记……尔等必已详细检阅”，并且“现在尔等已自知受反动派之宣传”。[37]因此，蒋介石对西安事变的说法——坚定的领袖、拘捕者的转变、无条件的释放——成立了。

神秘的色彩也包裹着蒋夫人对事变的叙述。她说，当蒋被扣押的消息传到南京时，她首要的任务是劝阻像何应钦这样的强硬分子对西安发动进攻。蒋夫人认为这种进攻肯定会致蒋于死地，特别是如果开始轰炸西安的话。她暗示她成功地阻止了军事进攻，并因而获得和平解决危机的决定。蒋夫人告诉我们，她不是出于一位妻子自私地企图挽救其丈夫的性命，而是在中国面临民族危机之时，出于一位公民希望避免后果严重的内战这样的动机。她对将领们说：“我绝非朝夕萦怀于丈夫安全之妇人。今日此举实抑制情绪，抓紧现实，乃以公民之资格。”[38]

蒋夫人还不顾其夫及其支持者们的劝说，飞到了西安，展示出了英雄气魄。她说得很清楚，她去西安要与丈夫同生共死，并斥责张学良的这种行为。而她在后来的叙述中说，她全力支持蒋不进行谈判的决定。在蒋叙述的事件过程中，她的到来也被赋予了宗教意义。他们说，当她到来时，蒋说："今晨余展《圣经》，适阅及'耶和华今将有新作为，将令女子护卫男子'句，今君果来此。"然后，蒋夫人回答说："余此来，分君苦厄；上帝愿余死，死无悔；愿余生，亦当保此生命。"[39]因此，在国民党史学家如此坚定地支持的说法中，总司令和蒋夫人都把他们自己打上了英雄的色彩。

关于西安事变第二种国民党历史编纂学的主要内容争辩说，如果没有张学良的背叛行为，蒋介石本来可以在1937年把红军消灭，而现在中国也不会是一个社会主义国家。蒋本人在他被释后仅数天就提出了这种看法。他在1937年2月的文章中坚称，"'剿匪'已经进行到了这样的一种地步，仅需要'最后五分钟'的努力就可取得最终的胜利"。西安事变打断了"剿共"战争，而"过去八年中已经取得的成果，以及一两个星期或至多一个月就会获得的最终成功，几乎全部付之东流"。[40]因此，蒋认为，在张插手并让胜利功亏一篑时，他对共产党已取得了实质性的胜利。

亲国民党的学者仍然维护这种看法。20世纪70年代写成的一篇叙述，认为共产党是西安真正的胜利者。"在西安兵变时期，他们在陕北占有4个县大约70平方公里的崎岖地区。"事变后，东北军从前线撤了回来，红军则扩大了控制区域，这篇叙述写道："到这一年年底，他们统治的地区增加了4倍。他们把延安建成了他们活动的根据地。"[41]

台湾的某些人甚至走得更远，指出西安事变迫使南京对日本进行一场没有准备就绪的战争。他们认为，只要蒋能够完成他的安内计划，他本可以把他的心血直接用在增强国家的力量上。如果中国能够多几年时间来备战，这在抗击日本时情况将会好得多。日本有可能先与苏联开战，而中国则完全得以解脱。在这些情节剧本中，西安事变确实显得突出。蒋在中日战争中的失败、共产党在 1949 年的胜利以及国民党撤退到台湾，根源于张学良和杨虎城的叛变，而不是源于南京或蒋的任何过失。[42]

在讨论西安事变时，共产党的学者们对共产党的作用提出了与国民党相反的观点。在他们看来，[43]蒋介石实行一条对日妥协和“围剿”红军的反动政策。是中国共产党引导了抗日方向，经长征北上以接近日本前线。1936 年 2 月，在一次把华北从日本手中拯救出来的斗争中，红军渡过黄河进入山西，只是被蒋和阎锡山所阻，未能与日本人开战。

在西安事变发生前，蒋对倒行逆施一直执迷不悟。国民党已经“向日本帝国主义交出了华北五省的政治、军事和经济权利”，而蒋则秘密地同意了“广田三原则”，“向日本”出让了“中国全部的政治、军事和经济权利”。“蒋介石的倒行逆施激怒了全中国人民”，但他仍不愿改变他的政策。[44]蒋甚至设计了恶毒的一箭双雕之计。他让在西安的东北军和西北军与红军作战，希望他们能两败俱伤，为他统治西北扫清道路。西安的将领们认识到了蒋的阴谋；在红军获得了几次胜利以后，他们接受了统一战线思想。

当事变真正发生时，中国共产党在毛泽东的领导下，对局势做了“科学的分析”，并决定必须和平解决这场危机。日本帝国主义希望这场危机会在中国引起一场大规模的内战，为日本的征服创造条件。以何应钦为首的亲日派，阴谋用军事途径来解决。他们说，何暗地希望蒋能被杀害，这样一来，他就可以建立一个亲日政府。他甚至电告在欧洲的汪精卫，让他回国来支持这个阴谋。其时，在西安，张和杨与中国共产党联系，要求予以指导。

毛泽东意识到中国唯一的希望是在国民党内部赞成抵抗的民族资产阶级掌握该党的权力，并与中国共产党在统一战线的基础上进行合作。蒋必须确实抛弃亲日派，并领导这样的一个政府。如果危机持续下去，内战爆发，或是蒋被杀，那么，中国将会被汪和何领导的卖国政府支持的日本帝国主义所统治。周恩来被派到了西安调解争端，并达成了一个满意的解决方案。由于获得成功，周“在关键时刻对这个国家”做出了“不可磨灭的贡献”，并为抗日统一战线铺平了道路，它促成了“全民族前所未有的团结”抗日。[45]

周的任务是双重的：说服蒋介石接受条件，并使张、杨相信和平解决的智慧。这些叙述告诉我们，12 月 24 日蒋在口头上答应了条件，保证改组南京政府，清除亲日派，释放七君子和其他政治犯，停止针对红军的内战，并把其纳入抗日部队中。将召开一次包括各党派在内的全国救亡会议，并拟订抗战计划。中国还要改善与同情其抗战的国家（如苏联）的关系。[46]蒋不同意留下文字性的声明，但以人格保证他将执行这些协议。

张学良倾向于相信蒋的保证并释放他，杨虎城则持怀疑态度。周担负着艰巨的协调两人之间关系的任务，并说服他们相信和平解决的必要性。周的观点占了上风，蒋获释，中国免于日本帝国主义的吞并。西安事变的和平解决，是中国共产党抗日统一战线政策的伟大胜利，对日本帝国主义是沉重的打击。共产党的领袖，特别是毛和周，挽救了中国。

特别是周，因其勇敢的西安之行，现在被认为具有巨大的个人贡献和英雄气概。据最近的一种叙述，2 月 2 日，在武装的东北军激进分子闯到共产党在西安的指挥部时，他亲自与他们见面，他们指责周出卖了此时被关押的总司令张学良。周猛烈地驳斥了他们，并

“继续帮助他们认识其错误。他们深感羞愧，跪倒在他面前，泪水流到了脸上。他们认了错，并请求处罚”。[47]看起来蒋介石并没有垄断西安事变中神奇转变的功劳。

因此，国民党和共产党史学家，对西安事变中的人物形象有着惊人的分歧。他们均同意事变举足轻重的意义。在国民党看来，它让共产党逃脱了蒋的绞杀，并导致了它后来的胜利。在共产党看来，共产党破坏了蒋的不抵抗政策，打击了亲日派，把中国从日本的征服下挽救了出来。由于在主要党派之间这些关键的分歧，并且所出版的卷帙浩繁的文献对双方的观点都提供了支持，西方史学家对这次事变有着许许多多尚待回答的问题。

西安：没有回答的问题

西安事变改变了蒋介石“攘外必先安内”的政策了吗？如果是这样，又是为什么呢？乍看起来，答案似乎很明显。蒋和红军之间事实上实现了停火，“剿匪”一词被拿掉了，并且，促成战争爆发后成立统一战线的谈判开始了。但证据并非如此明晰。正如易劳逸指出的那样：“西安事变在国家政策或国共关系方面没有产生明显的结果。”对共产党的让步，伴随着像审判七君子和继续封锁共产党地区这样其他的步骤，这说明问题没有解决。[48]没有回答的问题仍然存在。是否在西安有一个谈好了的协议，从而导致了蒋的被释呢？如果是这样，为什么蒋一回到南京就会尊重这份协议呢？由于对这些答案依然存在激烈的争议，西安事变的最终意义很难确定。

蒋介石在西安答应条件了吗？当然，蒋的立场似乎足够明确的了。如前所述，蒋曾毫不含糊地声明他从未与其拘捕者谈判过。共产党的资料坚决驳斥了这种说法，并称《对张杨之训话》是假造的。

毛泽东本人对蒋介石返回南京时所做的否认做出了激烈的反应。毛在 1936 年 12 月 28 日发表声明："蒋介石氏在西安接受张学良杨虎城二将军和西北人民的抗日要求。""这标志蒋介石氏改变其十年错误政策的开始。"毛列出了蒋同意的 6 个条件，包括保证改组国民党，释放上海的爱国领袖，停止"剿共"战争，以及团结抗日等。[49]

其他人已证明了毛的说法。西北军政治部主任申伯纯长期坚持蒋接受了停战和改组南京政府的条件，并对导致蒋介石被释放的谈判和协议发表了详细的叙述。[50]最近国民党的研究与毛和申针锋相对，称他们的说法是捏造的。[51]

尽管有这种说法，但占优势的证据表明蒋确实答应了条件。尽管他拒绝签订任何协议，但他无疑做了口头让步来保证他的被释，或者，至少批准了蒋夫人和宋子文来这样做。即使蒋也承认其妻兄负责了与张、杨会谈。[52]因此，许多学者推测协议是有的。吴天威就是这样的人，他断言，危机是通过一个非文字性的协议来解决的。[53]

蒋为什么要尊重协议呢？不论蒋在西安时是否同意停止内战，如果他不准备在被释后尊重协议的话，这基本上都无关紧要。为什么蒋要尊重一个被迫答应而后来他又坚决否认的协议呢？在这些因素中，通常被提及的是强烈赞成和平解决危机的民意的影响。

诚然，中国出版的标准叙述强调这种因素。有人指出，当蒋回到南京，他又恢复了"对抵抗问题的动摇态度"，拘禁张学良，并把东北军和西北军分裂开来。只是由于民意的压力，蒋介石遵守停止针对中共的内战的诺言。李云峰认为，如果蒋在西安事变后重开内战，他的政治权力将会崩溃。[54]有些中国学者甚至认为，蒋自己的中央军已经厌倦内战，而想与日本开战。[55]西方学者也把民意作为一种因素。易劳逸认为蒋在西安事变后"不可能全然不顾全国的情绪，他逐渐与毛泽东的势力变得友好起来”。[56]

第二种经常被提到的同样虚幻的因素是“转化”说，认为蒋被中国共产党特别是周恩来的诚意所打动，并感激周在保证他被释中的作用。例如，吴天威认为，蒋“可能经历了内心的变化，并转向其拘捕者们的观点。另外，他可能对中国共产党另眼相看”。[57]可惜的是，蒋介石个人的想法是如此的难以了解，以至于我们很难验证这种说法。张国焘在他的回忆录中增加了一个不同的角度，称周特地提到了那时被关押在苏联的蒋的儿子蒋经国。周暗示，国民党与共产党之间的和解将为其父子团圆扫清障碍，经国在 1937 年 3 月获准离开苏联。

南京真的有强硬派与主和派之别吗？有些学者一直认为，西安事变后蒋的政策的改变，是因为众多的像何应钦这样的亲妥协派，因事变期间的行为而失宠。这些人曾要求对西安采取惩罚行动，这可能会危及蒋的生命，从而在他返回南京后激起了他的愤怒。蒋夫人的叙述中有她与强硬派争斗的长长的争吵，而其他人也证实了这场争斗。埃德加·斯诺认为，蒋介石逐渐明白了他在南京的真正叛徒。相反，某些西方学者认为这种分歧被夸大了，而宋氏兄妹是利用强硬派的威胁作为他们在西安讨价还价立场的组成部分。在他们看来，南京把诸如占领黄河转弯处的战略要塞潼关、由何发出最后通牒这些军事行动，与谈判合在了一起。[58]

阴谋说似乎难以令人信服。如果蒋真的曾经怀疑何实际上是想置他于死地，那么，在以后的 40 年中，何会一直维持与蒋如此亲密的关系？不过，有证据显示，蒋对某些强硬派感到恼火，觉得他们本该更加关注他的安全。例如，他在他的获释问题上严厉地申斥了蓝衣社，关闭了它在南京的主要报纸《中国日报》，解除了邓文仪的力行社总干事一职，并把这场运动的骨干领导贺衷寒送到国外。蓝衣社一直特别热衷于对西北发动军事进攻。[59]所以，蒋对强硬派的反感，可能使他与这些组织疏远起来，并加强了宋子文和其他赞成停止内战的人的地位。[60]

所有这些因素如民意、蒋心意的转变以及他对强硬派的愤怒，可能促使他决定停止“剿共”战争，并与共产党进行谈判。但我认为，蒋的政策可以根据西北的军事和政治局面得到合理解释。毕竟，西安事变是一场军事“叛乱”。尽管被蒋的绑架大戏弄得模糊不清，但这次事变标志着与西南叛乱相类似的对蒋权威的抗拒。尽管蒋在12月25日安全地离开了西安，但东北军、西北军和红军宣布组成一支联军——三位一体——献身于抵抗事业。统一战线组织在他们的地区兴盛起来。

在被释后，蒋想分化西北的部队，抑制他们的军事和政治力量。在大多数情况下，他使用和平的方法，与所有三支力量进行秘密的谈判，试图破坏他们的团结。与此同时，在潼关的中央军继续向西安施加压力，而蒋清楚地表明，他将把军队作为最后一个手段。南京占绝对优势的军事和金融资源发挥了作用。正如申伯纯所说，蒋的策略是用军事力量来恐吓，用政治力量来分化，无须开战就能获胜。[61]

蒋的第一个目标，是保证释放继续被扣留在西安的人质和飞机。在张学良的帮助下，他在12月27日实现了这个目标，而西北集团则失去了王牌。蒋然后开始在这三支队伍内部进行分化。东北的将领期望张学良能在5天之内被放；而在他没有返回时，他们主要关心的是保证他的被放。西北的将领们对这个目标不太感兴趣，而红军则关注实行统一战线策略。戴笠和蒋派特工到西安，企图加剧这些分歧，并对与南京和解提供金钱刺激。[62]

张学良离开西安有力地帮助了蒋介石的行动。东北军仍然是一支私人的军队，其将领们直接效忠张。在他不在时，军队的团结动摇了，就像许多中国人所说的那样，群龙无首了。副总司令于学忠以前是吴佩孚的人，他在职业生涯的后期才加入东北军；其他东北军官嫉妒他的权势。东北军将领分裂成一个赞成与南京谈判解决问题的年老派，以及一个想为张的返回进行战斗的少壮派。由于东北军军官们的争执，这支军队与西北军之间脆弱的团结开始瓦解了。其时，蒋任命顾祝同为这个地区的总司令，统领中央军，由潼关向前推进。南京命令西安领导人在 1 月 24 日前与顾在潼关谈判，否则将面临一场军事进攻。杨虎城决定开始这种谈判，进一步使他与东北军将领中的强硬派疏远开来。[63]

2 月 2 日，在孙铭久和应得田的率领下，一支激进的东北军少壮军官企图夺取军队的控制权，并刺杀包括王以哲、何柱国和于学忠在内的年老派。叛军杀死了王，但其他两人被杨虎城显然有些不情愿地保护起来。2 月 2 日事件是一个独立的西安终结的开始。激进的军官不是逃走，就是被抓捕；温和派掌握了东北军的指挥权，并限制统一战线组织。温和派领导人怀疑杨虎城帮助了叛军，损害了这两支部队之间进一步的合作。这一波事件严重地削弱了西北的力量，西安向南京举起了白旗。2 月 4 日，杨和于学忠接受了蒋的和平条件。[64]

4 天之后，顾祝同率领的中央军进入西安，并控制了局面。顾关闭了绝大多数统一战线组织，查封了它们的出版物，并限制游行示威。杨虎城把他的军队撤到渭河以西，通过某种商谈之后，于 3 月 28 日离开西北来到上海。在 6 月，他离开中国到国外进行“游学”。

他的3个师被重组，并交给了他的老部下孙蔚如。[65]

规模较大的东北军的重组则较为困难。在6位东北军将领于2月底到奉化拜见了蒋介石（并短暂地拜见了张学良）之后，这支部队同意被重组并调出。3月中旬，部队开始调往豫、皖、苏地区，在那里他们被置于一个军事委员会特别委员会的领导之下。作为协议的组成部分，南京为这支部队提供经费。至6月底，完成了重组。[66]

蒋介石停止“剿共”战争及其与中国共产党的谈判是解决西安局势的关键。即便蒋希望继续与红军开战，但他在把东北军和西北军控制住、并把他们调出西安以前，他也不可能这么做。另外，与所有三种势力进行谈判是他分化西北联盟策略的组成部分。在南京时代，无论何时，蒋对付地方的挑战，总是宁愿采取谈判和策动倒戈，而不愿发动军事战斗。共产党继续支持统一战线的路线，迫使东北军和西北军领导人尽可能地避免与南京的内战。东北军中的一些共产党地下党支持年轻的激进派，后来被打成了托派分子而予以清除。[67]

蒋似乎对统一战线的建议做出了某些让步。在2月10日的国民党第五届中央执行委员会第三次全体会议上，中共获准提交了一份电文，呼吁停止内战，建立反对外敌入侵的统一战线。共产党表示，愿意把红军改编成南京的一支部队，并停止其土地政策。包括宋庆龄、孙科和冯玉祥在内的14名左翼国民党党员发表声明，予以支持，呼吁与中共和苏联进行合作，他们认为这是孙中山的政策。宋庆龄对大会说：“中国已被日本的侵略逼到最后的绝境。”“最后的牺牲是不可避免的。”[68]

中央执行委员会对统一战线的提议没有采取明确的行动，但这些建议的流播表明了一种新气象。在西安，顾祝同与周恩来和叶剑英就红军并入国民军的问题开始直接的谈判。周恩来甚至私下里会见了蒋介石。西安事变似乎为处理南京与中共的关系创造了一种新的氛围。

在幕后，现实要更加严酷。随着蒋解决了与东北军和西北军的僵局，并开始把东北军调出西北，他已没有什么理由向延安让步。蒋秘密地电令顾，指示他对红军设置困难条件，要求削减部队并进行重组，条件似乎无法接受。在谈判时，顾还使用军事压力，调中央军到渭河以北，把红军孤立在陕北，并施行半封锁。[69]对蒋来说，这是一种理想的局面。如果红军答应他的条件，他就可以对它进行重组，并将其削弱；如果它拒绝这些条件并重新开战，责任将在共产党一方。

蒋也没有做出许多政治上的让步。正如毛在 1937 年 5 月 3 日所指出的那样：“国民党的三中全会，由于其内部亲日派的存在，没有表示它的政策的明确和彻底的转变。”毛告诉他的下属，“今后的要求是国民党政策的彻底转变”。[70]随着 1937 年 6 月中央军巩固了对西北的控制，毛在给埃德加·斯诺的信中表示了对统一战线方针的担忧。[71]直到 1937 年 8 月中旬，在上海的战斗爆发之后，南京才最终同意统一战线的思想。在苏联承诺提供 3000 万美元的财政援助后，南京宣布红军并入中央军。直到 9 月 23 日，南京才承认中共的合法地位；并且，根据康泽所说，蒋介石仍然希望日军在战争中灭掉红军。[72]

蒋很有可能在西安事变期间改变了对共产党的态度，经历了一次“转变”，但即使不考虑这样的转变，他后来政策的改变也是可以解释的。停止内战不是一种宽大的行为。在东北军与西北军反叛时期，南京本已无法进行战争，蒋与中共的谈判，正好与他分裂西北的策略相吻合。由于民众对内战的反对，并由于蒋需要改善与莫斯科的关系，他并不想承担重启战衅的罪责。有人怀疑——但从未被证实——如果日本人停止对华北施加压力，蒋也许会逼迫红军，希望迫使它开第一枪。至 6 月底，东北军被重新安置，而杨虎城已到了公海上。但由于对日战争的爆发，蒋需要国内的团结及苏联的支持，从而不得不接受了统一战线。

回过头来看，西安事变及其后果与南京时代的模式相吻合。在整个 10 年中，蒋介石实行与共产党作战而又逐渐消灭国民党阵营半独立势力的自治这样一条双重的政策。冯玉祥、福建集团、桂系及广州的分裂者一个一个被降服了，他们的独立结束了，或至少是被镇压下去了，他们的部队被重组了。西安事变最富有戏剧性的结局可能是东北军和西北军的重组。这次事变给蒋提供了一个他所需要的借口，来打破这支现存的最大的半独立军队。

我认为，西安事变实际上并非像通常所认为的那样“关键”。尽管它改变了蒋执行其政策的局面，但其基本思想本身却没有重大变化。西安事变迫使蒋抵抗了吗？我认为蒋已经给自己定下了进一步对日让步的界线（可能除了经济上的让步）。南京在张—川会谈中的决心就是明证。蒋对中共的政策改变了吗？答案是明摆着的，战争的爆发才使这种变化一锤定音。

在这项研究中，我们着重强调三个方面的政治变迁：南京政府自身的内部、地方领导人之间以及民意的高涨。西安事变涉及了所有上述三种因素。这次事变导源于全国救亡运动的迅猛发展，使许多西北的人士相信了统一战线的必要性。这次事变也是地方势力与蒋介石的一系列冲突中的同类事件，在这些冲突中，蒋似乎总是胜利者。在这次事件中，他消灭了国民党阵营中的又一支地方势力，并直接把中央的势力扩张到西安。

最后，这出大戏的中心是南京政府自身的构成。如果蒋死于西安，那么，南京政权的整个结构将会被改变。实际上，蒋在事变后临时“退休”去治疗外伤和心灵创伤，使南京政府在某种程度上漂泊不定。国民党左派试图在第三次全体会议上强行通过它的方案。汪精卫已匆忙回到国内，希望恢复他的政治基础。在这次危机中，蓝衣社似乎已经失去了蒋的信任。中国的政治仍然不稳定。如同以往一样，日本问题高悬在南京政治舞台的上空；并且，日本人被西安事变及其后果深深地扰动了。

日本与西安事变

在西安事变发生时，中日关系已陷入了危险的僵局。张—川会谈的破裂、绥远的战斗以及日本人占领青岛，全都有可能演变成一场规模更大的冲突。西安实际上可能使双方都转移了注意力，从而平息了危机。日本政府的官员们似乎与其他所有人一样，对这次事变感到非常吃惊，在大部分时间里，仅是在慎重地观望。但日本军队的领袖很快就指出，如果危机削弱了南京，它可能潜在地让日本获益，特别是实现它在华北的目标方面。当蒋仍然活着已变得越来越明确的时候，其时日本当局担心南京为了蒋的自由会与中共和苏联达成协议。12 月 19 日，日本外务大臣有田会见中国领事，警告南京不要被诱惑，从而接受张学良的条件。[73]

当这次事变在突然之间令人不解地解决时，日本的政府官员持一种肯定而又谨慎的语调。1 月 21 日，有田对国会说，这次事变事关日本，因为张学良“采取了亲共反日的政策”，东京将对势态进行监控。在承认了中日和谈停滞不前时，有田表示希望将来有可能获得进展。[74]关东军将领们则并不如此乐观。1936 年 12 月 28 日，他们警告南京：如果“中国政府与共产党及其类似的势力妥协，并接受共产主义和抗日政策”，那么关东军将采取行动，来“维护整个东亚的和平”。[75]

在蒋被释放后的几周中，中国的政治形势依然捉摸不定，东京显示出了惊人的低调，由于国内的政治危机，它变得无声无息。国会中，日本军部大臣寺内和政友会成员在 1 月底促成了广田内阁的垮台。不久前担任朝鲜总督的宇垣一成奉旨组建新内阁，但军方予以反对并拒绝出任军部大臣。经过紧张的谈判，军方同意由冈田内阁中的前军部大臣林铣十郎出任首相。[76]

短暂的林铣内阁对华实施出人意料的温和政策。2 月 15 日，在他对国会所做的演讲中，林表示要和平解决对华的关键问题，他任命了著名的温和派佐藤尚武为外务大臣。在幕后，几位日本军方领导人越来越担心西安事变后日本对华侵略外交政策造成了如此强烈的反应，使得英国和苏联成为受益者。由于军队领导人预感到与苏联的战争，他们想在中国有一个稳固、友好的基地。[77]

日本媒体注意到了新的政治形势。《报知》发表评论说：“南京政府已牢牢地巩固了它的基础，特别是自西安事变以来，所有的力量都集中到了蒋介石将军的手中。……随着国内的巩固，中国将把它的精力转移到加强国防方面，以反对外国的侵略……在这个时候，日本重新考虑采取积极的对华政策是很有必要的。”[78]

东京新的关注被纳入了 1937 年 2 月 20 日拟订的《第三次经营华北计划纲要》中。与以往的计划相比，它强调必须把华北建成一个亲日反共的区域，使之为日本军队供给自然资源，以准备一场与苏联的战争。但与以前不同的是，这份文件表示担心日本人的活动可能会引起中国人民的仇恨情绪。因此，日本应该在华北重视经济和文化工作，以便创造积极的、亲日的气氛。所以，华北或内蒙古的自治计划将被推迟。另外，该计划认识到冀东政权不可能作为一个独立的实体永久地存在下去，它被废除的可能性在增加。

在处理与南京的关系中，林政府承诺要关心南京的“面子”，以便促进亲日情绪。与南京的和谈强调清除反日行动、聘请日本顾问、降低关税、解决“不幸的事件”，以及开通上海至福冈的航空线路。[79]因此，新的“第三次计划”标志着日本以前失败了的全盘分裂华北行动的退步。外务大臣佐藤甚至更加灵活。在对国会的演讲和私人谈话中，他暗示南京在像关税这类问题上的让步，可能会相应地解决冀东问题或中止华北的“特种贸易”。[80]

日本新的灵活政策面临两大挑战。第一，日本的强硬派从未完全同意放弃以前的目标。军方许多领导人对佐藤的讲话持批评态度，而在中国的将领们依然持强硬立场。其时担任关东军参谋长的东条英机，1937 年 6 月 7 日建议东京：“从对俄军事准备的角度来判断中国当前的局势，我坚信，如果我们军事力量允许的话，我们应该首先对南京政权进行一次打击，以消除我们后方的威胁。”[81]由于其战地指挥官们内部存在着这种情绪，东京很难照应南京的“面子”。

东京新政策的第二个障碍在于南京。在绥远的胜利和西安事变的和平解决之后，中国民众似乎越来越有信心。甚至在军队内部，普遍的抗日情绪也在增长。因此，在林提出建议之时，中国的民意限制了蒋介石积极实施其“攘外必先安内”的政策，特别在他已经牢牢地从军事上控制了西安之时。

南京的强硬路线在 2 月召开的第五届国民党中央执行委员会第三次全体会议上表现得非常明显。张群对大会所做的关于中日关系的报告基本上逐条拒绝了日本悬而未决的要求。他重申了中国的立场：只有在日本尊重中国的主权并通过清除走私和冀东政权来展示其善意的情况下，中日关系才能得以改善。双方依然像上一年秋季那样分歧很大，尽管东京更换了新的政治领导。[82]

张群对大会做报告，是他作为外交部长的最后一次重要活动。3 月 3 日，他被海牙国际法庭的前法官王宠惠取代。张的辞职，标志着已经被黄郛之死和杨永泰被刺事件所削弱了的亲日的政学系的进一步衰落。在耶鲁和英国受过教育的王，被认为属于亲欧美派。尽管王实际上与张曾经采取的方针一样，对东京执行同样强硬而又谨慎的政策，但这件事显然标志着中国在西安事变以后，正在采取一条更加强硬的路线。[83]

林政府改善中日关系的失败，在 1937 年 3 月日本经济代表团的访问中可以明显看出。由儿玉谦次率领的一支日本金融和商业领袖代表团来到中国，进行可能是战前最后一次重要的直接会谈。表面上，这次访问仅是 1935 年 10 月对中国经济代表团访日的回访。事实上，这是一次重要的外交事件。蒋介石从庐山飞到南京亲自对来访者发表谈话，明确地阐明他并没有放弃对东京保持和平关系的思想。财政部长孔祥熙宴请了代表团。对林来说，这支代表团的出访是推行他强调经济目标的新政策的一次机会。对南京来说，这次会谈让它再一次拿出经济的胡萝卜以望获得在华北问题上的让步。这个代表团陷入了与张—川会谈同样的僵局。中国的银行家和政府官员对日本人说，只要日本继续其走私的政策并威胁华北，在经济提携方面就不可能有真正的进展。但日本的商业领袖不可能改变其军方的政策。当日本代表团的一名成员被派到华北与华北方面军司令官田代皖一郎进行会谈时，他甚至拒绝见面。[84]

南京对日立场变得更加强硬的另外证据，在中国政府向其他地方特别是英国寻求财政和外交援助时显示出来了。1937 年 5 月，南京通过查理斯·阿迪斯爵士商谈一项总额为 1500 万英镑的金融协定，用来建设华南的铁路。当孔祥熙率领的一支代表团于 4 月到达伦敦参加乔治六世的加冕礼时，日本消息报道说，他将商谈价值 2000 万英镑的借款。在日本，强硬派拿这些借款来作为南京执行反日政策以及林的中国政策已经失败的证明。《日日》发表的社论说：“英国在华的地下活动，近来已看出有了标志性的增长，而中国人对此是很欢迎的。”这篇文章认为：“在目前僵持状态中，日本和中国之间的关系持续时间越长，英国在华的活动就越胆大妄为。”它最终将“导致南京对日采取更加强硬的态度”。《日日》把责任推给了东京。“我们简直讨厌〔日本〕政府的态度……它在英国介入整个中国的工业发展时，却袖手旁观。”[85]

《国民新闻》表达了同样的态度，但认为中国变得强硬的路线，不仅导源于英国，而且也是苏联的阴谋。它指出：“英国的支持推进了中国的强硬政策”，而且也与“中国亲苏政客的活动”有关。像《日日》一样，《国民新闻》也基本上谴责东京政府的软弱外交。“日本的对华政策已然失败，它确保了中国巩固其自身来反对我国的可能性。”[86]所以，林内阁在打破中日关系的僵局方面并不成功。尽管它照顾了中国的“脸面”，但东京的要求仍然超出了蒋介石能够接受的限度，特别是在绥远和西安事变后的政治环境中，并且蒋能接受的限度达不到日本强硬分子的要求。

华北是中日关系僵局中最关键的问题，这个问题最终导致了战争。在华北，关东军和华北军中的激进分子仍然执行一条强硬的政策，尽管东京的路线要缓和得多。日军频繁的军事机动，使日本人和宋哲元二十九军之间的关系一直非常紧张。1937 年 1 月初平津地区的大规模演习之后，在整个 1937 年春，华北方面军继续在丰台和卢沟桥地区保持机动。这些机动每个月均要搞上一两次，它们平均持续 3—5 天，有时还包括使用夜间训练和真枪实弹。这些日本人的实战演习，是在非常接近二十九军部队的地方进行的，中国军队警觉并愤怒起来，随时都有可能爆发一场更大规模的冲突，而它们后来也确实发生了。[87]

宋企图平息紧张局面。他于 1 月 19 日来到天津，在那里滞留了 7 周，与田代皖一郎进行了频繁的会谈。宋执行他的左右平衡政策，被夹在了其部队增长的抗日情绪和日本人的压力之间。宋甚至表示支持南京政府的举动也遭到日本人的抗议，并常常导致他做出相反举动以向日本人妥协。如在 1937 年 1 月 20 日，宋在西安事变之后，发表了一份保证服从中央政府的公开声明，誓言捍卫民族团结和领土完整，执行南京的命令。与此同时，为了安抚日本人，宋誓言继续大力“剿共”。[88]

当南京逼宋去参加在南京召开的三中全会时，日本领导人反对他出席会议。宋再一次搞了平衡，他没有亲自去参加，而是派出了秦德纯作为他的代表。当冀察政务委员会外务委员会主席辞职后，宋最初委任了贾德耀出任此职，日本人对此大加反对。4 月，宋做了让步，并任命被视为亲日的魏宗瀚任此职，但宣布他担任的仅是“代理主席”。宋在试图迎合敌对的观点时走了一条狭窄的道路。[89]

宋在经济问题上执行了同样的含糊政策。当他在 1 月到达北平时，田代强迫他接受经济发展和联合防共的计划。谣言流传说，真正的会谈正在进行，从而激起了宋手下将领们以及南京的愤慨。宋立即否认了所有正在进行的这类谈判，并宣布只有南京才有权处理这些问题。他对日本人说，经济项目只有在冀东政权被废除以后才可以上马。但在日本人的强大压力之下，4 月 22 日，宋再次搞了平衡，他对记者说，像修筑天津至石家庄铁路和发展龙烟铁矿这样一些地方性的项目，可以在没有预先总的政治协议情况下上马。[90]

显然，宋处在了各方的强大压力之下，无法找到满意的政策。他试图采用南京也在使用的提供经济合作的前景来阻止日本人更加强硬的政治和军事行动这种老方针。在 4 月底，宋派天津市长兼二十九军三十八师师长张自忠率领一个冀察委员会的代表团去日本。这次访问没有产生实质性的结果，但传递了继续谈判的信号。[91]

尽管宋哲元犹豫不决，但在 1937 年春他的政策逐渐向更加强硬的路线靠近，特别是在那些与二十九军有直接军事关系的问题上。宋手下的将领们对河北特别是丰台和卢沟桥周围新增的日军设施深感不安。日本当局通过中国的代理机构购买了 6000 亩土地用于建设军营和军事场地，对这项地产，他们付出了远高于市价的价格。4 月，宋命令调查该地区的土地登记，并宣布中国人出卖土地给外国人是非法的。[92]

宋将其部队军事训练的水平升级，设立一所军官训练学校，模仿蒋介石在庐山的军官训练团。宋甚至欢迎蒋训练团中的毕业生，并在 6 月派一个代表团到庐山去观摩他们的训练。“九一八事变”后就为大中学校学生举行的夏季军训，由于日本人的压力，在 1936 年中止了。由于学生要求支持国防，尽管日本人对此表示关注，宋仍在 1937 年 5 月宣布恢复夏训。[93]

由于日本人的压力在增加，毫不夸张地说，宋进行了躲避，5 月 11 日回到了他在鲁北乐陵的故乡。甚至在他到天津为其母祝寿时，他也不与日本人接触，并当即返回，用《日日》的话来说，是“政治逃避”。宋的突然“度假”是避免与日本人发生冲突以及避免他手下将领们不满的唯一途径，但却使冀察政务委员会处于随波逐流的状态。[94]

宋的退隐正好是在日本人认为南京向山东的韩复榘施加新一轮压力之时，这让日本大感恼火。4 月底，南京曾派总数达 4000—5000 人的税警团部队到山东，公开的目的是镇压走私和妨害盐税的活动。在最单纯的层面上，这一举措纯粹是南京以前阻断冀南“特种贸易”措施的组成部分。但这一举动激怒了日本人，他们认为这些部队是中央军假装的，并且是自《何梅协定》以来进入山东的第一支中央军。另外，这支新的部队按青岛市长的要求集中在该市，这位市长曾向三中全会呼吁采取措施，以避免重蹈 1936 年日本人在该市登陆的覆辙。日本把它视为一种反日的行为，想以此确定南京在该省的权威，并迫使韩复榘采取更加强硬的对日路线。日本媒体甚至传播谣言说，蒋介石将会很快把韩调出该省。[95]

南京增加影响的另外证据也随处可见。政府曾宣布将在 1937 年 11 月召开的中国各地代表参加的全国资政会议，拟订一部新的宪法。由于冀察两省的“特殊性”，冀察政务委员会最初曾迟迟没有推选代表。在内务部长蒋作宾于 5 月底造访后，宋哲元被说服进行了推选。6 月 10 日，他宣布 114 名代表将被选举出来，代表两个省与天津和北平市去南京出席会议。[96]

宋的举动令中国知识分子备感欣慰。胡适在他主编的《独立评论》上撰写了一篇兴高采烈的文章，称这次选举向全世界说明河北和察哈尔是中国不可分割的一部分。胡写道，中国的“强邻”现在知道，它把华北变成“特区”的阴谋已经失败了。胡宣布，中国各地现在明白了冀察军事当局是支持民族团结的，没有受卖国贼们的诱惑。[97]

许多日本人同意胡的看法。强硬分子认为华北落入了南京的控制之下，并指责林的软弱路线。《中外日报》的社论说：“南京政府在华北的行动，继续单方面地持续下去。它的行动无疑表明了它对该地区局势的特殊性缺乏正确的评价。”《中外日报》认为东京软弱的政策使得南京获得了进展。“毫无疑问，这种政策是软弱的表现。”[98]同盟社发自北平的报道说：“在二十九军的官兵中，反日情绪在稳步高涨”，这是普遍增长的华北反日活动的组成部分。同盟社列举冀察侮辱日本的游客、北平攻击日本的学生以及中国税警团在山东的出现，作为这种现象的证明。[99]

在南方，其时一场涉及中国人对待汕头的一名领事馆官员的争端发生了，双方均强烈地反驳对方的声明。日本从旅顺港派出了一艘军舰“夕张”号，并从厦门派出了三艘驱逐舰，向汕头政府施加压力。在上海，发生在中山钢铁厂的罢工演变成了暴力，日本海军进行了干预，并恢复了秩序。在天津，一群中国平民攻击了一家日本农场，撕毁了一面日本国旗，并点燃了储油设施。由于侮辱了日本国旗，日本外务省提出了强烈抗议。[100]5月19日，日本人向秦德纯提出抗议，把中国刊物刊登的反日漫画，作为反日行动的证据。在察东，抗日游击队攻击了日本的傀儡军队，5月28日打死了一名指挥官，在6月和7月，抗日活动仍在继续。[101]

日本的强硬派认为在这些分散事件的背后，是一个新的反日阴谋。《日日》认为：“最近几周里，中国发生的反日暴行中的罪犯的行为，无疑反映了国民政府的意愿。”[102]5月10日，日本驻华大使川越茂回到东京，就中日关系向内阁的主要领导人做了非常悲观的报告。日本军部大臣杉山称中国的“过分自信”使它采取了一种“侮辱日本”的态度。[103] 6 月 4 日，从不受国会或军队欢迎的林政府垮台了，随后组成了贵族近卫文麿的第一届内阁。广田弘毅取代温和的佐藤尚武重新就任外务大臣。中日关系又回到了通常的高度紧张状态。

战争

1937 年 7 月 7 日晚，驻扎在丰台的华北方面军士兵在靠近卢沟桥——西方所熟知的“马可・波罗桥”——的地方进行夜间演习。他们的行动是日军总的战争策略的组成部分，包括使用真枪实弹。在那个黑夜的某个时刻，有不明身份的人向日本人开了枪，随后点名发现有一名日本士兵失踪。尽管失踪者在 20 分钟之内就已返回，日本指挥官却不知此事，要求有权搜查靠近卢沟桥的宛平县城。中国的二十九军部队予以拒绝，日本的野炮开始轰击宛平，一场战争爆发了。

7 月 9 日，日本人向北平市长秦德纯将军递交了常规的要求：中国军队必须从该地区撤出，必须保证这种事件不再发生，必须惩罚负有责任的军官，并且必须道歉。在过去的许多情况下，事件后总有同样的要求。而且，达成了一个解决方案。至 7 月 11 日，秦德纯已接受了日本人的大部分要求。双方均同意共同撤出军队。二十九军的士兵将从永定河左岸撤出，由石友三指挥的维和部队来替代。

为什么那时一场司空见惯的事件，最终会点燃中日之间一场持续了 8 年、牺牲数以百万计生命的全面战争呢？显然，即使在这次事件发生 50 年之后，中国人和日本人在评定战争的原因时，仍然分歧极大。20 世纪 80 年代，一位日本内阁部长漫不经心提到日本人的行动可以部分地找到根据的话，或者，日本公立学校教科书的实质性修改，足以在中国造成反日的示威和一场中日关系的政治危机。

中国和日本的史学家似乎从完全不同的角度来分析战争的原因。日本史学家，至少日本学术机构中保守一方的那些人，把日本的对华政策几乎作为一个法定的辩护状，就像对东京战犯审判的判决所做的反应那样。他们花费巨大的精力，来证明日本人所有基于早期协议或协定的具体行动的合法性。例如，秦郁彦在研究导致卢沟桥事变的日本的行动时认为：“那次深夜演习是在《辛丑条约》所规定的军方权限之内，并非中方后来谴责的那样，是一次非法的举动。”[104]另一位著名的史学家岛田俊彦批评南京派遣税警团到山东，违反了《何梅协定》。他写道：“这是一种公然的反日举措”，南京“还想扩大中央军在华北的影响，目的是推翻冀察政权”。[105]

中国史学家从一个全然不同的角度做了分析。他们认为中华民族的迫切愿望是合理的，有权维护一个完整、安全的民族国家。从这个角度出发，像《辛丑条约》《西原借款协议》《塘沽协定》，以及《何梅协定》《秦土协定》这些法定和外交的协议，只不过是外国帝国主义的非法欺诈而已。满洲和华北是中国的领土，中国政府必须加以捍卫。

由于在中国人和日本人著述中存在着巨大分歧，卢沟桥事变及其扩大成一场重要战争的整个过程，依然混杂不清。尽管双方的说法针锋相对，但战争的最终原因，不是1937年的七七事变。假如这场风暴被平息下去了，下一场也许马上就要发生。对这次事变及其后果的详细分析，已越出了本书的范畴，但以下仍做一扼要的叙述。三种因素是非常关键的。

第一，7月7日发生的冲突不会被抑制下去。尽管在北平达成了解决方案，但中国二十九军与日本华北方面军之间日渐加剧的敌意，已变得无法调和，新的战斗在不断地爆发。

第二，蒋介石政府不愿让中国军队退出卢沟桥重要的铁路终点站。尽管前一年的秋季宋哲元在丰台做了让步，但让出卢沟桥将使整个北平与南方的铁路联系全部置于日本人的控制之下。为了展示决心，蒋介石命令河南边境的中央军进行动员，如果战事扩大，准备向河北挺进。7 月 17 日，蒋宣布任何解决方案都必须尊重中国主权，不得对冀察委员会做任何非法的改变，不得要求更换南京政府任命的任何官员，并且不得向二十九军施加任何行动限制。[106]

第三，就在 7 月 11 日解决的消息传到东京前的几个小时，日本内阁决定调动 5 个师派往中国，其中 3 个派往华北，另外 2 个派往上海和青岛。至 7 月 12 日，日本的关东军和朝鲜军蜂拥进入华北。因此，卢沟桥事变成了“最后的关头”。各方——日本人、蒋介石和南京、二十九军的士兵，均到了无可退让的关头。日本人要求统治华北。在满洲、热河、冀东和察北沦陷时躲在一边的蒋介石，此时决心保持坚定的立场。中国暴涨的抵抗情绪，完全改变了政治局面。“攘外必先安内”再也不是一项可行的政策了。

战争已经发生。数以百万计的人丧失了生命，中国的沿海城市被毁成废墟，大部分中国人口沦入敌人的占领之下。这可能是蒋介石的梦魇。他在德国的帮助下，如此精心建设的中央军，与他的大部分政治权力一起被打垮。

结　论

有关南京政府时代的论著，对这个阶段的描述，通常分歧极大。国民党和蒋介石的支持者把南京的十年称为中国的建国时期。他们把蒋介石描述成在军阀时代的废墟上，面对外国的阻挠，英勇地创造了一个充满活力的政权。蒋从在长江下游的一小块基地着手，在他消灭了地方上的对手后，逐渐把南京政府的权威扩展到中国各个省份。这些著述告诉我们，至 1937 年，他已经建立了一支强大而又高效的国民军。像法币改革和工业化方案这些英明的政策，帮助南京政府创建了中国的新时代。

在这些学者看来，蒋在这个阶段中成功的关键是他的“攘外必先安内”政策。由于蒋认识到中国无法与日本的军事机器相抗衡，他尽可能长地推迟战争。国民党史学家认为蒋有一个消灭内部敌人和培养国家力量，以便中国将来与日本作战的精心备战计划。他们认为，他几乎就要获得成功。不幸的是，由于中共的谋略以及中国民众和张学良没有理解他的想法，中国被迫在时机不成熟的时候进行战争，并导致了灾难的发生。

国民党的反对者则描绘了完全不同的场景。他们把南京阶段说成是软弱和动荡时期。当中国不放一枪把整个东北交给日本人的时候，这种软弱导致了日本的强硬派极其蔑视中国的军队，拒绝把中国看作是一个像样的对手。事实上，当1937年日本进攻中国时，日本指挥官乐观地估计，南京政府可以在几个星期至多6个月内被击败。他们对中国军事力量的轻视，导致了这种灾难性的误算。这种观点认为，如果中国在1931年加以抵抗，日本可能会选择一条不同的道路。

1931年中国的不抵抗，也注定了企图抑制关东军的日本温和派的命运。当极端分子以极小的生命代价取得了如此容易和深受鼓舞的胜利时，抑制关东军完全是不可能的了。由于关东军胜利的影响，日本的国内政治发生了剧变。军人掌握了权力，而政党的政治家们则成了明日黄花。因此，可以认为，蒋的不抵抗政策，帮助了日本军国主义的膨胀。

国民党的批评者们也否认蒋所说的他有一个构建国家力量以作最终的抵抗这一精心计划。他们把20世纪30年代南京的外交政策说成是拖延和软弱的政策，而不是什么精心建设的战略。蒋对“剿共”战争的专注是避免解决棘手的日本问题的借口。为了迎合东京，蒋还放弃了诸如保护关税或国联的发展项目这些本来可以使中国强大的政策。诚然，蒋确实建立了其规模可以说与日本相同的军队，但日军在1937年时比1931年时要强大得多。另外，由于中国多年来的退让，日本已经在蒋抵抗前取得了实质性的胜利——东北、热河、冀东、内蒙古。日本已经破坏了中国在平津、山东、上海地区（1932年的停战协定限制这里的防御），甚至在福建和海南岛的防御，在这些地方，日本人的侦察为侵略扫清了道路。因此，蒋的批评者认为，南京的军队建设一直被日本的军备整顿和对中国的蚕食所远远甩在后面。“先安内”已经悲惨地失败了。

因此，对蒋介石在南京时代的成就，我们看到了两种截然相反的观点。这些看上去矛盾的解释可以调和吗？实际上，日本问题对这一阶段的中国政治起着巨大而又复杂的影响。如果我们根据地方势力的内部竞争的角度来看中国政治，那么，日本问题促成了更加伟大的民族团结。当 1931 年日本首次进攻的时候，中国还不是一个统一的民族国家，而只不过是一群名义上服从国民党的地方实体。在 1928—1931 年之间，南京时代早期的政治与军阀时代的政治有着惊人的相似之处，而蒋仅是同类人中的佼佼者而已。在他们之外，如日本，是其权力游戏中不可动摇的因素。

日本征服东北，改变了中国政治的游戏规则，对这个国家的生存造成了一种独有的外来威胁。这在很大程度上强化了蒋的地位。日本通过征服他们的领地、击败其军队、并将其逼退，消灭了他在华北的许多对手。另外，日本对华巨大而无休止的压力，形成了一种新的民族共识，这在西安事变中表现得极为明显，就是中国只有团结起来反对这场前所未有的威胁，而且，这时只有蒋介石具有领导这个国家的资格。当像西南联盟、福建叛军或西安的势力这些地方领导人，因蒋介石软弱的对日立场而对其进行攻击时，他们总是被怀疑怀着个人的动机。蒋的地方对手总是无功而返，无法在抵抗这个问题上做文章。

不过，蒋介石无法利用日本问题来获益。在中国政治中，日本问题最大的后果是“民意”的兴起。一起又一起事件、一次又一次耻辱激怒了所有政治派别的中国人。学生、商人、士兵和政府官员被日本人看似没完没了的要求所激怒。在知识分子、城市居民、军队中产生了强大的势力，本应潜在地用来巩固国民政府，但蒋介石无法利用这支新的力量。

当然，蒋努力建设一个可以统一中国的强大的国民政府，但他想要的是一个基于军事力量的保守、独裁的政权。他对群众政治运动持怀疑态度。这种独裁政权在 20 世纪已很普遍，没有理由设想这样的一个政权在中国会不成功。但这种政府缺乏像中共那样吸引广大农工群众的社会纲领。

对一个寻求团结和力量的保守派政府来说，另一种可供选择的诉求就是民族主义。诚然，国民党运动已被作为一种民族主义运动建立起来；在蒋的领导下，它的社会方案被改头换面，民族主义是主要的思想支柱。中国许多保守的军事领导人认识到了民族主义的潜在力量。例如，阎锡山举起了抗日旗帜，也顺带进行反共。用利蒙・冯・斯拉克的话来说，他把抗日问题视为“一面旗帜，用来吸引可以帮助统治人民的有才干的人……他不愿或不能担负真正的结构性的改革……但民族主义是一种他能够尝试的吸引力，而不需要进行制度性的变革”。[1]

同样，蒋介石在社会上是保守的，不愿利用动员的途径或阶级斗争来构建政治基础。但“攘外必先安内”政策使蒋很难利用民族主义作为政治统合的因素。一旦蒋离开首都南京几周几月，南京官员在日本的压力下改变政策，并镇压所有抗日情绪的表达时，南京就对日本的要求显得软弱和驯顺。因此，20 世纪 30 年代，蒋无法利用民众舆论的大规模爆发来巩固他的政权。如果他能够做到这些，并得到学生示威者、救亡分子的支持者及政治上表现积极的民众的支持，他本可以吸引许多有才干的个人的支持和献身，来充实他的政府和军队。但在 20 世纪 30 年代的大部分时间里，至少到 1936 年秋，民族主义问题是不利于南京政府的。在其他情况下本应被激发起来为国民党政权服务的中国青年却变得离心离德。

蒋也别无其他的选择。他似乎心仪法西斯主义，想把它作为民族统合的工具，一度热衷于蓝衣社的活动。不过，如果他让这场运动的领导人在南京发挥更加主导的作用的话，日本人的强烈反对将注定绥靖政策的失败。蒋发起的反对共产主义意识形态的新生活运动，没有感染多少中国人。如果蒋在这场运动中能不加限制地容纳一种更加明显的国家主义的诉求，它可能会在构建其政权时成为重要的因素。绥靖政策封死了这种选择。为了适合他的政府的需要，蒋不得不转向被日本人所接受的像黄郛和唐有壬这样的人。不幸的是，上述这些领导人不得人心，并缺乏大部分中国民众的信任。

因此，20 世纪 30 年代日本人在中国引发巨大的民意压力，没有为蒋所用。救亡运动中的大多数人对蒋的宿敌中国共产党的好感要比对南京政权大得多。为什么共产党能够运用民族主义的问题呢？如果我们把他们仅仅视为南京时代许多地方势力中的一种的话，那么，这种信任似乎是不合常理的。他们举着抗日旗帜，但福建、广东和其他人统统如此。

当然，中国共产党对许多中国人有着独特的吸引力。它提出的社会和政治纲领远比国民党及其地方领袖们的纲领要先进。但至于日本问题，是蒋介石和日本人自身把共产党置于了一种非常有利的地位。由于蒋把中共的活动作为无法对日开战的借口，数以百万计的中国人开始呼吁实行统一战线。与共产党的合作被视作等同于抗日。

东京坚持中国联合日本与伪满洲国共同防共，这产生了与上面类似的影响。在华北，自治运动的借口是“剿共”，伪政权的名称中似乎总是包含“反共”的词语。至 1937 年，在许多中国人的心目中，蒋介石乐于采用的这些口号，以及“反共”和“剿匪”的词语，被看作妥协，并被视为迎合日本人。统一战线及与苏联合作的思想意味着抵抗日本的侵略。在这种情况下，民族主义的问题造成了对共产主义运动的同情，并提高了它的声望。

因此，蒋介石处在一种困难的境地。作为民族主义运动的领袖，需要民族主义作为统合的工具，除非他愿意挑战中国强大的邻国，否则，他无法利用这种工具。不幸的是，那个国家的军事力量占有优势地位，并具有侵略性。由于避免与日本作战，蒋造成了民众对他最为痛恨的那股力量——中国共产党——的支持。中国民族主义革命的成功，最终需要打败日本帝国主义，这是一个蒋介石政府完全无法完成的任务。只有一场新的世界大战，才能开启创建一个强大的中国民族国家之路。但这场创建的建筑师将是毛泽东，而非蒋介石。

注 释

前言

1. Lin Yu-tang, *A History of the Press and Public Opinion in China*, pp. 148—149.

2. Dorothy Borg, *The United States and the Far Eastern Crisis of 1933—1938*; Christopher Thorne, *The Limits of Foreign Policy: The West, the League and the Far Eastern Crisis of 1931—1933*; Ann Trotter, *Britain and East Asia, 1933—1937*; Peter Lowe, *Great Britain and the Origins of the Pacific War: A Study of British Policy in East Asia, 1937—1941*; John P. Fox, *Germany and the Far Eastern Crisis, 1931—1938: A Study in Diplomacy and Ideology*; James Crowley, *Japan's Quest for Autonomy, National Security and Foreign Policy, 1930—1938*; Akira Iriye, "Japanese Aggression and China's International Position, 1931—1949," in *The Cambridge History of China*, vol. 13; Tetsuya Kataoka, *Resistance and Revolution in China: The Communists and the Second United Front*.

第一章

1. Edgar Snow, *Far Eastern Front*, p. 72; 臼井胜美:《満洲事変戦争と外交と》,东京:1974,第 43 页。对困扰张作霖政权的问题的一般性描述,见 Gavan McCormack, *Chang Tso-Lin in Northeast China, 1911—1928: China, Japan, and the Manchurian Idea*。关于奉天军火库的情况,见 Anthony B. Chan, *Arming the Chinese: The Western Armaments Trade in Warlord China, 1920—1928*, p. 111。

2. 引自 Dun J. Li, ed., *Modern China: From Mandarin to Commissar*, p. 255。还

见于《中华民国重要史料初编——对日抗战时期》绪编(一),第257页;李云汉:《九一八事变史料》,第261—263页;V. K. Wellington Koo, *Memoranda Presented to the Lytton Commission*, vol. 1, p. 91。

3. *China Weekly Review*, December 5, 1931, p. 5;《现代史资料》第7卷,第483—488页。

4. 这些官方数字可能太低。“满洲战争”中的统计数字,见 *China Weekly Review*, September 26, 1931, p. 128; October 10, 1931, p. 205; March 19, 1932, p. 95; Sadako N. Ogata, *Defiance in Manchuria: The Making of Japanese Foreign Policy, 1931—1932*, pp. 90—91; *Manchuria: Report of the Commission of Enquiry Appointed by the League of Nations*, pp. 66—75; 臼井胜美:《満洲事変戦争と外交と》,第36—88页。

5. 《生活周刊》1931年10月17日第950页社论。邹对张学良的军需和装备的估计可能太高。

6. *China Weekly Review*, December 5,1931, p. 20.

7. *China Weekly Review*, December 5,1931, p. 20. 还见于 Liang Chin-tung, *The Sinister Face of the Mukden Incident*. New York: St. John's University Press, 1969, p. 71。

8. *China Weekly Review*, December 5,1931, pp. 20—21.

9. *China Weekly Review*, August 20, 1932, p. 425.

10. 《中华民国重要史料初编——对日抗战时期》绪编(一),第282页。还见《中华民国重要史料初编——对日抗战时期》绪编(一),第257—261页;Liang Chin-tung, *The Sinister Face of the Mukden Incident*, p. 71。

11. 吴相湘:《第二次中日战争史》(上),第84页。吴说蒋对满洲问题流了泪,但从国联来的一个教育代表团劝说他依赖日内瓦。见臼井胜美:《満洲事変戦争と外交と》,第61页。

12. Akira Iriye, *After Imperialism: The Search for a New Order in the Far East, 1921—1931*, pp. 129—133.

13. Takehiko Yoshihashi, *Conspiracy at Mukden: The Rise of the Japanese Military*, p. 19.

14. Takehiko Yoshihashi, *Conspiracy at Mukden: The Rise of the Japanese Military*, pp. 33—34;日本国際政治学会太平洋戦争原因研究部编:《太平洋戦争への道:開戦外交史》第1卷,第297页;张群:《我与日本七十年》,第22—23页;Sadako N. Ogata, *Defiance in Manchuria: The Making of Japanese Foreign Policy, 1931—1932*, pp. 9—10; Akira Iriye, *After Imperialism: The Search for a New Order in the Far East, 1921—1931*, pp. 157—158.

15. F. F. Liu, *A Military History of Modern China*, *1924—1949*, p. 60. 关于济南事变，还见于沈亦云：《亦云回忆》，台北：传记文学出版社 1968 年版，第 373—406 页；张群：《我与日本七十年》，第 34—43 页；Takehiko Yoshihashi, *Conspiracy at Mukden: The Rise of the Japanese Military*, p. 119；日本国際政治学会太平洋戦争原因研究部编：《太平洋戦争への道：開戦外交史》第 1 卷，第 297 页；Akira Iriye, *After Imperialism: The Search for a New Order in the Far East*, *1921—1931*, pp. 197—205；Chang Yu-fa, “The Shantung Battlefield during the Northern Expedition,” *Chinese Studies in History*, vol. 21, no. 2 (Winter, 1987/88), pp. 3—65。

16. Akira Iriye, *After Imperialism: The Search for a New Order in the Far East*, *1921—1931*, p. 97.

17. Takehiko Yoshihashi, *Conspiracy at Mukden: The Rise of the Japanese Military*, pp. 123—124; Akira Iriye, *After Imperialism: The Search for a New Order in the Far East*, *1921—1931*, p. 228; *Manchuria: Report of the Commission of Enquiry*, p. 19.

18. 松本重治：《上海时代ジセーナリストの回想》第 1 卷，第 93 页。

19. Gavan McCormack, *Chang Tso-Lin in Northeast China*, *1911—1928*: *China, Japan, and the Manchurian Idea*.

20. Takehiko Yoshihashi, *Conspiracy at Mukden: The Rise of the Japanese Military*, pp. 124—127; *Manchuria: Report of the Commission of Enquiry Appointed by the League of Nations*; Mamoru Shigemitsu (trans. Oswald White), *Japan and Her Destiny: My Struggle for Peace*, pp. 59—60; V. K. Wellington Koo, *Memoranda Presented to the Lytton Commission*, vol. 1, pp. 71—77; vol. 2, pp. 537—538.

21. 对万宝山事件及后来相关事件的统计，见 *Manchuria: Report of the Commission of Enquiry Appointed by the League of Nations*, pp. 61—63; Chamber of Commerce of Shanghai (1932), “A Refutation of Japanese Misrepresentations with Regard to Causes Leading to the Sino-Japanese Crisis,” reprinted in *Seeds of Conflict*, Series 9, pt. 1, vol. 3, pp. 22—23; James Crowley, *Japan's Quest for Autonomy, National Security and Foreign Policy*, *1930—1938*, p. 104; Takehiko Yoshihashi, *Conspiracy at Mukden: The Rise of the Japanese Military*, pp. 143—144；李云汉：《九一八事变史料》，第 181—204 页；V. K. Wellington Koo, *Memoranda Presented to the Lytton Commission*, vol. 1, pp. 156—157, 221—250。

22. Donald Jordan, “China's Vulnerability to Japanese Imperialism: The Anti-Japanese Boycott Movement of 1931—1932,” in F. Gilbert Chan, ed., *China at the Crossroads*, pp. 96—97；日本国際政治学会太平洋戦争原因研究部编：《太平洋戦争へ

の道:開戦外交史》第1卷,第355—356页;李云汉:《九一八事变史料》,第204—231页;V. K. Wellington Koo, *Memoranda Presented to the Lytton Commission*, vol. 1, pp. 251—263。

23. James Crowley, *Japan's Quest for Autonomy, National Security and Foreign Policy, 1930—1938*, pp. 117—118; 关玉衡:《中村事件始末》,《文史资料选辑》第76辑,第80—94页。

24. Mamoru Shigemitsu (trans. Oswald White), *Japan and Her Destiny: My Struggle for Peace*, pp. 63—64; *Manchuria: Report of the Commission of Enquiry Appointed by the League of Nations*, pp. 63—66; *China Weekly Review*, November 28,1931, p. 474; Sadako N. Ogata, *Defiance in Manchuria: The Making of Japanese Foreign Policy, 1931—1932*, pp. 57—58; 日本国際政治学会太平洋戦争原因研究部编:《太平洋戦争への道:開戦外交史》第1卷,第422—424页、431—432页;李云汉:《九一八事变史料》,第232—244页。

25. 对张学良最初与蒋介石结盟中政治问题的叙述,见 Akira Iriye, "Chang Hsueh-liang and the Japanese," *Journal of Asian Studies*, vol. 20, no. 1 (November 1960), pp. 33—43。

26. James Sheridan, *Chinese Warlord: The Career of Feng Yü-hsiang*, p. 243.

27. 对国民党军事人物内部当时以及后来斗争的总结,见于 Lloyd E. Eastman, "The Nanking Decade, 1927—1937," in *China under Nationalist Rule: Two Essays*, pp. 14—21。

28. Parks M. Coble, Jr., *The Shanghai Capitalists and the Nationalist Government, 1927—1937*, p. 68.

29. 对这一问题的论述,见 Lloyd E. Eastman, *The Abortive Revolution, China under Nationalist Rule, 1927—1937*, pp. 1—30。

30. Edgar Snow, *Far Eastern Front*, pp. 70—72.

31. Akira Odani, "Wang Ching-wei and the Fall of the Chinese Republic, 1905—1935," Ph. D. diss., Brown University, 1975, pp. 98—100; Liang Chin-tung, *The Sinister Face of the Mukden Incident*, pp. 88, 91—92; *China Weekly Review*, September 12,1931, p. 47; 汪精卫:《救亡的要义与青年学生责任》,载储安平编:《中日问题与各家论见》,第110—121页;Donald J. Jordan, "Shifts in Wang Ching-wei's Japan Policy during the Kuomintang Factional Struggle of 1931—1932," *Asian Profile*, vol. 12, no. 3 (June 1984), pp. 201—204。

32. Liang Chin-tung, *The Sinister Face of the Mukden Incident*, pp. 22—25;《生活周刊》1932年5月28日,第319页;臼井胜美:《満洲事変戦争と外交と》,第108—109

页；赵承绶：《我参预阎锡山勾结日寇的情况》，《文史资料选辑》第 54 辑，第 207 页。

33. 片倉衷：《回想の满洲国》，第 100—102 页；臼井胜美：《满洲事变戦争と外交と》，第 104—108 页；*Chiang Kai-shek, His Life and Times*, p. 338；李云汉：《九一八事变史料》，第 269—270 页；爱新觉罗·溥仪：《从皇帝到平民：爱新觉罗溥仪自传》（英文本，W. J. E. Jenner 译），第 225—229 页。

34. John Israel, *Student Nationalism in China, 1927—1937*, pp. 47—53；还见于沈云龙：《九一八事变以后的上海学生请潮》，《传记文学》第 30 卷第 4 期，1977 年 4 月，第 55—62 页。

35. *China Weekly Review*, October 3, 1931, p. 171。

36. John Israel, *Student Nationalism in China, 1927—1937*, pp. 53—54.

37. Ibid, pp. 56—58.

38. Ibid, pp. 62—70.

39. Ibid, pp. 75—78；平野正：《中国革命の知識人》，第 19—21 页。

40. Donald Jordan, "China's Vulnerability to Japanese Imperialism: The Anti-Japanese Boycott Movement of 1931—1932," in F. Gilbert Chan, ed., *China at the Crossroads*, p. 105.

41. 《上海市年鉴》，1935 年，第 E-14 页；*China Weekly Review*, October 24, 1931, p. 293。

42. *China Weekly Review*, October 24, 1931, p. 311；周木斋：《中国近代政治发展史》，第 314 页；洪育沂：《1931—1939 年国际关系简史》，第 7 页。

43. John J. Stephan, "The Tanaka Memorial (1927): Juthentic or Spurious?" *Modern Asian Studies*, vol. 7, no. 4 (October 1973), pp. 733—745；《时事月报》第 1 卷第 2 期（1929 年 12 月），第 1—20 页；*China Weekly Review*, November, 1931, p. 456；易显石等：《九一八事变史》，第 74—78 页；江口圭一：《日本帝国主義史論—满州事变前後》，東京：青木書店，1975 年。

44. 平野正：《中国革命の知識人》，第 27 页。

45. Liang Chin-tung, *The Sinister Face of the Mukden Incident*, pp. 91—92; Akira Odani, "Wang Ching-wei and the Fall of the Chinese Republic, 1905—1935," Ph. D. diss., Brown University, 1975, p. 100; *China Weekly Review*, October 15, 1932, p. 281; Donald Jordan, "China's Vulnerability to Japanese Imperialism: The Anti-Japanese Boycott Movement of 1931—1932," in F. Gilbert Chan, ed., *China at the Crossroads*, pp. 105—106; Donald J. Jordan, "Shifts in Wang Ching-wei's Japan Policy during the Kuomintang Factional Struggle of 1931—1932," *Asian Profile*, vol. 12, no. 3 (June 1984), pp. 205—207.

46. Eastman, "Nanking Decade," pp. 20—21;《中华民国重要史料初编——对日抗战时期》绪编(一),第 313—314 页;臼井胜美:《满洲事变戦争と外交と》,第 147—148 页。

47. *Chiang Kai-shek, His Life and Times*, pp. 348—349; 洪育沂:《1931—1939 年国际关系简史》,第 15 页。

48. 日本国際政治学会太平洋戦争原因研究部编:《太平洋戦争への道:開戦外交史》第 2 卷,第 116—126 页;*Chiang Kai-shek, His Life and Times*, pp. 348—349;《中华民国重要史料初编——对日抗战时期》绪编(一),第 416—418 页。

49. Paul O. Elmquist, "The Sino-Japanese Undeclared War of 1932 at Shanghai," in Papers on China, vol. 5 (May 1951), pp. 39—74; 日本国際政治学会太平洋戦争原因研究部编:《太平洋戦争への道:開戦外交史》第 2 卷,第 116—126 页。

50. Edgar Snow, *Far Eastern Front*, p. 199; 李芦洲编:《国民政府的政绩》,第 37—38 页。

51. Lloyd E. Eastman, *The Abortive Revolution, China under Nationalist Rule, 1927—1937*, pp. 86—91.

52. 丘国珍:《十九路军兴亡史》,第 27—31 页。

53. 蔡廷锴:《蔡廷锴自传》,第 335—336 页。

54.《中华民国重要史料初编——对日抗战时期》绪编(一),第 426—427 页。

55. 对商务印书馆被炸的最好的叙述来自何炳松:《商务印馆被毁志略》,《东方杂志》第 29 卷第 4 期,1932 年 10 月 16 日出版,第 3—9 页。《东方杂志》由商务印务馆出版,刊物延期到被炸后的 1932 年 10 月 16 日这一期,这一期以被炸废墟的照片和图片为主。其他设施的被毁情况,见《淞沪御日血战大画史》中的照片和评论。

56. 丘国珍:《十九路军兴亡史》,第 31—52 页;蔡廷锴:《蔡廷锴自传》,第 336—348 页;*Chiang Kai-shek, His Life and Times*, pp. 351—356。

57. Lloyd E. Eastman, *The Abortive Revolution, China under Nationalist Rule, 1927—1937*, p. 92.

58. 适之:《上海战事的结束》,《独立评论》第 1 号(1932 年 5 月 22 日),第 8—9 页。

59. Edgar Snow, *Far Eastern Front*, pp. 240—241.

60. Paul O. Elmquist, "The Sino-Japanese Undeclared War of 1932 at Shanghai," in *Papers on China*, vol. 5 (May 1951), p. 55; *China Forum*, March 15, 1932, p. 3.

61. 蔡廷锴:《蔡廷锴自传》,第 339—343 页;Eastman, *Abortive Revolution*, pp. 91—92;丘国珍:《十九路军兴亡史》,第 77 页;John Israel, *Student Nationalism in China, 1927—1937*, p. 81。

62.《上海市年鉴》,1935 年,第 E-13—14 页;平野正:《中国革命の知識人》,第

36页。

63. 关于财政问题，详见 Parks M. Coble, Jr., *The Shanghai Capitalists and the Nationalist Government, 1927—1937*, pp. 90—103。

64. *China Year Book, 1932*, p. 651.

65. 《中华民国重要史料初编——对日抗战时期》绪编(一)，第467—471页；丘国珍：《十九路军兴亡史》，第49—51页。

66. 1932年2月18日蒋介石给张治中和俞济时的电报，载《中华民国重要史料初编——对日抗战时期》绪编(一)，第458页。

67. 原文见《淞沪御日血战大画史》中的“附录”，第2页；或《中华民国重要史料初编——对日抗战时期》绪编(一)，第456—457页。

68. Jiu-hwa Lo Upshur, "China under the Kuomintang: The Problem of Unification, 1928—1937," Ph. D. diss., University of Michigan, 1972, p. 107；丘国珍：《十九路军兴亡史》，第53页。

69. 丘国珍：《十九路军兴亡史》，第53—54页；Paul O. Elmquist, "The Sino-Japanese Undeclared War of 1932 at Shanghai," in *Papers on China*, vol. 5 (May 1951), p. 55; *China Forum*, March 15, 1932, pp. 61—62；蔡廷锴：《蔡廷锴自传》，第354—355页。

70. 臼井胜美：《満洲事変戦争と外交と》，第195页；《中华民国重要史料初编——对日抗战时期》绪编(一)，第500页。

71. *China Weekly Review*, May 7, 1932, p. 321.

72. Ibid, pp. 317—318.

73. 《中华民国重要史料初编——对日抗战时期》绪编(一)，第539、544页；James T. C. Liu, "Sino-Japanese Diplomacy During the Appeasement Period, 1933—1937," Ph. D. diss., University of Pittsburgh, 1950, pp. 26—27; *China Weekly Review*, May 21, 1932, p. 381; Hung-hsing Ling, "China's Epic Struggle in Developing its Overland Transportation System During the Sino-Japanese War," in Paul K. T. Sih, ed., *Nationalist China During the Sino-Japanese War*, p. 248。

74. 《中华民国重要史料初编——对日抗战时期》绪编(一)，第545页。

75. Wang Ching-wei, *China's Problems and Their Solution*, pp. 113—116；傅斯年(孟真)：《监察院与汪精卫》，《独立评论》第4号(1932年6月12日)，第2—5页。

76. 《大公报》1932年3月4日，第3条，第1版，转自《中华民国重要史料初编——对日抗战时期》绪编(一)，第465—466页；丘国珍：《十九路军兴亡史》，第62—63页。两书中的文本略有不同。

77. Edgar Snow, *Far Eastern Front*, p. 245; *China Weekly Review*, March 12,

1932, p. 35.

78. 李芦洲:《国民政府的政绩》,第 36 页,引高友唐的话;还见于丘国珍:《十九路军兴亡史》,第 71—74 页;《反蒋运动史》,第 558 页,有对税警团的谴责。

79. Lloyd E. Eastman, *The Abortive Revolution*, *China under Nationalist Rule*, *1927—1937*, pp. 85—139.

80. 蔡廷锴:《十九路军抗日经过及蒋中正消灭该军真相》。

81. *China Weekly Review*, November 3, 1934, p. 330.

82. 例如,《解放日报》编:《从九一八到七七》,第 6—7 页;陈伯达:《人民公敌蒋介石》,第 58—60 页;黄元起等编:《中国现代史》第 1 卷,第 341 页;易显石前引书,第 187—189 页。

83. 董显光:《蒋介石》,第 190—191 页;*Chiang Kai-shek*, *His Life and Times*, pp. 356—357; 吴相湘:《第二次中日战争史》(上),第 105—106 页;《中华民国重要史料初编——对日抗战时期》绪编(一),第 467—503 页,在上海第五军战地记录中;同上,第 504—515 页,在十九路军的战争记录中。

84. 《中华民国重要史料初编——对日抗战时期》绪编(一),第 455、462、464—465 页。

第二章

1. 《中华民国重要史料初编——对日抗战时期》绪编(三),第 34 页。

2. 蒋的日记,1932 年 12 月 9 日条,转引自 *Chiang Kai-shek*, *His Life and Times*, p. 383。

3. Eastman, *Abortive Revolution*, pp. 161—163; *China Weekly Review*, April 16, 1932, p. 215. 政府已经受到了启动政治程序和施行一部宪法的压力。1932 年 4 月 7—10 日举行的国难会本来是想平息这种情绪,但许多代表团代表发现大会被蒋和汪严密地控制着,因而对政府作了严厉的批评。

4. 施佛陀:《豫鄂皖"剿匪"收复金家寨之经过》,《春秋》(台北)第 7 卷第 2 期(1967 年 8 月),第 17 页;小島昌太郎:《支那最近大事年表》,第 613 页;*Chiang Kai-shek*, *His Life and Times*, pp. 383—384; Upshur, p. 132。第一次"围剿"发生在 1930 年 11 月至 1931 年 1 月,第二次是在 1931 年 3 月,第三次是在 1931 年 8—9 月。所有这三次"围剿"全部失败。

5. 《蒋"总统"言论汇编》第 10 卷,第 129 页。

6. 同上,第 82、86—87 页。

7. 同上,第 82 页。

8. Coble，pp. 106—111.

9. Ibid，pp. 112—113.

10. Ibid，pp. 113—114.

11. *China Year Book*，*1933*，p. 247.

12. Ibid，pp. 247—248.

13. *China Weekly Review*，August 20，1932，p. 426；Don Bate，*Wang Ching-wei*，*Puppet or Patriot*，pp. 129—130.

14. *China Year Book*，*1933*，pp. 248—249；*China Weekly Review*，September 3，1932，p. 24.

15. Kai-hwa Ger，“Unification versus Resistance：China's Reaction to Japanese Aggression，1931—1937，”Ph. D. diss.，University of New Mexico，1975，p. 40. 林汉省也认为汪的行为不是受政治动机所驱使（即增加抗衡蒋的权力），而是对张学良及其政策的一种真心实意的反应。见 Lin Han-sheng，“Wang Ching-wei and the Japanese Peace Efforts，” Ph. D. diss.，University of Pennsylvania，1967，pp. 103—104。

16. 评价汪精卫的困难在于他早年的生涯几乎总是被第二次世界大战期间他与日本人的合作所歪曲。汪的形象是如此牢固地被说成是一个叛徒，以致在中国出版物的叙述中——特别是在历史论述中被用来作为当代政治的替代品的时期——很少能显示出任何被掩饰的部分。例如，丁贤俊、闻少华：《一个投降派的典型——汪精卫》，《历史研究》1976 年第 4 期，第 43 页。在这里，1932 年汪的对日政策被说成是失败主义者、卖国的和一个投降的计划。

17. 松本重治，第 1 卷，第 227 页；Odani，p. 112。政府的反对者对李顿的报告普遍持批评态度。胡汉民谴责整个计划是国联不能维持其协约的信号。伍朝枢谴责报告中对中国抵制日货运动的批评，在伍看来，抵制日货是最为有力的武器。冯玉祥与另外 14 名中央执行委员通电反对，认为报告与中国的主权与领土完整是相抵触的。*China Weekly Review*，October 29，1932，pp. 378—379.

18. *China Weekly Review*，August 20，1932，p. 425；November 12，1932，pp. 456—457.

19. *The Trans-Pacific*，August 18，1932，p. 10；August 25，1932，p. 5.

20. *China Weekly Review*，November 19，1932，p. 530. 这一谣言部分是源于吴佩孚、孙传芳和段祺瑞在北平举行的一次会议。

21. 例如，1932 年 1 月 23 日，日本在北平的代办要求张学良镇压北平的一家英文报刊 *Leader*，并逮捕颇有名气的反日作家 Bing-Shuey Lee。见 *China Weekly Review*，January 30，1932，p. 293。

22. 转引自 *The Trans-Pacific*，July 28，1932，p. 6。

23. 转引自 *The Trans-Pacific*, August 4, 1932, p. 9。

24. *China Weekly Review*, August 13, 1932, p. 381.

25.《时代公论》第 27 期(1932 年 9 月 30 日),第 4 页。对这家刊物派系结盟的讨论,见 Eastman, *Abortive Revolution*, p. 385。

26. Boorman, vol. 2, p. 53; David D. Buck, "Urban Change in China Politics and Development in Tsinan, Shangtung, 1890—1949," pp. 183—184.

27. *The China Critic*, August 18, 1932, pp. 845—846.

28. Eastman, *Abortive Revolution*, pp. 164—165.

29.《大事述评》,《国闻周报》第 9 卷第 17 期(1932 年 5 月 2 日),第 9 页;Jeh-hang Lai, "A Study of a Faltering Democrat: The Life of Sun Fo, 1891—1949,"Ph. D. diss., University of Illinois at Urbana-Champaign, 1976, pp. 174—180。

30. *China Year Book*, *1933*, pp. 252—254.

31. 张超:《攘外与安内》,《青年军人》第 3 期(1933 年 4 月 30 日),第 5—6 页。

32. 张超:《汪精卫回国以后》,《青年军人》第 2 期(1933 年 4 月 5 日),第 12 页。

33. 胡汉民:《什么是我们的生路》,《三民主义月刊》第 1 卷第 3 期(1933 年 5 月〔应为 3 月——译者注〕15 日),第 4—14 页。也可见刘芦隐:《战》,《三民主义月刊》第 1 卷第 2 期(1933 年 2 月 15 日),第 39—40 页。

34. Israel, *Student Nationalism*, p. 101.

35. 这里对马的行动的叙述依据来自岩英:《东北义勇军战史》,第 67、120—121 页; *China Weekly Review*, December 10, 1932, pp. 55—56; June 17, 1933, pp. 96—98; *Chiang Kai-shek*, *His Life and Times*, p. 367; Boorman, vol. 2, pp. 459—460; 及《现代史资料》第 7 卷,第 483—488 页。

36. Boorman, vol. 2, p. 464.

37. Chong-sik Lee, "The Chinese Communist Party and the Anti-Japanese Movement in Manchuria: The Initial Stage," in Alvin Coox and Hilary Conroy, eds., *China and Japan*, pp. 146—147; 岩英:《东北义勇军战史》,第 37 页。

38. 岩英:《东北义勇军战史》,第 39 页; Chong-sik Lee, "The Chinese Communist Party and the Anti-Japanese Movement in Manchuria: The Initial Stage," in Alvin Coox and Hilary Conroy, eds., *China and Japan*, pp. 148—149; Tso Shun-sheng, "The Reminiscences of Tso Shun-sheng as Told to Julie Lien-ying How," Columbia Oral History Project, pp. 90—91。

39. Chong-sik Lee, "The Chinese Communist Party and the Anti-Japanese Movement in Manchuria: The Initial Stage," in Alvin Coox and Hilary Conroy, eds., *China and Japan*, pp. 150—154; 元仁山:《东北义勇军》,第 116—117 页。

40.《时代公论》第 21 期(1932 年 8 月 19 日),第 5 页。

41. 庆云:《义勇军的三个重要问题》,《社会新闻》(1932 年 11 月 15 日),第 332—333 页。

42. Chong-sik Lee, “The Chinese Communist Party and the Anti-Japanese Movement in Manchuria: The Initial Stage,” in Alvin Coox and Hilary Conroy, eds., *China and Japan*, pp. 143—172.

43. 菊池贵晴:《中国民族運動の基本構造——对外ユツトの研究》,第 385、398—399 页;《生活周刊》1931 年 12 月 12 日,第 1143 页。领导人中包括上海银行公会的林康侯、上海钱业公会的秦祖泽、银行家陈光甫、张公权(张嘉璈)、徐继顾和钱永铭，以及党和政府中的人物王〔卫〕挺生、后大椿和薛光前。

44. C. F. Remer, *A Study of Chinese Boycotts: With Special Reference to Their Economic Effectiveness*, p. 203; Jordan, “China's Vulnerability,” p. 394.

45. C. F. Remer, *A Study of Chinese Boycotts: With Special Reference to Their Economic Effectiveness*, pp. 166—168; 菊池贵晴:《中国民族運動の基本構造——对外ボイュツトの研究》,第 394 页。

46. C. F. Remer, *A Study of Chinese Boycotts: With Special Reference to Their Economic Effectiveness*, p. 167.

47. 1932 年 7 月 18 日北平美国公使和上海总领事向国务卿的报告,收录胡佛研究所档案馆斯坦利·霍英贝克文件集第 82 箱。

48. 引自林语堂前引书,第 124 页。

49. 朱家生:《九一八以来之抵制日货运动观》,《挺进》第 3 期(1933 年 9 月 20 日),第 29—34 页。

50.《生活周刊》1933 年 10 月 28 日,第 878 页。

51. 朱家生:《九一八以来之抵制日货运动观》,《挺进》第 3 期(1933 年 9 月 20 日),第 37 页。

52.《郭泰祺做子〔了〕卖国经纪》,《春秋》(上海),1932 年 12 月 17 日,第 7 页。

53.《政府意见风行不抵抗刍议》,《春秋》(上海),1933 年 1 月 7 日,第 1—2 页。亦见于《算算旧帐》,《春秋》(上海),1933 年 1 月 28 日,第 1 页;《广东的“抗日剿匪共”与南京的“安攘内外”》,《春秋》(上海),1933 年 2 月 11 日,第 17 页。

54. 陶希圣:《一个时代错误的意见》,《独立评论》第 20 期(1932 年 10 月 2 日),第 2—3 页。

55. 徐秀雄:《抗日的一点意见》,《时代公论》第 33 期(1932 年 11 月 11 日),第 34 页。

56. 杨公达:《九一八以来之中国政治》,《时代公论》第 25 期(1932 年 9 月 16 日),第

8 页。

57. 杨公达:《抗日的途径》,《时代公论》第 27 期(1932 年 9 月 18 日),第 15 页。

58. 同上。

59. 胡适:《伤痛的回忆与反省》,《独立评论》第 18 期(1932 年 9 月 18 日),第 8—13 页。

60. 蒋廷黻:《九一八的责任问题》,《独立评论》第 18 期(1932 年 9 月 18 日),第 14 页。

61. 蒋廷黻:《南京的机会》,《独立评论》第 31 期(1932 年 12 月 18 日),第 2—4 页。

62. 胡适:《上海战事的结束》,《独立评论》第 1 期(1932 年 5 月 22 日),第 8 页。

63. 胡适:《论对日外交方针》,《独立评论》第 5 期(1932 年 6 月 19 日),第 2—5 页。

64. 丁文江:《抗日的效能与青年的责任》,《独立评论》第 37 期(1933 年 2 月 12 日),第 2—8 页。

65. 丁文江:《所谓"剿匪"问题》,《独立评论》第 6 期(1932 年 6 月 26 日),第 2—3 页。

66. 丁文江:《中国政治的出路》,《独立评论》第 11 期(1932 年 7 月 31 日),第 4 页。

67. Margo S. Gewurtz, *Between America and Russia: Chinese Student Radicalism and the Travel Books of Tsou T'ao-fen, 1933—1937*, p. 6;邹韬奋:《患难余生记》,第 9 页。Jerome Grieder, *Hu Shih and the Chinese Renaissance: Liberalism in the Chinese Revolution, 1917—1937*,第 247 页估计《独立评论》在 1935 年的发行量为"约 7000 份",1936 年则翻一番。陶希圣认为 1936 年其发行量为 12000—13000 份,见他的《潮流与点滴》,第 136 页。上海的两家大报《申报》与《新闻报》可能每日都发行 10 万份。在天津备受尊敬的《大公报》发行 35000 份。见林语堂前引书,第 131 页。

68. 对邹韬奋早期生涯的叙述,见 Margo S. Gewurtz, "Tsou T'ao-fen: The *Sheng-huo* Years, 1925—1933," Ph. D. diss., Cornell University, 1972, pp. 12—39;石島紀之:《抗日民族統一戦線と知識人——「満州事変」時期の鄒韜奋と「生活」週刊をめぐって》第 1 部分,《历史评论》1971 年 11 月,第 25—36 页;邹韬奋:《经历》,第 49 页。

69. 《生活》1931 年 7 月 18 日,第 629 页;1931 年 7 月 25 日,第 653 页;1931 年 10 月 3 日,第 873—874 页;穆欣编著:《邹韬奋》,第 63—71 页;Margo S. Gewurtz, "Tsou T'ao-fen: The *Sheng-huo* Years, 1925—1933," p. 51。

70. 《生活》1931 年 10 月 10 日,第 893、931—933 页;1931 年 10 月 17 日,第 949、951—952、963—965 页;1931 年 12 月 5 日,第 1105 页。

71. 《生活》1931 年 11 月 14 日,第 1041—1042 页;1931 年 11 月 21 日,第 1061、1070—1071 页;1931 年 11 月 28 日,第 1099—1103 页;1932 年 7 月 23 日,第 519 页。投稿人名单有时会出现在没有编号的插页上。石島紀之:《抗日民族統一戦線と知識

人——「滿州事変」時期の鄒韜奋と「生活」週刊をめぐつて》第 1 部分，第 36—39 页；Margo S. Gewurtz, “Tsou T'ao-fen: The *Sheng-huo* Years, 1925—1933,” p. 63。

72. 尽管《生活》平时是一份周刊，但它在 1932 年 2 月 2 日、2 月 5 日和 2 月 6 日均予出版。另一份特刊《上海血战抗日志》在 1932 年 2 月 20 日出版。见 Margo S. Gewurtz, “Tsou T'ao-fen: The *Sheng-huo* Years, 1925—1933,” pp. 160—166；黄逸之编：《邹韬奋》，第 25—26 页。

73. 《生活》1932 年 3 月 12 日，第 125—126 页。

74. 《生活》1932 年 9 月 17 日，第 694—695 页。

75. 石島紀之：《抗日民族統一戦線と知識人——「滿州事変」時期の鄒韜奋と「生活」週刊をめぐつて》第 1 部分，第 42—50 页。

76. 穆欣编著：《邹韬奋》，第 88—89 页。

77. Lee-hsia Hsu Ting, *Government Control of the Press in Modern China, 1900—1949*, pp. 15—16.

78. Ibid, pp. 17, 86.

79. Ibid, p. 102；左舜生，第 79—80 页。

80. 例如，关于这类活动，见 Eastman, *Abortive Revolution*, pp. 21—24。

81. 穆欣编著：《邹韬奋》，第 88—89 页；邹韬奋：《患难余生记》，第 3—4 页；《新社会》（半月刊），1933 年 9 月 1 日，第 93 页；Lee-hsia Hsu Ting, *Government Control of the Press in Modern China, 1900—1949*, pp. 152—153。

82. 《生活》1932 年 10 月 22 日，第 828 页；穆欣编著：《邹韬奋》，第 3—4 页；Lee-hsia Hsu Ting, *Government Control of the Press in Modern China, 1900—1949*, pp. 152—153。

83. 《生活》1933 年 1 月 7 日，第 2 页；黄逸之编：《邹韬奋》，第 28—29 页；Margo S. Gewurtz, “Tsou T'ao-fen: The *Sheng-huo* Years, 1925—1933,” pp. 204—233；Lee-hsia Hsu Ting, *Government Control of the Press in Modern China, 1900—1949*, pp. 80—81；胡适：《民权的保证》，《独立评论》第 36 期（1933 年 2 月 19 日），第 2 页；Janice R. MacKinnon and Stephen R. MacKinnon, *Agnes Smedley: The Life and Times of an American Radical*, p. 156。

84. John K. Fairbank, *Chinabound: A Fifty-Year Memoir*, pp. 73—76; Boorman, vol. 4, p. 6; Lee-hsia Hsu Ting, *Government Control of the Press in Modern China, 1900—1949*, pp. 96—97; Soong Ch'ing-ling, *The Struggle for New China*, pp. 83—84; *China Weekly Review*, June 24, 1933, pp. 146—147.

85. John K. Fairbank, *Chinabound: A Fifty-Year Memoir*, p. 76.

86. 陈少校：《黑网录》，第 73—75 页；沈醉：《杨杏佛、史量才被暗杀的经过》，《文史资料选辑》第 37 辑，第 165 页。

87. 邹韬奋：《患难余生记》，第 6 页。

88. 穆欣编著：《邹韬奋》，第 94 页；《生活》1933 年 11 月 25 日，第 957 页。

89. 《生活》1933 年 12 月 16 日，第 1017 页。

90. 黄逸之编：《邹韬奋》，第 33 页；李晋：《从所谓七君子谈到救国会》，《春秋》（香港），第 144 期（1963 年 7 月 1 日），第 6 页；《传记文学》第 39 卷第 4 期（1981 年 10 月），第 146—147 页。

91. 《新生》1934 年 2 月 10 日，第 1 页。关于杜早期生涯的传记资料、他在日本的学习及他的工业活动，见杜重远：《八年努力中的愿望》（一），《生活》1931 年 8 月 1 日，第 679—681 页；《八年努力中的愿望》（二），1931 年 8 月 8 日，第 703—704 页。

92. 蒋廷黻：《这一星期》，《独立评论》第 57 期（1933 年 7 月 2 日），第 2 页。

第三章

1. 梁敬錞：《日本侵略华北史述》，《传记文学》第 10 卷第 5 期（1967 年 5 月），第 9 页；吴相湘：《第二次中日战争史》（上），第 113 页；Crowley, p. 184；《现代史资料》第 11 卷，第 788 页。

2. 这里对山海关事件的叙述是基于《榆关抗日战史》，第 24、42—57 页；《太平洋戰争への道：開戰外交史》第 3 卷，第 5—12 页；梁敬錞：《日本侵略华北史述》，《传记文学》第 10 卷第 5 期（1967 年 5 月），第 9—10 页；吴相湘：《第二次中日战争史》（上），第 113—116 页。

3. 《榆关抗日战史》，第 62 页。

4. 《榆关抗日战史》，第 174 页；梁敬錞：《日本侵略华北史述》，《传记文学》第 10 卷第 5 期（1967 年 5 月），第 13 页。

5. 吴相湘：《第二次中日战争史》（上），第 117 页；*China Year Book*, *1934*, p. 357; V. K. Wellington Koo, "The Wellington Koo Memoir," Columbia University Oral History Poroject, vol. 4, pt. B, pp. 216—217。

6. 《太平洋戰争への道：開戰外交史》第 3 卷，第 12 页。

7. 梁敬錞：《日本侵略华北史述》，《传记文学》第 10 卷第 5 期（1967 年 5 月），第 11—12 页；《申报年鉴》，1934 年，第 A-3 页；*China Weekly Review*, March 11, 1933, p. 48；《中华民国重要史料初编——对日抗战时期》绪编（一），第 594—595 页。

8. 《一周间国内外大事述评》，《国闻周报》第 10 卷第 8 期（1933 年 2 月 27 日），第 2 页；黄炎培：《八十年来》，第 91—92 页。

9. 《申报年鉴》，1934 年，第 A-3 页；*China Weekly Review*, March 11, 1933, pp.

48—50.

10.《一周间国内外大事述评》,《国闻周报》第10卷第7期(1933年2月20日),第3页。

11. *China Weekly Review*, February 25, 1933, p. 507.

12. *China Weekly Review*, March 11, 1933, p. 49.

13. 梁敬錞:《日本侵略华北史述》,《传记文学》第10卷第5期(1967年5月),第11—12页;容斋等:《金陵旧梦》,第47—48页;*China Weekly Review*, March 11, 1933, p. 48; April 1, 1933, pp. 175—176;《申报年鉴》,1934年,第A-3页;*China Forum*, vol. 2, no. 3 (March 27, 1933), pp. 5—8。

14. 丁文江:《给张学良将军一封公开的信》,《独立评论》第41卷(1933年3月12日),第8—10页。

15. Donald G. Gillin, *Warlord: Yen Hsi-shan in Shansi Province, 1911—1949*, pp. *212—215*.

16.《热河弃守》,《国闻周报》第10卷第10期(1933年3月13日);《一周间国内外大事述评》,《国闻周报》第10卷第11期(1933年3月20日),第2—3页;徐淑希:《华北问题》,第6页;葛生能久:《日支交涉外史》第2卷,第586页;《中华民国重要史料初编——对日抗战时期》绪编(一),第617页;黄绍竑:《五十回忆》,第243页。

17. Mi Zanchen, *The Life of General Yang Hucheng*, Wang Zhao, tr., p. 72;《一周大事日志》,《国闻周报》第10卷第11期(1933年3月20日),第3—4页;《一周大事日志》,《国闻周报》第10卷第12期(1933年3月27日),第1页;吴相湘:《第二次中日战争史》(上),第118页。

18. *China Year Book, 1934*, p. 357;《中华民国重要史料初编——对日抗战时期》绪编(上),第578—580页。

19. 胡汉民:《什么是我们的生路》,《三民主义月刊》第1卷第3期(1933年5月〔应为“3月”——译者注〕15日),第13页。

20.《反蒋运动史》,第572、587页。

21. 曹霄青:《我们的认识和行动代发刊词》,《青年军人》第1期(1933年3月15日),第1—3页。

22. 张治中:《淞沪抗日战争与今后抗日战的准备》,《新中华》第1卷第2期(1933年1月25日),第11页。

23. 杨公达:《战耶? 和耶?》,《时代公论》第42期(1933年1月13日),第6页。

24. 转引自《榆关抗日战史》,第283页。

25. 宋庆龄前引文,第63—64页;上述引文最初发表于1933年5月24日。

26. *China Weekly Review*, March 11, 1933, pp. 54—55. 还可见《时代公论》第

53—54 期(1933 年 4 月 7 日),第 3 页。

27. 丁文江:《假如我是蒋介石》,《独立评论》第 35 号(1933 年 1 月 15 日),第 2—6 页。

28. 蒋廷黻:《未失的疆土是我们的出路》,《独立评论》第 47 号(1933 年 4 月 23 日),第 5—6 页。不过,蒋支持一种谨慎的政策。对他的观点较为全面的论述,见 Charles R. Lilley, "Tsiang T'ing-fu: Between Two Worlds, 1895—1935,"Ph. D. diss., University of Maryland, 1979, pp. 412—419。

29. 胡适:《全国震惊以后》,《独立评论》第 41 号(1933 年 3 月 12 日),第 4—6 页。尽管发表了上述论点,但胡比大多数撰稿人都显示了对抵抗问题的克制。在 1933 年 4 月 2 日的一篇文章中,他倡议不承认伪满洲国的永久政策,并指出法兰西等待了 48 年才收回了阿尔萨斯-洛林。中国也能够这样坚持,胡坚持"我们可以等候五十年"。见《独立评论》第 44 号(1933 年 4 月 2 日),第 2—4 页。

30.《中华民国重要史料初编——对日抗战时期》绪编(三),第 35—36 页。

31.《反蒋运动史》,第 573 页; *China Year Book, 1934*, p. 362。

32. *China Year Book, 1934*, p. 360.

33.《中华民国重要史料初编——对日抗战时期》绪编(三),第 37—38 页。

34. 梁敬錞:《日本侵略华北史述》,《传记文学》第 10 卷第 5 期(1967 年 5 月),第 15 页;吴相湘:《第二次中日战争史》(上),第 123—124 页;《太平洋戦争への道:開戦外交史》第 3 卷,第 19—20 页;辛公显:《七七事变前天津便衣队暴乱真相》,《天津文史资料选辑》第 2 辑,第 40—42 页。据沈醉和郭旭的叙述,戴笠的特工郑介民策划了暗杀,见《我们所知道的郑介民》,《文史资料选辑》第 90 辑,第 158—159 页。

35. 梁敬錞:《日本侵略华北史述》,《传记文学》第 10 卷第 5 期(1967 年 5 月),第 14 页;吴相湘:《第二次中日战争史》(上),第 122 页;《太平洋戦争への道:開戦外交史》第 3 卷,第 20—21 页。

36. 梁敬錞:《日本侵略华北史述》,《传记文学》第 10 卷第 5 期(1967 年 5 月),第 12—13 页;吴相湘:《第二次中日战争史》(上),第 121 页;《中华民国重要史料初编——对日抗战时期》绪编(一),第 622—623 页;左舜生前引书,第 91 页;Li Huang, "The Reminiscences of Li Huang," Columbia Oral History Project, pp. 431—432。

37. 中国第二历史档案馆编:《喜峰口战役中宋哲元致国民政府电报选》,《历史档案》1984 年第 2 期,第 72—82 页;吴相湘:《第二次中日战争史》(上),第 121—122 页;《中华民国重要史料初编——对日抗战时期》绪编(一),第 625—630 页。

38. 徐淑希:《华北问题》,第 7 页;《论评选辑》,《国闻周报》第 10 卷第 12 期(1933 年 3 月 27 日),第 3—5 页;李云汉:《宋哲元与七七抗战》,第 28—29 页。

39. 文静:《国耻丛集的五月》,《前途》第 1 卷第 5 期(1933 年 5 月 1 日),第 3 页的那篇文章〔即先启：《守卫我们的长城》——译者注〕。

40. Edgar Snow, *Far Eastern Front*, p. 304; *China Weekly Review*, April 22, 1933, p. 297; Upshur, p. 113;《蒋介石秘录》第10卷，第85—87页；黄震遐：《抗日战争之回顾》，《申报月刊》第2卷第6号，1933年6月15日，第13—14页；孟恒昌：《古北口抗战纪实》，《河北文史资料选辑》第7期，第132—148页；黄绍竑：《五十回忆》，第244页。

41. James T. C. Liu, p. 49；吴相湘：《第二次中日战争史》（上），第121—122页。

42. 梁敬錞：《日本侵略华北史述》，《传记文学》第10卷第5期（1967年5月），第14页；梁敬錞：《华北停战密谋与塘沽协定真相》，《传记文学》第10卷第6期（1967年6月），第25页；《中华民国重要史料初编——对日抗战时期》绪编（上），第641页；《蒋介石秘录》第10卷，第126—128页；T. A. Bisson, *Japan in China*, pp. 41—43; 黄绍竑：《五十回忆》，第252页。

43. 《蒋介石秘录》第10卷，第129页；Misiso Hane, ed. and tr., *Emperor Hirohito and His Chief Aide-de-Camp: The Honjō Diary, 1933—1936*, p. 179; James T. C. Liu, p. 48；梁敬錞：《华北停战密谋与塘沽协定真相》，《传记文学》第10卷第6期（1967年6月），第21页；Shimada Toshihiko, "Designs on North China, 1933—1937," James, B. Crowley, tr., in James W. Morley, ed. *The China Quagmire*, p. 50。

44. 梁敬錞：《日本侵略华北史述》，《传记文学》第10卷第5期（1967年5月），第14页。

45. Boorman, vol. 2, pp. 188—192; 沈云龙：《黄膺白先生年谱长编》；陈公博：《苦笑录——陈公博回忆录（1925—1936）》，第296—297页。

46. 沈亦云：《亦云回忆》，第448—449页；James T. C. Liu, p. 51。

47. 沈亦云：《亦云回忆》，第450—452页；梁敬錞：《华北停战密谋与塘沽协定真相》，《传记文学》第10卷第6期（1967年6月），第19—21页；沈云龙：《黄膺白先生年谱长编》第2卷，第537—543页。

48. 沈亦云：《亦云回忆》，第501页；梁敬錞：《华北停战密谋与塘沽协定真相》，《传记文学》第10卷第6期（1967年6月），第21页；James T. C. Liu, p. 51；沈云龙：《黄膺白先生年谱长编》第2卷，第543—545页。

49. 在与张群一道工作期间，黄郛收到了几份日本人在上海的报告。通过联系人刘石松（音），他得到了来自东京作战厅的保证。刘是上海的一名商人，也是美国学者刘馥的父亲，见James T. C. Liu, pp. 51—52; 梁敬錞：《华北停战密谋与塘沽协定真相》，《传记文学》第10卷第6期（1967年6月），第22页。

50. 沈云龙：《黄膺白先生年谱长编》第2卷，第550—552页；沈亦云：《亦云回忆》，第477—478页。

51. 沈亦云：《亦云回忆》，第477—484、492页；《中华民国重要史料初编——对日抗战时期》绪编(一),第 644—654 页。

52. 沈亦云:《亦云回忆》,第 477—478 页;梁敬錞:《华北停战密谋与塘沽协定真相》,《传记文学》第 10 卷第 6 期(1967 年 6 月),第 26 页。

53. N. Wing Mah and C. F. Chang, *Sino-Japanese Relations Since the Tangku Truce, May 31, 1933: A Brief Historical Survey*, pp. 2—3.《塘沽协定》的文本在许多资料中均可见到:《革命文献》第 38 辑,第 2232—2233 页;吴相湘:《第二次中日战争史》(上),第 140 页;《太平洋戰争への道:開戰外交史》第 3 卷,第 48 页;*Chiang Kai-shek, His Life and Times*, p. 416。一个慎重的注释:《塘沽协定》最初发表的是不完整的版本(就像文中已指出的那样)。这份当时在报刊上出版的不完整文本有时被重印。例如,在《中华民国重要史料初编——对日抗战时期》绪编(一)第 655 页中和《蒋中正秘录》第 9 卷第 112—113 页中收录的是不完整文本。这份文本内容如下:(1)中国军即撤退至延庆、昌平、高丽营、顺义、通州、香河、宝坻、林亭口、宁河、芦台所连之线以西以南之地区,尔后不越该线而前进,又不行一切挑战扰乱之行为。(2)日本为确认第一项之实行情形,随时用飞机及其他方法以行视察。中国方面对之,应加保护及与〔予〕以各种便利。(3)日本军如确认第一项所示规定中国军业已遵守时,即不再越该线追击,且自动概归于长城之线。(4)长城以南及第一项所示之线以北以东地域内之治安维持,由中国警察机关任之。右述警察机关,不可用刺激日本感情之武力团体。(5)本协定盖印之后,发生效力。以此为证据,两代表应行记名盖印。

54. James T. C. Liu, pp. 54—55;梁敬錞:《华北停战密谋与塘沽协定真相》,《传记文学》第 10 卷第 6 期(1967 年 6 月),第 28 页;徐淑希:《日本增兵华北问题》,第 9 页;吴相湘:《第二次中日战争史》(上),第 133 页;沈亦云:《亦云回忆》,第 493—494 页;沈云龙:《〈塘沽协定〉后的所谓"北平会谈"》(一),《传记文学》第 11 卷第 1 期(1967 年 7 月),第 51—52 页。

55. 在塘沽,日本人和熊斌之间口头商讨的总结见《革命文献》第 38 辑,第 2230—2231 页;梁敬錞:《华北停战密谋与塘沽协定真相》,《传记文学》第 10 卷第 6 期(1967 年 6 月),第 27—28 页;吴相湘:《第二次中日战争史》(上),第 141 页;James T. C. Liu, p. 56。

56.《革命文献》第 38 辑,第 2233 页。〔应为第 2233—2234 页。——译者注〕

57.《革命文献》第 38 辑,第 2235 页。

58. 吴永在:《中国各方对于塘沽休战协定之意见与批评》,《外交月报》第 2 卷第 6 期(1933 年 6 月 15 日),第 212 页。

59. 转引自吴永在:《中国各方对于塘沽休战协定之意见与批评》,《外交月报》第 2 卷第 6 期(1933 年 6 月 15 日),第 208 页。亦见《反蒋运动史》,第 574 页;及家书《休整以后的黄郛政权》,《青年军人》第 2 卷第 18 期(1934 年 9 月 30 日),第 9—10 页。

60. 胡汉民:《为蒋日妥协正告友邦人士》,《三民主义月刊》第1卷第6期(1933年6月15日),第4—6页。

61. 胡汉民:《〈塘沽协定〉与棉麦借款》,《三民主义月刊》第2卷第1期(1933年7月15日),第19—22页。

62. 刘芦隐:《蒋介石卖国路线的终点在哪里?》,《三民主义月刊》第2卷第1期(1933年7月15日),第35—36页。

63.《世界日报》转引吴永在《中国各方对于塘沽休战协定之意见与批评》,《外交月报》第2卷第6期(1933年6月15日),第213—214页。马季廉:《停战与华北前途》,《国闻周报》第10卷第22期(1933年6月5日),第4—5页。

64. 区少干:《国难当中领袖人物应有的态度》,《独立评论》第55号(1933年6月18日),第11—13页。

65.《生活》第8卷第23期,1933年6月10日,第458页。

66.《申报月刊》第2卷第6期(1933年6月15日),第1页;《时代公论》第63期(1933年6月9日),第6—8页;孙铭:《城下之盟》,《华年周刊》第2卷第23期(1933年6月10日),第445—447页;逖公:《〈塘沽停战协定〉之舆论分析》,《复兴月刊》第1卷第11期(1933年7月1日),第7、17页的文章。

67.《申报月刊》第2卷第6期(1933年6月15日),第4页。

68.《华北停战》,《东方杂志》第30卷第12期(1932年6月16日),第1—2页。

69. 见吴永在:《中国各方对于塘沽休战协定之意见与批评》,《外交月报》第2卷第6期(1933年6月15日),第218—219、221—222页;逖公:《〈塘沽停战协定〉之舆论分析》,《复兴月刊》第1卷第11期(1933年7月1日),第15、17页。

70.《复兴月刊》第1卷第4期(1932年12月1日),第8页。

71. 胡适:《保全华北的重要》,《独立评论》第52/53号(1933年6月4日),第2—6页。亦见 Grieder, pp. 252—253。

72. 胡适:《保全华北的重要》,《独立评论》第52/53期(1933年6月4日),第6页。

73.《生活》周刊1933年6月24日,第497页。胡适还面临着来自独立评论协会(出版《独立评论》的机构)内部的批评。胡的密友和以前的学生傅斯年被胡的态度深深地激怒,他建议解散这个协会。丁文江对这两人之间的争执进行了调解。见 Eugene Lubot, *Liberalism in an Illiberal Age: New Culture Liberals in Republican China, 1919—1937*, p. 100。

74.《生活》周刊1933年5月27日,第430页。不仅因为抨击胡适比直接抨击政府更安全,而且胡当时还与民权保障联盟的支持者分了手。作为这个机构最初的成员,胡因这个组织对南京国民政府进行了尖锐的批评而与之决裂。在这个问题上的敌意被带入了日本问题中。

第四章

1. Edgar Snow, *Far Eastern Front*, p. 302.

2. Sheridan, pp. 140—141; 关于20世纪20年代末冯与日本人的关系,见第255—259页。

3. *China Weekly Review*, April 22, 1933, p. 297.

4. 转引自吴永在:《中国各方对于塘沽休战协定之意见与批评》,《外交月报》第2卷第6期(1933年6月15日),第212页;《冯玉祥与抗日同盟军》,第15—16页。

5. 《察哈尔抗日同盟军四周年纪念册》,第2页。还见 Sheridan, p. 271。

6. 李云汉:《宋哲元与七七抗战》,第36—37页;《察哈尔抗日同盟军四周年纪念册》,第19—20页;李晋:《冯玉祥下山与义勇军解体》,《春秋》(香港)第143期(1963年6月16日),第19—20页;辛质:《长城察北的抗战》,第34—40页;冯玉祥:《我所认识的蒋介石》,第36—37页。

7. 金典戎:《我与冯玉祥的一段渊源》(二),《春秋》(香港)第12期(1958年1月),第11页;李云汉:《冯玉祥察省抗日事件始末——二十二年五月至八月》,《"中央研究院"近代史研究所集刊》第2期(1971年6月),第300页;冯玉祥:《我所认识的蒋介石》,第36页。

8. 李云汉:《宋哲元与七七抗战》,第39页;李云汉:《冯玉祥察省抗日事件始末——二十二年五月至八月》,《"中央研究院"近代史研究所集刊》第2期(1971年6月),第300页;Sheridan, p. 271。

9. *China Weekly Review*, July 15,1933, p. 265; July 29, 1933, p. 354; 沈云龙:《黄膺白先生年谱长编》第2卷,第600页;《冯玉祥与抗日同盟军》,第166—168页。

10. *China Weekly Review*, July 22,1933, pp. 305—306;《察哈尔抗日同盟军四周年纪念册》,第7、33页;

11. *China Weekly Review*, July 29,1932, p. 352.

12. 沈云龙:《黄膺白先生年谱长编》第2卷,第598页;*China Weekly Review*, July 29,1933, p. 352。

13. Upshur, pp. 25—26;《察哈尔抗日同盟军四周年纪念册》,第7、33页;*China Weekly Review*, July 29,1933, p. 352。

14. 邹鲁:《国民党党员目前应取之态度》,《三民主义月刊》第2卷第2期(1933年8月15日),第31—32页。也可参见《反蒋运动史》,第598、615—620页。

15. 邹鲁:《注十月一日的特电来证蒋汪卖国》,《三民主义月刊》第2卷第4期(1933年10月15日),第21—23页。

16.《察哈尔抗日同盟军四周年纪念册》,第 18 页;《民国人物传》第 2 卷,第 287 页;熊月之:《章太炎》,第 205—208 页。

17. 李云汉:《宋哲元与七七抗战》,第 38 页;沈云龙:《黄膺白先生年谱长编》第 2 卷,第 596 页;《民国人物传》第 2 卷,第 113 页。

18.《察局之观察》,《三民主义月刊》第 2 卷第 3 期(1933 年 7 月 24 日),第 1 页;*China Weekly Review*, August 5, 1933, p. 418; *China Weekly Review*, July 29, 1933, pp. 353—354。冯在 1930 年辞职后,与中国共产党保持联系。见陈兴唐、韩文昌:《九一八前后的冯玉祥将军》,《历史档案》1982 年第 3 期,第 110 页。

19. *China Weekly Review*, June 17, 1933, p. 105.

20.《时代公论》第 62 期(1933 年 6 月 2 日),第 2—3 页。

21. 赵谨三:《察哈尔抗日实录》,第 21 页。

22. 转引自汪精卫:《中国的问题及其解决》,第 165 页。也见李云汉:《宋哲元与七七抗战》,第 41 页;沈云龙:《黄膺白先生年谱长编》第 2 卷,第 598—599 页。

23. 赵谨三:《察哈尔抗日实录》,第 33 页;《反蒋运动史》,第 599、604、607、613—614 页;沈云龙:《黄膺白先生年谱长编》第 2 卷,第 598 页。戴笠接触了孙殿英,强迫他效忠南京国民政府。见文强:《孙殿英投敌经过》,《文史资料选辑》第 64 期,第 114 页。

24. Sheridan, p. 272; 李云汉:《宋哲元与七七抗战》,第 47 页;《时代公论》第 97 期(1934 年 2 月 2 日),第 3 页;冯玉祥:《我所认识的蒋介石》,第 42 页;《历史档案》1981 年第 1 期,第 66 页。

25. T. A. *Bisson*, *Japan in China*, p. 64; *China Weekly Review*, August 19, 1933, p. 488; 沈云龙:《黄膺白先生年谱长编》第 2 卷,第 670 页。关于日本人在内蒙古建立傀儡国家的计划,见《近代史资料》第 8 卷,第 447—464 页。

26. *The China Critic*, July 13, 1933, p. 683.

27. Buck, pp. 183—185. 韩与蒋介石的关系依然紧张,因为他觉得后者在刘韩冲突中曾支持刘珍年。

28. *China Weekly Review*, May 27, 1933, pp. 491—495;《申报年鉴》,1934 年,第 A-7 页。

29. *China Weekly Review*, July 22, 1933, p. 307; Diana Lary, *Region and Nation: The Kwangsi Clique in Chinese Politics, 1925—1937*, pp. 160—161.

30.《挺进》第 1 期(1933 年 5 月 15 日),第 2 页;《陈铭枢先生在福州各界欢迎大会演讲集》,《挺进》第 2 期(1933 年 7 月 15 日),第 5 页。

31. 赵锦雯:《认清过去的错误追求将来的光明》,《挺进》第 3 期(1933 年 9 月 20 日),第 9—12 页。

32. *China Year Book, 1934*, p. 371; Eastman, *Abortive Revolution*, pp. 104—105.

33. 易劳逸对福建事变失败的看法见 *Abortive Revolution*，第 85—139 页；也见沈家五：《试论福建人民国民政府失败的原因及其影响》，《历史档案》1983 年第 3 期，第 124—128 页。

34. 《胡展堂先生对时局宣言》，《三民主义月刊》第 2 卷第 6 期（1933 年 12 月 15 日），第 2—7 页。

35. Eastman, *Abortive Revolution*, pp. 119—120；沈云龙：《黄膺白先生年谱长编》第 2 卷，第 662—663、666、668—671 页。

36. Eastman, *Abortive Revolution*, pp. 127—129.

37. 李芦洲：《国民政府的政绩》，第 37 页。

38. Eastman, *Abortive Revolution*, p. 139.

39. 胡适：《福建的大变局》，《独立评论》第 79 期（1933 年 12 月 3 日），第 4 页。

40. 同上。

41. 沈云龙：《黄膺白先生年谱长编》第 2 卷，第 598—599 页；*China Weekly Review*, August 26, 1933, p. 524；《申报年鉴》，1934 年，第 A-54—55 页；陈嘉训：《中日亲善的前途》，《青年军人》第 15 期（1933 年 10 月 31 日），第 2 页。

42. 裴克在 1933 年 3 月 3 日给项白克的信，收录在项白克文件，胡佛研究所关于战争、革命和和平文件，第 336 箱。

43. 翊勋：《蒋党真相》，第 106—107 页；Boorman, vol. 2, pp. 440—441。

44. 沈云龙：《黄膺白先生年谱长编》第 2 卷，第 604、607 页；Boorman, vol. 2, pp. 440—441；《独立评论》第 66 期（1933 年 9 月 3 日），第 2—4 页。

45. 刘健群：《银河忆往》，第 106—107 页；*China Weekly Review*, September 16, 1933, p. 114。

46. Coble, pp. 126—127.

47. 同上；蒋廷黻：《我们目前对于中央最要的希望》，《独立评论》第 67 期（1933 年 9 月 10 日），第 2—3 页；《时代公论》第 3 卷第 5 期（1933 年 11 月 15 日），第 7 页；第 76 期（1933 年 9 月 8 日），第 7 页。

48. 惜微：《日本朝野对于我国棉麦借款等措施之态度》，《外交月报》第 3 卷第 5 期（1933 年 11 月 15 日），第 193—197 页。

49. *The China Critic*, August 31, 1933, p. 854.

50. 惜微：《日本朝野对于我国棉麦借款等措施之态度》，《外交月报》第 3 卷第 5 期（1933 年 11 月 15 日），第 202 页；Coble, pp. 128, 295—296; *China Weekly Review*, October 21, 1933, p. 324。

51. 胡汉民：《〈塘沽协定〉与棉麦借款》，《三民主义月刊》第 2 卷第 1 期（1933 年 7 月 15 日），第 25—30 页；《申报年鉴》，1934 年，第 A-55 页。尽管南方攻击蒋的不抵抗政策，但这并不等于支持宋子文。对于广东而言，把蒋清除掉是首要目标，在一条更加强硬的对外政策范围之上和之外，广东认为宋的经济才干是南京国民政府的重要支柱。

52. Coble, p. 129.

53. *China Weekly Review*, November 11, 1933, p. 448. 关于宋辞职的官方版本，见《时事新报》1933 年 10 月 28 日，第 1—2 页；1933 年 10 月 31 日，第 1—2 页。有好几种因素导致了他的下台，尽管日本问题可能是最为重要的一个。对这个问题的分析，见 Coble 前引书，第 129—132 页。

54. 关于大连会议及其后果，见沈云龙：《塘沽协定后的所谓“北平会谈”》（一），《传记文学》第 11 卷第 1 期（1967 年 7 月），第 51—52 页；《申报年鉴》，1934 年，第 A-7—9 页；*China Weekly Review*, September 16, 1933, p. 90; Shimada Toshihiko, “Designs on North China,” pp. 62—64；沈亦云：《亦云回忆》，第 503—504 页。

55. 沈云龙：《黄膺白先生年谱长编》第 2 卷，第 601—608 页；*China Weekly Review*, September 2, 1933, pp. 8—9。

56. 沈云龙：《黄膺白先生年谱长编》第 2 卷，第 601—608、613 页；United States, Department of State, *Foreign Relations of the United States: Diplomatic Papers, 1933*, vol. 3, p. 405。

57. 杨公达：《唾面自干的亲日外交》，《时代公论》第 84 期（1933 年 11 月 3 日），第 6—9 页。

58. 杨公达：《不亲日又怎样呢？》（上），《时代公论》第 85 期（1933 年 11 月 10 日），第 12 页。

59. 胡适：《世界新形势里的中国外交方针》，《独立评论》第 78 期（1933 年 11 月 26 日），第 2—4 页。

60. 白家书：《蒋宋分家与日美斗争》，《青年军人》第 16 期（1933 年 11 月 15 日），第 3—7 页。

61. 沈云龙：《塘沽协定后的所谓“北平会谈”》（一），《传记文学》第 11 卷第 1 期（1967 年 7 月），第 53—55 页；Shimada Toshihiko, “Designs on North China,” pp. 64—66。

62. 沈云龙：《塘沽协定后的所谓“北平会谈”》（二），《传记文学》第 11 卷第 2 期（1967 年 8 月），第 53 页；Bisson, pp. 50—51。

63. Shimada Toshihiko, “Designs on North China,” pp. 65—66; James T. C. Lui, p. 89; Bisson, pp. 50—51；沈云龙：《塘沽协定后的所谓“北平会谈”》（二），《传记文学》第 11 卷第 2 期（1967 年 8 月），第 53—54 页。

64. *China Weekly Review*, November 18, 1933, p. 474.

65. 董显光：《中日交涉与最近争吵》，《时代公论》第 87 期（1933 年 11 月 24 日），第

10—12 页。

66. 杨公达:《不亲日又怎样呢?》(下),《时代公论》第 86 期(1933 年 11 月 17 日),第 10—12 页。

67. 波多野乾一:《现代の支那政治と人物》,第 34—37;江上清:《政海秘闻》,第 102—103 页;翊勋:《蒋党真相》,第 96、101—103 页;Hung-mao Tien, *Government and Politics in Kuomintang China, 1927—1937*, pp. 65—67;翰斯:《看! 政学系》。

第五章

1. Crowley, p. 195;《现代史资料》第 8 卷,第 14—15 页。

2. Crowley, p. 196; Usui Katsumi, "The Role of the Foreign Ministry," in Dorothy Borg and Shumpei Okamoto, eds., *Pearl Harbor as History*, p. 35.

3. *The Japan Times and Mail*, January 24, 1934, p. 2. 亦见《一周间国内外大事述评》,《国闻周报》第 11 卷第 6 期(1934 年 1 月 29 日),第 6—7 页。

4. *The Japan Times and Mail*, January 23, 1934, p. 1. 中国驻日大使蒋作宾于 1933 年复职。

5. 沈云龙:《黄膺白先生年谱长编》第 2 卷,第 712 页;波多野乾一:《中國國民黨通史》,第 98 页;《申报年鉴》,1935 年,第 A-35 页;Carl Gilbert, "The Hirota Ministries: An Appraisal. Japan's Relations with China and the U. S. S. R., 1933—1938,"Ph. D. diss., Georgetown University, 1967, p. 43;《一周间国内外大事述评》,《国闻周报》第 11 卷第 4 期(1934 年 1 月 15 日),第 3 页;《一周间国内外大事述评》,《国闻周报》第 11 卷第 8 期(1934 年 2 月 12 日),第 4 页。张学良返回的动机不明,人们对此有极大的猜测。他也许设想过南方军队方面的成功将会提供政治上的机会(他确曾于 1934 年 1 月 6 日在香港走访过胡汉民)。其他人推测他是在蒋介石的支持下返回的,以帮助阻止北方军事领导人加入福建的反叛。

6.《大事述要》,《国闻周报》第 11 卷第 9 期(1934 年 3 月 5 日),第 5 页; *The China Critic*, February 22, 1934, p. 188; March 15, 1934, p. 259; May 31, 1934, p. 523。

7. *The China Critic*, January 18, 1934, p. 55.

8. *China Weekly Review*, March 17, 1934, pp. 94—95.

9. 邹鲁:《呜呼,抗日军》,《三民主义月刊》第 3 卷第 4 期(1934 年 4 月 15 日),第 24 页。

10. 黄元起等编:《中国现代史》第 1 卷,第 378 页;《解放日报》编:《从九一八到七七》,第 19—20 页。

11. 邓文仪:《冒险犯难记》,第 194 页。

12. 1934年3月18日的演讲,《蒋“总统”言论汇编》第11卷,第140—141页。关于南昌会议本身的记载,见《国闻周报》第11卷第11期(1934年3月19日);《一周间国内外大事述评》,《国闻周报》第11卷第12期(1934年3月26日);及《申报年鉴》,1935年,第D-32页。

13. Shimada Toshihiko, "Designs on North China," pp. 79—80;《现代史资料》第8卷,第25—26页。

14.《现代史资料》第8卷,第27—28页; Shimada Toshihiko, "Designs on North China," pp. 81—82, 88—89; Crowley, pp. 195—197; Usui Katsumi, "The Role of the Foreign Ministry," in Dorothy Borg and Shumpei Okamoto, eds., *Pearl Harbor as History*, p. 135; Borg, *United States*, p. 74; Matsumoto Shigeharu, vol. 1, p. 240。

15. *China Year Book, 1934*, p. 726;《申报年鉴》,1935,第E-3页。

16. N. Wing Mah and C. F. Chang. *Sino-Japanese Relations since the Tangku Truce, May 31, 1933: A Brief Historical Survey*, p. 6.

17. 胡适:《今日的危机》,《独立评论》第99期(1934年5月6日),第4页;胡汉民:《南京的对日外交》,《三民主义月刊》第3卷第6期(1934年6月15日),第5—8页。

18. 转引自《论评选辑》,《国闻周报》第11卷第17期(1934年4月30日),第7页。

19. *The China Critic*, April 26, 1934, p. 392.

20. 王芸生:《日本欲关闭中国门户耶?》,《国闻周报》第11卷第17期(1934年4月30日),第1页。

21. 顾维钧:《顾维钧回忆录》第3卷,第318—319页; Jurgen Osterhammel, "'Technical Co-operation' between the League of Nations and China," *Modern Asian Studies*, vol. 13, no. 4 (1979), pp. 665—667, 671; League of Nations, Council Committee of Technical Collaboration with China, *Report to the Council of its Technical Delegate on His Mission in China from Date of Appointment until April 1, 1934*。

22. *China Weekly Review*, November 4, 1933, p. 386; United States, Department of States, *Foreign Relations of the United States, 1933*, vol. 3, p. 497;《申报年鉴》,1934年,第A-50页。

23. 转引自 Jurgen Osterhammel, "'Technical Co-operation' between the League of Nations and China," *Modern Asian Studies*, vol. 13, no. 4 (1979), p. 672。

24. Stephen L. Endicott, *Diplomacy and Enterprise: British China Policy, 1933—1937*, pp. 44—45.

25. Jurgen Osterhammel, "'Technical Co-operation' between the League of Nations and China," *Modern Asian Studies*, vol. 13, no. 4(1979), pp. 671, 677—679; Stephen L. Endicott, *Diplomacy and Enterprise: British China Policy, 1933—1937*, pp. 44—

45；Jean Monnet，*Memoirs*，p. 130；Arthur N. Young，*China's Nation-Building Effort*，*1927—1937*：*The Financial and Economic Record*，pp. 344—345.

26. 转引自惜微：《日本朝野对于我国棉麦借款等措施之态度》，《外交月报》第3卷第5期（1933年11月15日），第186—188页；United States，Department of States，*Foreign Relations of the United States*，*1933*，vol. 3，p. 372。

27. Arthur N. Young档案，胡佛研究所关于战争、革命和和平文件，第60箱。

28. Richard C. Bush，"Industry and Politics in Kuomintang China：The Nationalist Regime and Lower Yangtze Cotton Mill Owners，1927—1937，"Ph. D. diss.，Columbia University，1978，pp. 213—216.

29. Richard C. Bush，"Industry and Politics in Kuomintang China，" pp. 220—225；*Shanghai Evening Post and Mercury*，September 15，1933，见Arthur N. Young档案，胡佛研究所关于战争、革命和和平文件，第59箱；"Draft of the Final Report of the Chinese-American Cotton Syndicate to the General Manager of the Bank of China，" September 11，1935，Arthur N. Young档案，胡佛研究所关于战争、革命和和平文件，第61箱；Cheryl Payer，"Western Economic Assistance to Nationalist China，1927—1937，"Ph. D. diss.，Harvard University，1971，pp. 27，38—41。对20世纪30年代中期中国城市危机的讨论，见Coble，pp. 147—157。

30. Coble，p. 137；《大公报》1934年3月27日，第3页；"Confidential Report on the Cotton-and-Wheat Loan，"April 15，1934，Arthur N. Young档案，胡佛研究所关于战争、革命和和平文件，第58箱；Richard C. Bush，"Industry and Politics in Kuomintang China，" pp. 218—219，224—225。日本人在华拥有的工厂由日本的母公司所控制，因而屈从于东京的政治权力。见Bruce L. Reynolds，"The Impact of Trade and Foreign Investment on Industrialization：Chinese Textiles，1875—1931，" Ph. D. diss.，University of Michigan，1975，pp. 146—148。

31. Borg，*United States*，p. 63；Coble，p. 126；United States，Department of States，*Foreign Relations of the United States*，*1933*，vol. 3，pp. 505—506；Stephen L. Endicott，*Diplomacy and Enterprise*：*British China Policy*，*1933—1937*，pp. 35—36；波多野乾一：《現代支那の政治と人物》，第237—240页。

32. Shimada Toshihiko，"Designs on North China，" p. 81；Coble，pp. 216—217；United States，Department of States，*Foreign Relations of the United States*，*1933*，vol. 3，pp. 407，412；Stephen L. Endicott，*Diplomacy and Enterprise*：*British China Policy*，*1933—1937*，p. 38；Arthur N. Young，*China's Nation-Building Effort*，*1927—1937*：*The Financial and Economic Record*，p. 364.

33. Shirley Godley，"W. Cameron Forbes and the America Mission to China

（1935），”*Papers on China*，vol. 14（1960），pp. 89—91，97—98，104；Borg，*United States*，pp. 258—262.

34. Stephen L. Endicott，*Diplomacy and Enterprise*：*British China Policy*，*1933—1937*，p. 42；陈真、姚洛编:《中国近代工业史资料》第3辑第2部分，第1024页；Arthur N. Young，*China's Nation-Building Effort*，*1927—1937*：*The Financial and Economic Record*，pp. 369—370；姚崧龄:《张公权先生年谱初稿》第1卷，第171—172页。对中国建设银公司的叙述，见Coble，pp. 216—224。阿瑟·N.杨格估计，从各种资料统计来看，20世纪30年代外国对中国铁路建设借贷款的总数为4000万美元。见Arthur N. Young，*China's Nation-Building Effort*，*1927—1937*：*The Financial and Economic Record*，p. 372。

35. Arthur N. Young，*China's Nation-Building Effort*，*1927—1937*：*The Financial and Economic Record*，pp. 367—372；William C. Kirby，*Germany and Republican China*，pp. 136—137，196—198；William C. Kirby，“Kuomintang China's ‘Great Leap Outward，’ The 1936 Three Year Plan for Industrial Development，” *Illinois Papers in Asian Studies*，vol. 2（1983），pp. 50—55；Kurt Bloch，*German Interests and Policies in the Far East*，pp. 22—28.

36. Coble，p. 125；“Memorandum on China's Tariff Treaties，” January 27，1934，Arthur N. Young 档案，胡佛研究所关于战争、革命和和平文件，第30箱；《中国经济年鉴:民国二十四年续编》第1编，第A-266页。

37. 惜微:《日本朝野对于我国棉麦借款等措施之态度》，《外交月报》第3卷第5期（1933年11月15日），第197页；于干:《新税则与日本的抗议》，《申报月刊》第2卷第6期（1933年6月15日），第2—3页；高橋龜吉:《支那經濟の崩壊と日本》，第396—397页；東亜研究所:《支那近代百年表草稿》，第350页；Stanley F. Wright，*China's Struggle for Tariff Autonomy*：*1843—1938*，p. 436。

38. Stanley F. Wright，*China's Struggle for Tariff Autonomy*：*1843—1938*，p. 678.

39. Coble，pp. 134—135；Stanley F. Wright，*China's Struggle for Tariff Autonomy*：*1843—1938*，p. 436. 对新关税最全面的分析是中国银行调查部所做的，见中国银行经济研究室编:《海关进口新税则之研究》，《中行月刊》第9卷第2期（1934年8月），第1—20页。亦见《中国经济年鉴（1935年）》第1编，第A-276—277页。

40. 丁日初、杜恂诚:《虞洽卿简论》，《历史研究》1981年第3期，第161页；江秋荻:《修正关税新税则之透视》，《青年军人》第2卷第13期（1934年7月15日），第4页；Richard C. Bush，“Industry and Politics in Kuomintang China，” p. 248。

41. *China Weekly Review*，July 21，1934，p. 306.

42.《国闻周报》第 11 卷第 27 期(1934 年 7 月 9 日),第 1 页。

43.《三民主义月刊》第 4 卷第 2 期(1934 年 8 月 15 日),第 3—4 页;黄兆栋:《中国存亡问题》,第 106—107 页。

44. Lee-hsia Hsu Ting, p. 104; Richard C. Bush, "Industry and Politics in Kuomintang China," p. 249.

45. *The China Critic*, July 12, 1934, p. 689.

46.《一周间国内外大事述评》,《国闻周报》第 11 卷第 1 期(1934 年 1 月 1 日),第 5 页;《一周间国内外大事述评》,《国闻周报》,第 11 卷第 5 期(1934 年 1 月 22 日),第 9 页;《大事述要》,《国闻周报》第 11 卷第 9 期(1934 年 3 月 5 日),第 5 页;*The China Critic*, February 22, 1934, p. 188; March 15, 1934, p. 259; May 31, 1934, p. 532。

47. Shimada Toshihiko, "Designs on North China," pp. 63—66; 松本重治:《上海時代ヴャーナリストの回想》第 1 卷,第 250 页; 沈云龙:《塘沽协定后之东北通邮交涉》,第 4—5 页。

48. 方秋苇:《黑漆一团之华北对日外交》,《时代公论》第 92/93 期(1934 年 1 月 1 日),第 22 页。

49. 沈云龙:《黄膺白先生年谱长编》第 2 卷,第 719—724 页;《国闻周报》第 11 卷第 15 期(1934 年 4 月 16 日),《大事述要》第 2 页;第 11 卷第 16 期(1934 年 4 月 23 日),《大事述要》第 1—2 页。

50.《国闻周报》第 11 卷第 15 期(1934 年 4 月 16 日),《大事述要》第 2 页;第 11 卷第 16 期(1934 年 4 月 23 日),《大事述要》第 1—2 页,及《论评选辑》第 5—6 页;*The China Critic*, April 26, 1934, p. 404。

51. 沈云龙:《黄膺白先生年谱长编》第 2 卷,第 723—724 页; Shimada Toshihiko, "Designs on North China," p. 66。

52. 沈云龙:《黄膺白先生年谱长编》第 2 卷,第 724—735 页。

53. *The Japan Times and Mail*, May 12, 1934, p. 2.

54.《一周简评》,《国闻周报》第 11 卷第 19 期(1934 年 5 月 14 日),第 1 页。

55. 沈云龙:《黄膺白先生年谱长编》第 2 卷,第 734—735 页;Shimada Toshihiko, "Designs on North China," p. 66;沈亦云前引书,第 519—520 页。该公司最初叫"东亚通运公司"。

56. 沈云龙:《黄膺白先生年谱长编》第 2 卷,第 736 页;沈亦云前引书,第 521 页。

57.《一周简评》,《国闻周报》第 11 卷第 23 期(1934 年 6 月 11 日),第 1 页;沈云龙:《黄膺白先生年谱长编》第 2 卷,第 737、741 页。

58. 邹鲁:《对于四月十七日日本对外声明应有之认识》,《三民主义月刊》第 3 卷第 5 期(1934 年 5 月 15 日),第 10 页;胡汉民:《南京的对日外交》,第 2—5 页。

59. 沈云龙:《黄膺白先生年谱长编》第 2 卷,第 739 页。

60. 沈云龙:《黄膺白先生年谱长编》第 2 卷,第 742—743、749 页。

61. *China Year Book, 1935*, p. 129.

62. 张奚若:《塘沽协定以来的外交》,《独立评论》第 144 期(1935 年 3 月 31 日),第 6—7 页。亦见 *The China Critic*, July 5, 1934, p. 653。

63. Shimada Toshihiko, “Designs on North China,” p. 69.

64.《三民主义月刊》第 4 卷第 2 期(1934 年 8 月 15 日),第 3 页。

65. 沈云龙:《塘沽协定后之东北通邮交涉》,第 2—6 页;馬場明男:《支那政治經濟年表》,第 465—466 页。

66. 沈云龙:《黄膺白先生年谱长编》第 2 卷,第 763—767 页。

67. 沈云龙:《塘沽协定后之东北通邮交涉》,第 8—9 页;沈云龙:《黄膺白先生年谱长编》第 2 卷,第 774 页;Shimada Toshihiko, “Designs on North China,” p. 70。

68. 沈云龙:《塘沽协定后之东北通邮交涉》,第 22—32 页;沈云龙:《黄膺白先生年谱长编》第 2 卷,第 778、787—789、794 页。

69.《三民主义月刊》第 4 卷第 5 期(1934 年 11 月 15 日),第 4 页。亦见松本重治:《上海時代ヅャーナリストの回想》第 1 卷,第 250 页。

70. Shimada Toshihiko, “Designs on North China,” p. 71.

71. Shimada Toshihiko, “Designs on North China,” p. 70—71;关于这次谈判细节的完整论述,见沈云龙:《黄膺白先生年谱长编》第 2 卷,第 802—808 页;或是他的《塘沽协定后之东北通邮交涉》,第 22—40 页。

72. *The China Critic*, January 10, 1935, p. 29;《三民主义月刊》第 5 卷第 1 期(1935 年 1 月 15 日),第 6—7 页;《时代公论》第 146 期(1935 年 1 月 11 日),第 4 页。

73. Shimada Toshihiko, “Designs on North China,” p. 71; 沈云龙:《黄膺白先生年谱长编》第 2 卷,第 816、843 页。

74. Shimada Toshihiko, “Designs on North China,” pp. 65—67; 沈云龙:《黄膺白先生年谱长编》第 2 卷,第 816 页。

75. *The China Critic*, June 7, 1934, p. 548.

76.《卢沟桥事变前后的中日外交关系》,第 144 页;*China Weekly Review*, June 16, 1934, pp. 89—90。

77. *The Japan Times and Mail*, June 12, 1934, p. 1.

78. *The Japan Times and Mail*, June 13, 1934, p. 2; *China Weekly Review*, June 16, 1934, p. 89.

79. 转引自 *The Japan Times and Mail*, June 13, 1934, p. 2.

80. *The Japan Times and Mail*, June 13, 1934, p. 8.

81. 转引自 *The Japan Times and Mail*, June 14, 1934, p. 8。

82. *The Japan Times and Mail*, June 13, 1934, p. 1.

83. *China Weekly Review*, June 23, 1934, pp. 131—135.

84. *China Weekly Review*, June 16, 1934, p. 94.

85. *The Japan Times and Mail*, June 15, 1934, p. 8.

86. *China Weekly Review*, June 30, 1934, p. 186.

87. Ibid.

88. *Chiang Kai-shek: His Life and Times*, p. 442;或《蒋"总统"秘录》第 9 卷,第 174 页。

89.《蒋"总统"言论汇编》第 11 卷,第 236 页。

90. 同上,第 250 页。

91. 同上,第 297 页。除了标有 1934 年 7 月外,这次演讲没有列出具体日期。在蒋介石的 *The Collected Wartime Messages of Generalissimo Chiang Kai-shek, 1937—1945*,第 1—3 页中可以看到略有不同的英文版本。

92.《蒋"总统"言论汇编》第 11 卷,第 279—281 页。

93. 同上,第 285、287 页。

94. 同上,第 291 页。

95. 汪精卫:《救亡图存之方针》,《东方杂志》第 32 卷第 1 期(1935 年 1 月 1 日),第 9 页。

第六章

1.《敌乎? 友乎?》,《革命文献》第 72 辑第 136 页的重印文本(全文见第 133—162 页)。此文亦见《蒋"总统"集》第 2 卷,第 2057—2068 页。文章最初登在《外交评论》第 3 卷第 11—12 期(1934 年 11—12 月)的特刊,第 1—22 页;该增刊的日期标着 1935 年 1 月 1 日。

2.《敌乎? 友乎?》,第 162 页;陈布雷:《陈布雷回忆录》,第 97 页;*Chiang Kai-shek: His Life and Times*, p. 443。

3. Ozaki Hotsumi, *Recent Developments in Sino-Japanese Relations*, p. 6; Ozaki 后来以与 Richard Sorge 的关系卷入 Sorge 间谍案而闻名。也见于松本重治,第 1 卷,第 256—257 页,他写道:"有消息说蒋向陈布雷口授了这篇文章"。也见于宇野重昭:《広田弘毅の對華政策と蔣介石》,《国際政治》第 56 期(1976 年),第 36—37 页。

4.《敌乎? 友乎?》,第 136—137 页。

5. 同上,第 139—140 页。

6. 同上，第 142 页。

7. 同上，第 143 页。作者提到了其他中国人的错误，包括过高地估计了中国的力量、过高地估计了国联和世界舆论的威力，以及中国缺乏团结。第 144—145 页。

8. 《敌乎？友乎？》，第 153、158、160—161 页。

9. 《民族杂志》第 3 卷第 3 期（1935 年 3 月），第 430—431 页。

10. 松本重治，第 2 卷，第 28—29 页。

11. 林柏生：《对日的两条路线：读徐道邻〈中日关系的检讨〉书后》，第 2—10、24—25 页。这份资料的英文删节摘要登载在 *The People's Tribune* 新刊第 8 卷第 5 期（1935 年 3 月 1 日），第 302—306 页。

12. 钱实甫：《中日关系的前途：读徐道邻先生〈敌乎？友乎？〉之后》，《三民主义月刊》第 5 卷第 3 期（1935 年 3 月 15 日），第 47—50 页。

13. 《蒋汪降日外交之透视》，《三民主义月刊》第 5 卷第 3 期（1935 年 3 月 15 日），第 41—46 页。对南京甚至更强烈的攻击出现在胡汉民的《南京外交的绝路》，《三民主义月刊》第 5 卷第 4 期（1935 年 4 月 15 日），第 9—12 页。

14. 傅斯年：《中日亲善??!!》，《独立评论》第 140 期（1935 年 3 月 3 日），第 2—4 页。

15. 《独立评论》第 143 期（1935 年 3 月 25 日），第 2—3 页。

16. 松本重治，第 1 卷，第 253—255 页。

17. *The Japan Times and Mail*, January 30, 1935, p. 2；《中国外交年鉴》，1936 年，第 155—156 页。

18. *North China Herald*, January 30, 1935, p. 12.

19. 转引自 *The Japan Times and Mail*, January 30, 1935, p. 2。

20. 《现代史资料》第 8 卷，第 22—24 页；James B. Crowley, *Japan's Quest for Autonomy: National Security and Foreign Policy, 1930—1938*, p. 201；崔万秋：《日本广田外交与中国》，《传记文学》第 41 卷第 4 期（1982 年 10 月），第 132 页。

21. 许多日本的史学家把广田视为企图抵抗军方的对华强硬路线派。Shiroyama Saburo, *War Criminal: The Life and Death of Hirota Koki*, 第 117—118 页中提到尽管军方反对，但广田“对华”采取“调和态度”。其他日本史学家不太看重这两种势力之间的矛盾，并指出，据军方所言，广田在政策的界限内执行一条强硬的对华路线。可见 Usui Katsumi, “Role of the Foreign Ministry,” pp. 127—132。

22. B. Winston Kahn, “Doihara Kenji and the North China Autonomy Movement,” in Alvin D. Coox and Hilary Conroy, eds., *China and Japan*, p. 180.

23. 《一周简评》，《国闻周报》第 12 卷第 3 期（1935 年 1 月 14 日），第 1 页。

24. 《一周简评》，《国闻周报》第 12 卷第 5 期（1935 年 1 月 28 日），第 1 页。

25. 《一周间国内外大事述要》，《国闻周报》第 12 卷第 6 期（1935 年 2 月 18 日），第 1

页;《中国外交年鉴》,1936 年,第 156 页。

26. *China Year Book*, *1935*, p. 136;《中国外交年鉴》,1936 年,第 155—156 页;《一周间国内外大事述要》,《国闻周报》第 12 卷第 7 期(1935 年 2 月 22 日),第 1—3 页;崔万秋:《日本广田外交与中国(2)》,《传记文学》第 41 卷第 5 期(1982 年 11 月),第 109 页。

27. 松本重治,第 1 卷,第 272—279 页;B. Winston Kahn, "Doihara Kenji and the North China Autonomy Movement," in Alvin D. Coox and Hilary Conroy, eds., *China and Japan*, p. 179; James B. Crowley, *Japan's Quest for Autonomy: National Security and Foreign Policy, 1930—1938*, pp. 211—212;吴相湘:《王宠惠是蜚声国际的法学家》,《传记文学》第 44 卷第 1 期(1984 年 1 月),第 35 页。

28. *China Year Book*, *1935*, p. 135.

29. 松本重治,第 1 卷,第 285—286 页;馬場明男:《支那經濟年表》,第 491 页;《支那》第 26 卷第 4 期(1935 年 4 月),第 172—173 页;葛生能久:《日支交涉外史》,第 605 页。

30. 《时代公论》1935 年 3 月 22 日,第 2—3、79 页。

31. 于伟:《三年来东北义勇军斗争的总检阅》,《东方杂志》第 32 卷第 6 期(1935 年 3 月 16 日),第 55—60 页。

32. *China Weekly Review*, March 2, 1935, p. 18.

33. 《三民主义月刊》第 5 卷第 3 期(1935 年 3 月 15 日),第 63—64 页。该刊还提供了每年的数字,通过比较,说明蒋的失地范围甚至更大。

34. 《三民主义月刊》第 5 卷第 5 期(1935 年 5 月 15 日),第 1—2 页的社论。

35. *China Weekly Review*, March 16, 1935, pp. 88—89; Lin Han-sheng, "Wang Ching-wei and the Japanese Peace Effort," p. 167;沈云龙:《黄膺白先生年谱长编》第 2 卷,第 851 页。

36. *China Year Book*, *1935*, p. 136.

37. *China Weekly Review*, March 2, 1935, p. 18; March 23, 1935, p. 109. 根据 Anthony Eden、Lord Privy Seal 在当时的说法,1935 年 3 月 18 日,在国会中,中国曾对 1934 年 12 月的贷款提出要求。有吉显然照会汪精卫,日本反对任何这类来自英国或美国的贷款,而汪在 3 月初同意中国将不接受这样的贷款。汪受其影响发表的声明登在 3 月 9 日大阪的《每日新闻》上。

38. *China Weekly Review*, March 9, 1935, p. 50; March 16, 1935, p. 88.

39. 白苇:《论"中日经济提携"》,《东方杂志》第 32 卷第 8 期(1935 年 4 月 16 日),第 29—44 页。

40. *China Weekly Review*, May 18, 1935, p. 390.

41. Shimada Toshihiko，“Designs on North China，” pp. 95—96；在最后时刻大不列颠加入这次行动。东京对驻华大使的任命是和平进程中的高潮，尽管这次行动可能具有复杂的动机。王宠惠显然开始与广田讨论这个计划，他在5月初促使日本内阁讨论此事。重光葵早在关于从北平把公使馆工作人员调往南京时，就反对类似的行动。他的意图是迫使其他列强跟着出牌，把所有根据《辛丑条约》驻扎在那里的外国军队调走。在理论上，这次行动将强化日本的力量，因为在伪满洲国附近的部队将是北平最近的“外国”势力。日本军方强烈反对这次行动，宁愿在河北保持更直接的影响，并对该计划加以阻挠。广田成功地提出了在华日本代表的级别是外务省一个严肃的问题，对此，军方没有理由插手。见 Usui Katsumi，“Role of the Foreign Ministry，” pp. 200—201；崔万秋：《日本广田外交与中国（2）》，《传记文学》第41卷第5期（1982年11月），第110—111页。

42. James B. Crowley，*Japan's Quest for Autonomy*：*National Security and Foreign Policy*，*1930—1938*，pp. 211—112.〔原文如此，应为 pp. 211—212。——译者注〕

43. Shimada Toshihiko，“Designs on North China，” p. 97；*Chiang Kai-shek*：*His Life and Times*，p. 465；梁敬錞：《所谓〈何梅协定〉》，载李云汉编：《抗战前华北政局史料》，第415—416页。

44. Shimada Toshihiko，“Designs on North China，” p. 114. 从中方角度来看，见沈云龙：《黄膺白先生年谱长编》第2卷，第841—843页；李云汉：《宋哲元与七七抗战》，第57、60—63页；廖铁军：《〈塘沽协定〉后（1933—1936）的华北局势》，第31—32页。从日方的角度来看，见《现代史资料》第8卷，第489—490页；上村伸一：《日本外交史》第19卷《日华事变》，第104—107页。宋的部队确实进入了热河省与刘桂堂发生战斗。日军进行反击，并于1933年12月进入沽源县。尽管如此，此时，孙〔疑为宋——译者注〕让黄郛进行停火谈判。见李云汉：《宋哲元与七七抗战》，第61页。

45. 梁敬錞：《秦土协定》，载李云汉编：《抗战前华北政局史料》，第478—479页；廖铁军《〈塘沽协定〉后（1933—1936）的华北局势》，第31—32页；Shimada Toshihiko，“Designs on North China，” p. 114；《现代史资料》第8卷，第489—490页。

46. 李云汉：《宋哲元与七七抗战》，第61—63页；沈云龙：《黄膺白先生年谱长编》第2卷，第841—843页。

47. Shimada Toshihiko，“Designs on North China，” pp. 116—117；廖铁军：《〈塘沽协定〉后（1933—1936）的华北局势》，第36页。

48. 《三民主义月刊》第5卷第2期（1935年2月15日），第2—4页。

49. *Far Eastern Survey*，February 13，1935，pp. 17—19.

50. 卢明辉：《蒙古“自治运动”始末》，第24—74页；O. Edmund Clubb，*Twentieth*

Century China, pp. 176—178; Shimada Toshihiko, "Designs on North China," pp. 212—216。

51. 沈云龙:《黄膺白先生年谱长编》第2卷,第792、794—797页;《现代史资料》第8卷,第486页;卢明辉:《蒙古"自治运动"始末》,第81—84页。蒋介石访问了北方的好几个城市,并短暂地视察了北平医学联合学院。

52. 卢明辉:《蒙古"自治运动"始末》,第77—85页。处死韩风林是个复杂的问题。德王后来称一名蓝衣社的特工李才桂在内蒙古下的手,把韩看作是企图说服德王叛变的亲日特工。李电告在北平的国民党宪兵司令蒋孝先,决定除掉韩。德王还指出,韩以前曾被劝说加入蓝衣社,但他对此予以回绝。因此,他的被杀是一种报复。见卢明辉:《蒙古"自治运动"始末》,第78—80页。

53. Shimada Toshihiko, "Designs on North China," p. 116; James T. C. Liu, pp. 84—95.

54. 方秋苇:《察东事件之认识》,《时代公论》第149期(1935年2月1日),第7—8页。

55. Lin Han-sheng, "Wang Ching-wei and the Japanese Peace Effort," p. 167; B. Winston Kahn, "Doihara Kenji and the North China Autonomy Movement," in Alvin D. Coox and Hilary Conroy, eds., *China and Japan*, p. 181.

56. Shimada Toshihiko, "Designs on North China," pp. 98—98〔原文如此,应为pp. 98—99。——译者注〕; B. Winston Kahn, "Doihara Kenji and the North China Autonomy Movement," in Alvin D. Coox and Hilary Conroy, eds., *China and Japan*, p. 181; James B. Crowley, *Japan's Quest for Autonomy: National Security and Foreign Policy, 1930—1938*, p. 213; 島田俊彦:《梅津何應钦协定の成立》,《国際政治》第11期(1960年1月),第54页。

57. 沈云龙:《黄膺白先生年谱长编》第2卷,第846—847页;*China Year Book, 1935*, p. 131。在2月14日,重组的细节由日本军方在北平的随员高桥坦和殷同安排。新的自卫军重新命名为"河北省特区警察队"。

58. Shimada Toshihiko, "Designs on North China," p. 67.

59. Ibid., p. 103; 许德珩:《中日关系及其现状》,第151页;*China Weekly Review*, June 1, 1935, p. 2; June 8, 1935, p. 38; *Trans-Pacific*, May 30, 1935, p. 9; 李云汉:《宋哲元与七七抗战》,第70页。

60. Shimada Toshihiko, "Designs on North China," p. 106. 何应钦的看法在李云汉编的《抗战前华北政局史料》第443页中有述及;也可见梁敬錞:《所谓〈何梅协定〉》,载李云汉编:《抗战前华北政局史料》,第396页;秦郁彦:《日中战争史》,第15—16页;辛公显:《七七事变前天津便衣队暴乱真相》,《天津文史资料选辑》第2辑(1979年),第33—

50 页。

61. Shimada Toshihiko，“Designs on North China，” pp. 106—107；James T. C. Liu，pp. 113—116；Lincoln Li，*The Japanese Army in North China*，1937—1941：*Problems of Political and Economic Control*，p. 27；廖铁军：《〈塘沽协定〉后（1933—1936）的华北局势》，第 13—14 页；梁敬錞：《所谓〈何梅协定〉》，载李云汉编：《抗战前华北政局史料》，第 394 页。

62. 中国外交部的档案收录在李云汉编的《抗战前华北政局史料》第 428—429、456 页。

63. James T. C. Liu，p. 114；Shimada Toshihiko，“Designs on North China，” pp. 107—108；沈云龙：《黄膺白先生年谱长编》第 2 卷，第 875 页。

64. *Trans-Pacific*，June 13，1935，p. 7；李云汉编：《抗战前华北政局史料》，第 429—434 页。

65. 李云汉编：《抗战前华北政局史料》，第 456—457 页；Shimada Toshihiko，“Designs on North China，” p. 112。

66. 全部转引自 *Trans-Pacific*，June 13，1935，pp. 5—6。

67. 李云汉编：《抗战前华北政局史料》，第 433—434 页；*Trans-Pacific*，June 13，1935，p. 9。

68. *Chiang Kai-shek：His Life and Times*，p. 468.

69. Lincoln Li，pp. 35—36.

70. James B. Crowley，*Japan's Quest for Autonomy：National Security and Foreign Policy，1930—1938*，pp. 215—217.

71. 李云汉编：《抗战前华北政局史料》，第 434—435 页；《中华民国重要史料初编——对日抗战时期》绪编（一），第 684 页；Hsu Shu-hsi，*North China Problems*，pp. 22—23。

72. *Chiang Kai-shek：His Life and Times*，p. 469；李云汉编：《抗战前华北政局史料》，第 436—441、462 页。

73. *Chiang Kai-shek：His Life and Times*，p. 470.

74. Shimada Toshihiko，“Designs on North China，” p. 117. 亦见于 *The Tokyo War Crimes Trial：The Complete Transcripts of the Proceeding of the International Military Tribunal for the Far East*，vol. 2，pp. 2，311—312，314.

75. 秦德纯：《秦德纯回忆录》，第 30—31 页；梁敬錞：《秦土协定》，载李云汉编：《抗战前华北政局史料》，第 484—485 页；李云汉：《宋哲元与七七抗战》，第 83—85 页。

76. Shimada Toshihiko，“Designs on North China，” p. 119；李云汉：《宋哲元与七七抗战》，第 85 页；《现代史资料》第 8 卷，第 96 页。

77. 梁敬錞:《秦土协定》,载李云汉编:《抗战前华北政局史料》,第485—487页;李云汉:《宋哲元与七七抗战》,第86页;B. Winston Kahn, "Doihara Kenji and the North China Autonomy Movement," in Alvin D. Coox and Hilary Conroy, eds., *China and Japan*, pp. 182—183.

78. 李云汉:《宋哲元与七七抗战》,第86—89页;梁敬錞:《秦土协定》,载李云汉编:《抗战前华北政局史料》,第487—488页;Shimada Toshihiko, "Designs on North China," pp. 120—121;秦德纯:《秦德纯回忆录》,第35页;《现代史资料》第8卷,第99—100、491页;土肥原賢二刊行會:《秘錄土肥原賢二》,第274—275页。秦德纯也坚认在最初的要求中没有包含禁止中国军队重新进入非武装区的条款。日本人对秦—土会谈的看法,也可见《日本帝国主义对外侵略史料选编1931—1945》,第168—170页。

79. 梁敬錞:《秦土协定》,载李云汉编:《抗战前华北政局史料》,第489页;李云汉:《宋哲元与七七抗战》,第90页;Shimada Toshihiko, "Designs on North China," pp. 121—122, 216。

80. 卢明辉:《蒙古"自治运动"始末》,第87页;梁敬錞:《秦土协定》,载李云汉编:《抗战前华北政局史料》,第485页。7月25日的计划可以在《现代史资料》第8卷第492—495页中见到。中译本可以在《日本帝国主义对外侵略史料选编1931—1945》第170—178页见到。

81. 卢明辉:《蒙古"自治运动"始末》,第99—109页;《中华民国重要史料初编——对日抗战时期》第6编(二),第217—218页;德穆楚克栋鲁普:《抗战前我勾结日寇的罪恶活动》,《文史资料选辑》第63辑(1979年),第26—27页;Shimada Toshihiko, "Designs on North China," pp. 216—218;《现代史资料》第8卷,第508—539页;《华北事变资料选编》,第544—547页。

82. 松本重治,第2卷,第2—3页。

83. 《一周简评》,《国闻周报》第12卷第21期(1935年6月3日),第1页;《一周简评》,《国闻周报》第12卷第22期(1935年6月10日),第1页;《一周简评》,《国闻周报》第12卷第23期(1935年6月17日),第1页;《大事述要》,《国闻周报》第12卷第23期(1935年6月17日),第1—5页;杜聿明、覃异之:《塘沽协定签订后"中央军"在华北的几件事》,《文史资料选辑》第99辑,第114—118页。

84. 廖铁军:《〈塘沽协定〉后(1933—1936)的华北局势》,第42—43页。

85. 《上海党声》,1935年6月8日,第361页。

86. 《民族战线》第1期(1935年7月10日),第1页; Nym Wales, *Notes on Chinese Student Movement, 1935—1936*, pp. 16—17。

87. 《独立评论》第155期(1935年6月16日),第2—3页。

88. *China Weekly Review*, June 8, 1935, p. 40.

89. *China Weekly Review*，June 9，1935，p. 126.

90. 李晋：《从所谓“七君子”谈到救国会》，《春秋》（香港）第 143 期（1963 年 6 月 16 日），第 6 页；《邹韬奋年谱》，第 40—41 页；《民国人物传》第 2 卷，第 311—314 页。

91. 《新生》第 1 卷第 1 期（1934 年 2 月 10 日），第 1 页；第 1 卷第 5 期（1934 年 3 月 10 日），第 96—99 页。

92. 《新生》第 1 卷第 7 期（1934 年 3 月 24 日），第 121 页；第 1 卷第 12 期（1934 年 4 月 28 日），第 222 页。

93. 《新生》第 1 卷第 23 期（1934 年 7 月 14 日），第 445 页。

94. 《新生》第 1 卷第 42 期（1934 年 11 月 24 日），第 876 页。亦见于第 1 卷第 27 期（1934 年 8 月 11 日）；第 1 卷第 32 期（1934 年 9 月 15 日），各处。

95. 《新生》第 1 卷第 45 期（1934 年 12 月 15 日），第 909 页。

96. 《新生》第 2 卷第 2 期（1935 年 2 月 2 日），第 41 页；第 2 卷第 7 期（1935 年 3 月 9 日），第 141 页；第 2 卷第 9 期（1935 年 3 月 23 日），第 181 页。

97. 对史量才暗杀案重要的叙述包括容斋等：《金陵旧梦》，第 59—60 页；金刀：《记上海申报沧桑与史量才之死》（1），《春秋》（香港）第 133 期（1963 年 1 月 16 日），第 2—3 页；金刀：《记上海申报沧桑与史量才之死》（2），《春秋》（香港）第 134 期（1963 年 2 月 1 日），第 20—21 页；陈少校：《黑纲录》，第 77—83 页；唐人：《十年内战》，第 252—253 页；黄炎培：《八十年来》，第 93—94 页；徐铸成：《杜月笙正传》，第 74—76 页。据许多资料，尽管杜是上海市民协会的正式领袖，但史才是真正的领导人。像其他发生在南京时期的暗杀一样，对暗杀的原因产生了各种各样的传言。鲁迅和陶行知以笔名在《申报》副刊发表的文章，显然激怒了蒋介石。另外，史在宋庆龄和邹韬奋组建人权保障同盟时，向他们提供了某些帮助。

98. Eastman，“Nanjing Decade，” pp. 41—42. 据日本的资料，史量才被暗杀还牵涉上海蓝衣社与青帮之间更大的争端。蓝衣社显然企图从青帮手中得到对工人运动和鸦片收入的控制，这是青帮两个最重要的收入来源。1934 年秋，据说在上海码头上发生了蓝衣社特工与杜的地下帮会之间的冲突。蓝衣社还急于扩大对媒体的控制，并企图买进《申报》和《新闻报》。史在杜月笙的支持下，希望把蓝衣社挡在他的“地盘”外，对这种行动进行了抵制。据日本的资料，这些事件导致了史被暗杀。尽管如此，杜本人具有巨大的势力来抗衡蓝衣社。除了他的地下帮会的力量，他确实与蒋介石有联系，并参与了蒋的亲属的私人投资。史死后，黄炎培提出了让杜亲自担任《申报》主编的设想，以保护它来对付蓝衣社。这些关于史被暗杀以及在蓝衣社和青帮之间的争端的资料并非全部可靠。其他证据显示，在 20 世纪 30 年代后期，戴笠和杜月笙之间保持着密切的关系。

99. 《三民主义月刊》第 4 卷第 6 期（1934 年 12 月 15 日），第 128—129 页。

100. 《新生》第 2 卷第 15 期（1933 年 5 月 4 日）〔原文如此，应为 1935 年 5 月 4

日。——译者注〕,第1页;使用了 Lee-hsia Hsu Ting 著作中第105—106页的译文。

101. 穆欣编著:《邹韬奋》,第96页;東亚研究所:《支那近代百年表草稿》,第364页;*China Weekly Review*, July 13, 1935, p. 214; 松本重治,第2卷,第22—23页。

102. 转引自 *Trans-Pacific*, July 11, 1935, p. 7。

103. 转引自 *Trans-Pacific*, July 18, 1935, p. 11。

104. *Trans-Pacific*, July 18, 1935, pp. 9,11; 松本重治,第2卷,第25页;穆欣编著:《邹韬奋》,第96—97页;東亚研究所:《支那近代百年表草稿》,第364页。

105. *China Weekly Review*, July 13, 1935, p. 214; 也见東亚研究所:《支那近代百年表草稿》,第364页。

106. 《新生》第2卷第22期(1935年6月22日),第441页。

107. 《邹韬奋年谱》,第35页;毕云程:《韬奋和生活书店》,《文史资料选辑》第23辑(1979年),第28—29页。

108. 转引自 *Trans-Pacific*, July 18, 1935, p. 9。亦见《申报年鉴》,1936年,第365页。

109. 東亚研究所:《支那近代百年表草稿》,第364页。

110. 转引自 *Trans-Pacific*, July 18, 1935, p. 9;松本重治,第2卷,第24页;Lee-hsia Hsu Ting, p. 107。丁指出,包括吴铁城在内的许多官员私下里向杜保证,如果他向法庭自首,他将不会受到关押。我们尚不清楚,这是个圈套,还是日本增大了的压力迫使吴收回了折中方式。

111. *China Weekly Review*, July 13, 1935, p. 215; 東亚研究所:《支那近代百年表草稿》,第364页。

112. 《三民主义月刊》第6卷第2期(1935年8月15日),第10页。

113. Nym Wales, *Notes on Chinese Student Movement*, *1935—1936*, pp. 13—14.

114. *China Year Book*, *1936—37*, p. 528.

115. *China Weekly Review*, November 2, 1935, p. 289。

116. 《三民主义月刊》第6卷第2期(1935年8月15日),第1—2页。

117. John Hunter Boyle, *China and Japan at War*, *1937—1945*: *The Politics of Collaboration*, p. 37; 松本重治,第2卷,第28—29页;Himada Toshihiko, "Designs on North China," p. 134; Odani, pp. 138—139; *Trans-Pacific*, August 22, 1935, p. 11。6月底企图弹劾的人中有黄郛、袁良、殷同、李择一、殷汝耕和陶尚铭。

118. 《一周简评》,《国闻周报》第12卷第32期(1935年8月19日),第1页;沈云龙:《黄膺白先生年谱长编》第2卷,第888—889页。

119. 《一周简评》,《国闻周报》第12卷第32期(1935年8月19日),第1页。

120. *China Weekly Review*, September 7, 1935, p. 26.

121. 沈云龙:《黄膺白先生年谱长编》第 2 卷,第 891—892 页;松本重治,第 2 卷,第 29—30 页。

122.《一周简评》,《国闻周报》第 12 卷第 33 期(1935 年 8 月 26 日),第 1 页;松本重治,第 2 卷,第 29—30 页。

123. *Trans-Pacific*, August 22, 1935, p. 10; August 29, 1935, p. 10; *China Weekly Review*, September 7, 1935, p. 26.

124. 沈云龙:《黄膺白先生年谱长编》第 2 卷,第 893 页;松本重治,第 2 卷,第 30—31 页;《一周简评》,《国闻周报》第 12 卷第 33 期(1935 年 8 月 26 日),第 1 页。

125. *China Weekly Review*, August 17, 1935, p. 390.

126.《三民主义月刊》第 6 卷第 3 期(1935 年 9 月 15 日),第 12—18 页。

127.《三民主义月刊》第 6 卷第 4 期(1935 年 10 月 15 日),第 37 页。

128. James M. Bertram, *First Act in China: The Story of the Sian Mutiny*, p. 104.

129. Wu Tien-wei, *The Sian Incident: A Pivotal Point in Modern Chinese History*, p. 7. 亦见于《中华民国重要史料初编——对日抗战时期》绪编(一),第 674、676、684 页〔原文如此,查该书,三处均未见此语。——译者注〕。

130. 如葛生能久《日支交涉外史》第 1 卷第 607 页中指责 1935 年 5 月天津两名记者的被杀是“蓝衣社与于学忠的关系”。于为张学良以前的下属,而非蒋介石的下属,但日军领导人想让他离开河北,所以将他与蓝衣社联系在一起。

131.《华北事件与蒋介石的责任》,《支那》第 26 卷第 8 期(1935 年 8 月),第 99 页。

132. 岩井英一:《藍衣社ニ關スル調查》,第 229—234 页。我衷心感谢易劳逸从东京图书馆制作了有关蓝衣社的方便的缩微胶片。

133.《藍衣社の改組主義の轉向並に最近の動向》,第 12—23 页。

134.《藍衣社の組織と反滿抗日活動の實例》,第 1—7、18 页。

135. 同上,第 33—36 页。

136. 同上,第 36—37 页。

137. 同上,第 37—41 页。

138. 同上,第 42 页。

139. Chong-sik Lee, *Revolutionary Struggle in Manchuria: Chinese Communism and Soviet Interest, 1922—1945*, pp. 160, 244—245.

140. Michael A. Barnhart, “Japanese Intelligence before the Second World War: ‘Best Case’ Analysis,” in Ernest R. May, ed., *Knowing One's Enemies: Intelligence Assessment before the Two World Wars*, pp. 424—455.

141. 对蓝衣社最精彩的论述是 Eastman, *Abortive Revolution*, pp. 31—84。Maria

Hsia Chang 对易劳逸的许多观点，特别是对他把这场运动定义为法西斯主义提出挑战，见她的 *Chinese Blue Shirt Society：Fascism and Developmental Nationalism*。亦见于他们在 *China Quarterly* 第 79 期（1979 年）上的争论，Maria Hsia Chang 的文章“Fascism and Modern China”；及第 80 期（1979 年 12 月）第 838—842 页易劳逸的“Fascism and Modern China：A Rejoinder”。易劳逸在 *Republican China* 第 13 卷第 1 期（1987 年 11 月）第 25—48 页的“The Rise and Fall of the ‘Blue Shirts’：A Review Article”中更新了某些观点。

142. 邓元忠：《三民主义力行社史初稿》(4)，《传记文学》第 40 卷第 6 期（1982 年 6 月），第 103—109 页。这种解释也得到了康泽《复兴社的缘起》(《文史资料选辑》第 37 辑，第 140—141 页），以及曾扩情《何梅协定前复兴社在华北的活动》(《文史资料选辑》第 14 辑，第 131—134 页)的支持。亦见干国勋：《蓝衣社复兴社力行社》，第 2—8、130—135、146—147 页。

143. 《藍衣社に就いて》，无页码。Shen Zui，*A KMT War Criminal in New China*，第 193—194 页中详述了蒋介石关注对满洲组织的政治控制，以及他急于阻止共产党主宰这些力量。

144. 《藍衣社の概念と其特務の工作に就いて》，无页码。Eastman，*Abortive Revolution*，p. 79.

145. 魏大铭：《评述戴雨农先生的事功》(1)，《传记文学》第 38 卷第 2 期（1981 年 2 月），第 40—45 页；《评述戴雨农先生的事功》(2)，《传记文学》第 38 卷第 3 期（1981 年 3 月），第 47—54 页；《评述戴雨农先生的事功》(3)，《传记文学》第 38 卷第 4 期（1981 年 4 月），第 94—100 页。

146. 乔家才：《为历史作证》，第 399—405 页。

147. 魏大铭：《评述戴雨农先生的事功》(3)，《传记文学》第 38 卷第 4 期（1981 年 4 月），第 100 页。

148. Eastman，*Abortive Revolution*，pp. 32，39.

149. 见《藍衣社に就いて》，第 23 页。亦见曾扩情：《何梅协定前复兴社在华北的活动》，《文史资料选辑》第 14 辑，第 131—146 页。曾在 1934 年 4 月在北平取代刘。

150. 刘健群：《复兴中国革命之路》，第 56—67 页；亦见干国勋等：《蓝衣社复兴社力行社》，第 2、11—12 页。

151. 刘健群：《银河忆往》，第 1—2、94—97 页。

152. 陈恭澍：《北国锄奸》，第 3—4、15 页。

153. 同上，第 48、55—56、66—67、76、95 页。

154. 同上，第 120—131、144、192—201 页。亦见 Sheridan，p. 273。

155. 穆欣：《吉鸿昌将军》，第 1、144 页。

156. 陈恭澍：《北国锄奸》，第 210—221 页。

157. 同上，第 290、296—302 页。

158. 同上，第 303、315、321—333、348 页。尽管如此，干国勋等的《蓝衣社复兴社力行社》，第 11—12 页认为，中国的宣传有助于削弱殷汝耕。

159. 唐良雄在《戴笠传》中的叙述提供了蓝衣社抗日活动的成功画面。唐着重强调戴笠在阻止北方军阀与土肥原和板垣的合作方面的成功。唐称中国特工实际上渗入了日本在天津的领事馆中，因此，提前知道了日方的计划。他确信中国特务不仅暗杀了张敬尧和吉鸿昌，而且暗杀了记者白逾桓，他的死促成了《何梅协定》。作者也确信 1935 年 11 月戴策划暗杀了孙传芳，他是长江下游的旧军阀，退位后来到天津，并据说引起了日本人的兴趣。他被想象成被一位替父复仇的妇女刺死，但唐断言戴安排了此事。唐连篇累牍地写了戴在 1934—1937 年间不断地破坏日本人的华北独立计划。他断言，戴的特工通过日本特务阻止了行动，特别是破坏了日本从经济上控制华北的阴谋。尽管如此，唐对这个地区的叙述缺乏细节。见唐良雄：《戴笠传》第 1 卷，第 60—63、97—98 页。

160. 乔家才：《为历史作证》，第 53—55、61—67、69—71 页；乔家才：《海隅丛谈》，第 841—842 页。乔增加了蓝衣社在北方行动的故事细节。承认他们在暗杀殷汝耕时失败了，他称特工与冀东自卫军的首领张庆余和张砚田建立了联系，他们对日本的统治心怀不满。南京担心一场反叛可能会引发新的华北危机，便把行动推迟到 1937 年 7 月 7 日卢沟桥事变最终发生时。见乔家才：《铁血精忠传：戴笠的故事》，第 91、125 页。

161. 乔家才：《铁血精忠传：戴笠的故事》，第 281—283 页。

162. Eastman, “The Rise and Fall of the ‘Blue Shirts’: A Review Article,” p. 25.

163. 邓元忠：《三民主义力行社史》，第 338—353 页。

164. 同上，第 530 页。

165. 同上，第 531 页。

166. 同上，第 533 页。

167. 同上，第 527 页；唐良雄：《戴笠传》上册，第 63 页。

168. 秦郁彦：《日中战争史》，第 15—16 页。何应钦的看法可参见李云汉编：《抗战前华北政局史料》，第 443 页。

169. Eastman, *Abortive Revolution*, pp. 78—79.

第七章

1. 丰台事件给宋哲元的军队进入河北提供了借口。见徐淑希：《日本增兵华北问题》，第 30—31 页。

2. 松本重治:《上海时代ジセーナリストの回想》第 2 卷,第 85—86 页;《中华民国重要史料初编——对日抗战时期》绪编(一),第 698—699 页。

3. *Trans-Pacific*, August 15, 1935, p. 9; 李云汉:《宋哲元与七七抗战》,第 96 页; Shimada Toshihiko, "Designs on North China, 1933—1937," *China Quagmire*, pp. 122—124。殷汝耕和陶曾是夏季选出的非武装区维和部队的两名军事指挥官。陶曾经控制着滦州地区,殷控制着北平—密云地区。日本人逐渐支持殷,他有一个日籍妻子,能说流利的日语,并在 7 月把陶逼走。因此,日本当局怀疑滦州枪击事件有可能是陶企图报复。尽管有这些怀疑,但经仔细审问,显然问不出证据;8 月 17 日,陶被释放。除了刘被暗杀,各有一名日本和中国军官受伤。

4. 李云汉:《抗战前华北政局史料》,第 504—505 页。

5. 沈云龙:《黄膺白先生年谱长编》第 2 卷,第 885 页。

6. 李云汉:《抗战前华北政局史料》,第 331—332 页。

7. *Trans-Pacific*, August 22, 1935, pp. 11—12; September 12, 1935, p. 9.

8. 沈云龙:《黄膺白先生年谱长编》第 2 卷,第 894—895 页。黄郛也被任命为内务部长。由于健康恶化,他从未赴任,并于 1935 年 9 月 10 日辞职。

9. 转引自 *Trans-Pacific*, October 10, 1935, p. 7.

10. Donald G. Gillin, *Warlord: Yen His-shan in Shansi Province, 1911—1949*, pp. 216—218; 李云汉:《宋哲元与七七抗战》,第 95—97 页;沈云龙:《黄膺白先生年谱长编》第 2 卷,第 901—902 页;Winston B. Kahn, "Doihara Kenji and the North China Autonomy Movement, 1935—1936," in Alvin D. Coox and Hilary Conroy, eds., *China and Japan*, p. 186; *Trans-Pacific*, November 14, 1935, p. 12。

11. 秦郁彦:《日中战争史》,第 56—57 页;Winston B. Kahn, "Doihara Kenji and the North China Autonomy Movement, 1935—1936," in Alvin D. Coox and Hilary Conroy, eds., *China and Japan*, pp. 184—185。尽管多田和土肥原贤二均赞成自治方案,但这两人无法很好地合作。土肥原是关东军的一名军官;而从多田的角度来看,他的活动侵犯了天津司令部的权限。

12.《中华民国重要史料初编——对日抗战时期》第六编(二),第 15—17、24—28 页。

13. Shimada Toshihiko, "Designs on North China, 1933—1937," *China Quagmire*, p. 144;《时事月报》第 13 卷第 5 期(1935 年 11 月),第 177 页;《一周间国内外大事述要》,《国闻周报》第 12 卷第 41 期(1935 年 10 月 21 日),第 2 页。

14. *China Weekly Review*, October 12, 1935, pp. 190, 200; October 19, 1935, p. 230; November 30, 1935, pp. 441—442; *Trans-Pacific*, October 17, 1935, p. 10.

15. 沈云龙:《黄膺白先生年谱长编》第 2 卷,第 902—904 页。

16. 同上，第 904—905 页；李云汉：《宋哲元与七七抗战》，第 99 页；李云汉：《抗战前华北政局史料》，第 563—575 页；《卢沟桥事变前后的中日外交关系》，第 144 页。

17. 李云汉：《抗战前华北政局史料》，第 575—576 页；*Trans-Pacific*，October 31，1935，p. 9。

18. 全部引自 *Trans-Pacific*，November 7，1935，p. 12；October 31，1935，p. 7.

19. *Trans-Pacific*，November 7，1935，p. 12；November 14，1935，pp. 8，10.

20. Shimada Toshihiko，“Designs on North China，1933—1937，” *China Quagmire*，pp. 126—127；李云汉：《中国现代史论和史料》第 2 卷，第 467—468 页；《中华民国重要史料初编——对日抗战时期》第六编（二），第 114—116 页；T. A. Bisson，*Japan in China*，pp. 75—76。后并入非武装区中的县是香河、昌平、宝坻和宁乐〔应为宁河——译者注〕。这些县的某些部分早就在非武装区中了。

21. 尽管如此，许多日本史学家认为广田始终想要采取一条更加强硬的对华路线，并被南京政府在与日本军方打交道过程中的轻易屈服壮大了胆子。如臼井胜美指出，广田拒绝了对 1935 年 6 月的冀察危机或 1935 年底的自治危机进行干预。另外，臼井胜美指责广田利用了军方吓唬南京的咄咄逼人的姿态。他谴责说：“广田的方法是军事和外交的联合，并且，很难看出两者之间的任何真正的区别。”见 Usui Katsumi，“The Role of the Foreign Ministry，” in Dorothy Borg and Shumpei Okamoto，eds.，*Pearl Harbor as History*，p. 135。

22. 引自 Tokyo Information Bureau，*Cotemporary Opinions on Current Topics*，no. 101（November 7，1935），p. 4。

23. James B. Crowley，*Japan's Quest for Autonomy：National Security and Foreign Policy，1930—1938*，pp. 217—218，226—227.

24. 这里对“广田三原则”的叙述是基于蒋作宾向南京的报告，引自 *Chiang Kai-shek：His Life and Times*，p. 473（中文原文见《中华民国重要史料初编——对日抗战时期》绪编（三），第 641—642 页）。10 月 4 日对三原则的表述略有不同。第一个原则也强调终止在中国的抗日活动的必要性，并且，第三个原则特别指出来自蒙古国的威胁。见 Shimada Toshihiko，“Designs on North China，1933—1937，” *China Quagmire*，pp. 131—132；James B. Crowley，*Japan's Quest for Autonomy：National Security and Foreign Policy，1930—1938*，p. 230。

25. 蒋介石给汪精卫的电报。原文见《中华民国重要史料初编——对日抗战时期》绪编（三），第 642—643 页；部分译文见 *Chiang Kai-shek：His Life and Times*，pp. 474—475。

26. 《中华民国重要史料初编——对日抗战时期》绪编（三），第 643—645 页；*Chiang Kai-shek：His Life and Times*，pp. 474—475。

27. John P. Fox, "Germany and the Far Eastern Crisis, 1931—1938," *A Study in Diplomacy and Ideology*, pp. 183—185. 对南京与德国关系的论述,见 Kirby, *Germany and Republican China*。也见王益:《一九三五年德国对"调解"中日关系的态度》,《近代史研究》1984 年第 5 期,第 180—187 页。

28. 《一周简评》,《国闻周报》第 12 卷第 43 期(1935 年 11 月 4 日),第 1 页;*China Weekly Review*, November 2, 1935, p. 292。

29. 《三民主义月刊》第 6 卷第 5 期(1935 年 11 月 15 日),第 12—20 页。

30. 《一周简评》,《国闻周报》第 12 卷第 43 期(1935 年 11 月 4 日),第 1 页。第五次党代会由于宁粤分裂而被长时间地延期。

31. 松本重治:《上海时代ジセーナリストの回想》第 2 卷,第 64—66 页。

32. 平凡:《中央党部刺汪案内情补述》,《春秋》(香港)第 120 期(1962 年 7 月 1 日),第 17 页。作者称在孙被捕后曾与他谈过话。对刺杀的其他叙述,见周佛海:《往矣集》,第 71—72 页;陈公博:《苦笑录——陈公博回忆录(1925—1936)》,第 320—332 页。

33. 局外人:《中央党部刺汪案的来踪去迹》,《春秋》(香港)第 118 期(1962 年 6 月 1 日),第 4 页。显然,一份绝密的指定仅供内部使用的蓝衣社议事录曾讨论刺杀汪精卫的计划。邓元忠说,据说有人把它拿给汪看过,汪极为气愤。见邓元忠:《三民主义力行社史》,第 512—513 页。

34. 陈公博:《苦笑录——陈公博回忆录(1925—1936)》,第 324—330 页。

35. *China Weekly Review*, November 9, 1935, p. 346.

36. 《藍衣社の北支に於ける最進の動向》,第 78 页;波多野乾一:《中国国民党通史》,第 463 页;*Trans-Pacific*, November 21, 1935, p. 10。

37. 平凡:《中央党部刺汪案内情补述》,《春秋》(香港)第 120 期(1962 年 7 月 1 日),第 17 页。也见陈公博《苦笑录——陈公博回忆录(1925—1936)》中编者的话。

38. 陈公博:《苦笑录——陈公博回忆录(1925—1936)》,第 315 页。

39. 局外人:《中央党部刺汪案的来踪去迹》,《春秋》(香港)第 118 期(1962 年 6 月 1 日),第 5 页。

40. 《三民主义月刊》第 6 卷第 5 期(1935 年 11 月 15 日),第 2 页。

41. 《国民党五全大会志》,《国闻周报》第 12 卷第 45 期(1935 年 11 月 18 日)。

42. James E. Sheridan, *Chinese Warlord: The Career of Feng Yü-hsiang*, pp. 274—276;冯玉祥:《煎饼:抗日与军食》,第 1—5 页;*Trans-Pacific*, May 14, 1936, p. 7。

43. *Trans-Pacific*, November 21, 1935, pp. 8—9;《一周间国内外大事述要》,《国闻周报》第 12 卷第 45 期(1935 年 11 月 18 日),第 1—2 页。1936 年春,三名广东人因道奇(音译)路谋杀案受到审判,并被判有罪。

44.《中华民国重要史料初编——对日抗战时期》绪编(三)，第 647—656 页。

45. 蒋讲话的全文到处可以看到。见《革命文献》第 72 辑，第 162—165 页；或《蒋“总统”言论汇编》第 12 卷，第 272—275 页。此处由作者翻译。正式的英文翻译当时到处都有；见 *China Weekly Review*, November 30, 1935, p. 460。

46. Donald S. Sutton, "German Advice and Residual Warlordism in the Nanking Decade: Influences on Nationalist Military Training and Strategy," *China Quarterly*, no. 91 (September 1982), p. 400.

47. 皮名举（笔名）：《对东京事变的感想》，《独立评论》第 192 号(1936 年 3 月 15 日)，第 14 页。

48.《支那》第 26 卷第 11 期(1935 年 11 月)，第 127—133 页；小岛昌太郎：《支那最近大事年表》，第 654—655 页；《申报年鉴》，1936 年，第 A-9 页；周开庆：《抗战以前之中日关系》，第 170 页；*Far Eastern Survey*, vol. 4, no. 25 (December 18, 1935), pp. 198—205。上海和东京分部于 1936 年 1 月 27 日成立。中国分公司由周作民和徐新六领导。

49. 引自 *Trans-Pacific*, September 5, 1935, p. 10。

50. *Trans-Pacific*, October 10, 1935, p. 11.

51. 蓝天照：《华北五省的经济地位及日本的企图》，《外交评论》第 6 卷第 2 期(1936 年 3 月)，第 74—76 页；《华北事变资料选编》，第 516—517 页；Chang Kia-ngau, *China's Struggle for Railway Development*, p. 10。

52. 关于白银价格对中国经济影响的论述，见 Parks M. Coble, Jr., *The Shanghai Capitalists and the Nationalist Government, 1927—1937*, pp. 140—160；对法币改革的论述，见第 192—197 页；也见石島紀之：《中国の對外关関係と経済建設》，载野沢豊編：《中国の幣制改革と國際関係》，第 44—49 页。

53. 李滋-罗斯公开指出华北“群众”自治运动是虚构的，也触怒了关东军当局。他称他在华北并未见过任何支持这场运动的中国人。李滋-罗斯的评论让英国外交部感到不安，它希望避免与东京的任何冲突。伦敦拒绝了中国关于支持在华北抗日的试探性建议。见 Ann Trotter, *Britain and East Asia, 1933—1937*, pp. 164—165。

54. 这些声明收录在《华北事变资料选编》，第 304—311 页。也见小林英夫：《幣制改革をめぐる日本と中国》，载野沢豊編：《中国の幣制改革と國際関係》，第 250—254 页；中国第二历史档案馆编：《日本对国民党政府法币政策的态度》，《历史档案》1982 年第 2 期，第 74—75 页。

55. *Trans-Pacific*, November 14, 1935, p. 6.

56. Winston B. Kahn, "Doihara Kenji and the North China Autonomy Movement, 1935—1936," in Alvin D. Coox and Hilary Conroy, eds., *China and Japan*, pp. 187—188；李云汉：《宋哲元与七七抗战》，第 102 页；中国第二历史档案馆编：《日本对国民党

政府法币政策的态度》,《历史档案》1982 年第 2 期,第 74—79 页。

57. Kita Seiichi, "Autonomy is the only Means of Bolstering Up North China," in Tokyo Information Bureau, *Cotemporary Opinions on Current Topics*, no. 105 (December 5, 1935), pp. 1—2.

58.《上海党声》第 1 卷第 50 期(1936 年 1 月 18 日),第 982 页。

59. 李云汉:《宋哲元与七七抗战》,第 103 页;《现代史资料》第 8 卷,第 130 页;宋的电文也可在《华北事变资料选编》第 312—313 页见到。

60. Shimada Toshihiko, "Designs on North China, 1933—1937," *China Quagmire*, pp. 144—149; 李云汉:《抗战前华北政局史料》,第 612—614 页;李云汉:《中国现代史论和史料》第 2 卷,第 468—469 页;Winston B. Kahn, "Doihara Kenji and the North China Autonomy Movement, 1935—1936," in Alvin D. Coox and Hilary Conroy, eds., *China and Japan*, pp. 187—189; Alvin D. Coox, *Nomonhan: Japan Against Russia, 1939*, vol. 1, pp. 68—69; 李云汉:《宋哲元与七七抗战》,第 103 页。关东军司令南次郎将军在 11 月 15 日电告东京,解释了军方的计划。他抨击南京的法币改革,他称这将摧毁华北的经济并导致英国控制中国,还会挫败日本的计划。南次向东京提出,需要更大的力量来促使华北军事领导人与日本合作。关东军司令部在 11 月 16 日的电报中称,蒋介石可能企图把山东从韩复榘手中夺走,并迫使日本进行军事干预。它要求伪满洲国的海军司令部派遣军舰到天津、塘沽和山海关。这些行动让东京的军事领导人警觉,他们尚未就华北问题准备开战。他们特地指示有吉,在 11 月 20 日两人会面时,警告蒋介石,不要就此问题使用武力。作为这些行动的结果,军事司令部发去了文中引用的电报。

61. *Trans-Pacific*, November 28, 1935, p. 7.

62.《中华民国重要史料初编——对日抗战时期》绪编(一),第 711—715 页。

63. 刘健群:《银河忆往》,第 97 页;Lincoln Li, *The Japanese Army in North China, 1937—1941: Problems of Political and Economic Control*, p. 33; 徐铸成:《李思浩生前谈从政始末》,《上海文史资料选辑》第 2 辑(1978 年),第 179—180 页;李云汉:《宋哲元与七七抗战》,第 104—105 页;张樾亭:《七七事变前后我在宋哲元部的经历和见闻》,《文史资料选辑》第 54 辑,第 74—75 页。

64.《中华民国重要史料初编——对日抗战时期》第六编(二),第 111—112 页。T. A. Bisson, *Japan in China*, pp. 87—89. 那些被拘押者的名单,见李云汉:《宋哲元与七七抗战》,第 101—102 页。

65. *Trans-Pacific*, November 21, 1935, p. 10.

66. 王芸生、曹谷冰:《1926 至 1949 年的旧大公报》(一),《上海文史资料选辑》第 26 辑,第 266 页;*China Weekly Review*, December 14, 1935, pp. 38—39。

67. James B. Crowley，*Japan's Quest for Autonomy*：*National Security and Foreign Policy*，*1930—1938*，p. 234.

68.《中华民国重要史料初编——对日抗战时期》第六编（二），第 82—83 页；Shimada Toshihiko，"Designs on North China，1933—1937，" *China Quagmire*，pp. 149—150;《华北事变资料选编》,第 319—325 页。

69. James T. C. Liu，pp. 157—158. 蒋介石决定让广田弘毅了解他对华北的立场，于是派遣王正亭作为他的特使去东京。

70.《中华民国重要史料初编——对日抗战时期》绪编(一),第 719—721 页。

71.《中华民国重要史料初编——对日抗战时期》第六编(二),第 183—186 页;T. A. Bisson，*Japan in China*，pp. 96—97;《冀东防共自治政府成立周年纪念专刊》,各页；Winston B. Kahn，"Doihara Kenji and the North China Autonomy Movement，1935—1936，" in Alvin D. Coox and Hilary Conroy，eds.，*China and Japan*，p. 192；李云汉：《抗战前华北政局史料》,第 585—588 页;《华北事变资料选编》,第 334—343 页。

72. Hallett Abend，*My Life in China*，*1926—1941*，p. 206；Hallett Abend，*Reconquest*：*Its Results and Responsibilities*，pp. 187—188；李云汉:《宋哲元与七七抗战》,第 106—107、585—588 页;《华北事变资料选编》,第 334—335 页。

73. Winston B. Kahn，"Doihara Kenji and the North China Autonomy Movement，1935—1936，" in Alvin D. Coox and Hilary Conroy，eds.，*China and Japan*，p. 193；李云汉:《宋哲元与七七抗战》,第 107 页。从技术角度而言,11 月 26 日的任命标志着军事委员会北平分会的撤销。尽管何应钦已离开华北数周,但他仍保留该机构的委员长头衔。尽管这样做迎合了日本人早在秋季就已提出的要求,但土肥原对何以任何身份北返都极为不满。

74.《一周简评》,《国闻周报》第 12 卷第 48 期(1935 年 12 月 9 日),第 1 页;N. Wing Mah and C. F. Chang，*Sino-Japanese Relations since the Tangku Truce*，*May 31*，*1933*：*A Brief Historical Survey*，p. 17；T. A. Bisson，*Japan in China*，p. 101；李云汉:《宋哲元与七七抗战》,第 108 页;《华北事变资料选编》,第 378—380 页。

75.《中华民国重要史料初编——对日抗战时期》绪编(一),第 724—729 页;亦见第六编(二),第 90 页。

76. James B. Crowley，*Japan's Quest for Autonomy*：*National Security and Foreign Policy*，*1930—1938*，pp. 233—235.

77. Winston B. Kahn，"Doihara Kenji and the North China Autonomy Movement，1935—1936，" in Alvin D. Coox and Hilary Conroy，eds.，*China and Japan*，pp. 194—196；Li Yun-han，"The Origins of the War：Background to the Lukouchiao Incident，July 7，1977，" in Paul K. T. Sih，ed.，*Nationalist China During the Sino-Japanese*

War, pp. 9—10;李云汉:《宋哲元与七七抗战》,第118—122页;《一周述要》,《国闻周报》第12卷第49期(1935年12月16日),第1页。该委员会于12月18日成立。其成员包括宋哲元、万福麟、王揖唐、刘哲、李廷玉、贾德耀、胡毓坤、高凌霨、王克敏、萧振瀛、秦德纯、张自忠、程克、门致中、周作民、石敬亭和冷家骥。这个机构中,宋、秦、张、萧、石和门属二十九军系统,万、刘、胡和程是前东北军人物,王揖唐、王克敏和焦〔应为"贾",即贾德耀——译者注〕属前段祺瑞的派系;高一直与直系有关;周作民是银行家,而李和冷是当地知名人士。见李云汉:《宋哲元与七七抗战》,第122—125页。〔另外,该机构中还包括北平大学校长徐诵明。——译者注〕

78. 《中华民国重要史料初编——对日抗战时期》绪编(一),第739—742页。

79. 张忠绂:《秘密外交与公开外交》,《独立评论》第185号(1936年1月12日),第2页。

80. 张奚若:《国事不容再马虎下去了》,《独立评论》第186号(1936年1月19日),第4页。

81. 《三民主义月刊》第7卷第1期(1936年1月15日),第18页。

82. *China Weekly Review*, January 11, 1936, p. 195.

83. Chang Kia-ngau, *China's Struggle for Railway Development*, pp. 9—10.

84. James B. Crowley, *Japan's Quest for Autonomy: National Security and Foreign Policy*, 1930—1938, p. 236.

85. 《华北事变资料选编》,第351—357页;*Trans-Pacific*, January 9, 1936, p. 10。

86. Winston B. Kahn, "Doihara Kenji and the North China Autonomy Movement, 1935—1936," in Alvin D. Coox and Hilary Conroy, eds., *China and Japan*, pp. 196—198.

87. 张群:《我与日本七十年》,第47—48页。张坚持认为妥协仅是暂时的,直到中国强大得足以攘外。也见郭廷以:《近代中国史纲》,第658页;《大事述要》,《国闻周报》第12卷第50期(1935年12月23日),第2—4页;松本重治:《上海时代ジセーナリストの回想》第2卷,第114—116页。

88. 松本重治:《上海时代ジセーナリストの回想》第1卷,第266—267页;秋柳:《唐夫人拒受汪精卫赠金记》,《春秋》(香港)第89期(1961年3月16日),第5—6页;外務省情報部編:《支那抗日陣營に於ける反共勢力》,第109—111页。

89. 《大事述要》,《国闻周报》第12卷第50期(1935年12月23日),第2—4页;《支那》第27卷第1期(1936年1月),第153—155页;张群:《我与日本七十年》,第49页。

90. James B. Crowley, *Japan's Quest for Autonomy: National Security and Foreign Policy, 1930—1938*, pp. 238—241.

91. Alfred T. Lu, *Hirota's Three Principles vis-à-vis China*, pp. 8—10;《日本帝

国主义对外侵略史料选编 1931—1945》，第 196—199 页；《申报年鉴》，1936 年，第 F-6—7 页。

92. 《中华民国重要史料初编——对日抗战时期》绪编（三），第 646 页；周开庆：《抗战以前之中日关系》，第 25、34—35 页；Upshur, p. 126。

93. 《独立评论》第 187 号（1936 年 2 月 9 日），第 3 页。

94. 见 *Trans-Pacific*, January 30, 1936, p. 10，其中引用了 Asahi 和《日日》的报道。也见松本重治：《上海时代ジセーナリストの回想》第 2 卷，第 141 页。

95. *Trans-Pacific*, February 13, 1936, p. 8.

第八章

1. 中国学者经常采取这种方法，把国共关系作为他们研究亲抵抗运动的核心。如中国出版的对“一二·九运动”的叙述，几乎从来都是盛赞学生示威者们，并强调共产党的领导对运动胜利的重要意义。一部标准著作写道：“一二九运动是抗战前夜大规模救国运动的开始……一二九运动是一场在中国共产党领导下的爱国运动。”（《一二九运动资料》，第 2 版，第 ii 页）。最近的另一项研究把“九一八事变”后的学生运动与“一二·九运动”做了比较，认为由于在共产党领导下形成的英明的领导策略，后者在发展一场新的革命高潮中取得了极大的成功（见孙思白：《“九一八”与“一二九”学生运动比较研究》，《历史研究》1985 年第 6 期，第 119—123 页）。通过比较，台湾背景的学者把共产党对学生运动的渗透视为“一二·九运动”最重要的方面。例如，梁敬錞驳斥了易社强和其他关于学生阻止了日本自治活动的论点，断言他们在时机不成熟时引发冲突，缩短了南京政府准备对日战争的时间（见梁敬錞：《日本侵略华北史述》，第 127 页）。

2. John Israel, *The Chinese Student Movement, 1927—1937: A Bibliographical Essay Based on the Resources of the Hoover Institution*, p. 99. 据易社强统计，1934 年 11 月至 1935 年 3 月之间的反共“白色恐怖”期间，北平和天津有 230 名知识分子被国民党机构拘禁。

3. 蒋和河北各种教育领袖们于 11 月 12 日和 24 日公开地谴责了自治行动，并在 12 月 2 日和 5 日向南京和何应钦发出了呼吁（见《华北事变资料选编》，第 381—385 页）。

4. 《华北事变资料选编》，第 386、420—423 页。

5. 同上，第 424、428 页。

6. John Israel, *The Chinese Student Movement, 1927—1937: A Bibliographical Essay Based on the Resources of the Hoover Institution*, p. 128. 易社强对“一二·九运动”的叙述最为完整（见该书第 119—125 页）。也见海伦·福斯特·斯诺（尼姆·威尔士）在 1935 年 12 月 28 日《中国每周评论》第 127—133 页对示威所做的第一手报道。

7. 据《国闻周报》报道，在12月16日的示威中，14名学生被逮捕，更多的学生受了伤。学生组织估计有50人受了重伤，200人受了轻伤。见《大事述要》，《国闻周报》第12卷第50期(1935年12月23日)，第4—6页。John Israel，*The Chinese Student Movement，1927—1937：A Bibliographical Essay Based on the Resources of the Hoover Institution* 一书第127页统计有85名学生受了重伤。

8. 秦德纯：《秦德纯回忆录》，第41—46页。其时，在南京的日本总领事须磨弥吉郎就示威事件于12月10日和12日向唐有壬发出了强烈抗议。《中华民国重要史料初编——对日抗战时期》第六编(二)，第94—95页。

9. 《一二九运动资料》，第2版，第84、87页。

10. 秦德纯：《秦德纯回忆录》，第46页。孙敦伦〔桓〕在他关于"一二·九"在清华的回忆录中，称最初"打倒宋哲元"的口号被学生普遍使用。后来，特别是刘少奇来了一次清华后(当然是秘密的)，他们打出的口号是"支持二十九军抗日"。见孙敦恒：《一二九运动在清华》，《文史资料选辑》第8辑，第28—30页。

11. John Israel，*The Chinese Student Movement，1927—1937：A Bibliographical Essay Based on the Resources of the Hoover Institution*，p. 129. 学生行动的详细名单，见《一二九运动资料》，第80—90页。

12. 《一二九运动资料》，第84—87页。

13. Lee-hsia Hsu Ting，*Government Control of the Press in Modern China，1900—1949*，pp. 108—109.

14. 引自 Huber Freyn，*Prelude to War：The Chinese Student Rebellion of 1935—1936*，p. 54。也见梁敬錞：《日本侵略华北史述》，第126—127页。

15. 《中华民国重要史料初编——对日抗战时期》绪编(一)，第743—744页〔应为第744—745页。——译者注〕。

16. 同上，第744—747页。

17. 宋庆龄在1933年春《塘沽协定》签订时呼吁抵抗，并于1934年5月再次呼吁抵抗。以前与民权保障同盟和中国职业教育社有联系的知识分子加入了这次行动。见松本重治：《上海时代ジセーナリストの回想》第2卷，第313—315页。

18. 在邹到达上海时，他可以见到杜重远，杜已被暂时从监狱转移到了医院。见邹韬奋：《患难余生记》，第8页；穆欣编著：《邹韬奋》，第133页。

19. 穆欣编著：《邹韬奋》，第133、144页；章乃器：《章乃器论文选》，各页；章乃器：《激流集》，各页；毕云程：《韬奋和生活书店》，《文史资料选辑》第23辑(1979年)，第29—31页。这家书店建于1933年7月。除了出版书籍外，它还出版了像《世界知识》这样的许多小型左翼期刊。

20. 黄逸之：《邹韬奋》，第33—34页；毕云程：《韬奋和生活书店》，《文史资料选辑》

第 23 辑(1979 年),第 21—34 页。

21.《大众生活》第 1 卷第 4 期(1935 年 12 月 7 日),第 89—90 页;也见第 1 卷第 3 期(1935 年 11 月 30 日),第 65—66 页;第 1 卷第 5 期(1935 年 12 月 14 日),第 119 页。

22. 杜重远在《大众生活》中的栏目,与邹韬奋的介绍、杜以前所写的文章及邹在国外期间杜与邹的各种信件放在一起,可以在杜重远的《狱中杂感》中见到。

23.《大众生活》第 1 卷第 6 期(1935 年 12 月 21 日),第 137 页;平野正:《中国革命の知識人》,第 47—48 页;也见《大众生活》1935 年 12 月至 1936 年 1 月各期。

24. 陈翰伯:《巨浪,巨浪,不断地增长! ——燕京大学“一二・九运动”回忆片断》,《文史资料选辑》第 8 辑(1980 年),第 35—71 页。

25. 松本重治:《上海时代ジセーナリストの回想》第 2 卷,第 316—317 页。

26.《大众生活》第 1 卷第 6 期(1935 年 12 月 21 日),第 158 页。

27. 波多野乾一:《現代支那の政治と人物》,第 388—389 页;李晋:《从所谓“七君子”谈到救国会》,《春秋》(香港)第 144 期(1963 年 7 月 1 日),第 5—6 页。

28. 松本重治:《上海时代ジセーナリストの回想》第 2 卷,第 316 页;史良:《我的生活道路》(上),《人物》1983 年第 5 期,第 25—26 页。

29. 周天度编:《救国会》,第 4—6 页;《大众生活》第 1 卷第 9 期(1936 年 1 月 11 日),第 232 页;《上海救国会大事记(1935 年 12 月—1937 年 7 月)》,《社会科学》1983 年第 4 期,第 88 页。

30.《上海救国会大事记(1935 年 12 月—1937 年 7 月)》,《社会科学》1983 年第 4 期,第 88 页;周天度编:《救国会》,第 5—6 页。

31. 周天度编:《救国会》,第 196—198 页;

32. 邹韬奋:《患难余生记》,第 10—14、21 页;毕云程:《韬奋和生活书店》,《文史资料选辑》第 23 辑(1979 年),第 32 页。

33.《大众生活》第 1 卷第 16 期(1936 年 2 月 29 日),第 388、390 页。该刊使用“抗X”而不是用“抗日”一词,以遵守政府的《敦睦邦交令》。但邹使用“X”这种方法,实际上嘲讽了政府的规定。许多刊物甚至更加小心。中国最有声望的刊物之一《东方杂志》实际上不登载关于华北局势的讨论。但在 1936 年春,该刊连续登载了关于北宋外交政策的一系列文章,包括它的绥靖政策、学生示威及伪组织,所有这些为讨论日本问题提供了巧妙的幌子。见《东方杂志》第 33 卷,1936 年 1—6 月各期。

34.《永生》第 1 卷第 2 期(1936 年 3 月 14 日),第 36 页。

35. 邹韬奋:《患难余生记》,第 14 页;毕云程:《韬奋和生活书店》,《文史资料选辑》第 23 辑(1979 年),第 32 页。

36. 章乃器:《激流集》,第 234 页;《世界知识》第 4 卷第 1 期(1936 年 3 月 16 日),第 27 页;《传记文学》第 39 卷第 3 期(1981 年 9 月),第 39 页。

37.《上海救国会大事记(1935 年 12 月—1937 年 7 月)》,《社会科学》1983 年第 4 期,第 88—89 页；John Israel and Donald Klein, *Rebels and Bureaucrats: China's December 9ers*, p. 110。

38. 宣言的译文见 Lawrence Rosinger, *China's War-time Politics, 1939—1944*, pp. 86—93。也见史良:《我的生活道路》(上),《人物》1983 年第 5 期,第 26—27 页;周天度编:《救国会》,第 83—96 页。

39. Paul M. A. Linebarger, *The China of Chiang Kai-shek: A Political Study*, pp. 175—176.

40. 胡适在《独立评论》第 178 期(1935 年 11 月 24 日)第 11—12 页中的文章; Jerome B. Grieder, *Hu Shih and the Chinese Renaissance: Liberalism in the Chinese Revolution, 1917—1937*, p. 254。

41. Hu Shih, "If We Are Forced to War," *Asia*, vol. 36, no. 6 (June 1936), p. 379.

42. 胡适:《调整中日关系的先决条件》,《独立评论》第 197 号(1936 年 4 月 19 日),第 3—5 页。这七点包括放弃塘沽与《何梅协定》,撤出察哈尔,从华北撤出《辛丑条约》的军队,在华北和福建制止独立运动,废除治外法权,以及本着国与国之间外交关系的信任原则。也见 *Trans-Pacific*, April 16, 1936, p. 11。

43. 胡适:《独立评论》第 200 期(1936 年 5 月 10 日),第 2—5 页。

44. James T. C. Liu, p. 169;James B. Crowley, pp. 273, 276, 293.

45. 张群:《我与日本七十年》,第 50—54 页;《申报年鉴》,1936 年,第 24 页;周开庆:《抗战以前之中日关系》,第 25 页。有田在 2 月 26 日到达中国,在回日本之前,与张群举行了几次没有结果的会谈。

46. James T. C. Liu, pp. 167—168; *China Weekly Review*, May 2, 1936, pp. 289—291.

47. 李云汉:《宋哲元与七七抗战》,第 132—135 页;廖铁军:《〈塘沽协定〉后(1933—1936)的华北局势》,第 82—84 页。从 1 月 14 日至 2 月 7 日及 3 月 29 日至 4 月 15 日,宋哲元离开北平到天津,与华北方面军首领进行两次时间较长的谈判。

48. 引自 *Trans-Pacific*, May 21, 1936, p. 7。

49. *Trans-Pacific*, June 25, 1936, p. 5.

50. 李云汉:《宋哲元与七七抗战》,第 138—144 页;*Trans-Pacific*, April 9, 1936, p. 9; 廖铁军:《〈塘沽协定〉后(1933—1936)的华北局势》,第 84—86 页。

51. 徐淑希:《日本增兵华北问题》,《外交评论》第 6 卷第 4 期(1936 年 5 月),第 10 页;李云汉:《宋哲元与七七抗战》,第 145—146 页;张群:《我与日本七十年》,第 56 页。

52. *Trans-Pacific*, May 21, 1936, p. 7.

53. *Trans-Pacific*, April 23, 1936, p. 9.

54. 陈翰伯:《巨浪,巨浪,不断地增长! ——燕京大学“一二·九运动”回忆片断》,《文史资料选辑》第8辑(1980年),第68—70页;李启华:《一九三五年至抗战爆发前后党领导下的天津学生救国运动》,《天津文史资料选辑》第12辑(1980年),第30—31页;廖永武:《一二九运动在天津》,《天津文史资料选辑》第12辑(1980年),第14—19页;Tetsuya Kataoka, *Resistance and Revolution in China: The Communists and the Second United Front*, p. 34。

55. 邹韬奋:《坦白集》,第73—74页。

56. 胡适在《独立评论》第204期(1936年6月7日)第2—3页上的文章;《胡适来往书信选》第2卷,第320—321页。

57. 齐协民:《宋哲元与冀察政权》,《天津文史资料选辑》第2辑(1979年),第56—57页;李云汉:《中国现代史论与史料》第2卷,第504页;李云汉:《宋哲元与七七抗战》,第147—148页;张樾亭:《七七事变前后我在宋哲元部的经历和见闻》,《文史资料选辑》第54辑,第74页。

58. 引自 *Trans-Pacific*, May 28, 1936, p. 4。

59. *Trans-Pacific*, May 28, 1936, p. 4.

60. 李云汉:《宋哲元与七七抗战》,第150页;刘景岳:《为国捐躯的张自忠将军》,《天津文史资料选辑》第21辑(1982年),第62页。

61. 李云汉:《宋哲元与七七抗战》,第149—150页;Hsu Shu-hsi, *How the Far Eastern War Began*, p. 4。宋在8月他的军队杀死一名进入中国军营的日本公民的丰台事件中,也保持了坚定的立场。

62. 李云汉:《宋哲元与七七抗战》,第150—152页;Hsu Shu-hsi, *How the Far Eastern War Began*, p. 5。

63. Shimada Toshihiko, "Designs on North China, 1933—1937," *China Quagmire*, pp. 165—167.

64. Takafusa Nakamura, "Japan's Economic Thrust into North China, 1933—1938: Formation of the North China Development Corporation," in Akira Iriye, ed., *The Chinese and Japanese*, p, 225; T. A. Bisson, *Japan in China*, p. 52; Burke Inlow, "Japan's 'Special Trade' in North China, 1935—37," *Far Eastern Quarterly*, vol. 6, no. 2 (February 1947), p. 145.

65. James B. Crowley, *Japan's Quest for Autonomy: National Security and Foreign Policy, 1930—1938*, pp. 242—243; Shimada Toshihiko, "Designs on North China, 1933—1937," *China Quagmire*, p. 165. 日本内阁决策委员会1936年1月13日在一份折中的协议中,批准了走私规划,该协议禁止在华北直接使用军队。

66. Burke Inlow, "Japan's 'Special Trade' in North China, 1935—37," *Far Eastern Quarterly*, vol. 6, no. 2 (February 1947), p. 150.

67. Ibid.; Shih Chao-ying, "Smuggling in North China," *Information Bulletin*, vol. 1, no. 2 (May 21, 1936), p. 17;千家驹:《中国经济的挣扎》,《新中华》第 4 卷第 13 期(1936 年 7 月 10 日),第 111—112 页。

68. Burke Inlow, "Japan's 'Special Trade' in North China, 1935—37," *Far Eastern Quarterly*, vol. 6, no. 2 (February 1947), pp. 151—155;周开庆:《抗战以前之中日关系》,第 154—157 页。

69. Hsiao Liang-lin, *China's Trade Statistics, 1864—1949*, pp. 8, 15; Burke Inlow, "Japan's 'Special Trade' in North China, 1935—37," *Far Eastern Quarterly*, vol. 6, no. 2 (February 1947), pp. 155, 165;《上海党声》第 2 卷第 7 期(1936 年 5 月 5 日),第 140 页。

70. 张肖梅:《日本对沪投资》,第 6—7 页;*China Weekly Review*, July 26, 1936, p. 267; October 10, 1936, p. 204。

71. Abend, *My Life in China*, p. 210;《前途》第 4 卷第 11 期(1936 年 11 月),第 55—56 页。

72. John Powell, *My Twenty-five Years in China*, pp. 284—287; *China Weekly Review*, February 8, 1936, pp. 328—329; Arnold C. Brackman, *The Other Nuremberg: The Untold Story of the Tokyo War Crimes Trials*, p. 58.

73. Arthur N. Young 文件,第 30 箱;Ann Trotter, *Britain and East Asia, 1933—1937*, pp. 163—164。

74.《永生》第 1 卷第 13 期(1936 年 5 月 30 日),第 300—301 页。

75. 转引自 Alfred T. Lu, *Hirota's Three Principles vis-à-vis China*, p. 31。

76.《上海党声》第 2 卷第 9 期(1936 年 6 月 5 日),第 179 页。

77. *Trans-Pacific*, May 28, 1936, p. 6;黄兆栋:《中国存亡问题》,第 117 页。

78. Burke Inlow, "Japan's 'Special Trade' in North China, 1935—37," *Far Eastern Quarterly*, vol. 6, no. 2 (February 1947), pp. 157—162. 除了南京和宋哲元更加强硬的决心,其他因素影响了走私的下降。"走私狂潮"在华北造成的货物泛滥,减少了需求。像三菱和三井这类合法的日本企业也向东京投诉它们的在华贸易被非法进口所抑制。

79. *Trans-Pacific*, July 23, 1936, p. 14.

80. Burke Inlow, "Japan's 'Special Trade' in North China, 1935—37," *Far Eastern Quarterly*, vol. 6, no. 2 (February 1947), pp. 163—164.

81. 引自 *Trans-Pacific*, June 4, 1936, p. 23。

82. *Trans-Pacific*, July 16, 1936, pp. 9—10;《支那》第 27 卷第 8 期(1936 年 8 月),第 127—128 页。

83. 引自 *Trans-Pacific*, July 4, 1936, p. 23。

84. 引自 *Trans-Pacific*, July 16, 1936, pp. 10—11。

85. 南京与东京之间的秘密渠道或私人线路甚至也开始停止往来。蒋介石于 1936 年 7 月派左舜生去东京。左是中国青年党的成员,与日本人具有长久的联系。他从日本回来后,确信战争是不可避免的了,并告诫蒋必须立即进行准备。也见 Tso Shun-sheng, "The Reminiscences of Tso Shun-sheng as told to Julie Lien-ying How," pp. 130—131。

86.《三民主义月刊》第 7 卷第 3 期(1936 年 3 月 15 日),第 12—13 页;*China Weekly Review*, February 29, 1936, p. 437; March 7, 1936, p. 15; 陈红民:《“九一八”事变后的胡汉民》,《历史研究》1986 年第 3 期,第 98 页。

87.《三民主义月刊》第 7 卷第 3 期(1936 年 3 月 15 日),第 12—13 页;*China Weekly Review*, February 29, 1936, p. 437; March 7, 1936, p. 15; 陈红民:《“九一八”事变后的胡汉民》,《历史研究》1986 年第 3 期,第 98 页。〔此注脚与前一注脚,在原著中序号均为注“87”,内容也完全相同,疑有误。——译者注〕

88. *China Weekly Review*, March 7, 1936, p. 28.

89. 東亜研究所:《支那近代百年表草稿》,第 376 页。

90. Eastman, *Abortive Revolution*, pp. 255—256.

91. Tong Te-kong and Li Tsung-jen, *The Memoirs of Li Tsung-jen*, p. 307; Eastman, *Abortive Revolution*, p. 258.

92. Tetsuya Kataoka, *Resistance and Revolution in China: The Communists and the Second United Front*, pp. 37—38. 片冈认为莫斯科和王明反对这次叛乱。

93. Wu Tien-wei, *The Sian Incident: A Pivotal Point in Modern Chinese History*, p. 15.

94. 周天度:《救国会》,第 108 页;《永生》第 1 卷第 16 期(1936 年 6 月 20 日),第 374 页。

95. 周天度:《救国会》,第 122—123 页;邹韬奋:《坦白集》,第 85—86 页。

96.《独立评论》第 206 期(1936 年 6 月 21 日),第 2 页。

97. 同上,第 7 页。

98. Eastman, *Abortive Revolution*, p. 258; Graham Hutchings, "A Province at War: Guangxi during the Sino-Japanese Conflict, 1937—1945," *China Quarterly*, no. 108 (December 1986), pp. 653—654.

99.《独立评论》第 207 期(1936 年 6 月 28 日),第 2—3 页。

100. Eastman, *Abortive Revolution*, p. 256；刘廷芳：《记两广六一事变未曾公开的一段内幕》，《传记文学》第 50 卷第 2 期（1987 年 2 月），第 24 页；唐德刚：《西安事变、六一事变五十周年》，《传记文学》第 50 卷第 2 期（1987 年 2 月），第 28 页。

101. 这里的论点基于 Eastman, *Abortive Revolution*, pp. 259—261。

102. Eastman, *Abortive Revolution*, pp. 259—261; Diana Lary, *Region and Nation: The Kwangsi Clique in Chinese Politics, 1925—1937*, p. 198; Graham Hutchings, "A Province at War: Guangxi during the Sino-Japanese Conflict, 1937—1945," *China Quarterly*, no. 108 (December 1986), pp. 655—656.

103. 周天度：《救国会》，第 137—139 页。最近李静之的研究着重强调了这场南方运动缺乏群众基础。李把压制爱国运动的陈与被描绘成具有真心实意爱国立场的白和李宗仁区分开来。李认为，尽管他们可能使用了一些日本的武器和顾问，但这并不影响他们的抗日立场。李静之：《"两广事变"的性质初谈》，《历史档案》1985 年第 2 期，第 117—125 页。

104. *Trans-Pacific*, July 30, 1936, p. 7.

105. 《独立评论》第 208 期（1936 年 7 月 5 日），第 2—5 页。

106. 全文见《革命文献》第 72 辑，第 165—168 页。蒋的演讲是对国民党第五届中央执行委员会第二次全体会议所做。

107. Eastman, *Abortive Revolution*, pp. 262—263.

108. 《独立评论》第 223 期（1936 年 10 月 18 日），第 2—3 页。

109. *Trans-Pacific*, July 23, 1936, pp. 6, 13.

110. Eastman, *Abortive Revolution*, p. 263.

111. Wu Hsiang-hsiang, "Total Strategy Used by China and Some Major Engagements of the Sino-Japanese War of 1937—1945," in Paul K. T. Sih, ed., *Nationalist China during the Sino-Japanese War*, p. 51.

112. Coble M. Parks, *The Shanghai Capitalists and the Nationalist Government, 1927—1937*, pp. 236—240.

113. Lincoln Li, *The Japanese Army in North China, 1937—1941: Problems of Political and Economic Control*, p. 31.

114. 1916—1931 年，日本显然在成都有一个领事代理。这样的机构属于重庆领事馆，且不是一个授权的领事。这个机构在 1932 年"九一八事变"后被关闭。见 *China Weekly Review*, September 5, 1936, p. 1。

115. 此处的叙述基于周开庆：《抗战以前之中日关系》，第 67—69 页；任觉五：《抗战前中日间成都事件的经过》，载沈觐鼎等编：《百年来中日关系论文集》，第 202 页；《上海党声》第 2 卷第 15 期（1936 年 9 月 5 日），第 318 页；《卢沟桥事变前后的中日外交关系》，第 144 页；*China Weekly Review*，September 5，1936，pp. 7—11；東亜研究所：《支那近代百年表草稿》，第 378 页；《现代史资料》第 8 卷，第 180—193 页。最完整的英文叙述见 Shimada Toshihiko，“Designs on North China，1933—1937，” *China Quagmire*，pp. 179—188。这一叙述对事件提供了强烈的亲日解释。

116. 任觉五：《抗战前中日间成都事件的经过》，载沈觐鼎等编：《百年来中日关系论文集》，第 202—203 页。

117. 引自 *Trans-Pacific*，September 12，1936，p. 45。

118. 東亜研究所：《支那近代百年表草稿》，第 378 页；《卢沟桥事变前后的中日外交关系》，第 144 页；周开庆：《抗战以前之中日关系》，第 70 页；张群：《我与日本七十年》，第 57—59 页；秦郁彦：《日中战争史》，第 97 页；《民国档案》第 2 期（1988 年），第 23—27 页。

119. James B. Crowley，*Japan's Quest for Autonomy：National Security and Foreign Policy，1930—1938*，pp. 298—299；《华北事变资料选编》，第 203—205 页。

120. 引自 *China Weekly Review*，September 12，1936，p. 45。

121. *China Weekly Review*，September 12，1936，p. 40.

122. 《上海党声》第 2 卷第 15 期（1936 年 9 月 5 日），第 319 页。

123. 《新认识》1936 年 9 月 5 日，第 10 页。

124. *China Weekly Review*，September 5，1936，p. 24.

125. 島田俊彦：《川越・張群會談の舞臺裏》（一），《アジア研究》第 10 卷第 1 期（1963 年 4 月），第 55—61 页；Shimada Toshihiko，“Designs on North China，1933—1937，” *China Quagmire*，pp. 190—192；《支那》第 27 卷第 10 期（1936 年 10 月），第 129—132 页；丘国珍：《十九路军兴亡史》，第 171—175 页。

126. *China Weekly Review*，September 26，1936，p. 128.

127. 《支那》第 27 卷第 11 期（1936 年 11 月），第 64 页。

128. Shimada Toshihiko，“Designs on North China，1933—1937，” *China Quagmire*，p. 192；*China Weekly Review*，October 3，1936，pp. 154—158；*Trans-Pacific*，October 8，1936，p. 5.

129. *Trans-Pacific*，October 1，1936，p. 18.

130. Ibid.，pp. 12，17，20—21. 也见《支那》第 27 卷第 11 期（1936 年 11 月），第 64 页。

131. 李剑波：《上海事变观察》，《上海党声》第 2 卷第 17 期（1936 年 10 月 20 日），第 358 页。

132. 张群：《我与日本七十年》，第 61—63 页；島田俊彦：《川越・張群會談の舞臺裏》（二），《アジア研究》第 10 卷第 3 期（1963 年 10 月），第 30—42 页。

133. 张群：《我与日本七十年》，第 65—67 页；《卢沟桥事变前后的中日外交关系》，第 75 页;周开庆:《抗战以前之中日关系》,第 26—27 页。

134. *Trans-Pacific*, October 8, 1936, p. 5.

135. Shimada Toshihiko, "Designs on North China, 1933—1937," *China Quagmire*, pp. 193—194.

136.《中华民国重要史料初编——对日抗战时期》绪编(三),第 673—675 页;秦孝仪编:《"总统"蒋公大事长编初稿》第 3 卷,第 331、351 页。

137.《中华民国重要史料初编——对日抗战时期》绪编(三),第 675—676 页。

138. 张群:《我与日本七十年》,第 75—76 页;周开庆:《抗战以前之中日关系》,第 85 页。

139. 两份报纸的内容均转引自 *Trans-Pacific*, October 29, 1936, pp. 8,10。

140. 转引自 *Trans-Pacific*, December 10, 1936, p. 10; December 17, 1936, p. 10。尽管张—川会谈失败了,但中国和日本在 1936 年 12 月底的确就成都和北海事件互换了照会。中国向成都的受害者赔偿了近 10 万元、向北海受害者赔了 3 万元。见《支那》第 28 卷第 2 期(1937 年 2 月),第 173—174 页;《民国档案》第 2 期(1988 年),第 40—47 页。

141. 转引自 *Trans-Pacific*, August 27, 1936, p. 8。

142. 转引自 *Trans-Pacific*, August 27, 1936, p. 10。

143. 李云汉:《宋哲元与七七抗战》,第 156—157 页;《中华民国重要史料初编——对日抗战时期》第六编(二),第 155 页。宋也设法拒绝了日本人提出的任命王克敏为河北经济发展规划领导人的建议。几位日本领导人希望利用王这位老直系官僚作为华北自治区的首领(他实际上在 1937 年担任了这个职务),他将进入这个机构。

144.《中华民国重要史料初编——对日抗战时期》第六编(二),第 164—165 页;*China Weekly Review*, October 24, 1936, p. 266。

145. 李云汉:《宋哲元与七七抗战》,第 154—159 页;T. A. Bisson, *Japan in China*, p. 188;《华北事变资料选编》,第 517—521 页。

146. T. A. Bisson, *Japan in China*, pp. 188—189; 李云汉:《宋哲元与七七抗战》,第 157—161 页;张樾亭:《七七事变前后我在宋哲元部的经历和见闻》,《文史资料选辑》第 54 辑,第 76—78 页。日军在华北经济计划的主要障碍不是中国人的反对,而是对日本资本的不关心。由于缺乏日本企业的资金和支持,实际上没有一个项目得以施行。日本人这个时期真正的经济收获并不太大。日本人接管了天津的电灯和电力公司及该地区最后一家中国运输公司,并有一家日本航空公司开始提供伪满洲国与华北之间的服务。

147. James T. C. Liu, p. 188.

148. 李云汉:《宋哲元与七七抗战》,第 154 页;廖永武:《一二九运动在天津》,《天津文史资料选辑》第 12 辑(1980 年),第 21 页。

149. 《独立评论》第229期(1936年11月29日),第2—4页。

150. 陶希圣:《潮流与点滴》,第136页;Lee-hsia Hsu Ting, *Government Control of the Press in Modern China, 1900—1949*, p. 89。

151. Hsu Shu-hsi, *The North China Problem*, pp. 51—57;《中华民国重要史料初编——对日抗战时期》第六编(二),第217—218页。

152. Alvin D. Coox, *Nomonhan: Japan Against Russia, 1939*, vol. 1, pp. 69—70; 德穆楚克栋鲁普:《抗战前我勾结日寇的罪恶活动》,《文史资料选辑》第63辑(1979年),第41—42页;Shimada Toshihiko, “Designs on North China, 1933—1937,” *China Quagmire*, pp. 168, 218—221。

153. Alvin D. Coox, *Nomonhan: Japan Against Russia, 1939*, vol. 1, p. 70; 德穆楚克栋鲁普:《抗战前我勾结日寇的罪恶活动》,《文史资料选辑》第63辑(1979年),第41—42页。

154. Donald G. Gillin, *Warlord: Yen Hsi-shan in Shansi Province, 1911—1949*, p. 235.

155. 周开庆:《抗战以前之中日关系》,第90页;《中华民国重要史料初编——对日抗战时期》绪编(三),第683页。

156. 埃德加·斯诺致Randall Gould的私人信件,胡佛研究所藏尼姆·威尔斯文件,第18箱。也见《现代史资料》第8卷,第589页;Wu Tien-wei, *The Sian Incident: A Pivotal Point in Modern Chinese History*, p. 55。

157. T. A. Bisson, *Japan in China*, p. 161; Donald G. Gillin, *Warlord: Yen Hsi-shan in Shansi Province, 1911—1949*, pp. 235—237.

158. 《世界知识》第5卷第6期(1936年12月1日),第298页;第5卷第9期(1936年1月16日)〔原文如此,应为1937年1月16日。——译者注〕,第462页。

159. 秦郁彦:《绥远事件》,《国际政治》第15卷(1961年3月),第99页;《新知识》第6期(1936年11月20日),第294页。

160. 《世界知识》第5卷第6期(1936年12月1日),第299页。

161. 《新知识》第6期(1936年11月20日),第296页。

162. 邹韬奋:《展望》,第251页。

163. Alvin D. Coox, *Nomonhan: Japan Against Russia, 1939*, vol. 1, p. 72.

164. 转引自 *Trans-Pacific*, November 26, 1936, p. 7; December 17, 1936, p. 7。

165. 《中华民国重要史料初编——对日抗战时期》绪编(三),第687—690页。

166. Eastman, *Abortive Revolution*, p. 265.

167. 南京已经在1933年设立了全国航空发展协会,该组织一直在筹集资金来发展中国的空军。南京希望利用爱国华侨的资金来支持这项事业。当然,飞机不是用来对付日本人，就是对付共产党。见《申报年鉴》，1934 年，第 A－57—58 页。

168. *China Today*, vol. 3, no. 3 (December 1936), pp. 28—30; Tso Shun-sheng, "The Reminiscences of Tso Shun-sheng as told to Julie Lien-ying How," p. 132；容斋等：《金陵旧梦》，第 56—58 页；翰斯：《看！政学系》，第 11—12 页。实际上，杨的被暗杀，可能另有原因。政府后来逮捕了属于胡汉民一系的刘芦隐，他被宣判出于政治忌妒策划了这起犯罪。其他资料称对刘的判决是一个花招，是忌妒政学系的 CC 派干了这起罪案，并陷害了刘。但左舜生认定是蒋本人由于担心杨过于坐大而批准了这次行动。杨的死被列入南京时代许多暗杀的同样类型——流言甚多，但事实寥寥无几。

第九章

1. Edgar Snow, "Mr. Hirota's Third Point," *Foreign Affaires*, July 1936, p. 603. 也见《独立评论》第 203 号(1936 年 5 月 31 日)，第 9 页。

2. Tsiang T'ing-fu, "The Reminiscences of Tsiang T'ing-fu done with Crystal Lorch Seidman," p. 201. 也见 Wellington Koo, "Wellington Koo Memoir," vol. 4, pt. d, pp. 458—459; John W. Garver, "The Origins of the Second United Front: The Comintern and the Chinese Communist Party," *China Quarterly*, no. 113 (March 1988), pp. 45—47, 54。

3. 1936 年初，邓文仪在莫斯科会见了中国驻共产国际的代表，并在中国举行了低级别的会谈。共产党领导人潘汉年实际上到南京进行谈判。李良志：《抗日民族统一战线的形成及其特点》(上)，《教学与研究》1981 年第 1 期，第 20 页。

4. 沈钧儒等：《团结御侮的几个基本条件与最低要求》，出版地点不详。

5. 馬場明男：《支那政治經濟年表》，第 540 页；Chang Nar-ch'i, *Biography in Boorman*, vol. 1, pp. 87—90；周天度：《救国会》，第 128—136 页。毛给救亡领袖写了一封信，赞同他们的统一战线思想，但也认为红军可以领导独立的抗日战争。7 月 15 日的声明认为只有团结奋斗才是切实可行的。见 Tetsuya Kataoka, *Resistance and Revolution in China: The Communists and the Second United Front*, p. 39。

6. 秦孝仪编：《"总统"蒋公大事长编初稿》第 3 卷，第 356 页；《支那》第 27 卷第 11 期(1936 年 11 月)，第 70 页；波多野乾一：《現代支那の政治と人物》，第 391 页。

7. 李晋：《从所谓"七君子"谈到救国会》，《春秋》(香港)第 144 期(1963 年 7 月 1 日)，第 5 页；何玉文：《沈钧儒的思想与生活》，《春秋》(香港)第 10 期(1957 年 12 月 1 日)，第 10 页。

8. 李云汉：《抗战前中国知识分子的救国运动》，第 4 页。

9. 梁弓藏：《同路人的悲剧》，第 2 页。也见王觉源：《中国党派史》，第 577—580 页。

10. 陈纪滢:《记茅盾》,《传记文学》第 39 卷第 1 期(1981 年 7 月),第 83 页。

11. 邹韬奋:《坦白集》,第 2、45 页。

12. *China Weekly Review*, July 4, 1936, p. 174; October 3, 1936, p. 149; 史良:《我的生活道路》(上),《人物》1983 年第 5 期,第 29 页。

13. 周天度:《救国会》,第 142—146 页;松本重治:《上海时代ジセーナリストの回想》第 2 卷,第 313—318 页。

14. 邹韬奋:《患难余生记》,第 14—18 页;邹韬奋:《展望》,第 48 页;松本重治:《上海时代ジセーナリストの回想》第 2 卷,第 314 页。

15. Osamu Ishii, "Cotton-Textile Diplomacy: Japan, Great Britain and the United States, 1930—1936," Ph. D. diss., Rutgers University, pp. 445—448;周天度:《救国会》,第 180—183 页;王觉源:《中国党派史》,第 575—576 页;《现代史资料》第 13 辑,第 3—14 页;《救国时报》1936 年 11 月 15 日,第 1 页。

16. 沙千里:《七人之狱》,第 3—17 页;重庆市档案馆编:《“七君子”案件档案选》,《历史档案》1985 年第 3 期,第 69—71 页;Osamu Ishii, "Cotton-Textile Diplomacy: Japan, Great Britain and the United States, 1930—1936," p. 447。移到苏州的还有江苏救国会主席罗青一案,他于 10 月 21 日在江苏江阴被捕。见谢居三:《上海救国会七君子被捕案轶闻》,《文史资料选辑》第 5 辑,第 66—67 页。

17. *China Weekly Review*, December 5, 1936, p. 22.

18. 时代文献社编:《救国无罪——七君子事件》,第 135—163 页;《申报》1937 年 6 月 10 日,第 4 版;平章:《章乃器不肯认错》,《春秋》(香港)第 26 期(1958 年 8 月 1 日),第 9—11 页;《上海救国会大事记(1935 年 12 月—1937 年 7 月)》,《社会科学》1983 年第 4 期,第 90 页;《历史档案》1982 年第 3 期,第 58—59 页。实际上,这 7 个人在狱中获得了相对宽大的对待。

19. 杨明元:《陶行知二十国行》,《上海文史资料》第 45 辑(1984 年),第 91 页;周天度:《救国会》,第 142—146 页。

20. 《历史档案》1981 年第 1 期,第 67 页。

21. Ch'ien Tuan-sheng, *The Government and Politics of China, 1912—1949*, p. 357; John Israel and Donald W. Klein, *Rebels and Bureaucrats: China's December 9ers*, p. 120.

22. Tso Shun-sheng, "The Reminiscences of T'so Shun-sheng as told to Julie Lien-ying How", p. 131.

23. 张群:《我与日本七十年》,第 78—79 页;*Trans-Pacific*, December 10, 1936, p. 10; Osamu Ishii, "Cotton-Textile Diplomacy: Japan, Great Britain and the United States, 1930—1936," pp. 447—448;《现代史资料》第 13 辑,第 14—19 页。

24. Mi Zanchen, *The Life of General Yang Hucheng*, p. 85;《民国人物传》第 2 卷,第 316—317 页;李云峰:《西安事变史实》,第 72—73 页。

25. Wu T'ien-wei, *Sian Incident: A Pivotal Point in Modern Chinese History*, pp. 43—63.

26. 沈叔羊:《爱国老人沈钧儒》,第 29—30 页;周天度:《救国会》,第 228—236、278 页;《国闻周报》第 14 卷第 24 期(1937 年 6 月 21 日),第 1—2、54—55 页。

27. 沙千里:《七人之狱》,第 64—75 页;史良:《我的生活道路》(上),《人物》1983 年第 5 期,第 32 页;周天度:《救国会》,第 331—338 页。

28. Wu T'ien-wei, *Sian Incident: A Pivotal Point in Modern Chinese History*, pp. 31—63; Lyman P. Van Slyke, *Enemies and Friends: The United Front in Chinese Communist History*, p. 73; Mi Zanchen, *The Life of General Yang Hucheng*, pp. 85—96;《西安事变资料选辑》,第 266—276 页。

29. Eastman, *Abortive Revolution*, p. 268; Wellington Koo, "Wellington Koo Memoir," vol. 4, pt. d, pp. 482—483; Lyman P. Van Slyke, *Enemies and Friends: The United Front in Chinese Communist History*, p. 74; 邵力子:《西安事变追忆》,《文史资料选辑》第 109 辑(1987 年),第 69 页。

30. 英文著作中详细的叙述有 Wu T'ien-wei, *Sian Incident: A Pivotal Point in Modern Chinese History* 一书和 Lyman P. Van Slyke, *Enemies and Friends: The United Front in Chinese Communist History*, pp. 71—91。早期新闻人员的叙述包括 James M . Bertram, *First Act in China: The Story of the Sian Mutiny*; T. A. Bisson, *Japan in China*, pp. 154—191; Edgar Snow, *Red Star Over China*, pp. 380—395。

31. 周天度:《救国会》,第 153—156 页。各种团体呼吁释蒋的电报选辑,见《革命文献》第 94 辑,第 447—472 页;媒体上的社论和观点,见 473—532 页。也见胡子婴:《光耀日月气贯长虹——回忆宋庆龄名誉主席在救国会时期二三事》,《文史资料选辑》第 95 辑(1985 年),第 74 页。

32. Wu T'ien-wei, *Sian Incident: A Pivotal Point in Modern Chinese History*, p. 155.

33. 关于西安事变某些新资料的描述,见 Wu T'ien-wei, "New Materials on the Xi'an Incident: A Bibliographic Review," *Modern China*, vol. 10, no. 1 (January 1984), pp. 115—141。最后,台湾地区和中国大陆的学者们已开始互相利用对方的研究。如见侯雄飞:《西安事变和平解决原因新探》,《历史研究》1987 年第 2 期,第 16—30 页。

34. Chiang Kai-shek and Madame Chiang Kai-shek, *General Chiang Kai-shek: The Account of the Fortnight in Sian when the Fate of China Hung in the Balance*, pp. 149—150; Chiang Kai-shek, *Soviet Russia in China: A Summing-Up at Seventy*, p. 75.

35. Chiang and Chiang，p. 144.

36. Ibid.，p. 145.〔参见蒋中正、蒋宋美龄：《西安半月记、西安事变回忆录》，正中书局 1937 年 6 月版，《西安半月记》，第 26 页。——译者注〕

37. Ibid.，pp. 177—180；原文见《蒋“总统”言论汇编》第 12 卷，第 381—384 页。〔参见蒋中正、蒋宋美龄：《西安半月记、西安事变回忆录》，第 1—4 页。——译者注〕

38. Chiang and Chiang，pp. 67—73.〔参见蒋中正、蒋宋美龄：《西安半月记、西安事变回忆录》，《西安事变回忆录》，第 11 页。——译者注〕

39. Ibid.，pp. 93—94.〔参见蒋中正、蒋宋美龄：《西安半月记、西安事变回忆录》，《西安事变回忆录》，第 34 页。——译者注〕

40. Ibid.，pp. 119—120.

41. *Chiang Kai-shek*：*His Life and Times*，p. 523.

42. 邓文仪：《西安事变与中国命运》（一），《传记文学》第 32 卷第 2 期（1978 年 2 月），第 73—74 页；《西安事变与中国命运》（二），《传记文学》第 32 卷第 3 期（1978 年 3 月），第 94—96 页；唐德刚：《西安事变六一事变五十周年》，《传记文学》第 50 卷第 2 期（1987 年 2 月），第 26—27 页；《蒋“总统”秘录》第 10 卷，第 185 页。从国民党的角度撰写的某种程度较有学术性的著作是李云汉的《西安事变始末之研究》。

43. 这种叙述见李新编：《中国新民主主义革命时期通史》第 2 卷，第 332—343 页；黄元起编：《中国现代史》第 1 卷，第 445—450 页；Luo Ruiqing，Lu Zhengcao，and Wang Bingnan，*Zhou Enlai and the Xi'an Incident*：*An Eyewitness Account*；李云峰：《西安事变史实》。

44. Luo，Lu，and Wang，pp. 10—11.

45. Ibid.，p. 4.

46. 条件的目录见李新编：《中国新民主主义革命时期通史》第 2 卷，第 341 页。

47. Luo，Lu，and Wang，p. 101.

48. Eastman，*Abortive Revolution*，p. 269；John W. Garver，“The Origins of the Second United Front：The Comintern and the Chinese Communist Party，” *China Quarterly*，no. 113（March 1988），pp. 31—54.

49. Mao Tse-tung，*Selected Works of Mao Tse-tung*，vol. 1，pp. 255—256. 也见李云峰：《西安事变史实》，第 325—326 页；《西安事变资料选辑》，第 488—489 页。陈布雷承认他曾用蒋夫人的笔记全面地编写了《对张杨之训话》，并帮助撰写了蒋自己的《西安半月记》。见陈布雷：《陈布雷回忆录》，第 118、120 页。

50. 申伯纯：《西安事变纪实》，第 153—163 页；也见李云峰：《西安事变史实》，第 314—322 页。申说杨和其他西安领导人知道《对张杨之训话》是假的，但从来没有谴责它，因为它给了蒋担任领袖所需要的“面子”。申伯纯：《西安事变纪实》，第 172 页。郭增恺也证实蒋答应了条件。见他的《一个历史问题的交代》,载存萃学社:《为第二次国共合作铺平道路的西安事变与张学良》,第 240—241 页。

51.《蒋"总统"秘录》第 10 卷,第 180 页。

52. Chiang Kai-shek and Madame Chiang Kai-shek, *General Chiang Kai-shek: The Account of the Fortnight in Sian when the Fate of China Hung in the Balance*, pp. 172—173.

53. Wu T'ien-wei, *Sian Incident: A Pivotal Point in Modern Chinese History*, pp. 142—148; O. Edmund Clubb, *Twentieth Century China*, pp. 208—209.

54. 黄元起编:《中国现代史》第 1 卷,第 459 页;李云峰:《西安事变史实》,第 370 页。

55. 郭增恺:《一个历史问题的交代》,载存萃学社:《为第二次国共合作铺平道路的西安事变与张学良》,第 264—265 页。

56. Eastman, *Abortive Revolution*, p. 269.

57. Wu T'ien-wei, *Sian Incident: A Pivotal Point in Modern Chinese History*, p. 144.

58. Chang Kuo-t'ao, *The Rise of the Chinese Communist Party, 1928—1938*, vol. 2, p. 488.

59. 也见邓文仪:《西安事变与中国命运》(二),《传记文学》第 32 卷第 3 期(1978 年 3 月),第 90—94 页;陈公博:《苦笑录——陈公博回忆录(1925—1936)》,第 364—365 页;Edgar Snow, *Red Star Over China*, pp. 451—452。

60. 见 Eastman, "Rise and Fall of the 'Blue Shirts,'" pp. 37—39;邓元忠:《三民主义力行社史》,第 624—630 页。

61. 申伯纯:《西安事变纪实》,第 164—165、170—171 页。

62. 李云峰:《西安事变史实》,第 353 页;《革命文献》第 95 辑,第 190—191 页。

63. 李云峰:《西安事变史实》,第 342—343 页;申伯纯:《西安事变纪实》,第 181、186—194 页;顾祝同:《西安事变忆往》,《传记文学》第 40 卷第 2 期(1982 年 2 月),第 33—34 页。

64. Wu T'ien-wei, *Sian Incident: A Pivotal Point in Modern Chinese History*, chapter 10, pp. 155—178. 也见申伯纯:《西安事变纪实》,第 194—211 页。

65. Wu T'ien-wei, *Sian Incident: A Pivotal Point in Modern Chinese History*, pp. 179—181;《西安事变资料选辑》,第 226—227 页;李云峰:《西安事变史实》,第 365 页。

66. 李云汉:《西安事变始末之研究》,第 238—239;Wu T'ien-wei, *Sian Incident: A Pivotal Point in Modern Chinese History*, pp. 180—181;《革命文献》第 95 辑,第 147—164、193—198 页。

67. Edgar Snow, *Random Notes on Red China*, *1936—1945*, pp. 7—8.

68. Soong Ch'ing-ling, *The Struggle for New China*, p. 87. 也见《现代史资料》第12辑,第263—273页。

69. 申伯纯:《西安事变纪实》,第213—214页;顾祝同:《西安事变忆往》,《传记文学》第40卷第2期(1982年2月),第35页;《革命文献》第95辑,第187—188页;秦孝仪:《“总统”蒋公大事长编初稿》第4卷(上),第14—15页。

70. Mao Tse-tung, *Selected Works of Mao Tse-tung*, vol. 1, p. 266.

71. Edgar Snow, *Random Notes on Red China*, *1936—1945*, p. xi. 据斯诺报道,对红军的金钱刺激也降低了。在国共停火的第一个月中,南京为红军提供了50万元,而在第二个月中,仅有25万元。

72. 馬場明男:《支那政治經濟年表》,第55页;康泽:《我在国共第二次合作谈判中的一段经历》,《文史资料选辑》第71辑,第22页。

73. 孔祥熙:《西安事变回忆录》(二),《春秋》(香港)第41期(1959年3月16日),第2页;Shimada Toshihiko, "Designs on North China, 1933—1937," *China Quagmire*, p. 224。

74. *Trans-Pacific*, January 28, 1937, p. 17.

75. O. Edmund Clubb, *Twentieth Century China*, p. 210.

76. James B. Crowley, *Japan's Quest for Autonomy*: *National Security and Foreign Policy*, *1930—1938*, pp. 313—316; Kido Kōichi, *The Diary of Marquis Kido*, *1931—1945*, pp. 157—161.

77. Shimada Toshihiko, "Designs on North China, 1933—1937," *China Quagmire*, pp. 225—226.

78. 转引自 *Trans-Pacific*, February 25 1937, p. 5。

79.《日本帝国主义对外侵略史料选编1931—1945》,第212—216页。《第三次经营华北计划纲要》在1937年4月16日日本政府的一次会议上通过。

80. James B. Crowley, *Japan's Quest for Autonomy*: *National Security and Foreign Policy*, *1930—1938*, pp. 316—318; *Trans-Pacific*, April 8, 1937, p. 15.

81. 转引自 James B. Crowley, *Japan's Quest for Autonomy*: *National Security and Foreign Policy*, *1930—1938*, p. 321。也见 James T. C. Liu, "Sino-Japanese Diplomacy During the Appeasement Period, 1933—1937," p. 208。

82.《中华民国重要史料初编——对日抗战时期》绪编(三),第691—692。这份报告指出,只有在日本尊重中国主权之时,才可以在中国清除抗日情绪。它称,“所谓的华北问题”是日本制造的。针对日本提出的共同防共要求,这份报告称这是内部问题,并指出南京在“剿匪”活动中的巨大成就。日本降低关税、聘请日本顾问以及上海—福冈航线等要求,均被拒绝。报告宣布,只有在相互尊重对方主权的基础上,中日关系才会得以改善。日本可以在以下方面显示其合作的意愿:(1)放弃塘沽和上海协定,(2)冀东伪政权,(3)停止非法飞行,(4)停止在华北的走私,(5)清除在绥远和察哈尔的伪军。

83. 张群:《我与日本七十年》,第83—84页。

84. 蒋廷黻:《中日经济提携与日本经济考察团来华》,《世界知识》第6卷第1期(1937年3月16日),第28页;*China Weekly Review*, April 17, 1937, p. 258;《独立评论》第231号(1937年4月25日),第2页;*Trans-Pacific*, March 25, 1937, p. 8。

85. 转引自 *Trans-Pacific*, March 11, 1937, p. 6; Stephen L. Endicott, *Diplomacy and Enterprise: British China Policy, 1933—1937*, pp. 166—167; Chang Kia-ngau, *China's Struggle for Railway Development*, pp. 14, 98—102。

86. 转引自 *Trans-Pacific*, March 11, 1937, p. 6。

87. 李云汉:《宋哲元与七七抗战》,第187—188页;秦孝仪:《"总统"蒋公大事长编初稿》第4卷(上),第32页。

88. 李云汉:《宋哲元与七七抗战》,第180—181页。

89. 李云汉:《宋哲元与七七抗战》,第181—182页;*Trans-Pacific*, April 29, 1937, p. 8.

90. 李云汉:《宋哲元与七七抗战》,第183页;*Trans-Pacific*, April 1, 1937, p. 14, April 29, 1937, p. 7;《国闻周报》第14卷第18期(1937年5月10日),第57—58页。

91. 潘玉书:《张自忠访日经过记闻》,《天津文史资料选辑》第21辑(1982年),第93—101页。

92. 李云汉:《宋哲元与七七抗战》,第184页。

93. 李云汉:《宋哲元与七七抗战》,第183页。

94. T. A. Bisson, *Japan in China*, p. 3; 李云汉:《宋哲元与七七抗战》,第185页;*Trans-Pacific*, May 27, 1937, p. 7.

95. Shimada Toshihiko, "Designs on North China, 1933—1937," *China Quagmire*, pp. 228—229; *Trans-Pacific*, April 8, 1937, p. 8.

96. 李云汉:《宋哲元与七七抗战》,第184页。代表团是通过各种方式选出来的。有的代表地方,有的代表职业界,有的是出于职权,还有的是代表二十九军。

97.《独立评论》第239号(1937年6月20日),第2页;《国闻周报》第14卷第26期(1937年7月5日),第53页。

98. 转引自 *Trans-Pacific*, May 27, 1937, p. 5。

99. *Trans-Pacific*, May 20, 1937, p. 15.

100. *Trans-Pacific*, June 10, 1937, p. 8;《现代史资料》第12辑,第322—331页;《申报》1937年6月16日,第3版;《国闻周报》第14卷第22期(1937年6月7日),第

50—51 页。

101. 李云汉:《宋哲元与七七抗战》,第 184 页。

102. 转引自 *Trans-Pacific*，June 3，1937，p. 13。

103. O. Edmund Clubb，*Twentieth Century China*，p. 212.

104. Hata Ikuhiko. “The Marco Polo Bridge Incident, 1937,” in James W. Morley, ed.，*The China Quagmire*，p. 247. 也见寺平忠辅:《卢沟桥事件》,第 54—85 页。

105. Shimada Toshihiko，“Designs on North China, 1933—1937,” *China Quagmire*，pp. 228—229.

106. 秦孝仪:《“总统”蒋公大事长编初稿》第 4 卷(上),第 63、67 页。

结论

1. Van Slyke，p. 132.

征引文献

一、中文部分

察哈尔抗日同盟军四周年纪念会:《察哈尔抗日同盟军四周年纪念册》,1937 年刊印。
张群:《我与日本七十年》,台北:中日关系研究会,1980 年。
张放:《卢沟风云——宋哲元传》,台北:近代中国出版社,1982 年。
张肖梅:《日本对沪投资》,上海:商务印书馆,1937 年。
章乃器:《章乃器论文选》,上海:生活书店,1936 年。
章乃器:《激流集》,上海:生活书店,1934 年。
章乃器:《出狱前后》,汉口:上海杂志公司,1937 年。
章乃器:《民众基本论》,华盛顿特区:中文研究资料中心重印,1969 年。
张篷舟:《近五十年中国与日本(1932—1982 年)》,成都:四川人民出版社,1985 年。
张严佛:《抗战前后军统特务在西北的活动》,《文史资料选辑》第 64 辑,第 78—113 页。
张樾亭:《七七事变前后我在宋哲元部的经历和见闻》,《文史资料选辑》第 54 辑,第 74—82 页。
常城、何建沙:《张学良与第二次国共合作》,《近代史研究》1984 年第 4 期,第 195—209 页。
越承绶:《我参与阎锡山勾结日寇的活动情况》,《文史资料选辑》第 54 辑,第 205—235 页。
赵谨三:《察哈尔抗日实录》,上海:上海军学社,1933 年。
陈真、姚洛编:《中国近代工业史资料》,4 卷本,北京:三联书店,1957—1961 年。
陈纪滢:《记茅盾》(中),《传记文学》第 39 卷第 1 期(1981 年 7 月),第 78—86 页。
陈崇桥:《"九一八"事变与蒋介石的不抵抗主义》,《辽宁大学学报(哲学社会科学版)》1981 年第 5 期,第 61—65 页。
陈翰伯:《巨浪,巨浪,不断地增长!——燕京大学"一二·九运动"回忆片断》,《文史资料选辑》第8辑，第61—66页。
陈兴唐、韩文昌：《“九一八”前后的冯玉祥将军》，《历史档案》1982年第3期，第110—115页。
陈红民：《“九一八”事变后的胡汉民》，《历史研究》1986年第3期，第90—107页。
陈公博：《苦笑录——陈公博回忆录（1925—1936）》（李锷、汪瑞炯、赵令扬编注），香港：香港大学亚洲研究中心，1979年。
陈恭澍：《蓝衣社内幕》，上海：国民新闻图书印刷公司，1943年。
陈恭澍：《北国锄奸》，台北：传记文学出版社，1981年。
陈鸣钟：《蒋介石解决“两广事变”的方针和策略》，《历史档案》1983年第2期，第110—114页。
陈鸣钟：《“九一八”事变爆发至〈淞沪停战协定〉签字期间的蒋日关系》，《民国档案》1988年第2期，第86—100页。
陈鸣钟：《南京国民政府成立后至九一八事变前的蒋日关系》，《民国档案》1987年第1期，第91—99页。
陈伯达：《人民公敌蒋介石》，北京：人民出版社，1965年。
陈布雷：《陈布雷回忆录》，台北：传记文学出版社，1967年。
陈少校（陈凡的笔名）：《黑纲录》，香港：致诚出版社，1974年。
陈少校（陈凡的笔名）：《阎锡山之兴灭》，香港：致诚出版社，1972年。
陈存恭：《从“两广事变”的和平解决探讨“安内攘外”政策》，《抗战前十年国家建设史研讨会论文集》上册，第435—476页。
郑仁佳：《胡愈之其人其事》，《传记文学》第48卷第5期（1986年5月），第123—128页。
郑灿辉、季鸿生、吴景平：《宋庆龄与抗日救亡运动》，福州：福建人民出版社，1986年。
齐协民：《宋哲元与冀察政权》，《天津文史资料选辑》第2辑（1979年），第61—66页。
《吉鸿昌就义前后》，北京：人民出版社，1971年。
《冀东防共自治政府成立周年纪念专刊》，1936年刊印。
姜念东等：《伪满洲国史》，长春：吉林人民出版社，1980年。
江上清：《政海秘闻》，香港：致诚出版社，1966年。
蒋“总统”集编辑委员会编：《蒋“总统”集》，2卷，台北：“国防研究院”，1960年。
《蒋“总统”秘录：中日关系八十年之证言》，15卷，台北：“中央”日报社，1977年。
蒋“总统”言论汇编编辑委员会编：《蒋“总统”言论汇编》，24卷，台北：正中书局，1956年。
乔家才：《海隅丛谈》，台北：中外图书出版社，1985年。
乔家才：《关山烟尘记》，台北：中外图书出版社，1985年。
乔家才：《戴笠和他的同志》，台北：中外图书出版社，1985年。
乔家才：《铁血精忠传：戴笠的故事》，台北：中外图书出版社，1985年。
乔家才：《为历史作证》，台北：中外图书出版社，1985年。
《解放日报》编：《从九一八到七七》，华东新华书店，1949年。
千家驹：《中国经济的挣扎》，《新中华》第4卷第13期（1936年7月10日），第109—

116页。
钱芝生:《史量才被暗杀真相》,《文史资料选辑》第18辑,第153—161页。
钱小柏、雷群明编:《韬奋与出版》,上海:学林出版社,1983年。
《前途》,上海,1933—1937年。
简又文:《冯玉祥传》,2卷,台北:传记文学出版社,1982年。
《知识》,上海,1936年。
秦孝仪编:《"总统"蒋公大事长编初稿》,8卷,台北,1978年。
秦柳方:《回忆救国会的活动》,《文史资料选辑》第89辑,第67—85页。
《近代史研究》,北京:1980年。
金刀:《记上海申报沧桑与史量才之死》(上、下),《春秋》(香港)第133—134期,1963年1月16日、2月1日,第2—3页,第20—21页。
秦德纯:《秦德纯回忆录》,台北:传记文学出版社,1967年。
金典戎:《我与冯玉祥的一段渊源》(2),《春秋》(香港)第12期(1958年1月1日),第11—13页。
《青年军人》,广州,1933—1935年。
丘国珍:《十九路军兴亡史》,香港:宇宙出版社,1969年。
秋柳:《唐夫人拒受汪精卫赠金记》,《春秋》(香港)第89期(1961年3月16日),第5—6页。
《救国时报》,巴黎,1935—1937年。
周佛海:《往矣集》,香港:合众出版社,1955年。
周开庆:《抗战以前之中日关系》,台北:学生书局,1973年。
周默秋:《华北五省经济与英日》,上海:现代国际社,1937年。
周木斋:《中国近代政治发展史》,上海:一般书店,1941年。
周天度编:《救国会》,北京:中国社会科学出版社,1981年。
储安平编:《中日问题与各家论见》,上海:新月书店,1931年。
储荣邦:《蒋孝先被处决真相》,《文史资料选辑》第109辑(1987年),第95—96页。
局外人:《中央党部刺汪案的来踪去迹》,《春秋》(香港)第118期(1962年6月1日),第4—5页。
《传记文学》,台北,1962年。
《春秋》,上海,1932—1933年。
《春秋》,香港,1957—1964年。
《春秋杂志》,台北,1964—1967年。
重庆市档案馆编:《"七君子"案件档案选》,《历史档案》1985年第3期,第69—79页。
中国国民党中央委员会党史委员会编:《中华民国重要史料初编——对日抗战时期》绪编,3卷,第六编(副标题"傀儡组织")4卷,台北:中国国民党中央委员会党史委员会,1981年。
中华民国国民政府外交部编:《中日问题之真相》,南京:外交部,1933年。
实业部中国经济年鉴编纂委员会编:《中国经济年鉴:民国二十四年续编》,上海:商务印书馆，1935 年。
中国社会科学院近代史研究所中华民国史研究室编：《中国民权保障同盟》，北京：中国社会科学出版社，1979 年。
中国社会科学院近代史所图书资料室编：《西安事变时国民党驻洛阳办事处密电》，《历史档案》1986 年第 2 期，第 49—64 页。
中国第二历史档案馆编：《西安事变档案资料选辑》，《历史档案》1981 年第 1 期，第 68—82，102 页。
中国第二历史档案馆编：《喜峰口战役中宋哲元致国民政府电报选》，《历史档案》1984 年第 2 期，第 72—82 页。
中国第二历史档案馆编：《“一·二八”淞沪抗战史料选》，《历史档案》1984 年第 4 期，第 64—76 页。
中国第二历史档案馆编：《日本对国民党政府法币政策的态度》，《历史档案》1982 年第 2 期，第 74—84 页。
中国第二历史档案馆编：《有关张群出任南京国民政府外交部长期间中日交涉的一组史料》，《民国档案》1988 年第 2 期，第 19—44 页。
《中国外交年鉴》，上海：生活书店，1934 年。
中国银行经济研究室编：《海关进口新税则之研究》，《中行月刊》第 9 卷第 2 期（1934 年），第 1—20 页。
《中流》，上海，1936—1937 年。
中国青年军人社编：《反蒋运动史》，广州：中国青年军人社，1934 年。
方靖：《六见蒋介石》，长沙：湖南人民出版社，1985 年。
冯玉祥：《煎饼：抗日与军食》，天津：时事研究社，1935 年。
冯玉祥：《我所认识的蒋介石》，香港：七十年代杂志社，1975 年。
中国人民政治协商会议河北省委员会文史资料研究委员会编：《冯玉祥与抗日同盟军》，石家庄：河北人民出版社，1985 年。
《复兴月刊》，上海，1932—1937 年。
《汗血周刊》，上海，1933 年。
翰斯：《看！政学系》，香港：华南出版社，1947 年。
何镜华编：《双十二与民族革命》，香港：时代批评社，1941 年。
何香凝：《何香凝为营救七君子致宋子文孙科函》，《历史档案》1982 年第 3 期，第 58—59 页。
何北衡：《一九三六年成都事件》，《文史资料选辑》第 2 辑，第 122—130 页。
《河北文史资料选辑》，石家庄，第 3、6、7、8、9 辑。
侯雄飞：《西安事变和平解决原因新探》，《历史研究》1987 年第 2 期，第 16—30 页。
西北大学历史系中国现代史教研室、西安地质学院中共党史组八路军西安办事处纪念馆编：《西安事变资料选辑》，西安：未刊稿，1979 年。
惜微：《日本朝野对于我国棉麦借款等措施之态度》，《外交月报》第 3 卷第 5 期（1933 年 11 月 15 日），第 185—205 页。

向心堂:《签订〈塘沽协定〉的前前后后》,《天津文史资料选辑》第32辑(1985年),第45—58页。
萧作霖:《复兴社述略》,《文史资料选辑》第11辑,第21—71页。
谢居三:《上海救国会七君子被捕案轶闻》,《文史资料选辑》第5辑,第63—74页。
辛质:《长城察北的抗战》,上海:黑白丛书社,1937年。
《新知识》,上海,1936年。
《新中华》,上海,1933—1937年。
《新认识》,上海,1936年。
辛公显:《七七事变前天津便衣队暴乱真相》,《天津文史资料选辑》第2辑(1979年),第33—50页。
《新社会》半月刊,上海,1931—1933年。
《新生》周刊,上海,1934—1935年。
熊倬云:《一九三六年"成都大川饭店事件"内幕》,《成都文史资料选辑》第7辑(1984年),第82—92页。
熊月之:《章太炎》,上海:上海人民出版社,1982年。
徐铸成:《李思浩生前谈从政始末》,《上海文史资料选辑》第2辑(1978年),第145—192页。
徐铸成:《杜月笙正传》,杭州:浙江人民出版社,1982年。
徐淑希:《日本增兵华北问题》,《外交评论》第6卷第4期(1936年5月),第10—23页。
许德珩:《中日关系及其现状》,中山:中山文化教育馆,1939年。
中国社会科学院近代史研究所中华民国史研究室编:《胡适来往书信选》,3卷,北京:中华书局,1983年。
胡子婴:《七君子狱中反诱降斗争》,《文史资料选辑》第82辑(1985年),第87—96页。
胡子婴:《光耀日月气贯长虹——回忆宋庆龄名誉主席在救国会时期二三事》,《文史资料选辑》第95辑(1985年),第73—77页。
《华年周刊》,上海,1933年。
南开大学马列主义教研室中共党史教研组编:《华北事变资料选编》,郑州:河南人民出版社,1983年。
黄兆栋:《中国存亡问题》,广州:永兴印务局,1937年。
黄杰:《长城作战日记:对日作战参考史料》,台湾:"国防部"史政编译局,1983年。
黄逸之:《邹韬奋》,上海:商务印书馆,1950年。
黄绍竑:《五十回忆》,香港:云风出版社,1969年。
黄炎培:《八十年来》,北京:文史资料出版社,1982年。
黄元起等编:《中国现代史》,2卷,郑州:河南人民出版社,1982年。
洪育沂:《1931—1939年国际关系简史》,北京:生活·读书·新知三联书店,1980年。
《一二九运动资料》,2卷,北京:人民出版社,1981—1982年。
易显石等:《"九一八"事变史》,沈阳:辽宁人民出版社,1982年。
翊勋:《蒋党真相》,北京:三联书店,1955年。

任觉五:《抗战前中日间成都事件的经过》,见沈觐鼎等编:《百年来中日关系论文集》,第199—205页。
复旦大学历史系编:《日本帝国主义对外侵略史料选编1931—1945》,上海:上海人民出版社,1975年。
容斋等:《金陵旧梦》,香港:致诚出版社,1963年。
“中央研究院”近代史研究所编:《抗战前十年国家建设史研讨会论文集(1928—1937年)》,2卷,台北:“中央研究院”近代史研究所,1984年。
康泽:《复兴社的缘起》,《文史资料选辑》第37辑,第133—150页。
康泽:《我在国共第二次合作谈判中的一段经历》,《文史资料选辑》第71辑,第18—22页。
中国国民党中央委员会党史史料编纂委员会编:《革命文献》,台北,1953年。
戈定远:《二十九军和冀察政权》,《文史资料选辑》第1辑,第34—44页。
顾祝同:《西安事变忆往》,《传记文学》第40卷第2期(1982年2月),第30—35页。
关玉衡:《中村事件始末》,《文史资料选辑》第76辑,第80—90页。
孔祥熙:《西安事变回忆录》,《春秋》(香港)第40—43期(1959年3月1日、3月16日、4月1日、4月16日)。
国新社编:《沦陷七周年的东北》,生活书店,1938年。
郭大钧:《从“九·一八”到“八·一三”国民党政府对日本政策的演变》,《历史研究》1984年第6期,第128—146页。
郭廷以:《近代中国史纲》,香港:中文大学出版社,1979年。
郭增恺:《一个历史问题的交代》,载存萃学社编:《为第二次国共合作铺平道路的西安事变与张学良》,第191—308页。
郭桐:《蒋介石秘录的秘录》,香港:广角镜出版社,1978年。
《国闻周报》,天津、上海,1931—1937年。
蓝天照:《华北五省的经济地位及日本的企图》,《外交评论》第6卷第2期(1936年3月),第65—76页。
李启华:《一九三五年至抗战爆发前后党领导下的天津学生救国运动》,《天津文史资料选辑》第12辑(1980年),第27—36页。
李晋:《冯玉祥下山与义勇军解体》,《春秋》(香港)第143期(1963年6月16日),第18—20页。
李晋:《从所谓七君子谈到救国会》,《春秋》(香港)第144期(1963年7月1日),第5—6页。
李金洲:《西安事变亲历记》,第2版,台北:传记文学出版社,1982年。
李静之:《“两广事变”的性质初探》,《历史档案》1985年第2期,第117—126页。
李新等编:《中国新民主主义革命时期通史》,4卷,第2版,北京:人民出版社,1980年。
李华生:《张家口抗日同盟军事变的前前后后》,《天津文史资料选辑》第14辑(1981年),第1—39页。
李义彬:《华北事变后国民党政府对日政策的变化》,《民国档案》1989年第1期,第92—

106 页。
李良志:《抗日民族统一战线的形成及其特点》,《教学与研究》1981 年第 1—2 期,第 18—21、16—19 页。
李芦洲:《国民政府的政绩》,上海:中央书局,1934 年。
《历史档案》,北京。
《历史研究》,北京。
时代文献社编:《救国无罪——七君子事件》,时代文献社,1937 年。
李宗仁:《李总司令最近演讲集》,广州:培英印务局,1935 年。
黎东方:《蒋介石序传》,台北:联经出版事业公司,1976 年。
李文杰:《回忆上海律师界为“七君子”案进行辩护的斗争》,《文史资料选辑》第 73 辑,第 183—191 页。
李云峰:《西安事变史实》,西安:陕西人民出版社,1981 年。
李云汉:《九一八事变史料》,台北:正中书局,1977 年。
李云汉:《中国现代史论和史料》,3 卷,台北:商务印书馆,1979 年。
李云汉:《冯玉祥察省抗日事件始末——二十二年五月至八月》,“中央研究院”近代史研究所编:《“中央研究院”近代史研究所集刊》第 2 辑(1971 年 6 月),第 297—312 页。
李云汉:《西安事变始末之研究》,台北:近代中国出版社,1982 年。
李云汉:《抗战前中国知识分子的救国运动》,台北:“教育部”社会,1977 年。
李云汉:《宋哲元与七七抗战》,台北:传记文学出版社,1978 年。
李云汉:《抗战前华北政局史料》,台北:正中书局,1982 年。
梁敬錞:《秦土协定》,载李云汉编:《抗战前华北政局史料》,第 474—503 页。
梁敬錞:《九一八事变史述》,台北:世界书局,1964 年。
梁敬錞:《华北停战秘幕与塘沽协定真相》,《传记文学》第 10 卷第 6 期(1967 年 6 月),第 19—29 页。
梁敬錞:《日本侵略华北史述》,台北:传记文学出版社,1984 年。
梁敬錞:《日本侵略华北史述》,《传记文学》第 10 卷第 5 期(1967 年 5 月),第 6—16 页。
梁敬錞:《所谓何梅协定》,载李云汉编:《抗战前华北政局史料》,第 390—427 页。
梁弓藏:《同路人的悲剧》,台北:光华出版社,1961 年。
廖铁军:《塘沽协定后(一九三三至一九三六)的华北局势》,台北:惊声文物供应(音),1977 年。
廖永武:《一二九运动在天津》,《天津文史资料选辑》第 12 辑(1980 年),第 1—26 页。
林柏生:《对日的两条路线:读徐道邻〈中日关系的检讨书〉书后》,上海:中华日报,1935 年。
刘健群:《复兴中国革命之路》,中国文化学会,1934 年。
刘健群:《银河忆往》,台北:传记文学出版社,1966 年。
刘景岳:《为国捐躯的张自忠将军》,《天津文史资料选辑》第 21 辑(1982 年),第 54—92 页。
刘惠吾、刘学照编:《日本帝国主义侵华史略》,上海:华东师范大学出版社,1984 年。

刘廷芳:《记两广六一事变未曾公开的一段内幕》,《传记文学》第 50 卷第 2 期(1987 年 2 月),第 21—25 页。
刘映元:《李守信投敌经过》,《文史资料选辑》第 63 辑,第 53—61 页。
“中华民国”外交问题研究会编:《卢沟桥事变前后的中日外交关系》,台北:“中华民国”外交问题研究会,1966 年。
陆诒:《“七君子”受审旁听记》,《文史资料选辑》第 73 辑,第 192—198 页。
卢明辉:《蒙古“自治运动”始末》,北京:中华书局,1980 年。
孟恒昌:《古北口抗战纪实》,《河北文史资料选辑》第 7 辑(1982 年),第 132—148 页。
李新、孙思白编:《民国人物传》,4 卷,北京:中华书局,1978—1984 年。
《民国档案》,南京。
《民族战线》,天津,1935 年。
《民族杂志》,上海,1933—1935 年。
穆欣:《吉鸿昌将军》,北京:人民出版社,1979 年。
穆欣编著:《邹韬奋》,香港:生活・读书・新知三联书店香港分店,1959 年。
白苇:《论“中日经济提携”》,《东方杂志》第 32 卷第 8 期(1935 年 4 月 16 日),第 29—44 页。
潘玉书:《张自忠访日经过记闻》,《天津文史资料选辑》第 21 辑,第 93—101 页。
毕云程:《韬奋和生活书店》,《文史资料选辑》第 23 辑,第 21—34 页。
平章:《章乃器不肯认错》,《春秋》(香港)第 26 期(1958 年 8 月 1 日),第 9—11 页。
平凡:《中央党部刺汪案内情补述》,《春秋》(香港)第 120 期(1962 年 7 月 1 日),第 17—18 页。
《三民主义月刊》,广州,1933—1936 年。
沙千里:《七人之狱》,上海:生活书店,1938 年。
沙千里:《回忆救国会的七人案件》,《文史资料选辑》第 89 辑,第 1—46 页。
《上海救国会大事记(1935 年 12 月—1937 年 7 月)》,《社会科学》1983 年第 4 期,第 87—90 页。
上海市通志馆年鉴委员会编:《上海市年鉴》,上海,1935 年、1937 年。
《上海党声》,上海,1935—1937 年。
上海韬奋纪念馆编:《韬奋的道路》,香港:生活・读书・新知三联书店香港分店,1978 年。
邵力子:《西安事变追忆》,《文史资料选辑》第 109 辑(1987 年),第 67—78 页。
《社会新闻》,上海,1932—1937 年。
沈家五:《试论福建人民革命政府失败的原因及其影响》,《历史档案》1983 年第 3 期,第 124—128 页。
沈觐鼎:《百年来中日关系论文集》,台北,1968 年。
沈钧儒等:《团结御侮的几个条件与最低要求》,1936 年。
沈亦云:《亦云回忆》,台北:传记文学出版社,1968 年。
《申报》,上海,1931—1937 年。

申报年鉴社:《申报年鉴》,上海,1933—1936 年。
《申报月刊》,上海,1932—1935 年。
申伯纯:《西安事变纪实》,北京:人民出版社,1979 年。
沈叔羊:《爱国老人沈钧儒》,杭州:浙江人民出版社,1981 年。
沈思:《政府抗敌的准备》,上海:准备书局(音),1937 年。
沈醉:《杨杏佛、史量才被暗杀的经过》,《文史资料选辑》第 37 辑,第 165—171 页。
沈醉、郭旭:《我们所知道的郑介民》,《文史资料选辑》第 90 辑,第 147—177 页。
沈醉、文强:《戴笠其人》,北京:文史资料出版社,1980 年。
沈予:《日本东方会议和田中义一内阁对华政策——评〈田中奏折〉伪造说》,《近代史研究》1981 年第 1 期,第 273—291 页。
沈云龙:《"九一八"事变以后的上海学生请愿潮》,《传记文学》第 30 卷第 4 期(1977 年 4 月),第 55—62 页。
沈云龙:《黄膺白先生年谱长编》,2 卷,台北:联经出版事业公司,1976 年。
沈云龙:《塘沽协定后之东北通邮交涉》,未刊稿,1968 年。
沈云龙:《塘沽协定后的所谓"北平会谈"》,《传记文学》第 11 卷第 1—2 期(1967 年 7—8 月),第 51—57、49—52 页。
《生活》周刊,上海,1931—1933 年。
《生活知识》,上海,1935—1936 年。
《生活星期刊》,上海,1936 年。
《世界知识》,上海,1934—1937 年。
世界知识社编:《中日问题讲话》,上海:生活书店,1936 年。
施佛陀:《豫鄂皖"剿匪"收复金家寨之经过》,《春秋》(台北)第 7 卷第 2 期(1967 年 8 月 1 日),第 16—19 页。
史良:《我的生活道路》(上、下),《人物》1983 年第 5—6 期,第 23—33、76—90 页。
史民:《卢沟桥事变秘史》,香港:时代出版社。
《时事新报》,上海,1931—1937 年。
延安时事问题研究会编:《九一八事变以来国内政治形势的演变》,抗战书店,1941 年。
《时事月报》,南京,1931—1933 年。
《时代公论》,南京,1932—1935 年。
司马桑敦等:《张老帅与张少帅》,台北:传记文学出版社,1984 年。
孙湘德、宋景宪编:《宋故上将哲元将军遗集》,2 卷,台北:传记文学出版社,1985 年。
孙晓村:《回忆冯玉祥将军对救国会的支持》,《文史资料选辑》第 89 辑,第 47—50 页。
孙思白:《"九一八"与"一二九"学生运动比较研究》,《历史研究》1985 年第 6 期,第 119—136 页。
孙敦恒:《一二九运动在清华》,《文史资料选辑》第 8 辑,第 14—34 页。
宋庆龄:《为新中国奋斗》,北京:人民出版社,1952 年。
《淞沪御日血战大画史》,上海:文华美术图书公司,1932 年。
《大众生活》,上海,1935—1936 年。

《大公报》，天津、上海，1931—1937 年。
戴笠：《政治侦探》，国民政府军事委员会政治部，1938 年。
唐人（严庆澍的笔名）：《金陵春梦》，香港：杨镛，1975 年。
唐人（严庆澍的笔名）：《十年内战》，香港：杨镛，1975 年。
唐良雄：《戴笠传》，台北：传记文学出版社，1982 年。
唐德刚：《西安事变六一事变五十周年》，《传记文学》第 50 卷第 2 期（1987 年 2 月），第 26—31 页。
陶菊隐：《记者生活三十年》，北京：中华书局，1984 年。
陶希圣：《潮流与点滴》，台北：传记文学出版社，1964 年。
德穆楚克栋鲁普：《抗战前我勾结日寇的罪恶活动》，《文史资料选辑》第 63 辑（1979 年），第 4—52 页。
邓文仪：《西安事变与中国命运》，《传记文学》第 32 卷第 2—3 期（1978 年 2—3 月），第 73—78、89—96 页。
邓文仪：《冒险犯难记》，台北：学生书局，1973 年。
邓元忠：《民族复兴运动在民国史中的意义》，载“中华民国建国史”讨论集编辑委员会编：《“中华民国建国史”讨论集》，第 3 卷，台北：正中书局，1981 年，第 224—252 页。
邓元忠：《三民主义力行社史》，台北：实践出版社，1984 年。
邓元忠：《三民主义力行社史初稿》（1—4），《传记文学》第 39 卷第 4、6 期（1981 年 10、12 月）、第 40 卷第 1、6 期（1982 年 1、6 月），第 65—69、91—97、81—88、103—109 页。
《天津文史资料选辑》，天津，第 2、12—14、16、19—21、24、30—33、39—42 辑。
《挺进》，福建，1933 年。
丁贤俊、闻少华：《一个投降派的典型——汪精卫》，《历史研究》1976 年第 4 期，第 38—46 页。
丁日初、杜恂诚：《虞洽卿简论》，《历史研究》1981 年第 3 期，第 145—161 页。
蔡廷锴：《十九路军抗日经过及蒋中正消灭该军真相》。
蔡廷锴：《蔡廷锴自传》，香港：自由旬刊社，1946 年。
曾扩情：《何梅协定前复兴社在华北的活动》，《文史资料选辑》第 14 辑，第 131—146 页。
邹韬奋：《展望》，1937 年。
邹韬奋：《经历》，上海：韬奋出版社，1947 年。
邹韬奋：《患难余生记》，延安：韬奋书店，1946 年。
邹韬奋：《漫笔》，1933 年。
邹韬奋：《萍踪寄语》，上海：生活书店，1935 年。
邹韬奋：《坦白集》，上海，1936 年。
邹韬奋：《邹韬奋言论集》，1937 年。
复旦大学新闻系研究室编：《邹韬奋年谱》，上海：复旦大学出版社，1982 年。
崔万秋：《日本广田外交与中国》（1—3），《传记文学》第 41 卷第 4—6 期（1982 年 10—12 月），第 126—134 页、109—118 页、121—131 页。
杜重远：《狱中杂感》，广州，1936 年。

《独立评论》,北平,1932—1937 年。
杜聿明、郑洞国、覃异之:《古北口抗战纪要》,《文史资料选辑》第 14 辑,第 86—101 页。
杜聿明、覃异之:《塘沽协定签订后中央军在华北的几件事》,《文史资料选辑》第 99 辑,第 114—118 页。
《东方杂志》,上海,1932—1937 年。
董显光:《蒋介石》,上海,1937 年。
东北地区中日关系史研究会编:《中日关系史论丛》,沈阳:辽宁人民出版社,1982 年。
《外交评论》,南京,1934—1937 年。
《外交月报》,北平,1932—1936 年。
汪精卫:《救亡图存之方针》,《东方杂志》第 32 卷第 1 期(1935 年 1 月),第 5—11 页。
汪精卫:《汪精卫先生最近言论集》,上海:中华日报馆,1937 年。
汪精卫:《救亡的要义与青年学生责任》,载储安平编:《中日问题与各家论见》。
王觉源:《中国党派史》,台北:正中书局,1983 年。
王顺生、杨大纬:《福建事变——1933 年福建人民政府始末》,福州:福建人民出版社,1983 年。
王培槐:《革命的宝剑》,卫黄社,1936 年。
王仕任:《我所知道的日寇策划冀察、山东独立的阴谋活动片断》,《天津文史资料选辑》第 2 辑(1977 年),第 61—68 页。
王铁汉:《东北军事史略》,台北:传记文学出版社,1972 年。
王造时:《王造时自述》,《上海文史资料选辑》第 45 辑,第 98—139 页。
王益:《一九三五年德国对"调解"中日关系的态度》,《近代史研究》1984 年第 5 期,第 180—187 页。
王禹廷:《西安事变酿成巨祸》,22 部分,《传记文学》第 47 卷第 12 期(1985 年 12 月)至第 51 卷第 3 期(1987 年 9 月)。
王芸生、曹谷冰:《1926 至 1949 年的旧大公报》(上、下),《文史资料选辑》第 26—27 辑,第 208—277、201—272 页。
魏大铭:《评述戴雨农先生的事功》,《传记文学》第 38 卷第 2—4 期(1981 年 2—4 月),第 40—45、47—54、94—100 页。
文强:《孙殿英投敌经过》,《文史资料选辑》第 64 辑,第 114—166 页。
中国人民政治协商会议全国委员会文史资料研究委员会文史资料选辑编辑部编:《文史资料选辑》,北京:中国文史资料出版社。
中国人民政治协商会议北京市委员会文史资料研究委员会编:《文史资料选编》,北京:北京出版社。
吴相湘:《第二次中日战争史》,台北:综合月刊社,1973 年。
吴相湘:《王宠惠是蜚声国际法学家》,《传记文学》第 44 卷第 1 期(1984 年 1 月),第 27—44 页。
吴永在:《中国各方对于塘沽休战协定之意见与批评》,《外交月报》第 2 卷第 6 期(1933 年 6 月 15 日),第 205—228 页。

杨明元:《陶行知二十六国行》,《上海文史资料选编》第 45 辑(1984 年),第 84—97 页。
杨述:《记一二九》,北京:北京出版社,1960 年。
姚崧龄:《张公权先生年谱初稿》,2 卷,台北:传记文学出版社,1982 年。
岩英:《东北义勇军战史》,香港:宇宙出版社,1963 年。
右军:《西安事变的前因后果》,香港:春秋出版社,1971 年。
《榆关抗日战史》,中国国际宣传社,1934 年。
于伟:《三年来东北义勇军斗争的总检阅》,《东方杂志》第 32 卷第 6 期(1935 年 3 月 16 日),第 55—60 页。
元仁山:《东北义勇军》,哈尔滨:黑龙江人民出版社,1982 年。
云南省档案馆编:《两广“六·一”事变前龙云与蒋介石等来往函电选》,《历史档案》1987 年第 1 期,第 68—79 页。
《永生》,上海,1936 年。

二、西文部分

Aben, Hallet. *My Life in China, 1926—1941*. New York: Harcourt, Brace and Company, 1943.
Aben, Hallet. *Reconquest: Its Results and Responsibilities*. New York: Doubleday and Company, 1946.
Aisin-Gioro Pu Yi. *From Emperor to Citizen: The Autobiography of Aisin-Gioro Pu Yi*. W. J. F. Jenner, tr., 2 vols. Peking: Foreign Languages Press, 1964.
Bamba, Nobuya. *Japanese Diplomacy in a Dilemma: New Light on Japan's China Policy, 1924—1929*. Vancouver: University of British Columbia Press, 1972.
Barnhart, Michael A. "Japanese Intelligence before the Second World War: 'Best Case' Analysis," in Ernest R. May, ed., *Knowing One's Enemies: Intelligence Assessment before the Two World Wars*. Princeton: Princeton University Press, 1984, pp. 424—455.
Bate, Don. *Wang Ching-wei: Puppet or Patriot*. Chicago: Ralph Fletcher Seymour, 1941.
Bedeski, Robert. *State-Building in Modern China: The Kuomintang in the Prewar Period*. Berkeley: Center for Chinese Studies, University of California, 1981.
Bertram, James M. *First Act in China: The Story of the Sian Mutiny*. New York: The Viking Press, 1938.
Bison, T. A. *Japan in China*. New York: MacMillan, 1938.
Bloch, Kurt. *German Interests and Policies in the Far East*. New York: Institute of Pacific Relations, 1940.
Boorman, Howard L., ed. *Biographical Dictionary of Republican China*. 5vols. New York: Columbia University Press, 1967—1979.

Borg, Dorothy. *The United States and the Far Eastern Crisis of 1933—1938*. Cambridge: Harvard University Press, 1964.

Borg, Dorothy and Shumpei Okamoto, eds. *Pearl Harbor as History: Japanese-America Relations, 1931—1941*. New York: Columbia University Press, 1973.

Boyle, John Hunter. *China and Japan at War, 1937—1945: The Politics of Collaboration*. Stanford: Stanford University Press, 1972.

Brackman, Arnold C. *The Other Nuremberg: The Untold Story of the Tokyo War Crimes Trials*. New York: William Morrow and Co., 1987.

Buck, David D. *Urban Change in China: Politics and Development in Tsinan, Shantung, 1890—1949*. Madison: University of Wisconsin Press, 1978.

Bunker, Gerald E. *The Peace Conspiracy: Wang Ching-wei and the China War, 1937—1941*. Cambridge: Harvard University Press, 1972.

Burns, Richard Dean, and Edward M. Bennett, eds. *Diplomats in Crises: United States-Chinese-Japanese Relations, 1919—1941*. Santa Barbara, Calif.: ABC-Clio Press, 1974.

Bsuh, Richard C. "Industry and Politics in Kuomintang China: The Nationalist Regime and Lower Yangtze Cotton Mill Owners, 1927—1937." Ph. D. diss., Columbia University, 1978.

Bsuh, Richard C. *The Politics of Cotton Textiles in Kuomingang China, 1927—1937*. New York: Garland Publishing, 1982.

Chan, Anthony B. *Arming the Chinese: The Western Armaments Trade in Warlord China, 1920—1928*. Vancouver: University of British Columbia Press, 1982.

Chan, F. Gilbert, ed. *China at the Crossroads: Nationalists and Communists, 1927—1949*. Bouder, Colorado: Westview, 1980.

Chang, Carsun. *The Third Force in China*. New York: Bookman Associate, 1952.

Chang, Kia-ngau. *China's Struggle for Railway Development*. New York: John Day, 1943.

Chang Kuo-t'ao. *The Rise of the Chinese Communist Party, 1928—1938, vol.* 2 *of The Autobiography of Chang Kuo-t'ao*. Lawrence: The University Press of Kansas, 1972.

Chang, Maria Hsia. *The Chinese Blue Shirt Society: Fascism and Developmental Nationalism*. Berkeley: Institute of East Asian Studies, University of California, Berkeley, 1985.

Chang, Maria Hsia. "Fascism and Modern China," *China Quarterly*, no. 79 (September 1979), pp. 553—567.

Chang Yu-fa. "The Shantung Battlefield during the Northern Expedition," *Chinese Studies in History*, vol. 21, no. 2 (Winter 1987—1988), pp. 3—65.

Chiang, Kai-shek. *China's Destiny and Chinese Economic Theory*. New York: Roy

Publishers, 1947.

Chiang, Kai-shek. *The Collected Wartime Messages of Generalissimo Chiang Kai-shek, 1937—1945*. New York: Kraus Reprint Co., 1969.

Chiang, Kai-shek. *Soviet Russia in China: A Summing-Up at Seventy*. London: George G. Harrap, 1957.

Chiang, Kai-shek and Madame Chiang Kai-shek. *General Chiang Kai-shek: The Account of the Fortnight in Sian when the Fate of China Hung in the Balance*. Garden City: Doubleday, Doran and Co., 1937.

Chiang Kai-shek, *His Life and Times*. Chun-ming Chang, tr. An abridged English translation of *Shō Kai-seki hiroku* (g. v.). New York: St. John's University Press, 1981.

Chiang Monlin. *Tides from the West*. New Haven: Yale University Press, 1947.

Ch'ien Tuan-sheng. *The Government and Politics of China, 1912—1949*. Stanford: Stanford University Press, 1950.

China Critic. Shanghai, 1931—1937.

China Forum. Shanghai, 1932—1934.

China Quarterly. Shanghai, 1935—1937.

China Today. New York, 1934—1937.

China Weekly Review. Shanghai, 1931—1937.

China Year Book. Shanghai: North-China Daily News and Herald, 1928—1936.

Chinese Oral History Project. East Asian Institute of Columbia University. Microfilming Corporation of New York, 1975.

Clubb, O. Edmund. *Twentieth Century China*. New York: Columbia University Press, 1964.

Coble, Parks. M., Jr. *The Shanghai Capitalists and the Nationalist Government, 1927—1937*. Cambridge: Council on EAST Asian Studies, Harvard University, 1980.

Coox, Alvin D. *Nomonhan: Japan Against Russia, 1939*. 2 vols. Stanford: Stanford University Press, 1985.

Coox, Alvin D. and Hilary Conroy, eds. *China and Japan: A Search for Balance since World War I*. Santa Barbara, Calif.: ABC-Clio, 1978.

Crowley, James B. *Japan's Quest for Autonomy: National Security and Foreign Policy, 1930—1938*. Princeton: Princeton University Press, 1966.

Doenecke, Justus D. *When the Wicked Rise: American Opinion-Makers and the Manchurian Crisis of 1931—1933*. Lewisburg: Bicknell University Press, 1984.

Eastman, Lloyd E. *The Abortive Revolution: China under Nationalist Rule, 1927—1937*. Cambridge: Harvard University Press, 1974.

Eastman, Lloyd E. "Fascism and Modern China: A Rejoinder," *China Quarterly*, no. 80 (December 1979), pp. 838—842.

Eastman, Lloyd E. "The Nanjing Decade, 1927—1937," in his *China under Nationalist Rule: Two Essays*. Urbana, Illinois: Center for Studies, University of Illinois, 1983.

Eastman, Lloyd E. "The Rise and Fall of the 'Blue Shirts': A Review Article," *Republican China*, vol. 13, no. 1 (November 1987), pp. 25—48.

Elmquist, Paul O. "The Sino-Japanese Undeclared War of 1932 at Shanghai," in *Papers on China*, vol. 5 (May 1951). Cambridge: Regional Studies Seminar, Harvard University, pp. 39—74.

Endicott, Stephen L. *Diplomacy and Enterprise: British China Policy, 1933—1937*. Vancouver: University of British Columbia Press, 1975.

Fairbank, John K. *Chinabound: A Fifty-Year Memoir*. New York: Harper and Row, 1982.

Far Eastern Survey. New York, 1932—1937.

Fox, John P. *Germany and the Far Eastern Crisis, 1931—1938: A Study in Diplomacy and Ideology*. London: Oxford University Press, 1982.

Freyn, Hubert. *Prelude to War: The Chinese Student Rebellion of 1935—1936*. Shanghai: China Journal Publishing Company, 1939.

Fung, Edmund S. K. "Anti-Imperialism and the Left Guomindang," *Modern China*, vol. 11, no. 1 (January 1985), pp. 39—76.

Furth, Charlotte. *Ting Wen-chiang: Science and China's New Culture*. Harvard: Harvard University Press, 1970.

Graver, John W. "The Origins of the Second United Front: The Comintern and the Chinese Communist Party," *The China Quarterly*, no. 113 (March 1988), pp. 29—59.

Ger, Kai-hwa. "Unification versus Resistance: China's Reaction to Japanese Aggression, 1931—1937." Ph. D. diss., University of New Mexico, 1975.

Gewurtz, Margo S. *Between America and Russia: Chinese Student Radicalism and the Travel Books of Tsou T'ao-fen, 1933—1937*. Toronto: Joint Centre on Modern East Asia, University of Toronto-York University, 1975.

Gewurtz, Margo S. "Social Reality and Educational Reform: The Case of the Chinese Vocational Education Association, 1917—1927," *Modern China*, vol. 4, no. 2 (April 1978), pp. 157—180.

Gewurtz, Margo S. "Tsou T'ao-fen: The Sheng-Huo Years, 1925—1933." Ph. D. diss., Cornell University, 1972.

Gibson, Michael R. "Chiang Kai-shek's Central Army, 1924—1938." Ph. D. diss., George Washington University, 1985.

Gillin, Donald G. *Warlord: Yen Hsi-shan in Shansi Province, 1911—1949*. Princeton: Princeton University Press, 1967.

Godley, Shirley. "W. Cameron Forbes and the America Mission to China (1935)," in *Papers on China*, vol. 14 (May 1960). Cambridge: Regional Studies Seminar, Harvard University, pp. 87—109.

Grieder, Jerome B. *Hu Shih and the Chinese Renaissance: Liberalism in the Chinese Revolution, 1917—1937*. Cambridge: Harvard University Press, 1970.

Hane, Mikiso, ed. and tr. *Emperor Hirohito and His Chief Aide-de-camp: The Honjō Diary, 1933—1936*. Tokyo: University of Tokyo Press, 1982.

Hata Ikuhiko. "The Marco Polo Bridge Incident, 1937," in James W. Morley, ed. *The China Quagmire*, pp. 243—286.

Ho Lien. "The Reminiscences of Ho Lien." Columbia University, East Asian Institute, Oral History Project, 1967. Microfilmed in 1975.

Hornbeck, Stanley. Papers, at the Hoover Institution on War, Revolution, and Peace. Boxes 82, 83, 336, 337.

Hsi, Angela N. S. "Socialist Reform and the Fukien Rebellion, 1932—34," *Journal of Asian History*, vol. 11, no. 1 (1977), pp. 1—25.

Hsiang Liang-lin. *China's Foreign Trade Statistics, 1864—1949*. Cambridge: East Asian Research Center, Harvard University, 1974.

Hsu, Shu-hsi. *How the First Eastern War Began*. Shanghai: Kelly and Walsh, 1938.

Hsu, Shu-hsi. *The North-China Problem*. Shanghai: Kelly and Walsh, 1937.

Hu Shih. "If We Are Forced to War," *Asia*, vol. 36, no. 6 (June 1936), p. 379.

Hunter, Janet E. *Concise Dictionary of Modern Japanese History*. Berkeley: University of California Press, 1984.

Hutchings, Graham. "A Province at War: Guangxi during the Sino-Japanese Conflict, 1937—1945," *The China Quarterly*, no. 108 (December 1986), pp. 652—679.

Inlow, Burke. "Japanese 'Special Trade' in North China, 1935—1937," *Far Eastern Quarterly*, vol. 6, no. 2 (February 1947), pp. 139—167.

Inlow, Burke. "Chang Hsueh-liang and the Japanese," *Journal of Asian Studies*, vol. 20, no. 1 (November 1960), pp. 33—43.

Inlow, Burke. "Japanese Aggression and China's International Position, 1931—1949," in John K. Fairbank and Albert Feuerwerker, eds. *The Cambridge History of China, vol. 13: Republican China 1912—1949*, parts 2. Cambridge: Cambridge University Press, 1986, pp. 492—546.

Inlow, Burke, ed. *The Chinese and the Japanese: Essays in Political and Cultural Interactions*. Princeton: Princeton University Press, 1980.

Isaacs, Harold. *Re-Encounters in China: Notes of a Journey in a Time Capsule*. Armonk, N. Y.: M. E. Sharpe, 1985.

Isaacs, Harold, ed. *Five Years of Kuomintang Reaction*. A special edition of *China Forum*, vol. 1, nos. 11—13 (May, 1932).

Ishii, Osamu. "Cotton-Textile Diplomacy: Japan, Great Britain, and the United States, 1930—1936." Ph. D. diss. Rutgers University, 1977.

Israel, John. *The Chinese Student Movement*, 1927—1937: *A Bibliographical Essay Based on the Resources of the Hoover Institution*. Stanford: Hoover Institution, 1959.

Israel, John. *Student Nationalism in China, 1927—1937*. Stanford: Stanford University Press, 1966.

Israel, John and Donald W. Klein. *Rebels and Bureaucrats: China's December 9ers*. Berkeley: University of California Press, 1976.

Jansen, Marius B. *Japan and China: From War to Peace, 1894—1972*. Chicago: Rand McNally College Publishing Co., 1975.

The Japan Times and Mail. Tokyo, 1931—1937.

The Japan Year Book, 1937. Tokyo: The Foreign Affairs Association of Japan, 1937.

Jordan, Donald. "China's Vulnerability to Japanese Imperialism: The Anti-Japanese Boycott of 1931—1932," in F. Gilbert Chan, ed., *China at the Cross-roads*, pp. 91—123.

Jordan, Donald. "The Place of Chinese Disunity in Japanese Army Strategy during 1931," *The China Quarterly*, no. 109 (March 1987), pp. 42—63.

Jordan, Donald. "Shifts in Wang Ching-wei's Japan Policy during the Kuomintang Factional Struggle of 1931—1932," *Asian Profile*, vol. 12, no. 3 (June 1984), pp. 199—214.

Kahn, B. Winston. "Doihara Kenji and the North China Autonomy Movement, 1935—1936," in Alvin D. Coox and Hilary Conroy, eds., *China and Japan*, pp. 177—207.

Kamachi, Noriko, "Matsumoto Shigeharu in Shanghai: The Perspective of a Western-Educated Journalist," *Illinois Papers in Asian Studies*, vol. 2 (1983), pp. 14—22.

Kapp, Robert A. *Szechwan and the Chinese Republic: Provincial Militarism and Central Power*, 1911—1938. New Haven: Yale University Press, 1973.

Kataoka, Tetsuya. *Resistance and Revolution in China: The Communists and the Second United Front*. Berkeley: University of California Press, 1974.

Kawakami, K. K. *Manchoukuo: Child of Conflict*. New York: Macmillan, 1933.

Kido, Kōichi. *The Diary of Marquis Kido, 1931—1945*. Frederick, Maryland: University Publications of America, 1984.

King, Wunsz. *China and the League of Nations: The Sino-Japanese Controversy*. New York: St. John's University Press, 1965.

Kirby, William C. *Germany and Republican China*. Stanford: Stanford University Press, 1984.

Kirby, William C. "Kuomintang China's 'Great Leap Outward,' The 1936 Three Year Plan for Industrial Development," *Illinois Papers in Asian Studies*, vol. 2 (1983), pp. 43—66.

Koo, V. K. Wellington. *Memoranda Presented to the Lytton Commission*. 2 vols. New York: The Chinese Cultural Society, 1932.

Koo, V. K. Wellington. "The Wellington Koo Memoir." Columbia University Oral History Project, 1958—1967.

Lai, Jeh-hang. "A Study of a Faltering Democrat: The Life of Sun Fo, 1891—1949." Ph. D. diss., University of Illinois at Urbana-Champaign, 1976.

Lary, Diana. *Region and Nation: The Kwangsi Clique in Chinese Politics, 1925—1937*. London: Cambridge University Press, 1974.

Lautz, Terrill E. "The Politics of Retirement in Republican China, 1911—1949." Ph. D. diss., Stanford University, 1976.

League of Nations, Council Committee of Technical Collaboration with China. *Report to the Council of its Technical Delegate on His Mission in China from Date of Appointment until April 1, 1934*. Nanking: The International Relations Committee, 1934.

Lee, Chong-sik. "The Chinese Communist Party and the Anti-Japanese Movement in Manchuria: The Initial Stage," in Alvin D. Coox and Hilary Conroy, eds., *China and Japan*, pp. 143—172.

Lee, Chong-sik. *Revolutionary Struggle in Manchuria: Chinese Communism and Soviet Interest, 1922—1945*. Berkeley: University of California Press, 1983.

Lestz, Michael E. "The Meaning of Revival: The Kuomintang 'New Right' and Party Building in Republican China, 1925—1936." Ph. D. diss., Yale University, 1982.

Li, Dun J., ed. *Modern China: From Mandarin to Commissar*. New York: Charles Scribner's Sons, 1978.

Li Huang. "The Reminiscences of Li Huang." Columbia Oral History Project, 1971.

Li, Lincoln. *The Japanese Army in North China, 1937—1941: Problems of Political and Economic Control*. Tokyo: Oxford University Press, 1975.

Li Yun-han. "The Origins of the War: Background to the Lukouchiao Incident, July 7, 1937," in Paul K. T. Sih, ed., *Nationalist China during the Sino-Japanese War*, pp. 3—32.

Liang Chin-tung. *The Sinister Face of the Mukden Incident*. New York, St. John's University Press, 1969.

Lilley, Charles R. "Tsiang T'ing-fu: Between Two Worlds, 1895—1935." Ph. D. diss., University of Maryland, 1979.

Lin Han-sheng. "A New Look at Chinese Nationalist 'Appeasers,'" in Alvin D. Coox and Hilary Conroy, eds., *China and Japan*, pp. 211—241.

Lin Han-sheng. "Wang Ching-wei and the Japanese Peace Efforts." Ph. D. diss., University of Pennsylvania, 1967.

Lin Yu-tang. *A History of the Press and Public Opinion in China*. Chicago: University of Chicago Press, 1936.

Linebarger, Paul M. A. *The China of Chiang Kai-shek: A Political Study*. Boston: World Peace Foundation, 1943.

Ling, Hung-hsun. "China's Epic Struggle in Developing Its Overland Transportation System during the Sino-Japanese War," in Paul K. T. Sih, ed., *Nationalist China during the Sino-Japanese War*, pp. 243—265.

Liu F. F. *A Military History of Modern China, 1924—1949*. Princeton: Princeton University Press, 1956.

Liu, James T. C. (Liu Tze-chien). "Sino-Japanese Diplomacy during the Appeasement Period, 1933—1937." Ph. D. diss., University of Pittsburgh, 1950.

Lowe, Peter. *Great Britain and the Origins of the Pacific War: A Study of British Policy in East Asia, 1937—1941*. Oxford: Clarendon Press, 1977.

Lu, Alfred T. *Hirota's Three Principles vis-à-vis China*. Nanking: Council of International Affairs, 1936.

Lu, David J. *From the Marco Polo Bridge to Pearl Harbor: Japan's Entry into World War* Ⅱ. Washington, D. C.: Public Affairs Press, 1961.

Lubot, Eugene. *Liberalism in an Illiberal Age. New Cultural Liberals in Republican China, 1919—1937*. Westport, Conn.: Greenwood Press, 1982.

Luo Ruiqing, Lu Zhengcao, and Wang Bingnan. *Zhou Enlai and the Xi'an Incident: An Eyewitness Account, A Tuning Point in Chinese History*. Peking: Foreign Languages Press, 1983.

MacKinnon, Janice R., and Stephen R. MacKinnon. *Ages Smedley: The Life and Times of an American Radical*. Berkeley: University of California Press, 1988.

Mah, N. Wing, and C. F. Chang. *Sino-Japanese Relations since the Tangku Truce, May 31, 1933: A Brief Historical Survey*. New York: China Institute of Pacific Relations, 1936.

Manchuria: Report of the Commission of Enquiry Appointed by the League of Nations. Washington: United States Government Printing Office, 1931.

Mao Tse-tung. *Selected Works of Mao Tse-tung*, vol. 1. Peking: Foreign Languages Press, 1967.

Martin, Bernd. *Die deutsche Beraterschaft in China 1927—1938: Militarwirtschaft-Aussenpolitik*. Dusseldorf: Droste Verlag, 1981.

McAleavy Henry. *A Dream of Tartary: The Origin and Misfortunes of Henry P'u Yi*. London: George Allen and Unwin, 1963.

McCormack, Gavan. *Chang Tso-lin in Northeast China, 1911—1928: China, Japan, and the Manchurian Idea*. Stanford: Stanford University Press, 1977.

Meng, Chih. *China Speaks on the Conflict between China and Japan*. New York:

Macmillan, 1932.

Mi Zanchen. *The Life of General Yang Hucheng*. Wang Zhao, tr. Hong Kong: Joint Publishing Co., 1981.

Monnet, Jean. *Mémoires*. Paris: Payard, 1976.

Morley, James W., ed. *The China Quagmire: Japan's Expansion on the Asian Continent, 1933—1941*. Selected translation from Taiheiyō sensō e no michi. New York: Columbia University Press, 1983.

Morley, James W., ed. *Japan Erupts: The London Naval Conference and the Manchurian Incident, 1928—1932*. Selected translation from Taiheiyō sensō e no michi. New York: Columbia University Press, 1984.

Morton, William F. *Tanaka Giichi and Japan's Foreign Policy*. New York: St. Martin's Press, 1980.

Nakamura, Tkafus. "Japan's Economic Thrust into North China, 1933—1938: Formation of the North China Development Corporation," in Akira Iriye, ed., *The Chinese and the Japanese*, pp. 220—253.

New York Times Oral History Program. Columbia University Collection, Microfiche.

North China Herald. Shanghai, 1931—1937.

Odani, Akira. "Wang Ching-wei and the Fall of the Chinese Republic, 1905—1935." Ph. D. diss., Brown University, 1975.

Ogata, Dadako N. *Defiance in Manchuria: The Making of Japanese Foreign Policy, 1931—1932*. Berkeley: University of California Press, 1964.

Osterhammel, Jurgen. "Imperialism in Transition: British Business and the Chinese Authorities, 1931—1937," *The China Quarterly*, no. 98 (June 1984), pp. 260—286.

Osterhammel, Jurgen. "'Technical Co-cooperation' between the League of Nations and China," *Modern Asian Studies*, vol. 13, no. 4 (1979), pp. 661—680.

Ozaki, Hotsumi. *Recent Developments in Sino-Japanese Relations*. Tokyo: Japanese Council, Institute of Pacific Relations, 1936.

Payer, Cheryl Ann. "Western Economic Assistance to Nationalist China, 1927—1937: A Comparison with Postwar Aid Programs." Ph. D. diss., Harvard University, 1971.

Peck Willys. Papers at the Hoover Institution on War, Revolution, and Peace. *The People's Tribune*. Shanghai, 1931—1937.

Powell, John. *My Twenty-five Years in China*. New York: Macmillan, 1945.

Remer, C. F. *A Study Chinese Boycotts: With Special Reference to Their Economic Effectiveness*. Baltimore: The John Hopkins Press, 1933.

Reynolds, Bruce L. "The Impact of Trade and Foreign Investment on Industrialization: Chinese Textiles, 1875—1931." Ph. D. diss., University of Michigan, 1975.

Rosinger, Lawrence K. *China's Wartime Politics, 1937—1944*. Princeton: Princeton University Press, 1944.

Seeds of Conflict, Series 9, The Sino-Japanese Conflict, 1931—1941, Prelude to Pearl Harbor. Nendeln: Kraus Reprint, 1980. Materials cited above were originally published by Chamber of Commerce of Shanghai.

Selle, Earl A. *Donald of China*. New York: Harper and Brothers, 1948.

Shen Tsui (Shen Zui). *A KMT War Criminal in New China*. Liang Xintu and Sun Binghe, trs. Peking: Foreign Languages Press, 1986.

Sheridan, James E. *Chinese Warlord: The Career of Feng Yü-Hsiang*. Stanford: Stanford University Press, 1966.

Shigemitsu, Mamoru. *Japan and Her Destiny: My Struggle for Peace*. Oswald White, tr. New York: E. P. Dutton and Co. , 1958.

Shih, Chao-ying. "Smuggling in North China," *Information Bulletin*, vol. 1, no. 2 (May 21, 1936), pp. 1—33.

Shimada, Toshihiko. "Designs on North China, 1933—1937," James B. Crowley, trans. and intro. in James W. Morley, ed. , *The China Quagmire* , pp. 1—230.

Shiroyama, Saburo. *War Criminal: The Life and Times of Hirota Koki*. Tokyo: Kodansha International, 1974.

Shum, Kui-kwong. *The Chinese Communists' Road to Power: The Anti-Japanese National United Front, 1935—1945*. Hong Kong: Oxford University Press, 1988.

Sih, Paul K. T. (Hsueh kuang-ch'ien), ed. *Nationalist China during the Sino-Japanese War, 1937—1945*. Hicksville, New York: Exposition Press, 1977.

Snow, Edgar. *Far Eastern Front*. New York: Harrison Smith and Robert Haas, 1933.

Snow, Edgar. "Mr. Hirota's Third Point," *Foreign Affairs*, July 1936, pp. 598—605.

Snow, Edgar. *Random Notes on Red China, 1936—1945*. Cambridge: East Asian Research Center, Harvard University, 1971.

Snow, Edgar. *Red Star over China*. Rev ed. New York: Random House, 1968.

Soong Ch'ing-ling. *The Struggle for New China*. Peking: Foreign Languages Press, 1953.

Stephan, John J. "The Tanaka Memorial (1927): Authentic or Spurious?" *Modern Asian Studies*, vol. 7, no. 4 (October 1973), pp. 733—745.

Suleski, Ronald. "Northeast China under Japanese Control: The Role of the Manchurian Youth Corps, 1934—1945," *Modern China*, vol. 7, no. 3 (July 1981), pp. 351—377.

Sutton, Donald S. "German Advice and Residual Warlordism in the Nanking Decade: Influences on Nationalist Military Training and Strategy," *The China Quarterly*, no. 91 (September 1982), pp. 386—410.

Thorne, Christopher. *The Limits of Foreign Policy: The West, the League and the Far Eastern Crisis of 1931—1933*. New York: G. P. Putnam's Sons, 1973.

Tien, Hung-mao. *Government and Politics in Kuomintang China, 1927—1937*. Stanford: Stanford University Press, 1972.

Ting, Lee-hsia Hsu. *Government Control of the Press in Modern China, 1900—1949*. Cambridge: Council on East Asian Studies, Harvard University, 1974.

Tokyo Information Bureau. *Contemporary Opinions on Current Topics*. Tokyo: Information Bureau, 1935—1937.

The Tokyo War Crimes Trial: The Complete Transcripts of the Proceedings of the International Military Tribunal of the Far East. 20 vols. New York: Garland, 1981.

Tong, Hollington K. *Biography of President Chiang*. Taipei: Committee on Chinese Publication Enterprise, 1952.

Tong, Te-kong, and Li Tsun-jen. *The Memoirs of Li Tsung-jen*. Boulder, Colorado: Westview Press, 1979.

The Trans-Pacific. Tokyo, 1932—1937.

Trotter, Ann. *Britain and East Asia*, 1933—1937. London: Cambridge University Press, 1975.

Tsiang T'ing-fu. "The Reminiscences of Tsiang T'ing-fu done with Crystal Lorch Seidman." Chinese Oral History Project, Columbia University, 1974.

Tso Shun-sheng. "The Reminiscences of Tso Shun-sheng as told to Julie Lien-ying How." Chinese Oral History Project, Columbia University, 1965.

United States, Department of State. *Foreign Relations of the United States: Diplomatic Papers*, 1933. vol. 3. Washington, D. C.: United States Government Printing Office, 1949.

United States, Department of State. *Foreign Relations of the United States: Diplomatic Papers*, 1934. vol. 3. Washington, D. C.: United States Government Printing Office, 1950.

Upshur, Jiu-hwa Lo. "China under the Kuomintang: The Problem of Unification, 1928—1937." Ph. D. diss., University of Michigan, 1972.

Usui Katsumei. "The Role of the Foreign Ministry," in Dorothy Borg and Shumpei Okamoto, eds., *Pearl Harbor as History*, pp. 127—148.

Van Slyke, Lyman P. *Enemies and Friends: The United Front in Chinese Communist History*. Stanford: Stanford University Press, 1967.

Wales, Nym (Helen Foster Snow). *Notes on the Chinese Student Movement, 1935—1936*. Stanford: Hoover Institution on War, Revolution, and Peace, 1959.

Wales, Nym (Helen Foster Snow). Papers at the Hoover Institution. Boxes 11, 12, 15, 16, 18.

Wang, Ching-wei. *China's Problems and Their Solution*. Shanghai: China United Press, 1934.

Wang, Ching-wei and Chiang Kai-shek. *China's Leaders and Their Policies: Messages to the Chinese People*. Shanghai: China United Press, 1935.

Wasserstrom, Jeffrey N. "Taking It to the Streets: Shanghai Students and Political Protest, 1919—1949." Ph. D. diss. University of California, Berkeley, 1989.

Wu Hsiang-hsiang. "Total Strategy Used by China and Some Major Engagements of the Sino-Japanese War of 1937—1945." in Paul K. T. Sih, ed., *Nationalist China during the Sino-Japanese War*, pp. 37—80.

Wu Tien-wei. "New Materials on the Xi'an Incident: A Bibliographic Review," *Modern China*, vol. 10, no. 1 (January 1984), pp. 115—141.

Wu Tien-wei. *The Sian Incident: A Pivotal Point in Modern Chinese History*. Ann Arbor: Center for Chinese Studies, University of Michigan, 1975.

Yoshihashi, Takehiko. *Conspiracy at Mukden: The Rise of the Japanese Military*. New Haven: Yale University Press, 1963.

Young, Arthur N. *China's Nation-Building Effort, 1927—1937: The Financial and Economic Record*. Stanford: Hoover Institution Press, 1971.

Young, Arthur N. Papers at the Hoover Institution on War, Revolution, and Peace. Boxes 29, 30, 53, 55, 57—61, 108.

Zhou Enlai. *Selected Works of Zhou Enlai*, vol. 1. Peking: Foreign Languages Press, 1981.

三、日文部分

馬場明男:『支那經経済年表』,東京:慶應書房,1943年。

土肥原賢二刊行會:『秘錄土肥原賢二』,東京:芙蓉書房,1972年。

江口圭一:『日本帝国主義史論一満州事変前後』,東京:青木書店,1975年。

外務省情報部編:『現代中華民国満洲人名鑑』,東京:東亜同文會,1937年。

外務省情報部編:『支那抗日陣営に於ける反共勢力』,東京:外務省情報部,1940年。

『現代史資料』,東京:みすず書房,1962—1967年。

秦郁彦:『日中戦争史』,東京:河出書房新社,1961年。

秦郁彦:『绥远事件』,『国際政治』第15卷(1961年3月),第99页;『新知識』第6期(1936年11月20日),第87—102页。

波多野乾一:『中国国民党通史』,東京:大東出版社,1943年。

波多野乾一:『現代の支那政治と人物』,東京:改造社,1937年。

平野正:『中国革命の知識人』,東京:日中出版,1977年。

平野正:『中国共産党の抗日民族統一戦線政策の発展——「反蒋抗日」から「連蒋抗日」への転換の意義について』,『歴史評論』第287期(1974年3月),第108—127页。

今村与志雄:『中国における出版と検閲についてのノート』,『東洋文化』第44期(1968年2月),第1—26页。
石島紀之:『中国の対外関係と経済建設』,载野沢豊編『中国の幣制改革と国際関係』,第23—53页。
石島紀之:『抗日民族統一戦線と知識人——「満州事変」時期の鄒韜奋と「生活」週刊をめぐつて』,第1—2部分,『歴史評論』第256、259期(1971年11月、1972年2月),第22—50页、81—92页。
石丸藤太:『蔣介石』,東京:春秋,1937年。
岩井英一:『藍衣社ニ関スル調査』,東京:外務省調査部,1937年。
上村伸一:『日華事変』(本书为鹿岛和平研究所编『日本外交史』第19卷),東京:鹿島和平研究所,1970年。
神田正雄:『成都事件を中心に』,『支那』第29卷第10期(1936年10月),第116—128页。
片倉衷:『回想の満州国』,東京:経済往来社,1978年。
菊池貴晴:『中国民族運動の基本構造——対外ボイコットの研究』,東京:汲古書院,1974年。
小林英夫:『幣制改革をめぐる日本と中国』,载野沢豊編『中国の幣制改革と国際関係』,第233—263页。
小島昌太郎:『支那最近大事年表』,東京:江草四郎,1942年
『国際政治』,東京。
葛生能久:『日支交渉外史』,2卷本,東京:黒龍会出版社,1938—1939年。
『満鉄調査月報』,大連,1932—1937年。
松本重治:『上海时代ジセーナリストの回想』,2卷本,東京:中央公論社,1974—1975年。
野沢豊編:『中国の幣制改革と国際関係』,東京:東京大学出版社,1981年。
『藍衣社の改組主義の転向並に最近の動向』,1934年。
『藍衣社の組織と反満抗日活動の実例』,1935年。
『藍衣社に就いて』,1935年。
『藍衣社に防諜報工作』,警保局外事課,1940年。
『藍衣社の概念と其特務の工作に就いて』,1940年。
『藍衣社の北支に於ける最進の動向』,『中国資料月報』中的『情報』第8期,第71—87页。
『歴史評論』,東京,1946年。
島田俊彦:『川越・張群會談の舞台裏』(一、二),『アジア研究』第10卷第1、3期(1963年4月),第49—68、23—29页。
島田俊彦:『梅津何應欽協定の成立』,『国際政治』第11期(1960年1月),第50—70页。
臼井胜美:『満州事変戦争と外交と』,東京:中央公論社,1974年。
臼井胜美:『支那事変前の中日交渉』,『国際政治』第15期(1961年3月),第119—

133 页。
日本国際政治学会太平洋戦争原因研究部編:『太平洋戦争への道:開戦外交史』,7 卷本,東京:朝日新聞社,1962—1963 年。
高橋龜吉:『支那経済の崩壊と日本』,東京:千倉書房,1936 年。
竹内夏積:『支那の全貌』,東京:信正出版,1937 年。
宇野重昭:『広田弘毅の対華政策と蔣介石』,『国際政治』第 56 期(1976 年),第 22—45 页。
東亜研究所:『支那近代百年表草稿』,東京:東亜研究所,1941 年。
殿木圭一:『上海』,东京:岩波書店,1942 年。
『東洋文化』。
葛生能久:『日支交涉外史』第 1 卷,『華北事件と蔣介石の責任』,『支那』第 26 卷第 8 期(1935 年 8 月),
寺平忠輔:『盧溝橋事件』,東京:読売新聞社,1970 年。

人名译名对照表

A

Ai Han-sung 艾寒松
Amō Eiji 天羽英二
Arita Hachirō 有田八郎
Ariyoshi Akira 有吉明

B

Barnhart，Michael 迈克尔·勃恩哈特

C

Chang Ch'ao 张超
Chang Chih-chung 张治中
Chang Ch'ing-yü 张庆余
Chang Ch'ün 张群
Chang Chung-fu 张忠绂
Chang Fa-k'uei 张发奎
Chang Hsueh-liang 张学良
Chang Hsi-jo 张奚若
Chang Ping-lin 章炳麟
Chang T'ien-fei 张天飞
Chang Tso-hsiang 张作相
Chang Tso-lin 张作霖
Chang Yen-t'ien 张砚君
Chao Chin-wen 赵锦雯
Chao Li-chün 赵理君
Ch'en Chi-t'ang 陈济棠
Ch'en Chia-hsun 陈嘉训
Ch'en Chih-mai 陈之迈
Ch'en Ming-shu 陈铭枢
Ch'en P'in-ho 陈彬和
Ch'en Shao-k'uan 陈绍宽
Ch'en Shi-chao 成爕超
Ch'en Yu-jen 陈友仁
Ch'eng K'o 程克
Chi Hung-ch'ang 吉鸿昌
Chiang Ch'iu-ti 江秋荻
Chiang Hsiao-hsien 蒋孝先
Chiang Kai-shek 蒋介石
Chiang Kuang-nai 蒋光鼐
Chiang Kuei-t'i 姜桂题
Ch'in Tsu-tse 秦祖泽
Ch'iu Kuo-chen 丘国珍
Cochran Sherman 高家龙
Crowley James 詹姆斯·克罗利

D

Doihara Kenji 土肥原贤二

E

Eastman，Lloyd E. 易劳逸

F

Fairbank, John K. 费正清
Fang Chen-wu 方振武
Fang Ch'iu-wei 方秋苇
Feng Yü-hsiang 冯玉祥
Fiala, Robert D. 罗伯特·D. 费厄拉
Fogel, Joshua A. 傅佛果
Forbes, W. Cameron W. 卡梅伦·福布斯
Fox, John 约翰·福克斯
Fu Ssu-nien 傅斯年
Fujiwara Yasuaki 藤原保明
Furholzer, Edmund 埃德蒙·霍夫勒

G

Graver, John 约翰·加威
Ger Kai-hwa 葛开华
Gillin, Donald 唐纳德·格林

H

Haas, Robert 罗伯特·哈斯
Han Feng-lin 韩风林
Han Fu-chü 韩复榘
Hartford, Kathleen 贺康玲
Hershatter, Gail 贺萧
Hirohito Emperor 裕仁天皇
Hirota Kōki 广田弘毅
Hitler 希特勒
Ho Chien 何键
Ho Chu-kuo 何柱国
Ho Chung-han 贺衷寒
Ho Hsiang-ning 何香凝
Ho Yao-tsu 贺耀祖
Ho Ying-ch'in 何应钦
Hornbeck, Stanley 项白克
Hou Ta-ch'un 后大椿
Hsiao Chen-ying 萧振瀛
Hsiung Pin 熊斌
Hsiung Shih-hui 熊式辉
Hsu Chi-ch'ing 徐寄庼
Hsu Chu-ch'eng 徐铸成
Hsu Hsin-liu 徐新六
Hsu Hsiu-hsiung 徐秀雄
Hsu Hui-chih 徐会之
Hsu Shu-cheng 徐树铮
Hsu Tao-lin 徐道邻
Hsueh Kuang-ch'ien 薛光前
Hsueh Hai-lun 薛海伦
Hu En-p'u 胡恩浦
Hu Han-min 胡汉民
Hu Shih 胡适
Hu Tsung-nan 胡宗南
Hu Yü-chih 胡愈之
Hu Yü-k'un 胡毓坤
Huang Chieh 黄杰
Huang Fu 黄郛
Huang Shao-ku 黄少谷
Huang Yen-p'ei 黄炎培

I

Inlow, Burke 殷伯克
Iriye Akira 入江昭
Israel, John 易社强
Isogai Rensuke 矶谷廉介
Itagaki Seishirō 板垣征四郎
Iwai Eiichi 岩井英一

J

Jung Chen 荣臻
Jung Tsung-ching 荣宗敬

K

Kan Kuo-hsun 干国勋
K'ang Tse 康泽
Kao Ling-wei 高凌霨
Kao Tsung-wu 高宗武

Kao Yu-t'ang 高友唐
Kawabe 河边
Kawagoe Shigeru 川越茂
Keenum，Katherine 凯瑟琳·克勒姆
Kennedy，Dane K. 戴恩·K. 肯尼迪
Kita Seiichi 喜多诚一
Kodama Kenji 儿玉谦次
Koo Wellington(Ku Wei-chün)顾维钧
Koiso Kuniaki 小矶国昭
Kiebel，Herman 柯瑞伯
Ku Chu-t'ung 顾祝同
Ku Meng-yü 顾孟余
Kuang Lin-cheng 关麟征
Kung H. H. 孔祥熙
Kuo T'ai-ch'i 郭泰祺
Kuramoto Hideaki 藏本英明

L

Lai Tse-han 赖泽涵
Lampson，Miles W. 蓝浦生
Lee Chong-sik 李昌西
Lei[Cao] Hsiao-ch'ing 曹霄青
Leith-Ross，Sir Frederick 弗雷德里克·李滋-罗斯
Leng Chia-chi 冷家骥
Li Chi-shen 李济深
Li Chien-po 李剑波
Li Kung-p'u 李公朴
Li Lieh-chün 李烈钧
Li Lincoln 黎令勤
Li Shih-tseng 李石曾
Li T'ing-yü 李廷玉
Li Ts'ai-kuei 李才桂
Li Tse-i 李择一
Li Tsung-jen 李宗仁
Li Yun-feng 李云峰
Li Yun-han 李云汉
Liang Ching-tui 梁敬錞
Liang Kung-ts'ang 梁弓藏
Lin Han-sheng 林汉省
Lin K'ang-hou 林康侯
Lin Pai-sheng 林柏生
Lin Sen 林森
Linebarger，Paul 林百克
Liu Che 刘哲
Liu Chen-nien 刘珍年
Liu Chien-ch'ün 刘健群
Liu Ch'ung-chieh 刘崇杰
Liu F. F. 刘馥
Liu Hsiang 刘湘
Liu Kuei-t'ang 刘桂堂
Liu Shao-ch'i 刘少奇
Liu Shi-sung 刘石松(音)
Liu Tze-chien 刘子建
Liu Tso-chou 刘佐周
Liu Ya-ch'iao 刘亚乔
Lo Lung-chi 罗隆基
Lo Wen-kan 罗文干
Lu Hsun 鲁迅
Lü Lü 吕律
Lu Ti-p'ing 鲁涤平
Luo Ruiqing 罗瑞卿
Lytton 李顿

M

Ma Chan-shan 马占山
Ma Chi-lien 马季廉
Ma Liang 马良(相伯)
MacFarquhar，Roderick 罗德里克·麦克法夸尔
Maddox，Patrick G. 帕特里克·G. 麦道克斯
Mao Tse-tung 毛泽东
Mao Tun 茅盾
Matsumoto Shigeharu 松本重治
Maze，Sir Frederick 梅乐和

Men Chi-chung 门致中
Meng Chang-yung 孟长泳
Minami Jirō 南次郎
Monnet, Jean 让·莫内
Mutō Akira 武藤信义
Myers, Ramon H. 马若孟

N
Nakamura Shintarō 中村震太郎
Nakano Junzō 中野顺三
Nishihara Kamego 西原龟三

O
Ochiai Jinkurō 落合甚九郎
Okada 冈田
Okamura Yasuji 冈村宁次
Oshima Hiroshi 大岛浩
Ou Shao-kan 区少干
Ozaki Hotsumi 尾崎秀实

P
Pai Chia-shu 白家书
Pai Ch'ung-hsi 白崇禧
Pai Wei 白苇
Pai Yü-huan 白逾桓
P'an Tzu-nien 潘梓年
Peck, Willys R. 裴克
P'eng Hsueh-p'ei 彭学沛
P'u-yi 溥仪

R
Rader, Benjamin G. 本杰明·G. 雷德
Rajchman, Ludwig W. 路德维希·W. 本杰明
Reicheneau, General von 冯·莱希劳
Ribbentrop, Joachim von 里宾特洛甫
Root, Robert G. 罗伯特·G. 鲁特
Root, Marilyn Mathias 玛丽琳·马修斯·鲁特

S
Sakai 酒井
Satō Naotake 佐藤尚武
Seeckt, Hans von 汉斯·冯·希克特
Sha Ch'ien-li 沙千里
Shang Chen 商震
Shao Yuan-ch'ung 邵元冲
Shen Chün-ju 沈钧儒
Shen Po-ch'un 申伯纯
Shen Tsui 沈醉
Sherrard, William A. 威廉·A. 谢拉德
Shidehara Kijuro 币原喜重郎
Shigemitsu Mamoru 重光葵
Shih Ching-t'ing 石敬亭
Shih Liang 史良
Shih Liang-ts'ai 史量才
Shih Yu-san 石友三
Shimada Toshihiko 岛田俊彦
Shirakawa Kōichi 盐泽幸一
Shiozawa Yoshinori 白川义则
Snow, Edgar 埃德加·斯诺
Snow, Helen Foster 海伦·福斯特·斯诺
Soong Ch'ing-ling 宋庆龄
Soong Mei-ling 宋美龄
Soong T. V. 宋子文
Sugimura Yōtarō 杉村阳太郎
Sugiyama Gen 杉山元
Suma Yakichiro 须磨弥吉郎
Sun Feng-ming 孙凤鸣
Sun Fo 孙科
Sun Ming-chiu 孙鸣久
Sun Tien-ying 孙殿英
Sun Wei-ju 孙蔚如
Sun Yat-sen 孙中山
Sun Yung-chin 孙永勤

T
Tada Hayao 多田骏
Tai Chi 戴戟
Tai Li 戴笠
Takahashi Tan 高桥坦
Takeshita Yoshiharu 竹下义晴
Tanaka Ryūkichi 田中隆吉
T'ang En-po 汤恩伯
T'ang Liang-hsiung 唐良雄
T'ang Sheng-chih 唐生智
T'ang Yu-jen 唐有壬
T'ang Yü-lin 汤玉麟
T'ao Hsing-chih 陶行知
T'ao Shang-ming 陶尚铭
Tashiro Kan'ichirō 田代皖一郎
Te Prine(Te Wang) 德王
Teng Wen-i 邓文仪
Teng Yuan-chung 邓元忠
Terauchi Hisaichi 寺内寿一
Tetsuya Kataoka 片冈铁哉
Ting Ling 丁玲
Ting Wen-chiang 丁文江
Tōjō Hidaki 东条英机
Tong Hollington K. 董显光
Trefethen，Florene 佛罗伦斯·特菲森
Ts'ai T'ing-k'ai 蔡廷锴
Ts'ai Yuan-p'ei 蔡元培
Tsiang T'ing-fu 蒋廷黻
Tso Shun-sheng 左舜生
Tsou Lu 邹鲁
Tsou T'ao-fen 邹韬奋
Tu Chung-yuan 杜重远
Tu Yueh-sheng 杜月笙
Tuan Ch'i-jui 段祺瑞
T'ung Lin-ko 佟麟阁

U
Ueda Kenkichi 植田谦吉
Ugaki 宇垣
Umezu Yoshijirō 梅津美治郎

W
Wan Fu-lin 万福麟
Wang Cheng-t'ing 王正廷
Wang Ching-wei 汪精卫
Wang Chung-fang 汪仲芳
Wang Ch'ung-hui 王宠惠
Wang Hsiao-lai 王晓籁(孝赍)
Wang I-che 王以哲
Wang I-t'ang 王揖唐
Wang Ming 王明
Wang Shih-chieh 王世杰
Wang Shu-ch'ang 王树常
Wang Tsao-shih 王造时
Wang Yun-sheng 王芸生
Watari Sakon 波左近
Wei Ta-ming 魏大铭
Wei T'ing-sheng 卫挺生
Wei Tsung-han 魏宗灏
Wen Ch'iang 文强
Wen-ching 文静
Wong Wen-hao 翁文灏
Wright，Stanley 魏尔特
Wu Ch'ao-shu 伍朝枢
Wu Chih-hui 吴稚晖
Wu Hsiang-hiang 吴相湘
Wu P'ei-fu 吴佩孚
Wu Shih-ch'ang 吴世昌
Wu T'ieh-ch'eng 吴铁城
Wu T'ien-min 吴天民
Wu T'ien-wei 吴天威
Wu Ting-ch'ang 吴鼎昌

Y
Yang Chieh 杨杰
Yang Ch'üan 杨铨

Yang Hu-ch'eng 杨虎城
Yang Kung-ta 杨公达
Yang Yung-t'ai 杨永泰
Yeh Chien-ying 叶剑英
Yeh Ch'u-ts'ang 叶琢堂
Yeh P'eng 叶蓬
Yeh Wen-hsin 叶文心
Yen Hsi-shan 阎锡山
Yen Hui-ch'ing 颜惠庆
Yin Ju-keng 殷汝耕
Yin T'ung 殷同
Ying Te-t'ien 应得田
Young, Arthur N. 阿瑟·杨格
Yü Chi-shih 俞济时
Yü Han-mou 余汉谋
Yü Hsia-ch'ing 虞洽卿
Yü Hsueh-chung 于学忠
Yu Kan 堉干
Yü Ta-fu 郁达夫
Yü Yu-ren 于右任
Yuan Liang 袁良
Yun Wang 云王

译后记

翻译总是一件不尽如人意的事，但我仍乐意从事这份劳动，这是因为可以从中学到许多东西。

我的研究兴趣在中国社会经济史、中国社会生态史和历史理论方面，从事教学工作后，为了拓宽知识面，我准备多读或适当翻译一些自己研究领域以外的著作，以聊掩井蛙之陋。本书的翻译就是在这一心思驱使下所为。

原著所引资料，我尽可能与原文进行了核对，对原著中征引的中文直接引文则尽量复原。但仍有极少量稀见期刊无法找全，只得采用直译的办法。个别名字一时也无法查对，不得不采用音译。特此说明，并向尊敬的读者们表示歉意。

本书曾在2005年由社会科学文献出版社出版，书名《走向“最后关头”：中国民族国家构建中的日本因素》。

此次再版，首先感谢浙江人民出版社王利波总编和汪芳编辑。她们曾亲自到南京大学来组稿。在出版社自负盈亏的情况下，该社不计回报，只求为繁荣学术做贡献，这种精神颇为感人。

需要说明的是，由于众所周知的原因，这次再版，对极个别地方作了极少量的删减。

陋译中的错误皆由我个人负责。恳望方家不吝批评指正。

马俊亚

2021年2月22日